Jahrbuch der Religionspädagogik (JRP)

Herausgegeben von Peter Biehl, Christoph Bizer,
Roland Degen, Norbert Mette, Folkert Rickers
und Friedrich Schweitzer

Band 11
1994

Neukirchener

© 1995
Neukirchener Verlag des Erziehungsvereins GmbH,
Neukirchen-Vluyn
Alle Rechte vorbehalten
Umschlaggestaltung: Hartmut Namislow
Satz und Druckvorlage: OLD-Satz digital, Neckarsteinach
Gesamtherstellung: Breklumer Druckerei, Manfred Siegel KG
ISBN 3-7887-1550-2
ISSN 0178-3629

Die Deutsche Bibliothek – CIP-Einheitsaufnahme

Jahrbuch der Religionspädagogik: (JRP).
– Neukirchen-Vluyn: Neukirchener
  ISSN 0178-3629
  Erscheint jährl. – Aufnahme nach Bd. 1. 1984 (1985)
Bd. 1. 1984 (1985) –
NE: JRP

Inhalt

Thema 1
Ost / West

1.1

Wilhelm Bischoff

Ökumenisches Domgymnasium Magdeburg

Versuch einer Lerngemeinschaft

Zu den Schulneugründungen, die seit 1989 auf dem Gebiet der früheren DDR möglich geworden sind, gehört das Ökumenische Domgymnasium in Magdeburg.
Dieser Bericht – im Herbst 1994 formuliert – geht dem christlich-ökumenischen Ansatz der von uns versuchten Lerngemeinschaft nach. Das Ökumenische Domgymnasium hat am 2.9.1991 seinen ersten Schultag gehabt. Der Unterricht begann mit 325 Schülerinnen und Schülern in den Jahrgangsstufen 5-9. Im jetzigen Unterrichtsjahr 1994/95 gehören etwa 600 Schüler zu dieser Schule. Im Sommer 1995 werden zum ersten Mal Abiturienten das Ökumenische Domgymnasium verlassen.

1 Schulnotstand und Ökumene-Erfahrungen in der sozialistischen Gesellschaft der DDR

Wir kommen mit unserer Schulgründung von Erfahrungen her, die in unserer Lebensgeschichte zu DDR-Zeiten verwurzelt sind. Wir mußten es erleben, wie die sozialistische Volksbildung von 1949 an Schritt für Schritt zu einem politischen Instrument der Staatspartei und damit zu einer Schulung degradiert wurde und pädagogisch verarmte. Die weltanschauliche Indoktrination in der Schule wurde dabei für Christen zu einer besonderen Belastung. In dieser Situation fanden sich betroffene Menschen in christlichen Gemeinden zu Gesprächsgruppen zusammen, um sich in dieser Notlage auszutauschen und zu beraten. Das ging über Gemeinde- und Konfessionsgrenzen hinaus.

Über die sozialistische Volksbildung kritisch nachzudenken und mit anderen darüber zu sprechen und die Vision von einer besseren Schule zu haben, das grenzte notwendigerweise an Konspiration. Auch junge Christen meldeten sich als betroffene Schülerinnen und Schüler mutig zu Wort. Bemerkenswert ist z.B. ein Brief, den der Landesjugendkonvent unserer Landeskirche im Herbst 1988 an den Staatsratsvorsitzenden E. Honecker mit kritischen Fragen zur Erziehung in Schule und Berufsausbildung schrieb.

Je klarer eine Fragestellung mit ganz elementaren Lebens- und Überlebensfragen zu tun hat, um so entschiedener werden Antwortversuche, die aus der biblisch-christlichen Glaubensüberlieferung kommen, elementar christlich sein, von Menschen verschiedener Glaubenstraditionen im Gespräch miteinander entdeckt und dann gemeinsam gelebt und verantwortet. So wuchs die Erfahrung, daß es auf Grundherausforderungen des Lebens gültige und dann auch für andere Menschen verstehbare Antworten nur noch geben kann, wenn diese von den Christen gemeinsam, also ökumenisch, verantwortet werden. Diese ökumenische Elementarerfahrung wurde in Magdeburg 1989 in den wöchentlichen »Gebeten zur gesellschaftlichen Erneuerung« montags im Dom zu einer tragenden Kraft.
Hinter diese Ökumene-Erfahrung wollten und durften wir nicht wieder zurück, als es 1989/90 konkret um die Frage ging, in welcher Form wir als Christen Bildungsmitverantwortung wahrnehmen konnten und wollten.

2 Schule in freier Trägerschaft – Basisökumene und Lerngemeinschaft

In dem oben erwähnten Brief des Jugendkonventes an E. Honecker heißt es: »Die Jugendlichen erhoffen und wünschen mehr Raum für echte Diskussion, mehr Toleranz für eigene Meinung. Das würde die Bereitschaft zu mehr Engagement bringen.« Hier kommt die Sehnsucht zu Wort nach einer Schule, die nicht in erster Hinsicht staatliche Institution und »Lehranstalt« ist mit der ihr innewohnenden Tendenz zu hierarchischen Organisationsstrukturen, sondern eine »Lerngemeinschaft«, in der sich Schüler, Lehrer und Eltern gemeinsam »ihre« Schule gestalten und in der alle Beteiligten je auf ihre Weise miteinander und voneinander lernen. Solche pädagogische Kultur ist mit dem Wort »Lerngemeinschaft« gemeint. Wenn in diesem Sinne eine Lerngemeinschaft gelingt, ist die bei Kindern und Jugendlichen damit verbundene Sozialerfahrung pädagogisch von unschätzbarem Wert und politisch von erheblichem Belang.

Eine der Grundursachen für den Schulnotstand in der DDR war das staatliche Schulmonopol, was ja faktisch ein Monopol der SED war. Über ein halbes Jahrhundert lang, schon seit 1933 und damit inzwischen drei Generationen umfassend, haben sich zentralistische Strukturen im Bildungsbereich ausgewirkt. So war die politische Einsicht bei uns gereift, daß im Artikel 7 (4) des GG (Grundrecht zur Errichtung »privater Schulen«) nicht eine Konzession an pädagogische Sonderwege gemeint war, sondern daß hier ein grundlegender politischer Auftrag erkannt und im Interesse der Demonkratie-Entwicklung formuliert war.
Im Frühjahr 1990 fand sich in Magdeburg eine Initiativgruppe zusammen, die die Fragen einer Schulgründung ernsthaft bedachte

und in der Öffentlichkeit darüber informierte. Interessierte Eltern und Lehrer sammelten sich. Bei den dann einsetzenden Konzeptionsüberlegungen im Herbst 1990 wurden auch die Möglichkeiten einer kirchlichen Trägerschaft erörtert. Wir mußten aber zur Kenntnis nehmen, daß dies in ökumenischer Form nicht möglich war. Der Gedanke einer gemeinsamen Schulträgerschaft durch die katholische und die evangelische Kirche scheiterte von vornherein an dem grundsätzlichen Nein der katholischen Kirche und ist daraufhin von uns nicht weiter verfolgt worden.

Eine kirchliche Trägerschaft durch das Katholische Bischöfliche Amt Magdeburg in »ökumenischer Offenheit«, wie es von katholischer Seite als Lösungsmöglichkeit vorgetragen wurden, war wiederum für uns kein akzeptables Modell. So sind wir das Risiko eingegangen, einen Freundeskreis zur Gründung und Förderung des Ökumenischen Gymnasiums zu bilden und in dieser Form die Verantwortung auf uns zu nehmen.

Wir praktizieren in einer Art christlich-ökumenischer Bürgerinitiative etwas, wozu unsere Kirchen zur Zeit außerstande sind. Ein Kuratorium, das sich aus Mitgliedern des Freundeskreises ökumenisch zusammensetzt, nimmt die Schulträgerschaft praktisch war. Über die Hälfte der Kuratoriumsmitglieder sind Eltern unserer Schüler. Damit verwirklicht sich die Elternmitverantwortung in einer die Schule tragenden Weise. Es ist Basis-Ökumene, und wir haben ein hohes Maß an Schul-Autonomie erreicht.

Ein Junge der 8. Klasse hat 10 Tage nach dem ersten Schultag ausgesprochen, was wir uns von einer Lerngemeinschaft erhoffen: »Seit einer Woche und zwei Tagen gehe ich gern zur Schule.«

3   Versuche ökumenischen Lernens

Ökumene bedeutet Weite, Vielfalt und Spielraum. Vielfalt kann aber auch durch das Erlebnis der Andersartigkeit zu einer Quelle feindseliger Vorurteile und gewalttätiger Verfolgungen werden. Die Grundbedingung dafür, daß Vielfalt sich als Reichtum erschließt und für den einzelnen zur Lernchance wird, ist der Dialog, diese urbiblische Lebensform. Ökumene ist Sozialität und Dialog in wechselseitiger Bedingung. Soweit sich daraus Lernstrukturen ergeben, drängt das auf die Gestaltung einer Lerngemeinschaft hin, die sozial-integrative und dialogische Formen fördert und in ihnen lebt. Das ist grundlegend für unser Schulkonzept, und daraus folgt auch die Begrenzung der Schülerzahl auf etwa 600 bis 650. An drei Beispielen sei das Konzept erläutert:

3.1 Zu den Problem-Faktoren im *Sozialisierungsprozeß der Heranwachsenden* gehören die tiefgreifenden Bewertungsumbrüche in ideellen und materiellen Lebensbereichen unserer Gesellschaft. Die Wahrnehmung der Umwelt und die Auseinandersetzung mit ihr geschieht zu einem großen Teil über das Medium der Video-Technik. Dabei wird eine Flut von Informationen ausgeschüttet, die völlig kommunikationsarm und undialogisch sind. Die gesellschaftliche Sozialisierung geht so in weitgehend anonymen Prozeduren vor sich, d.h. in Lernvorgängen mit schwach ausgebildeten personhaft-dialogischen zwischenmenschlichen Beziehungen. Welche Folgen solche Information ohne menschliche Kommunikation für unser Soziallernen und Sozialverhalten hat, ist noch gar nicht absehbar. Da die Schule ein prägender sozialer Erfahrungsraum ist, möchten wir die personal-dialogischen Lernformen so stark wie möglich entwickeln. Die Lehrerperson bleibt im Unterschied zu einem Personen-Abbild auf dem Bildschirm real hinterfragbar und wird Dialogpartner. Im Gespräch mit seinem Wechsel der Argumente und dem Austausch der Meinungen kann es zu neuen Einsichten kommen und können Überzeugungen wachsen, zu denen auch eine persönliche Verantwortungsbereitschaft gehört. Dies gilt für die Unterrichtsorganisation im einzelnen und im ganzen ebenso wie für die Sammlung außerunterrichtlicher Lern- und Kommunikationsgruppen. Ein »erzieherisches Verhältnis« ist ein »dialogisches« oder gar keines (M. Buber). An das berufliche Engagement der Lehrkräfte als Begleiter und Gesprächspartner der Schüler werden dabei hohe Anforderungen gestellt.

Bildung muß sich heute in besonderer Weise in einem verantwortlichen Umgang mit dem Wissen bewähren; Wissen und Gewissensbildung müssen beim Lernen zusammenfinden. Dieser Verinnerlichungsprozeß hängt vermutlich in einem ganz starken Maße von der Dialog-Fähigkeit einer Lerngemeinschaft ab. Nicht zuletzt unter diesem Gesichtspunkt sind wir im Unterrichtsbereich um den Aufbau einer Projektkultur bemüht.
Die Mitverantwortung von Christen im öffentlichen Bildungswesen steht gerade hier vor einer Angabe, die ein ökumenisches Engagement provoziert, das über die Fragen des Religionsunterrichtes weit hinausgeht und die Schule insgesamt als Lerngemeinschaft im Blick hat.

3.2. Die ökumenische Grund-Idee muß sich natürlich auch und speziell im *Religionsunterricht* zeigen und bewähren.

Eine *Zusammensetzung von Lerngruppen* nach Konfessionszugehörigkeit findet bei uns nicht statt. Das hat grundsätzliche Bedeutung, und darum haben wir es so in unsere Schulstatuten geschrieben. Nicht das Gespräch *über*einander, sondern *mit*einander aus je eigener, lebensgeschichtlich gewachsener Sicht und Glaubenserfahrung wollen wir. So ist die Lerngruppe eine Ökumene im Kleinen. Genau dies entspricht auch der religiösen Bewußtseinslage unserer Jugendlichen, für die die Konfessionszugehörigkeit sekundär ist gegenüber dem gemeinsamen Christsein. Solche ökumenisch-dialogische Begegnung- und Lernform hat insofern bei uns noch einen besonderen Modellwert, als sie auch die Mitschüler als Dialogpartner einzubeziehen vermag, die keiner christlichen Kirche oder Gemeinschaft angehören. Das ist in unserer Schülergemeinschaft etwa jede oder jeder Dritte.

Die Teilnahme am Religionsunterricht ist für alle Schüler verpflichtend. So ist es vom Kuratorium nach einer ausführlichen Grundsatzdebatte mit Mehrheit beschlossen worden. Dem Hinweis auf die Gefahr einer Überfremdung nichtchristlicher Schüler wurde dabei entgegengehalten, daß interessierte Eltern in dieser Frage das besondere Profil der Schule kennen und die Anmeldung ihres Kindes unterlassen könnten, wenn diese Regelung für sie inakzeptabel ist. In einem Thesenpapier, das wir gerade zum Religionsunterricht für unsere Schule formuliert haben, heißt es dazu: »Der RU trägt der gesellschaftlichen und religiösen Sozialisation der Schüler Rechnung. Sensibilität und Toleranz sind dementsprechend im Unterrichtsprozeß sowohl Ziel als auch Praxis. Die Schüler üben sich ... im Umgang miteinander, indem sie lernen, die Überzeugungen, die Lebensweise und das Verhalten des anderen zu verstehen, seine kritischen Anfragen auszuhalten und zum eigenen Denken und Glauben in Beziehung zu setzen ... und so ebendiese Anfragen als Bereicherung zu empfinden.«

Wir machen jetzt die Erfahrung, daß die erhoffte Integration nichtchristlicher Schüler im Religionsunterricht nicht immer gelingt und daß wir an unserer Dialogfähigkeit zu buchstabieren haben. Schülervertreter haben das unlängst auf der Schulkonferenz eingefordert. Da der Religionsunterricht für diese Aufgabe besonders sensibel ist, kann ihm für die ganze Schule eine beispielhafte Bedeutung zukommen.

Wir unterrichten auf der Grundlage eines *ökumenisch integrierten Planes*. Eine Arbeitsgruppe ist dabei, dieses Curriculum für alle Jahrgangsstufen fortzuschreiben. Da wir eine anerkannte Ersatzschule sind, geschieht das auf der Grundlage der in Sachsen-Anhalt geltenden Rahmenlehrpläne für katholische und evangelische Religion. Der biblischen Überlieferung kommt dabei unter ökumenischem Horizont eine »grundlegende« Bedeutung im wörtlichen Sinne zu, stoßen wir doch hier zu den Quellen des Dialoges vor.

Bei uns unterrichten z.Z. sechs Religionslehrerinnen und -lehrer, drei von ihnen gehören zur katholischen Kirche, drei zur evangelischen. Diese Zusammensetzung ist zufällig. Grundsätzlich kann jede Lerngruppe mit dem für sie vorgesehenen Curriculum von jedem Religionslehrer oder jeder Lehrerin unterrichtet werden. Wir haben bisher keinerlei Probleme damit gehabt. Voraussetzung dafür ist allerdings eine sehr intensive Fachschaftsarbeit, bei der gemeinsame Unterrichtsvorbereitungen eine ganz entscheidende Rolle spielen. Das gilt gerade für Themenbereiche, die konfessionell kontrovers sind.

Bei unseren Schülern und Eltern ist die ökumenische Integration des Religionsunterrichtes nicht nur voll akzeptiert, sondern ausdrücklich erwartet.
Die evangelische und die katholische Kirche in unserem Bereich haben unserem Religionsunterricht als einem Modellversuch zugestimmt. Das bleibt ein beachtlicher Umstand.
Schwierig war die *Anpassung an die staatlichen Abiturrichtlinien* mit ihrer Aufgliederung in »Evangelische oder Katholische Religion«. Wir haben mit dem Kultusministerium einen Kompromiß gefunden für den Bereich der Kursstufe, um die es ja ausschließlich geht. Bei den insgesamt vier Kursen in den Jahrgangsstufen 11 und 12 ist der Belegungspflicht auch dann Genüge getan, wenn Schüler jeweils zwei evangelische und zwei katholische Religionskurse wählen. Wir mußten demzufolge in der Kursstufe Kurse einrichten, die »evangelisch« oder »katholisch« sind. So bezeichnen wir einen Kurs als »katholisch«, wenn die Lehrkraft zur katholischen Kirche gehört, und als »evangelisch«, wenn sie evangelisch ist. Lerngruppenzusammensetzung und Curriculum bleiben von dieser Unterscheidung unberührt. Diese Regelung ist ein Kompromiß, mit dem wir leben können, weil die ökumenische Integration dadurch nicht beeinträchtigt wird.

3.3   Unsere Schule möchte von ihrer ökumenischen Schul-Idee her auch für Kinder offen sein, deren Bildungsweg speziellen Benachteiligungen ausgesetzt ist. Wir denken dabei an *Körperbehinderte* und an *Kinder von Ausländerfamilien.* Soziale Integration und pädagogische Differenzierung sehen wir dabei als Aufgaben, die sich wechselseitig bedingen und fördern. Die *Chancen sozialen Lernens* sollen als Auftrag bewußt und mit den ihnen eigenen Lern-Impulsen fruchtbar bleiben.

Wichtig ist uns dabei, daß sich auch auf diese Weise der Reichtum dessen erschließt, was wir Menschen auf Grund unserer individuellen Andersartigkeit voneinander lernen können. Für die Beurteilung einer Lernleistung ist es grundlegend, daß Lernprozeß und Lernergebnis sich gegenseitig interpretieren. Nur so kann sich ein angemessenes Verstehen dafür entwickeln, was menschliche »Leistung« überhaupt ist. Wir halten solche soziale Urteils-Kompetenz politisch für lebensnotwendig in einer sogenannten »Leistungs-Gesellschaft«, will diese der Humanität und der Demokratie verpflichtet bleiben. Unsere Jugendlichen sind dafür sehr sensibel.

4   Eine Schlußbemerkung

Mit unserem Schulversuch bewegen wir uns noch in den Anfängen. Wir hoffen, in Sachen »Ökumene« Schüler zu bleiben.
Ökumenische Erfahrungen haben uns bei unserem Schulversuch in-

spiriert. Zugleich aber ist Ökumene immer nur auf Hoffnung hin zu praktizieren. Sie ist ein Entwurf von Hoffnung. Wir wagen die Hoffnung, daß wir mit der Schul- und Lerngemeinschaft des Ökumenischen Domgymnasiums einen Baustein beitragen können zu der zukünftigen Gestaltung der Ökumene als einer weltweiten Lerngemeinschaft der Christen und ihrer Kirchen in einer glaubwürdigen Weltverantwortung zu einer Zeit, da menschliches Überleben auf dem Spiel steht.

Wihelm Bischoff, Oberkonsistorialrat i.R., war an der Entstehung des Ökumenischen Domgymnasiums Magdeburg wesentlich beteiligt und ist an ihm als Lehrer tätig.

Sigrun Klinke

»So etwas gab es bei uns nicht«

Erfahrungen im Berliner Osten

Am Anfang dieses Erfahrungsberichtes möchte ich eine Situation schildern, die ich im Juni 1994 an meiner Schule in Berlin-Lichtenberg erlebt habe:

Ich stehe mit mehreren Kollegen vor den Teilnehmern des Studienganges »Berufsbegleitende Erzieherausbildung«. Wir wollen Inhalte unserer Fächer vorstellen, die für das 3. und letzte Ausbildungsjahr angeboten werden. Die Studierenden sind zwischen 25 und 40 Jahre alt. Sie können sich im letzten Jahr nach eigener Wahl ihren Stundenplan zusammenstellen. Ich spreche zum Fach Religion/Ethik und werde sehr schnell durch Zwischenrufe unterbrochen: »Woher haben Sie denn die fachliche Qualifikation, so etwas gab es doch bei uns gar nicht.« Ich nenne die kirchliche Ausbildungsstätte und sage, daß ich zum ersten ›Ost-Lehrer-Kurs‹ gehört habe, der 1993 dieses Fach abgeschlossen hat. Daraufhin ein weiterer Zwischenruf: »Sie geben den Unterricht also im Auftrag der Evangelischen Kirche?« Meine Gegenfrage: »Was irritiert Sie daran?« wird mit höhnischem Gelächter beantwortet.

Solche und ähnliche Situationen zeigen, mit welchen emotionalen Widerständen im Osten Deutschlands ein Schulfach zu kämpfen hat, das in Mitverantwortung der Kirchen entstehen soll. Wie kann dieses Fach sich profilieren, ohne den Eindruck zu erwecken, nach DDR-Jahrzehnten lediglich gewendete Staatstreue zum Ausdruck zu bringen?
Eine Begegnung ganz anderer Art hatte ich mit zwei etwa 12jährigen Berliner Jungen im Jahr 1990. Ich war zu dieser Zeit noch Mitarbeiterin für Öffentlichkeitsarbeit in der Marienkirche Berlin. Wir haben nach der Wende alle Ostberliner Schulen angeschrieben und die aus dem Mittelalter stammende Stadtkirche für Besichtigung und Unterrichtsstunden geöffnet.

Die beiden Jungen kommen allerdings nicht mit der Klasse. Im Laufe des Gesprächs stellt sich heraus, daß sie die Schule schwänzen, »weil da so Chaos ist.« Während wir über das Chaos in der Schule sprechen, zeigt der eine mit dem Daumen über seine Schulter auf ein mittelalterliches Kreuzigungsbild und fragt: »Wer ist denn der da?« Ich muß nicht viel erklären. Das Bild und der Rahmen erzählen selbst. Ich sage noch etwas zu den Menschen, die am Kreuz stehen, und zeige den Jungen Maria, und wie der Maler es verstanden hat, den Schmerz der Mutter zu malen. Nach einem etwas verlegenen Schweigen der Satz: »Na, ja – aber jetzt zeig uns mal ein Bild, wo die noch ein bißchen jünger ist.«

Im Spannungsfeld so unterschiedlicher Situationen stehe ich im Religionsunterricht, wobei das sogenannte Unverbildete sehr erfrischend ist und mich immer wieder anregt, auf die gegebene Situation zu reagieren, möglichst sachlich und unpathetisch. Es geht eben nicht nur um die Vermittlung von Wissen. Das wird ja doch ganz deutlich in der oben geschilderten Situation und zeigte sich auch immer wieder bei Besuchen von Schulklassen in der Kirche. Ich mußte feststellen, daß die meisten Schüler noch nie eine Kirche betreten hatten und auch noch nie Kontakt zu einem kirchlichen Mitarbeiter hatten. Das hat mich zunächst stark verunsichert. Ich erinnere mich noch genau meiner Verblüffung, als nach einem Gespräch mit Schülern einer 10. Klasse ein Mädchen zu mir sagte: »Ich hätte nicht gedacht, daß Sie so locker reden und sogar Jeans anhaben.« Was alles an Vorurteilen und Mißverständnissen hinter solch einem Satz steht, ist kaum auszudenken. Dabei war mir doch eigentlich klar, daß christlich-religiöse Aspekte nie in Bildungsziele der Schulen in der DDR einbezogen, sondern im Gegenteil verunglimpft, verhöhnt worden waren. Im besten Fall wurden noch vorhandene Ausformungen als Relikte vergangener Zeiten angesehen, die von selbst verschwinden würden.

Ich frage mich, wie ich den mittelalterlichen Kirchenraum so aufschließen kann, daß derartige Voreinstellungen überwunden werden, der Raum mit den Symbolen und Bildern zu sprechen beginnt und Beziehungen zur Gegenwart entstehen. Welche Zugänge sind möglich, wo keinerlei Voraussetzungen für Verstehen gegeben sind und das Vermitteln von Namen und Jahreszahlen noch keine Einsichten und Erfahrungen bringt?

Aber etwas für mich noch tiefer Greifendes war mit dem Besuch dieser 10. Klasse verbunden. Die Schüler sind nämlich mit ihrer Lehrerin gekommen, die bei ihnen das Fach Staatsbürgerkunde unterrichtet hatte. Nach der Besichtigung des Kirchenraumes hatte die Klasse die Kirche schon wieder verlassen, als das Mädchen zurückkam und neben der oben erwähnten Bemerkung noch über ihre Lehrerin sagte: »Warum geht die mit uns hierher? Wir glauben ihr jedenfalls kein Wort mehr.« Ich habe über diese Sätze sehr viel nachgedacht, mich meiner eigenen Taktiken erinnert, in der DDR-Schule möglichst wenig von mir zu zeigen, bis ich mir selbst so fremd geworden war, daß es unmöglich wurde, weiterhin in der DDR-Volksbildung tätig zu sein. Nun hatte mich nach mehrjähriger Pause und Zusatzausbildung nach 1989 eine veränderte Schule wieder. Insofern kann ich die rigorose emotionale Reaktion 16jähriger Schüler sehr gut verstehen. Sie wollen einfach wissen, mit wem sie es zu tun haben. Daß dieses Wissen umeinander in der Schule der DDR nicht zustande kommen konnte, ist schon mehrfach dargelegt worden. Heute scheint es mir das Hauptproblem zu sein,

Mißtrauen abzubauen, glaubwürdige Beziehungen zwischen Lehrern und Schülern herzustellen. Neue Schulstrukturen, Fächer und Lehrpläne sind sicher nötig. Was wir aber im Osten besonders brauchen, sind keine opportunistischen Anpassungen – die gab es einst hier zur Genüge –, sondern Offenheit, Glaubwürdigkeit und Vertrauen in den Klassenräumen und Lehrerzimmern.

In Religion wird nicht nur mir, sondern auch dem Fach mißtraut. Ich muß es aushalten, daß Schüler und auch Kollegen den Religionsunterricht mit dem ehemaligen Staatsbürgerkundeunterricht gleichsetzen. So wurde mir z.B. von einem Kollegen anerkennend auf die Schulter geklopft, als er erfuhr, daß ich das Fach abgeschlossen habe – allerdings mit den Worten: »Na, da hast Du ja in dieser Gesellschaft auf das richtige Pferd gesetzt.«

Wenn ich Schüler nach ihrer Motivation für das Fach Religion befrage, geben die meisten an, nichts über die Weltreligionen zu wissen. Unterbreite ich den Vorschlag, über die Schriften zum Verständnis der einzelnen Religionen zu kommen, und es wird klar, ich meine damit z.B. das Alte Testament, wird heftig abgelehnt. Die meisten wollen lediglich Informationen. Was befürchten sie? Ideologische Beeinflussung. Die Ahnungslosigkeit im Blick auf biblische Texte ist wirklich nicht zu überbieten. Es kann aber nicht sein, lediglich Informationen und Fakten weiterzugeben, ohne sie in Problemstellungen und Konzepte einzubinden. Der Unterricht würde zu einer reinen Weitergabe von Wissen verkommen, das in jedem Lexikon nachlesbar ist, oder es würde gerade Ideologie vermittelt. So habe ich auch argumentiert und – ausgehend vom Thema Gewalt – in einer der ersten Stunden die Erzählung von Kain und Abel gelesen. Und schon nach kurzer Zeit waren die Vorbehalte wie weggeblasen. Es ist nicht übertrieben zu sagen, daß so etwas wie Staunen während des Gesprächs aufkam. Staunen darüber, daß dieser alte Text tatsächlich auch eigene existenzielle Erfahrungen anspricht und vor allen Dingen darüber, daß das Problem hier aus einer ganz anderen Sicht betrachtet wird. So ähnlich jedenfalls drückte es eine Teilnehmerin aus. Mein Bestreben war es nun, dieses Staunen vorsichtig am Leben zu erhalten, denn die Beschäftigung mit den Texten sollte nicht nur Vorurteile nehmen und einen Aha-Effekt auslösen, sondern weiterführen und die Einengung unseres Bildungswesens aufbrechen hin zu einer Orientierung zu vielfachen Fragestellungen und Sichtweisen. Das sehe ich zur Zeit als Ziel meines Unterrichtes an. Damit scheiden religionspädagogische Leitvorstellungen weitgehend aus, die lediglich religionskundlich informieren wollen, ohne in Auseinandersetzung zu führen und Entscheidungen zu ermöglichen.
In diesem Zusammenhang möchte ich auf die zu Anfang geschilderte Situation zurückkommen, die zwar für sich spricht und nicht er-

läutert werden muß, aber doch im Religionsunterricht immer wieder das Hauptproblem ist. Ich meine das extreme Mißtrauen gegenüber der Institution Kirche.

Wenn ich bei Diskussionen die Frage stelle: »Welche Erfahrungen haben Sie persönlich mit der Kirche gemacht?«, werden die Sünden tausendjähriger Kirchengeschichte aufgezählt von den Kreuzzügen bis hin zu den Waffensegnungen im 1. Weltkrieg. Persönliche Erfahrungen gibt es keine. Es bleibt dahingestellt, ob es sich um ein DDR-gesellschaftlich geprägtes Vorurteil handelt. Auf jeden Fall sind immer wieder die gleichen eingelernten Argumente zu hören, die nicht von einer echten persönlichen Auseinandersetzung zeugen, auf keine eigenen Erfahrungen und Erlebnisse zurückgehen. Diesen Argumenten habe ich auch gar nichts entgegenzusetzen. Kritische Stellungnahmen müssen ohnehin erlaubt sein. Aber doch erst dann, wenn das, was Kirche ausmacht, besser erfaßt ist. Wertungen sind der zweite Schritt und nicht der erste. Deshalb ist es auch sinnlos, sich auf polemische Diskussionen einzulassen.

Fast noch wichtiger wäre mir, wie das, was die Kirche meint, in Erfahrung gebracht werden kann, ohne Menschen zu nötigen. Schulischer Religionsunterricht hat es hier schwerer als gemeindliche Arbeit mit Kinder und Jugendlichen. Orte und Zeiten, Riten, Symbole und Feiern sind nötig, die zeigen, wo und wie Glauben lebt. Ich habe versucht, mich diesem Problem so zu nähern: Während meiner Tätigkeit in der Marienkirche habe ich an unterschiedlichsten Menschen immer wieder beobachtet, wie der *Kirchenbau* – besonders der Innenraum – auf eben diese Menschen wirkt. Ganz vereinfacht gesagt, zeigt der Bau etwas von dem, was Kirche auch ist. Deshalb wollte ich zunächst versuchen, über die Kirche als Gebäude ein Erlebnis zu vermitteln, das zu weiterer Auseinandersetzung führen kann. Die Distanz gegenüber der Institution wird stets auch auf den Kirchenbau übertragen. Meine Nachfrage bestätigte mir dieses auch prompt. Kein Kursteilnehmer war jemals in dieser Kirche gewesen, obwohl sie zu den wenigen mittelalterlichen Zeugnissen Berlins gehört. Wenn schon nicht, so dachte ich, der Kirchenbau als gebauter Glaube verstanden wird, könnte vielleicht historisches oder kunsthistorisches Interesse geweckt werden und Identifikation mit Berliner Geschichte gestiftet werden. Dabei wollte ich keine der üblichen Führungen halten, sondern die Kirche selbst »reden« lassen. Vertrauen wird in uns hervorgerufen, es entsteht, indem etwas auf uns wirkt. Und so habe ich der Gruppe einfach Zeit gegeben und gehofft, daß der Raum sich ihnen eröffnet.

Ich kann das sich anschließende Gespräch nicht im einzelnen wiedergeben, nur so viel sagen, daß der Raum in seiner Ordnung und Ausrichtung auf den Altar und das Licht im Ostchor durchaus sinnlich begriffen worden ist. Ich bin davon überzeugt, daß ein so verstandener Bau zumindest Respekt hervorruft. Respekt davor, wie sich eine Wahrheit verdinglicht hat. Besonders interessant war, daß die Ambivalenz der Gefühle zwischen dem Sichwohlfühlen und ehrfürchtiger Distanz freimütig geäußert wurde. Mir ist bewußt, daß damit noch keine neuen Haltungen erzeugt werden. Aber es ist vielleicht ein winziger Anfang, um weitere Fragen zu stellen.

Zu diesem Thema gibt es in Schule und christlicher Gemeinde erheblichen Nachholbedarf. Wie werden solche Räume nicht zum Schnelldurchgang mißbraucht, um dabei lediglich historisches oder biblisches Faktenwissen zu vermitteln, sondern wie ist das aus einer fernen Zeit zu erschließen, was für heute von Bedeutung sein könnte? Auf das Weiterwirken meiner Berliner Versuche hoffe ich.

Sigrun Klinke ist seit 1993 Religionslehrerin an einer Schule in Berlin-Lichtenberg; zuvor arbeitete sie als Mitarbeiterin für Öffentlichkeitsarbeit an der Berliner Marienkirche.

1.3

Roland Degen

Gemeindepädagogische Perspektiven im ostdeutschen Kontext

In erstaunlicher Weise vermehren sich in jüngster Zeit Veröffentlichungen, in denen der Begriff »Gemeindepädagogik« die Überschriften bildet. Eine systematisierende Zusammenschau von Entwicklungen, wie sie sich seit den frühen 70er Jahren durch das Leitwort »Gemeindepädagogik« in West- und Ostdeutschland ergeben haben, scheint nunmehr sinnvoll, nachdem K. Goßmann bereits 1988 feststellte, daß die Phase »der programmatischen Akzentuierung« sich in eine Phase »grundsätzlicher Reflexion und konzeptioneller Entfaltung« verwandelt.[1] Was in diesem Sinne im geteilten Deutschland reflektiert und entfaltet wurde, gerät seit der deutschen Vereinigung in gemeinsame Frageperspektiven. Das Bisherige wird hierbei in neue Zusammenhänge überführt und läßt in einer – zumal in Ostdeutschland – veränderten gesellschaftlich-kirchlichen Gesamtsituation die bisherigen Entwicklungen kritisch überdenken und weiterführen.

Doch eine lediglich abstrakt-beschreibende Auflistung von Einsichten, Begründungsmustern und offenen Fragen würde dabei der Tatsache kaum gerecht, daß »Gemeindepädagogik« sich jeweils konkreten gesellschaftlichen und kirchlichen Gegebenheiten verdankt, dieser Begriff auf sie eingeht und sie zu klären versucht. Diese Situationsverhaftung ist zu benennen, soll verstanden werden, wofür und wogegen dieses Leitwort im jeweiligen Kontext steht.

Der gelegentlich geäußerte Verdacht, daß mit Gemeindepädagogik gesamtgesellschaftliche Bildungszusammenhänge aufgelöst und restaurative Rückzugsgefechte in den Kirchen befördert werden sollen[2], wäre dabei generell zu prüfen. Er trifft zumindest für die ostdeutsche Gemeindepädagogik-Tradition nicht zu. Vielmehr weist hier alles auf Entgrenzungen und Öffnungen kirchlicher Konventionen im gesellschaftlichen Feld hin. »Die Pädagogik der Gemeindepädagogik nötigt dazu, das biographische und gesellschaftliche Umfeld, seine Wirkkräfte und pädagogisch wichti-

1 K. *Goßmann*, Evangelische Gemeindepädagogik, in: JRP 4 (1987), Neukirchen-Vluyn 1988, 138.
2 Vgl. *F. Schweitzer*, Die Einheit der Praktischen Theologie und die Religionspädagogik, in: EvErz 43 (1991) 615f; K. *Wegenast* und G. *Lämmermann*, Gemeindepädagogik / Kirchliche Bildungsarbeit als Herausforderung, Stuttgart u.a. 1994, 5ff, 32f.

gen Sachverhalte prinzipiell mitzudenken. Pädagogik erinnert an den gesellschaft-
lich-kulturellen Gesamtzusammenhang, an formende, manipulierende, befreiende,
verunsichernde und bergende Inhalte, Institutionen, Wirkungen und ihre Folgen in
der Lebenswelt des Menschen.«[3] Dies hat zur Folge, daß dieser Leitbegriff stärker
als sich grundsätzlich gebende normativ-theologische Konzepte, die sich kontext-
unabhängiger verstehen, seinen jeweiligen Situations- und Gesellschaftskontext in
sich trägt.

1   Gemeindepädagogik in der DDR-Geschichte

Die 25jährige Begriffsgeschichte von Gemeindepädagogik mit ihren
Postulaten, Wirkungen und uneingelösten Erwartungen in den
Handlungsfeldern ostdeutscher Gemeinden ist aus unterschiedlichen Betrachtungsperspektiven detailreich beschrieben worden.[4] Sie
bedarf hier nicht einer verkürzten Wiederholung. Dennoch ist zu
fragen: Wieso lag Anfang der 70er Jahre in der DDR dieser Begriff
»in der Luft, ohne aus der Luft gegriffen zu sein« (E. Heßler)? So
wichtig zitierbare Aufsätze, Synodenvorträge und daraus sich erge-
bende Ausbildungs- und Berufsbildkonsequenzen für die Beant-
wortung dieser Frage auch sind, ist das eigentliche Leben von damals in den die SED-Zensur durchlaufenden Veröffentlichungen im
»vormundschaftlichen Staat« nur begrenzt zu entdecken.

Die heute oft erstaunlich abstrakt und konventionell wirkenden Texte lassen die
gesellschaftlichen Alltagserfahrungen mit ihren erheblichen gemeindlichen und politischen Spannungen allenfalls erahnen, die sich hinter den Dokumenten jener Zeit
verbergen. Auch hier gilt, daß der eigentliche Text zumeist der zwischen den Zeilen
ist, der ein spezifisches Lesevermögen voraussetzt. Der SED-Staat, der das Bil-
dungsmonopol uneingeschränkt beanspruchte und Pädagogik außerhalb seines Ein-
flußbereiches prinzipiell nicht akzeptierte, mußte bereits den Begriff »Gemeindepädagogik« – sehr viel mehr als etwa »Katechetik«, »Liturgik« u.a. – als provozierende Einmischung empfinden.[5]

3   *R. Degen*, Gemeindeerneuerung als gemeindepädagogische Aufgabe / Entwicklungen in den Ev. Kirchen Ostdeutschlands, Comenius-Institut Münster/Berlin
1992, 114.
4   *J. Henkys*, Gemeindepädagogik in der DDR, in: *G. Adam* und *R. Lachmann*
(Hg.), Gemeindepädagogisches Kompendium, Göttingen 1987, 55-86; *E. Schwerin*,
Ev. Kinder- und Konfirmandenarbeit. Eine problemgeschichtliche Untersuchung der
Entwicklungen auf der Ebene des Bundes der Ev. Kirchen in der DDR von 1970-
1980, Würzburg 1989; *R. Degen*, Gemeindeerneuerung; *K. Foitzik*, Gemeindepädagogik. Problemgeschichte eines umstrittenen Begriffs, Gütersloh 1992, 237ff; *R.
Blühm*, Gemeindepädagogik, in: *ders.* u.a., Kirchliche Handlungsfelder, Stuttgart u.a.
1993, 9-59; *C. Keienburg*, Katalytische Präsenz. Ausbildung und Beruf der Gemein-
depädagogInnen im Bereich des Bundes der Ev. Kirchen der (ehemaligen) Deutschen Demokratischen Republik, Manuskriptdruck Päd. Inst. der Ev. Kirche von
Westfalen, Villigst o.J. (1993). Vgl. außerdem *C. Grethlein*, Gemeindepädagogik,
Berlin / New York 1994; *K. Wegenast* und *G. Lämmermann*, Gemeindepädagogik.
5   Unüberbietbar wird dies z.B. in einem Stasi-Bericht (1989) über die »feindlich-
negative Haltung« der Ev. Ausbildungsstätte für Gemeindepädagogik Potsdam deut-

Mit dem Leitwort »Gemeindepädagogik« meldeten sich in der DDR Anfang der 70er Jahre jene zu Wort, die drohenden gesellschaftlichen Ausgrenzungen gegenüber neue Sichtweisen und inhaltliche Wirkungen der christlichen Gemeinden ermöglichen wollten und deshalb eine »Neuvermessung des kirchlichen Geländes« vornahmen. Obwohl dabei in starkem Maße Vertreter kirchlicher Ausbildungen beteiligt waren, bestand deren Interesse gerade nicht in der Bestandswahrung herkömmlicher Ausbildungskonzepte und Berufsbilder (die es für Gemeindepädagogik noch nicht gab). Auch wenn die Begriffe und einige Aspekte der gemeindepädagogischen Diskussion dieser Zeit in Ost und West sich auffallend ähneln, sind doch die gesellschaftlichen und kirchlichen Bezugsfelder und die damit verbundenen Bildungszusammenhänge, in denen die Gemeindepädagogik gleichsam »spielt«, höchst verschieden.

In den ostdeutschen Kirchen der zweiten DDR-Generation verschärften sich in jener Zeit kritische Fragen, die sie an sich selbst richteten. Auf die kirchlichen Leitpersonen der Nachkriegszeit folgte eine Generation, die deutlicher als ihre Vorgänger empfand, daß die vom Kirchenkampf der Hitlerzeit geprägten Erfahrungen und Leitvorstellungen für die DDR-Realitäten nur noch begrenzt tauglich waren. Volkskirchliche Gegebenheiten etwa im Falle der seit 1954 propagierten Jugendweihe als bekenntniskirchliche Gegenwehr in Anspruch zu nehmen, erwies sich – wie sich jetzt zeigte – als trügerisch. Den kirchlichen Schrumpfungsprozessen lediglich mit Strukturveränderungen zu begegnen, konnte nicht ausreichen, da diese kaum an die Alltagserfahrungen der Menschen (Laien!) heranreichten, welche die aus Bildung, Kultur und Produktion ausgegrenzte Kirche immer stärker als marginale Sonderwelt empfinden mußten. Inzwischen waren die parochialen Auszehrerscheinungen längst auch auf den Dörfern wirksam geworden, nachdem die Zwangskollektivierung der Landwirtschaft industrielle Großstrukturen schuf, welche die Dörfer ökonomisch-kulturell radikal veränderten. Gruppenkirchliche Initiativen mit Leitkriterien wie »aufnahmefähig, ausstrahlungskräftig, aussendungstüchtig«[6] – oft mehr postuliert als realisiert – forderten ihre ekklesiologische Anerkennung und verunsicherten damit die überkommene Parochialtradition auf andere Weise. Nicht nur, was in solchen Situationen zu leisten ist (Aspekt Handlungsfelder) und wie Inhalte dabei »umzusprechen«

lich, deren »Vergehen« u.a. darin bestand, sich mit DDR-Volksbildung zu beschäftigen und Kontakte zur Potsdamer Päd. Hochschule zu versuchen. Vgl. *R. Meinel* und *T. Wernicke* (Hg.), Mit tschekistischem Gruß, Potsdam 1990. Zitiert in: *C. Keienburg*, 121, 227f. Vgl. auch *R. Blühm*, 15, der die staatskritischen Aspekte gemeindlicher Arbeit mit Kindern benennt.
6 Vgl. *R. Degen*, 28ff.

sind (Aspekt Hermeneutik), drängte in den Vordergrund, sondern zunehmend: Was geschieht im lebensweltlichen Alltag tatsächlich, und welche Berufsbefähigungen sind nötig, um den neuen Sicht- und Handlungsdringlichkeiten zu entsprechen? Der Machtanspruch der DDR-Ideologie und des »sozialistischen Lagers« schien andersartigen Hoffnungsträumen zum Trotz Dauer zu besitzen. Nach dem Berliner Mauerbau 1961, der Zerschlagung des Prager Frühlings 1968, der Stabilisierung der DDR auch durch ihre internationale Anerkennung mit gleichzeitig propagierter Abgrenzungsideologie wuchs in den DDR-Kirchen das Bewußtsein: »Hic Rhodus, hic salta«.

In solchen Zusammenhängen bot sich »Gemeindepädagogik« als Bündelungsbegriff, als Sicht- und Betrachtungsperspektive mit Handlungsfolgen für neu zu Bedenkendes an. Innovationen und Visionen waren nötig, da lediglich Festschreibungen (noch) vorhandener Traditionen nicht mehr ausreichten und Wagenburg-Mentalitäten überwunden werden mußten.

So wichtig hierbei auch zitierbare Impulsgeber wurden, standen doch solche Autoren in engen Arbeitszusammenhängen mit Gruppen und Kommissionen, die konzeptionelle Konsequenzen aus den bisherigen DDR-Erfahrungen zu ziehen versuchten, wofür vielfach der damals noch junge Bund der Evangelischen Kirchen in der DDR die geeignete Plattform abgab. Worin »die große Aufgabe der kleiner werdenden Gemeinde«[7] besteht, wie ihre Schrumpfung in der Ambivalenz von Verhängnis und Chance zu beschreiben ist und welche Ausbildungs- und Einsatzkonsequenzen für unterschiedliche Berufe sich dadurch nahelegen, waren derartige Grundfragen in den 70er Jahren.

Diese »Generalinventur« erreichte nicht immer die Realitäten von Gemeinden und Ausbildungsstätten, die sich insgesamt facettenreicher darstellten und sich oft in ihren Konventionen als sperriger erwiesen als von einigen Reformern vermutet. Dennoch gab es einen generellen Grundkonsens im ostdeutschen Protestantismus, der den Weg sowohl einer gesellschaftsisolierten Ghetto- und Überwinterungskirche wie den der SED-CDU-parteipolitischen Umarmung und Instrumentalisierung zu vermeiden versuchte. »Gratwanderungen zwischen Anpassung und Verweigerung« (A. Schönherr) und spannungsvolle Dialektik von »die Situation annehmen und dabei frei bleiben« (J. Hempel) als Orientierungsintention bestimmten den konfliktreichen kirchlichen Alltag und hatten auch für dieses Thema zentrale Bedeutung. Damit stand aber die Frage zur Klärung an, wie den Marginalisierungsabsichten des Staates und gelegentli-

---

7   *W. Krusche*, Bundessynodalvortrag Eisenach 1975, in: ChL 29 (1976) 9ff. Leicht gekürzt, aber im Zusammenhang anderer Grundtexte hierfür in: *Sekretariat des Bundes der Ev. Kirchen in der DDR* (Hg.), Kirche als Lerngemeinschaft. Dokumente aus der Arbeit des Bundes der Ev. Kirchen in der DDR, Berlin 1981, 126ff.

chen Rückzugsmentalitäten in den Gemeinden zu begegnen sei. Dies bedeutete zugleich, nicht lediglich die gesamtkirchlichen und gemeindlichen Instrumentarien daraufhin zu überprüfen, ob sie strukturell im Kleinerwerden den »großen Aufgaben« noch entsprechen, sondern zu fragen, wie in der zweiten DDR-Generation nicht mehr bewußte zentrale Inhalte christlichen Glaubens als relevant entdeckt werden können. Kirchenreform als Strukturreform konnte daher nicht genügen und hinterließ besonders dort Enttäuschungen, wo die normativen Gemeindedefinitionen die »real-existierenden« Vorfindlichkeiten zu überrollen drohten. Die Strukturdebatte erweiterte sich deshalb folgerichtig zu einer fundamentalkatechetischen. Diese fragte nach theologisch-pädagogischen Kriterien und Lernbedingungen für das Erschließen von Inhalten und vermochte dabei Gemeinde nicht lediglich als pauschales Postulat, sondern als Wirkungsgeflecht komplexer gesellschaftlicher, personaler und inhaltlicher Kräfte anzusehen.

Wieder einmal zeigte sich: »Katechetik stellt sich sowohl kritisch zu Theologien, die in ihrer Selbstbewegung ihre Zugänge nicht deutlich machen, als auch gegen ein sich selbst genügendes Kirchentum, das sich in seinen Lebensvollzügen gegen die Öffnung der Kirche abschirmt. Die Rückfrage an die Kirche, was sie als den zentralen Inhalt ausweist, an dem Zeitgenossen Christ werden können, ist eine klassische didaktische Frage, die den an die Kirche herantretenden Zeitgenossen gegenüber der Kirche pädagogisch anwaltlich vertritt.«[8] Auch wo in diesem Sinne die Begriffe Katechetik und Gemeindepädagogik in jener Zeit nicht begegneten, kam deren Sache in Sicht, als jetzt die Überlieferungen der Kirche, die Prozesse gemeindlicher Kommunikation im Rahmen der DDR-Realitäten in einen kritischen Zusammenhang gebracht wurden.

Bald begegnete dann in diesem Sinne ein erster gemeindepädagogischer Definitionsversuch: »Gegenstand der Gemeindepädagogik ist die konkret erscheinende christliche Gemeinde, sofern sie im Vollzug des ihr eigentümlichen Lebens das soziale Medium personal wirksamer Einflüsse ist, von deren pädagogisch zu verantwortender Deutung und Klärung, Verdichtung und Steuerung nach menschlichem Ermessen abhängt, ob heranwachsende Christen selbständig und selbständige Menschen Christ werden.«[9] Nicht zufällig wurde besonders aus den katechetischen Traditionen Ostdeutschlands heraus so formuliert. Das vulgäre Katechumenatsverständnis in den Gemeinden zeigte sich freilich weithin derart auf Eingemeindung, kirchliche Stabilisierung und »Kinderlehre« verengt – didaktisch reflektierten Neuansätzen zum Trotz, wie sie sich in den Lehrplanrevisionen besonders der späten sechziger und siebziger Jahre zeig-

---

8 *Chr. Bizer*, Katechetische Memorabilien, in: JRP 4 (1987), Neukirchen-Vluyn 1988, 90.
9 *J. Henkys*, Was ist Gemeindepädagogik?, in: ChL 33 (1980) 290f.

ten –, daß der Katechumenatsbegriff kaum mehr in der Lage war,
die neue, umfassende Aufgabe hinreichend zu beschreiben.
Konnte besonders in der Krisenerfahrung nach dem 1. Weltkrieg
der Versuch gemacht werden, die bereits damals nötige »Neuvermessung« unterschiedlicher gemeindlicher Kommunikationsformen
im Begriff des »Gesamtkatechumenats« zusammenzufassen, so erwies sich auch dieser jetzt als überholt. Das Ordnungsprinzip des
»idealen Konstrukts« Gesamtkatechumenat zeigte sich als zu wenig
flexibel für die neue Situation und vernachlässigte zudem das Individuum in seinen gesellschaftlichen Bezügen als Subjekt des Prozesses. Die feste, aufeinander bezogene Gefügestruktur und ein letztlich vordidaktisches Wort-Gottes-Verständnis, das den Menschen
vorrangig als Adressat beschrieb und Pädagogik oft nur als Metho-
denlieferantin für zu vermittelnde Inhalte benutzte, machte einen
neuen Leitbegriff nötig. Dabei schieden hierfür Religionspädagogik-
Wortverbindungen nicht nur aus, weil in jener Zeit die theologischen Begründungszusammenhänge eine unkommentiert-positive
Aufnahme des Religionsbegriffs nicht zuließen. Vielmehr mußten
die Gemeinden in einer Gesellschaft darauf achten, in der das Marx-
Zitat in der Lenin-Verschärfung »Religion ist Opium für's (!) Volk«
antikirchliches Handlungsprinzip war – wenn auch vielfältig vari-
iert –, mit ihren Inhalten nicht unter dieser Verdikt zu geraten.

Daraus sollte folgen, nach dem Ende der DDR mit dem Religionsbegriff freier umzugehen und religionspädagogische Betrachtungsperspektiven auch ohne theologische Verkrampfung in kirchlichen Handlungsfeldern zuzulassen. Dennoch ist dabei
kritisch zu fragen, ob ein allgemeiner Religionsbegriff genügend spezifisches Profil
besitzt, christliche Gemeinde inhaltlich zu tragen. »Religion« bewußt als »christliche
Religion« zu definieren und so den Gemeinde- durch den Religionsbegriff zu erset-
zen, übersieht die Strukturverschiedenheit beider Begriffe. Im Unterschied zu »Religion« verweist »Gemeinde« nicht nur auf einen spezifischen Inhalt, sondern auch
auf einen Lernort bzw. einen Kommunikationszusammenhang, ohne sich dabei ausschließlich auf eine juristisch zu definierende Institution z.B. als (parochiale) Kirch-
gemeinde festlegen zu lassen. »Gemeindepädagogik«, die sich freilich nicht gegen
den Religionsbegriff zu profilieren hätte, dürfte auch für die Zukunft Ostdeutschlands deshalb die angemessenere Wortformel sein.

2   Steckengebliebene Fragen

Bevor zu benennen ist, was dies für die postsozialistische Situation
im nunmehr vereinten Deutschland bedeuten könnte, wäre aus dem
Betrachtungsabstand der Gegenwart rückschauend zu benennen,
was in den vergangenen Jahrzehnten trotz wichtiger Verände-
rungsimpulse nur begrenzt eingelöst wurde oder bloße Forderung
blieb.

2.1 Die theologisch-pädagogische Verschränkung

Die Wortlegierung »Gemeinde-Pädagogik« setzt ein gleichberechtigtes – in sich durchaus spannungsvolles – Frage- und Kriterienverhältnis von Theologie und Pädagogik voraus. Da es in der DDR keine erziehungswissenschaftliche Auseinandersetzung gab und Gesprächsbrücken zwischen Theologie und Pädagogik nicht zu existieren hatten, wurden zwar in der Praxis und gemeindepädagogischen Ausbildung zahlreiche pädagogische Impulse eingebracht, die sich weder der katechetischen Eigentradition noch der DDR-Pädagogik verdankten, zur gleichberechtigten und differenzierten Einbringung der Humanwissenschaften kam es jedoch kaum. Nicht in jedem Fall kann man dafür entschuldigend die politische Situation verantwortlich machen; teilweise war die Dominanz des Normativ-Theologischen gegenüber dem Empirischen und humanwissenschaftlichen Fragestellungen deutlich gefordert.[10]

Nachdem es Ende der 60er Jahre zu Klagen über den drohenden Lebenswirklichkeitsverlust in der katechetischen Praxis kam[11], wurden in einer umfassenden Lehrplanrevision in den Folgejahren solche Einsprüche aufgenommen. Verschränkungszusammenhänge von biblisch-christlicher Überlieferung und biographisch-gesellschaftlicher Situation wurden aufgezeigt und in einer didaktisch begründeten Rahmenplan-Struktur der gemeindlichen Kinder- und Konfirmandenarbeit angeboten. Das löste besonders dort, wo intensive Einführungen in die ungewohnte Plan-Struktur erfolgten, Innovationen aus, führte jedoch auch zu kritischen Rückfragen. Einige stellten dabei den humanwissenschaftlichen Anspruch prinzipiell in Frage und drängten auf vorzuordnende dogmatisch-theologische Leitaussagen normativen Charakters. Unabhängig von berechtigten Teilrückfragen wird sich die in solchen Argumenten oft zur »Magd der Theologie« erniedrigte Pädagogik in ihrer Aschenputtelrolle zu wehren haben, wenn es gilt, den Lernort Gemeinde aus seinen Vernischungen zu befreien, Heranwachsende als Subjekte wahrzunehmen und sie nicht »einwirkungspädagogisch« zu Objekten zu degradieren.

Unterdrückte humanwissenschaftliche Fragestellungen werden sich künftig besonders dort rächen, wo der in Ostdeutschland seit etwa 1991 vielerorts entstehende Religionsunterricht sich als in die Schule hineingetragene normative Unterweisung und »abzuliefernde Botschaft« versteht und so in Bildungsgesamtzusammenhängen isoliert bleibt. »Der Religionsunterricht ist nach seinem eigenen Verständnis mit seinem besonderen Bildungsauftrag in den Gesamtauftrag der

---

10 Vgl. *R. Blühm*, 46; dazu: *K. Wegenast* und *G. Lämmermann*, 51f. Bezeichnend hierfür auch die Debatte: *R. Blühm*, Auf dem Wege zu einer theologischen Didaktik, in: ChrL 10 (1975) 300ff, 11 (1975) 340ff; *S. Schmutzler*, Zur Frage einer Didaktik der kirchlichen Arbeit mit Kindern, Konfirmanden und Jugendlichen, in ChrL 10 (1977) 336ff.
11 Vgl. bes. *G. Jacob*, Gegen den Mißbrauch biblischer Unterweisung als einem »zeitweiligen Aufenthalt in einer ererbten kirchlichen Sonderwelt«; in: *B. Schottstädt*, Konkret-Verbindlich. Notizen aus der DDR, Hamburg 1971, 102.

Schule integriert«[12] und ist von diesem Gesamtzusammenhang her zu begründen – besonders dort, wo er keine Tradition besitzt und sich deshalb in einem Legitimationsnotstand befindet. Gerade nach den Erfahrungen mit der DDR-Schule und dem Scheitern der SED-geleiteten »Einwirkungspädagogik« jedoch dürfte in Ostdeutschland die Sensibilität dafür gewachsen sein, daß allein der Ruf nach einer auch den Kirchen gegenüber autonomen Schule und einer in den Gemeinden gleichberechtigten pädagogischen Mitsprache nicht genügen kann. Vielmehr sind schulkonzeptionelle und bildungspolitische Intentionen und möglicherweise sublim vorhandene Ideologisierungsansprüche jeweils zu prüfen und Instrumentalisierungen des Pädagogischen aufzudecken. Dazu gehört auch, das Leitwort Pädagogik nicht unbesehen in die Wort-Ehe »Gemeinde-Pädagogik« einzubringen, sondern zu fragen, welche Aspekte und Intentionen für diese spannungsvolle Verbindung besonders wichtig sind. Gleiches gilt umgekehrt für theologische Aussagen und die Betrachtungsperspektive christlicher Gemeinde.

2.2   Die Berufsbilddebatte

Von Anfang an ist in der DDR der Begriff »Gemeindepädagogik« doppelpolig verhandelt worden: (1) als Dimension und Sichtperspektive von Kommunikationsprozessen, die sich in gesellschaftsoffenen Handlungsfeldern konkretisieren und durch Inhalte christlichen Glaubens geprägt sind (»Kirche als Lerngemeinschaft«); (2) als Berufsbild- und Ausbildungsreform, dieser Sicht gerecht zu werden, um dabei die Marginalisierungsabsichten des SED-Staates nicht ungewollt zu unterstützen.

Zu begrüßen ist, daß bei weitgehend nicht gelungener Reform aller Ausbildungen für den kirchlichen Dienst es 1979 für diese Fragerichtung zur Gründung der Gemeindepädagogischen Ausbildungsstätte in Potsdam kam und andere bestehende Ausbildungseinrichtungen sich zumindest zeitweise oder partiell den neuen Fragerichtungen öffneten. Die Erwartungen waren freilich auch hier größer.

Indem Gemeindepädagogik jedoch zum Ausbildungsberuf wurde, verschob sich in den Kirchen die Gemeindepädagogik- zur Gemeindepädagogendiskussion. Daraus ergaben sich durchaus innovatorische Impulse für überfällige Verhältnisbestimmungen der Pfarrer und »anderer Mitarbeiter«, für Ordination und Statusfragen. Der Verordnungstext eines landeskirchlichen Amtsblattes z.B. zeigt, daß das Gespräch hierbei keineswegs nur zu folgenloser Synodenrheto-

---

12 *Kirchenamt der EKD* (Hg.), Identität und Verständigung. Standort und Perspektiven des Religionsunterrichts in der Pluralität. Eine Denkschrift, Gütersloh 1994, 24.

rik verkam: »Der Gemeindepädagoge ist für gemeindepädagogische Aufgaben umfassend ausgebildet. Er übt seinen Dienst in partnerschaftlicher Zusammenarbeit mit dem Pfarrer und anderen MitarbeiterInnen der Gemeinde eigenverantwortlich aus...« [13] Doch die damit gegebene Berufsbildfrage verengte und verrechtlichte den ursprünglich weitergefaßten Frageansatz. Und die gemeindlichen Hierarchiestrukturen wurden letztlich auch dort nicht wesentlich verändert, wo es zur Ordination der Gemeindepädagogen kam. Die ursprüngliche Intention, das »eine Amt« der Kirche als »Gemeinschaft der (unterschiedlichen, aber gleichwertigen) Dienste« auszuformen und für diese Berufe eine jeweils spezifische Ordination vorzusehen, war in den Landeskirchen nicht mehrheitsfähig. Die »Laienfrage« als authentische Stimme der DDR-Realitäten drohte dabei von der komplexen Berufsbildthematik überlagert und vergessen zu werden, obwohl es Gegenwehr-Impulse gab.[14]

2.3   Die Verortungsproblematik

Besonders wo »Gemeindepädagogik« zum Synonym oder zur bloßen Methodik für den in den Kirchen geliebten »Gemeindeaufbau« wurde, gelang es kaum, dem Individuum und dem, was in gemeindlicher Kommunikation tatsächlich in Erfahrung zu bringen war, gerecht zu werden. Normative Zielbeschreibungen verstellten dabei oft reale Prozesse und ließen Fragen nach den tatsächlichen Erwartungen und Erfahrungen von Menschen in und außerhalb der Kirchen nur begrenzt zu. Begriffe wie »Gemeinde als Lebensort«, als »Lerngemeinschaft«, als »Begleiterin von Kindern und Jugendlichen« hatten hierbei wichtige programmatische Bedeutung. Solche Leitformeln standen jedoch in der Gefahr, die Differenz von Ideal und vorfindlicher Wirklichkeit verschwinden zu lassen. Häufig überdeckten sie, daß für viele die Kirche aus anderen Gründen wichtig war und Gemeinde nicht als (Dauer-)Gemeinschaft, sondern nur als Begriffsbündel punktueller Einzelveranstaltungen ins Bewußtsein trat.

Dennoch zeigten sich auch hier besonders in der DDR-Spätzeit Ansätze eines Bewußtseinswandels. Hatte man in der Gemeindereform der 60er und 70er Jahre die Verarmungen der Parochien (Dör-

---

13 Amtsblatt der Ev.-Luth. Landeskirche Sachsens vom 31.8.1984, in: *K. Wegenast* und *G. Lämmermann*, 50.

14 Schlußbericht der 3. Bundeskommission für Zeugnis und Gestalt der Gemeinde (für 1980-1985), Anlage: Kirche und Gruppen, Einsichten und Fragen (Vervielfältigung des DDR-Kirchenbundes); ähnlich *M. Falkenau*, Zum Gemeindeverständnis in unserer Kirche, Beiträge A 5 der Theol. Studienabteilung beim Bund der Ev. Kirchen, hektographiert Berlin 1986.

fer!) noch in weiträumigen Großparochien mit ortsunabhängigen mobilen Funktionsberufen aufzufangen versucht – was kaum gelang –, zeigte sich zunehmend die Bedeutung von ortsgebundener Kommunikation in der Realität. Gewachsene, wenn auch oft beschädigte Parochialmentalitäten widersetzten sich stärker als vermutet großräumigen Funktionalisierungen. Dabei deutete sich an, daß der wegen der Schrumpfungsprozesse und gesellschaftlichen Ausgrenzungen der Gemeinde kaum mehr brauchbare Volkskirchen-Begriff einige Aspekte zu enthalten schien, die auch weiterhin – andersgedachten Intentionen zum Trotz – in den DDR-Gegebenheiten wirkten. Das konnte freilich nicht dazu führen, auf restaurative Weise das vielfach entleerte Parochialprinzip, das kirchenrechtlich ohnehin privilegiert war, monostrukturell abzusichern. Vielmehr galt es, neue, durchaus ortsbezogene Kommunikationen zu entdecken, die sich in, neben oder gegen das Parochiale bildeten und in ihrer lockeren, kirchenrechtlich kaum zu definierenden Struktur oft erstaunliche Strahlkraft in den DDR-Realitäten entwickelten. Aufgrund nicht durch die kirchliche Tradition vorgegebener Themen oder parochialkirchlicher Erfahrungsdefizite kam es zu parochieindifferenten Gruppenkirchen-Entwicklungen, die – unabhängig von ihren unterschiedlichen theologischen Prägungen – ähnliche Strukturmuster ausbildeten. Die evangelikalen und charismatischen Gruppen, der ökumenische Konziliare Prozeß für Gerechtigkeit, Frieden und Bewahrung der Schöpfung und schließlich die Bürgerrechtsbewegungen »unter dem Dach der Kirche« entwickelten unabhängig von normativen Ekklesiologien und parochialkirchlichen Strukturgegebenheiten erhebliche Wirkungen.

Die gemeindepädagogisch wichtige Frage, wodurch solche parochieunabhängigen »Verortungen« entstanden, aufgrund welcher Bedingungen sich derartige Kommunikationsmuster bildeten und andererseits vorhandene Strukturen verödeten und was in solchen Prozessen an Einsichten und Erfahrungen zustande kam (Lernen), verdiente Aufmerksamkeit. Diese Betrachtungsperspektive zeigte gerade für die letzten DDR-Jahre, daß keineswegs nur in vorgegebenen Strukturen (parochialgemeindliche Gruppen und »Kreise«) entsprechend »umgesetzte« und »umgesprochene« Inhalte Gemeinde »bauten«. Vielmehr erwies sich auch umgekehrt, daß aufgrund dringlicher gesellschaftlicher Herausforderungen, »in der Luft liegender«, oft vagabundierender Themen und Defizite neue Kommunikationsbildungen entstanden, wobei das Strukturell-Institutionelle nicht die Voraussetzung, sondern eher die Folge solcher Prozesse war. Das Thema »DDR-Gemeinden im Prozeß der Wende um 1989« ist unter dieser Voraussetzung ein bisher noch keineswegs genügend reflektierter und systematisierter Erfahrungsschatz, auch wenn die im DDR-Alltag spontan entstandenen Gruppen mit ihren theologischen, politischen und alternativkulturellen Elementen in dieser Form keinen Bestand haben konnten.

3   Die neuen Fragen und Perspektiven

Das seit 1989 in Ostdeutschland Aufgegebene wird nicht darin bestehen können, lediglich steckengebliebene gemeindepädagogische Ansätze und nur teilweise eingelöste Erwartungen nach dem Ende der SED-Herrschaft im Stile eines (über-)fordernden trotzigen Kraftaktes nunmehr herbeizuzwingen. Dieser wird nicht gelingen.

Sind die gemeindepädagogischen Intentionen zwar unter den Bedingungen der DDR entstanden, sind sie dennoch nicht aus diesen – im Für oder Wider zum Herrschaftssystem – abgeleitet und deshalb auch mit dem Ende dieses Systems nicht erledigt oder »abzuwickeln«. Doch zeichnen sich in der radikal veränderten Situation des vereinten Deutschlands neue Fragen und Profilperspektiven ab, die es zu benennen gilt. Wer die Sache festhalten will, hält sie gerade nicht fest, indem er lediglich das wiederholen und verlängern will, was sich einst unter nicht mehr existierenden Bedingungen ergeben hat – ohne dabei das Vergangene verleugnen zu müssen. Das Wechselspiel von gewachsener Identität und neuer Verständigungsdringlichkeit erweist sich gegenwärtig als das Haupterfordernis ostdeutscher (nur ostdeutscher?) Gemeinden. Daß sich in der spannungsvollen Verständigung auch für gemeindepädagogische Perspektiven neue Identitäten ergeben, ist zu hoffen, sofern in den Kirchen und Gemeinden genügend Freiheit und Gestaltungskraft vorhanden ist, die neue Situation anzunehmen.

3.1   In der pluralistischen Gesellschaft begründungspflichtig

Christliche Gruppen und Gemeinden – meist in den Formen radikal sich reduzierender Volkskirchlichkeit und gegen ihren Willen entöffentlicht – wurden von der SED zum überholten gesellschaftlichen Rest erklärt und waren dabei dennoch (von den gesellschaftlich immer wichtiger werdenden privaten Nischen abgesehen) die einzige Alternative im Ideologiestaat DDR. Diese strukturell-quantitative Schwäche der Gemeinden erwies sich letztlich als ihre faktische Stärke. Und es gibt nicht wenige, die heute das ungewohnte Eingebundensein von Kirche in gesellschaftliche Machtverwaltung, ihre zumindest institutionelle Stärke als ihre faktische Schwäche ansehen. Öffentlichkeit, gesellschaftliche Mitgestaltung und -verantwortung indes haben die Gemeinden immer gefordert und sich dabei faktisch vielfach als »Gegenöffentlichkeit« (E. Jüngel) oder – zutreffender – »Ersatzöffentlichkeit« angeboten, so daß zumindest an dieser Stelle jetzt nicht beklagt werden kann, was jahrzehntelang angestrebt wurde.

Die Nach-DDR-Geschichte hat hierbei jedoch längst Fakten geschaffen. Mußten die Kirchen einst, um der staatlichen »Zersetzung« (so ein Leitbegriff in den Stasi-Protokollen) begegnen zu können, ein hohes Maß innerer Dichte aufweisen und war dabei im Gegenüber zum hierarchisch-zentralistischen Staatsapparat eine Kirchen- und Gemeindestruktur nötig, die dem zumindest nicht widersprach, hat sich dieses inzwischen verändert. Die Gemeinden sind mit ihren Inhalten öffentlicher geworden, christliche Überzeugungen bringen sich in kulturelle, ökonomische und politische Vernetzungen unmittelbar ein und bedürfen dazu der Institution Kirche kaum. Das (klar erkennbar) Christliche sieht sich nicht mehr einer (klar erkennbaren) Anti-Ideologie gegenüber, sondern ist auch davon befreit, dabei jedoch weithin zu einer Größe ohne Entscheidungsrisiko im pluralistischen Meinungs- und Überzeugungsspektrum der Gesellschaft geworden.

Dabei ist ein Prozeß doppelter Subjektivierung zu beobachten: Die in der protestantischen Tradition angelegte Entscheidungsfreiheit erweist sich für das Individuum als Freiheit zur Auswahl unterschiedlicher Werte. Da es jedoch einen gesellschaftlichen Minimalkonsens und vorgegebene, profilierte und zumindest regional verbindliche Inhaltsüberlieferungen kaum (mehr) gibt, werden Entscheidungen und Prägungen jeweils von situativen Umständen und Kontingenzen abhängig. Menschen wachsen nicht mehr in vorgegebene Sinnorientierungen und Normen hinein, wählen auch nicht lediglich aufgrund ihrer Vorprägungen aus einem Sinn- und Werteangebot aus, sondern erstellen sich dieses weitgehend selbst, sofern sie sich nicht von situativen Zufällen einholen und von neuen gesellschaftlichen Zwängen überwältigen lassen.

Kaum befriedigen könnten hierbei kirchliche Versuche, diese Entwicklungen restaurativ umzukehren oder Theologie lediglich als Legitimationsideologie für derartige Prozesse einzusetzen, was ohnehin niemanden interessieren dürfte. Gemeindepädagogisch wichtig wird jetzt jedoch die individuelle Begründungspflicht für subjektive Entscheidungen. Wo nicht lediglich überkommene kirchliche Traditionen katechetisch aufzuschließen und anzueignen sind, sondern das Individuum in der »freien Marktwirtschaft« von Sinnangeboten und Lebensformen sich seine Muster und seine Religion – der Begriff ist hier angemessen – selbst herzustellen hat, ist damit zugleich die Rückfrage nach Begründungen und Inhalten gegeben. Vermögen Kommunikationsangebote in der Gesellschaft, für die die christlichen Gemeinden einzustehen hätten, hierbei Such-, Orientierungs- und Unterscheidungshilfe zu leisten?

Begründungs- und Erläuterungspflicht entsteht jedoch noch an anderer Stelle: Wo Kirchen in der Gesellschaft letztlich kein hierarchisch verwaltetes Sinnmonopol (mehr) besitzen und deshalb mit anderen »Anbietern« ihre »Angebote« (Marktsprache!) machen, sind sie auf Zustimmung angewiesen, müssen sich befragen lassen und mit ihren Inhalten einleuchten. »Eine kirchliche Praxis, die sich als Angebot versteht, orientiert sich damit an der Logik kommunikativer Prozesse: Kirche will ihre Sache und ihr Anliegen nicht autoritativ von vorne – gewissermaßen als Verdoppelung administrativer Zuweisung –, sondern als diskursiven Beitrag inmitten einer gesellschaftlichen Öffentlichkeit zur Geltung bringen, in der die Lebensperspektiven nicht verfügt, sondern erstritten und ausgehandelt werden sollen«.[15]

---

15 *K. Fechtner*, Volkskirchliche Praxis zwischen Ökonomie und Kommunikation, in: ThPr 28 (1993) 195.

Mit dem Ordnungsgefüge klassischer Katechumenatstraditionen ist die neue Aufgabe nicht mehr hinreichend zu erfassen. Andererseits darf dort, wo »Lebensperspektiven ... erstritten und ausgehandelt werden sollen«, die Kirche nicht lediglich zu einem allgemeinen Bildungsträger degenerieren, der seinen originären Beitrag hierbei zum Verschwinden bringt. Wo die Plausibilität des Christlichen in der Gesellschaft nicht als »sichere Bank« vorausgesetzt werden kann, von der aus allgemeine Bildungsverantwortung in diesem Sinne wahrzunehmen ist, sondern die Erschließung des unbekannt gewordenen Christlichen selbst zur Bildungsaufgabe wird, hat Gemeindepädagogik derartige Erst-Begegnungen zu ermöglichen. Wenn – wie besonders in Ostdeutschland auch fünf Jahre nach der »Wende« – das Christliche als Fremdreligion und Fremdsprache im Land erscheint und dieser Überlieferung keine wesentliche Relevanz mehr in der Gesellschaft zuerkannt wird, taucht eine zentrale fundamentalkatechetische Aufgabe von Gemeindepädagogik auf. Diese Aufgabe des Erschließens und Ermittelns fundamentaler christlicher Inhalte für Individuum und Gesellschaft als Alphabetisierung ist nicht zu verwechseln mit einer appellativen Bringer-Ideologie, dem bloßen Abkündigen »richtiger Antworten« (auf welche Fragen?) oder dem lediglich religionskundlich gemeinten Angebot »neutraler« Informationen über Christentum und Kirche. Die Konfessionalität von Gemeinde wird hierbei Konfessorisches in einer multikultureller werdenden Gesellschaft ermöglichen, dabei zu konfessionellen Konvergenzen und ökumenischen Erfahrungen führen, die abgrenzungsorientierte Rekonfessionalisierungen nicht zulassen dürften. Derartige Ermittlungs- und Erfahrungsprozesse bedürfen kommunikativer Beziehungen, die ihre Verortungen brauchen und die Qualität von Gemeinde besitzen. Daß der Individualisierungsschub der Moderne deshalb aus Gemeinde herausführen müsse und nur neben oder gegen sie das Individuum als »Überzeugungsträger« existieren könne, erweist sich als ein Mißverständnis. Wenn jedoch christliche Gemeinden das ihnen Eigene nicht mehr einleuchtend machen können und es keine Orte gibt, wo ihre Inhalte leben und ihnen begegnet werden kann – und das schließt kritische Rückfragen an die Verfaßtheit der Kirchen ein –, werden sie in der Gesellschaft erst recht überflüssig oder durch sie instrumentalisierbar. »Wo nun das Salz dumm wird, womit soll man salzen? ...« (Mt 5,13).

3.2 Die Schlüsselthemen des Alltags wahrnehmen

Soll »Gemeindepädagogik« nicht lediglich ein Modewort für neue kirchliche Profilbestimmung werden – die Gefahr des Etikettenschwindels wäre dabei möglicherweise nicht zu vermeiden –, hat sich dieser Leitbegriff vorrangig auf das zu beziehen, was in einer Gesellschaft pädagogisch relevant ist.

Die Wortehe »Gemeinde-Pädagogik« benennt ein konkretes Beziehungsverhältnis und einen spannungsvollen Verschränkungszusammenhang. »Der Gemeindepädagogik-Begriff ist nicht nur auf wechselseitige Entgrenzung und Eröffnung hin auszulegen in der Hoffnung, daß er in diesem Sinne praxisrelevant wird, vielmehr stellt er diese Eröffnung und Interdependenz selbst begrifflich unmittelbar dar, weil er Gemeinde und die sie konstituierenden Inhalte mit den übergreifenden Intentionen von Bildung, umfassender Lebensbegleitung, Erneuerung und zu lernender Zukunft verschränkt.«[16]

Damit ist die Gemeindepädagogik an die Schlüsselthemen des Lebensalltags gebunden, wie sie sich für das Individuum in den neuen Bundesländern mit ihren unverhofften Ambivalenzen von erworbener Freiheit und neuer Verunsicherung ergeben. Die Kehrseite der ersehnten Befreiung ist für das Individuum jene kontingente Unwert-Erfahrung, die dadurch entsteht, daß mit den maroden DDR-Industrien und dem zerbrochenen Gesamtsystem, dessen Teil jeder war, gleichsam die eigene Biographie in die »Evaluierung« und »Abwickelung« geriet. Für viele erweist sich die neue, kostbare Freiheit als nichtvorhersehbare Verurteilung zur lebensperspektivischen Chancenlosigkeit. Die »Wende« vom Kommunismus zum Konsumismus, die mit rascher gesellschaftlicher Differenzierung, Desintegration, Identitätsbrüchen und Orientierungsdiffusitäten verbunden ist, verlangt Bearbeitungsräume und -inhalte. Hierfür besitzen die christlichen Gemeinden zwar kein Privileg, aber aufgrund ihrer Inhalte eine unabweisbare Verantwortung. Die alten diakonischen Intentionen der Kirchen – nicht zufällig sind die pädagogischen Impulse und Einrichtungen der Kirchen weitgehend aus der Diakonie erwachsen – hätten sich hier unter neuen Voraussetzungen zu bewähren. Die katechetische und diakonische Dimension christlicher Gemeinde erweitert sich dabei ins Sozialpädagogische. Kirche bliebe nicht bei sich, sondern kommt zu sich, indem sie mit und bei »den anderen« ist und sich auf sie einläßt.

Die Frage, die sich hierbei an evangelische Gemeinden – in welcher Organisationsstruktur auch immer – richtet, hätte zu klären, wie sie die gelehrte Rechtfertigung aus bloßer theologischer Richtigkeit befreit und es ermöglicht, daß Menschen zu ihrem Recht kommen. Die Gemeindepädagogik ist deshalb an jenen Intentionen interessiert, die hinsichtlich der Kinder auf der EKD-Synode 1994 in Halle als »Perspektivwechsel« von »Welches Kind braucht die Kirche?« zu »Welche Kirche

16 *R. Degen*, Gemeindepädagogische Aspekte im Veränderungsprozeß Ostdeutschlands, in: *R. Degen, W.-E. Failing, K. Foitzik* (Hg.), Mitten in der Lebenswelt. Lehrstücke und Lernprozesse zur zweiten Phase der Gemeindepädagogik, Comenius-Institut Münster 1992, 215.

braucht das Kind?« beschrieben wurden[17]. Diese neue Wahrnehmungsbereitschaft kann sich freilich nicht nur auf die Kinder beziehen. Wo es darum geht, daß Menschen in ihren lebensweltlichen Gegebenheiten ihr Recht finden, wird es in diesem Sinne darauf ankommen, Abstrakta wie »das Individuum«, »der Mensch« bzw. »der Erwachsene« aufzulösen und sie als Kinder, Jugendliche, Frauen und Männer konkret wahrzunehmen. Die (alte) Frage der Generationenspezifik und die (neue) Frage der Geschlechterspezifik in gemeindlicher Sozialisation und Kommunikation wird deshalb auch gemeindepädagogisch aufzunehmen sein.

Wo eine auf dem Konkurrenzprinzip beruhende Gesellschaft mit ihren Verdrängungsmechanismen den Kindern, Frauen und Männern in durchaus unterschiedlicher Weise die Einsicht vermittelt, entweder gegen andere siegen zu müssen oder deklassiert und marginalisiert zu werden, wären Erfahrungen von Annahme, Mitverantwortung und Mitgestaltung dringlich. »Du hast Recht und Zukunft, weil du bist« scheint eine Erfahrung zu sein, die gegenwärtig in Gesellschaft und Kirche weithin nicht zustande kommt. Über die klassische katechetisch-diakonische Dimension von Kirche hinaus wird deshalb die Gemeindepädagogik darauf zu achten haben, daß sie den Vorwurf »bewußt gesuchter politischer Abstinenz«[18] nicht erneut auf sich zieht. Die Gemeindepädagogik ist beteiligt, wenn es gilt, für die Opfer politischer und ökonomischer Entwicklungen Partei zu ergreifen und an Strukturen mitzuwirken, die solche Opfer überflüssig machen. Das Diakonische ist deshalb im Sozialpolitischen aufgehoben. Der pädagogische Aspekt solcher Aufgabenbeschreibung zeigt sich dort, wo die von den Entwicklungen Überrollten nicht nur Ansprachen hören, sondern ihr Recht in ihrer eigenen Sprache finden, welche die lähmende »(Un-)Kultur des Schweigens« durchbricht. Zu fragen ist, ob die »Kirche des Wortes« zu solchen Worten verhilft und sich als Sprachschule erweist. Sprachvorgaben sind hierbei nötig, nicht jedoch, wenn diese normieren und domestizieren und kirchliche Veranstaltungen so zum Ort institutionalisierter Sprachlosigkeit und Sprechverhinderung verkommen. Sofern das Individuum in einer ausschließlich vordefinierten und vorstrukturierten Kirche lediglich Instrument des Vorentschiedenen oder bloßer Empfänger von Inhalten sein darf, dürften solche für das Individuum wichtigen Erfahrungen sich kaum einstellen. Sich lediglich als Objekt anderer zu empfinden, wird dem einzelnen in der Gesellschaft zur Genüge zugemutet. Die aus der Gemeindereformbewegung der 60er Jahre stammende Formel von der Kirche, deren »Tagesordnung« die Welt bestimmt,

17 EKD-Synode Halle/Saale (7.11.1994) »Aufwachsen in schwieriger Zeit« – Kinder in Gemeinde und Gesellschaft; epd-Dokumentation Nr. 50/94 (28.11.1994), 23ff. Dokumentation: *Synode der Ev. Kirche in Deutschland*, Aufwachsen in schwieriger Zeit – Kinder in Gemeinde und Gesellschaft, Gütersloh 1995.
18 *I. Baldermann*, Wie lernfähig sind unsere Kirchen?, ThPr 21 (1986) 293.

wäre dahingehend zu präzisieren, daß die »Laienfrage« – die Hoffnungen und Enttäuschungen, die Erfahrungen und Identitätsbrüche im Lebensalltag – das eigentliche Themenspektrum für Gruppen und Einrichtungen sind, die sich gemeindlich verstehen. Wo daraus nicht lediglich abzuhandelnde Themenkataloge werden, sondern in der unmittelbaren Kommunikation hierbei Bejahung erlebt, Einspruchs- und Mitgestaltungsrechte gegeben sind und Erfahrungen sich hierbei erweitern, kommen nicht nur kirchenreformerische Impulse erneut zum Tragen, sondern wird die mit Gemeinde gemeinte Sache für Individuum und Gesellschaft wichtig.

Institutionelle Strukturen und Berufsbilder sind dabei nötig, um solche Prozesse zu ermöglichen. Vollziehen sich solche außerhalb kirchlicher Versammlungsorte im gesellschaftlichen Alltag öffentlicher Vernetzung, kommt Kirche darin »zu sich«, indem sie »außer sich« gerät.

3.3   Als Gemeindegestaltung widerständig

Obwohl in der DDR die Pädagogik der Gemeindepädagogik nicht differenziert entfaltet werden konnte und hierbei manches pauschales Postulat blieb, haben die Kirchen doch Leitkriterien auch im kritischen Gegenüber zur staatlichen Bildungspolitik benannt und einzubringen versucht.[19]

Die Frage, welche Impulse aus der gegenwärtigen Pädagogikdiskussion für die Profilierung von Gemeindepädagogik in einem veränderten Kontext besondere Bedeutung haben müßten, setzen solche Leitkriterien nicht außer Kraft, modifizieren und präzisieren sie jedoch. Dabei ist in der allgemeinen Gemeindepädagogikdiskussion inzwischen ein Fortschritt erreicht worden, der auch ostdeutsche Entwicklungen weiterführen kann.

Der Pädagogikbegriff verweist nicht nur auf das Soziale und Politische in der Gesellschaft, sondern auch auf Kultur und Ästhetik. Es mag auch theologische Gründe gehabt haben, daß in den DDR-Kirchen zwar Kirchenmusik, belletristische Gegenwartsliteratur, Symbole und Riten faktisch eine große Bedeutung hatten, sie jedoch theologisch-konzeptionell kaum eingebunden waren oder ausschließlich als Instrumente von Wortverkündigung oder politischem Protest verstanden wurden. Das mühsame Reparieren alter Kirchengebäude etwa hatte vorrangig den Zweck, den Gemeinden ihre Ver-

19 Im Auftrag des Rates der EKD: *C. Demke u.a.* (Hg.), Zwischen Anpassung und Verweigerung. Dokumente aus der Arbeit des Bundes der Ev. Kirchen in der DDR, Leipzig 1994, 364ff (Beitrag der Kommission für Kirchliche Arbeit mit Kindern und Konfirmanden zur Vorbereitung des IX. Pädagogischen Kongresses der DDR 1989).

sammlungsräume zu erhalten – was nötig war – und dabei denk-
malpflegerische Kriterien einzubeziehen. Als kulturpädagogische
Aufgabe, die in diesen Bautraditionen verdichtete Geschichts- und
Frömmigkeitserfahrung zugänglich zu machen, sie nicht nur im
Führungsbetrieb großer Dome im Schnelldurchgang anzudeuten,
sondern sie zu begehen und zu begreifen, ist in den Gemeindere-
form-Konzepten und vielfach auch den katechetischen Traditionen
unterentwickelt geblieben.

In einer von Massenmedien bestimmten Gesellschaft, in denen das
Individuum zur Passivität und Sprachlosigkeit verurteilt ist, nur selten Verweilen, Nachfragen und Mitgestaltung gelingen und originä-
re Zugänge durch Flimmerscheibe und bedrucktes Papier verstellt
werden, entsteht hier eine kulturpädagogische Aufgabe, die gemeindepädagogisch relevant ist. Wo die Wirklichkeit präpariert und ausschnitthaft begegnet, das Individuum ständig instrumentalisiert wird
und die »Erlebnisgesellschaft« zur Unterhaltungsgesellschaft degeneriert, bedarf es um des Humanums willen der Gegenwehr. Gemeindepädagogik als Gemeindebildung wird hierbei auf jene kul-
turpädagogischen Impulse aufmerksam, die Bildung als »Verlangsamung«, als Aufhebung rascher Aktualisierungen und Verzwek-
kungen verstehen. Dem Verschwinden von Wirklichkeit durch Me-
diatisierung und dem Verlust originärer Erfahrungen erwächst hier
eine Gegenkraft, welche die Dinge befremdlich macht, »entdomesti-
ziert«, und Eilen durch Verweilen ersetzt.

»Der Kulturarbeiter hat also nach Kräften Barrieren abzubauen. Zugleich aber, und
das steht in einer gewissen Spannung dazu, hat er Kulturinhalte zu verkostbaren –
hat ihren Wert zu erhalten, ihre Kostbarkeit im Bewußtsein zu halten.«[20] Dabei sind
»schnelle Vertrautheit zu zersetzen und Fremdheiten, Fernen spürbar zu machen –
um nicht zu sagen herzustellen«.[21] Diese von H. Rumpf u.a. beschriebene Bildungsaufgabe, ins Gemeindepädagogische übersetzt, verdeutlicht, daß Gemeindepädagogik nicht nur mit ihren Inhaltsüberlieferungen eine unterscheidend-kritische Funktion in der Gesellschaft hat, die bestehende Inhalte und Ideologien befragt, neue
Sinn- und Hoffnungsperspektiven ermöglicht und nicht lediglich Verstärkerin beste-
hender Trends ist. »Verlangsamung« und »Verfremden« des Vorfindlichen ist »Ge-
gendrift« noch in elementarerem Sinne: Sehen und Wahrnehmen als Ermitteln und
Erschließen wird möglich, wobei das Fremde als das Befremdliche auffällig wird,
auf sich aufmerksam macht und so zur Auseinandersetzung nötigt.

Hierbei kommen jene Gestaltungen und Gestaltungswiderstände
gegen domestizierende Verzweckungen zum Tragen, an denen die
Überlieferungstraditionen christlicher Gemeinden reich sind: Kirchenraum als Sinn- und Gegen-Raum zum zweckrational Funktio-

---

20 *H. Rumpf*, Die Dinge und die Sinne. Zur Entdomestizierung der Kulturarbeit,
in: *R. Degen, W.-E. Failing, K. Foitzik* (Hg.), 126.
21 *H. Rumpf*, 127.

nellen; Bild-, Musik- und Sprachstrukturen, die Sinninhalte und
Wirklichkeiten verdichten und nicht lediglich Informationen trans-
portieren. Räume mit dem, was sich in ihnen inhaltlich ausgeformt
hat, werden zu kreativen Spiel-, Frei- und Gegenräumen. Das Ge-
staltete wird durch seine befremdliche Existenz angriffig und steht
dem Gestaltlosen, dem Zerfließen und Zerfallen gegenüber. Pädagogik verlangt hierbei nicht den Begriff, sondern das Begreifen, verweist auf Gestaltung und Mitgestaltung als einen ganzheitlichen
Gesamtvorgang. Meditation, Gebet und »lebendige Liturgien« als
ein Bedenken, Benennen und Begehen von Sinn machen hierbei
Sinn, ohne daß dies mit restaurativen Wiederbelebungsversuchen
gestorbener Formen und weltflüchtigem Interesse zu verwechseln
ist. Auch hier scheint der diffuse Nachbarschaftsbegriff zu »Gemeindepädagogik« als »Gemeindeaufbau« besser durch den Begriff
»Gemeindegestaltung« ersetzt. »Gestaltung« als eine primär ästheti-
sche Kategorie setzt im Unterschied zu »Aufbau« bereits Vorhande-
nes voraus, das nicht der Herstellung bedarf. »Gestaltung« ist weniger konstruktivistisch mißverständlich – ohne dabei aktives Handeln auszuschließen.

In diesem Zusammenhang darf daran erinnert werden, daß die Christentumsgeschichte seit ihren Anfängen keineswegs als eine Wort-Gottes-Verkündigungsge-
schichte des Weitersagens, Hörens und Lesens in Erscheinung trat, sondern als –
inhaltlich geprägte – Festkultur, die sich schließlich im Festkreis des Kirchenjahres
ausformte. Riten und Symbole, Begehungen, Feiern und Feste als gestaltetes Inne-
halten im gleichmäßigen Ablauf von Zeit mit einem jeweiligen Proprium tauften
gleichsam die vor- und außerchristlichen Festtraditionen und gaben diesen einen
neuen Sinn. Sie schufen inhaltliche Orientierungen in der Zeit und befreiten diese
aus ihrer Uniformität und Neutralität. Inhalte erhielten Gestalt, Gestaltung »predig-
te«, indem sie das Volk (Gottes) vollzog. Christentumsgeschichte trat als Festge-
schichte in Erscheinung und ist damit Form- und Gestaltungsgeschichte.

Gemeindepädagogisch bedeutsam ist dabei, wie neue gesellschaftliche oder lebensgeschichtliche Schwellensituationen und Passagen
nach neuen Symbolen und Riten verlangen und inhaltlich-formale
Gestaltung brauchen. Die Geschichte der Kasualien, der für die Lebensgeschichte des Individuums oder die Erinnerungs- und Schwellensituation einer Gesellschaft wichtigen Begleithandlungen, befindet sich in ständigem Wandel. Es scheint jedoch, daß in der heutigen Gesellschaft das Begleit- und Ritenmonopol der christlichen
Kirchen brüchig wird, dies gleichsam privat-individualistische Ent-
eignungen erfährt und im Privaten weithin verfällt. Seit langem versuchen andere gesellschaftliche Kräfte die Ritentraditionen der Kirchen zu beerben und umzuformen. Diese haben freilich bisher
weitgehend nur Versatzstücke und säkularisierte oder antikirchliche
Nachahmungen zu bieten vermocht, wie etwa die Geschichte der

Jugendweihe[22], nichtkirchlicher »Namensgebungen« oder Bestattungsfeiern zeigen.

Jedoch auch Riten und geformte Traditionen sind ambivalent. Wo sie zu erstorbenen Konventionen werden, das Individuum binden und Neues verhindern, bedürfen auch sie des Stachels der Verfremdung. Wo – auch unter Verwendung des Gemeindepädagogikbegriffs – vorfindliche Gemeinde mit ihren Gestaltungstraditionen oder gruppenkirchliche Kommunikationen zu rasch zum selbstverständlichen Ort des »GLAUBEN-LEBEN-LERNENS« erklärt werden und programmatische Leitformeln die Frage zudecken, welchen Glauben denn die überkommenen Angebote und Strukturen eigentlich lernen lassen, ist die kritische Fragekraft von Gemeindepädagogik noch nicht erkannt. Wenn »Gemeinde« nicht lediglich bedeuten kann, den Erfahrungs- und Überlieferungsstrom zu bewahren und fortzusetzen oder – wie weithin in der vergangenen DDR – eine qualifizierte Alternative im bestehenden Gesellschaftssystem zu bieten als Freiraum und Schutzraum, werden die aus der Veränderung erwachsenden Fragen besonders in Ostdeutschland deutlicher zu formulieren sein. Dazu gehört die Prüfung, zu welcher Sprachlosigkeit oder Sprachfähigkeit die gemeindlichen Prozesse führen in einer pluralistischen Gesellschaft mit inhaltlichen Konkurrenz- und Synthesenangeboten, wo das Individuum ver-antworten und begründen muß, wie es sich im ganzen verstehen möchte.

Abstract
In order not to intensify unintentionally the churches' exclusion from political influence and their emaciation in the former German Democratic Republic, there arised effort for reforms of the churches and their education which finally led to an establishing of congregational paedagogy in the years around 1970. New perspectives of considering existent congregations were built up, in which the congregation was understood as a subject and a communication of contents and personal relations. These experiences must be integrated in the post-socialistic situation of Eastern Germany after 1989, and they must be confrontated with a radically changed social context. Then a threefold task appears: (1.) the task to enable an individual duty of reasons within a pluralism of values; (2.) the task to perceive the key themes of the everyday life theologically and pedagogically; (3.) the task to enable the congregation to take effect as a trend-alienating shape.

22 *E. Neubert*, Die postkommunistische Jugendweihe – Herausforderung für kirchliches Handeln, in: Studien- und Begegnungsstätte Berlin der EKD (Hg.), Begegnungen 4/5 – Zur Konfessionslosigkeit in (Ost-)Deutschland, Berlin 1994, 34-86; *R. Degen*, Konfirmation und Jugendweihe – ostdeutsch, ChrL 47 (1994) 470-473.

1.4

Wolf-Eckart Failing

Gemeinde als symbolischer Raum

Die Gemeindepädagogik in der Phase der Systematisierung

1 Einleitung: zur gegenwärtigen Diskussionslage

Als die westdeutsche Gemeindepädagogik in einer ersten Phase
(70er Jahre) ihre Entwürfe konzipierte, war das Bildungsdilemma
des Protestantismus als Diskrepanz zwischen reflexiver Subjektivität, kirchlich gefaßtem Glauben und Alltagsrealität im Blick. Die
empirisch breit bestätigte Einsicht in »das tendenzielle Mißlingen
kirchlicher Sozialisation« verstärkte die Suche nach neuen und an-
gemesseneren Formen der kirchlichen Sozialisationsbegleitung. Dabei ging es um eine sich öffnende, die Kontaktflächen vergrößernde
und Begegnungsorte intensivierende Präsenz von Kirche im Modus
alltagsbezogener Bildung. Verbunden war dies mit einem Einsatz
für einen professionellen (gemeinde-)pädagogischen Qualifizie-
rungsschub einerseits und Strukturreformen kirchlicher Arbeit andererseits.[1]

Diskussion und Reformvorhaben wurden in der westdeutschen Entwicklung allerdings bald überlagert und teilweise abgelöst durch eine breite und engagierte Ge-
meindeaufbau-Diskussion. Sie kann als innerkirchliche Reaktion auf die schleichen-
de, aber höchst wirksame Erosion der sozialen kirchlichen Basis und die verschärfte
Auseinandersetzung um den wachsenden Pluralismus von Westdeutschland gedeutet
werden. Der weitere Weg der Volkskirche stand zur Debatte.

In dieser Situation befand sich die Gemeindepädagogik in einer eigenartigen doppelten Auseinandersetzung:
(1)   Zum einen suchte sie in Auseinandersetzung mit den Gemeindeaufbau-Konzepten zu klären, in welchem Verhältnis Bildung und
Gemeindebildung stehen. Die kritische Abgrenzung vollzog sich
vor allem nach zwei Seiten: (a) Religiöse Bildung als der lernende
Selbstvollzug des Subjekts steht zwar in einem – auch von der Gemeindepädagogik gewollten – Zusammenhang mit Gemeindebil-

---

1   Trotz der Teilung Deutschlands zeigen sich rückschauend partielle Übereinstimmungen mit gleichzeitigen Entwicklungen Ostdeutschlands; vgl. den Beitrag von R.
Degen in diesem Band S. 17-35.

dung; Bildung darf aber nicht für Ziele von Gemeindeaufbau instrumentalisiert werden. (b) Gemeindeaufbau, wie ihn die Gemeindepädagogik verstand, war selbst als Gemeinde*bildung* zu verstehen, d.h. auch als Lern- und Bildungsprozeß; daher zog man vielfach den Terminus »Gemeindeentwicklung« vor.
(2) Gemeindeaufbau-Konzepte und Gemeindepädagogik wandten
sich allerdings gemeinsam gegen ein einseitiges funktionales Kir-
chenkonzept, das Kirche vor allem als ein Dienstleistungsunterneh-
men unterschiedlicher abrufbarer Einzel-Angebote und als An-
sammlung nur gesamtkirchlich lose verknüpfter Agenturen sah.
Diese Gemeinsamkeit endete allerdings dort, wo Gemeindeaufbau-
Konzepte eine Gestalt als Lösung für alle vorschlugen: die Grup-
pengemeinde. Hier plädierte Gemeindepädagogik dezidiert »volkskirchlich«: Der ekklesiola-Typus von Kirche ist nur *ein* möglicher
Realisationstypus christlichen Engagements und neuzeitlicher kirchlicher Vergemeinschaftung. Andererseits mußte sie sich auch gegen
die Dominanz eines überhöhten Parochialbegriffs absetzen – ähnlich wie dies in den parallelen ostdeutschen Entwicklungen zu beobachten war. So sah sich die Gemeindepädagogik zwischen zwei
mächtigen und kirchenpolitisch miteinander ringenden Diskussions-
strömen eingekeilt und – wie alle auf Vermittlung zielende Entwürfe – in der Gefahr, überhört oder zum Zwecke der Abarbeitung der
je eigenen Position karikiert zu werden: als theologische Minimali-
sierung im Namen einer Pädagogik des Pluralismus, als krude Mischung von Kulturprotestantismus und Neo-Pietismus, als parochi-
al-gemeindliches Heimholungswerk und Einpassungspädagogik.

Um den Gemeindeaufbau wurde es Anfang der 90er Jahre ruhiger. Die Enttäuschung über so verankerte Projekte breitete sich aus; das volkskirchliche Grund-
schema erwies sich trotz zur Gewohnheit gewordenem Kirchenaustritt resistenter
als gedacht. Und dennoch: Die Prozesse gesellschaftlicher Differenzierungen schritten undramatisch, und gerade deswegen besorgniserregend, weiter. Dabei sind die
folgenschweren Veränderungen der religiös-kirchlichen Landschaft durch die neuen
Bundesländer bisher noch kaum zum Zuge gekommen. Diese Problemlage wurde
von einigen kirchenleitenden Gremien und Kommissionen als Grundproblematik
aller gesellschaftlichen Großorganisationen wahrgenommen: als Spannung zwischen
Institution und Person.

Es ist sicherlich kein Zufall, daß genau zu diesem Zeitpunkt wieder
verstärkt und anders akzentuiert nach Gemeindepädagogik gefragt
und diese breiter thematisiert wird. In den Jahren 1992-1994 hat die
Entwicklung der Theorie- und Konzeptionsbildung noch einmal
eine neue bzw. andere Qualität bekommen.

Die Bedingungen für eine weiterführende Diskussion haben sich deutlich verbessert,
was man an fünf Momenten festmachen kann:

(1) Die vielschichtige Entstehungsgeschichte der Gemeindepädagogik wie die differenzierte Weiterentwicklung sind durch die problemgeschichtliche Untersuchung von K. Foitzik hilfreich erhellt.[2] Dadurch ist es möglich, das komplexe Bedingungsfeld gemeindepädagogischer Entwürfe präziser zu fassen und zugleich die Implikationen des Begriffs exakter zu orten.[3]

(2) Ein wissenschaftlicher »Arbeitskreis Gemeindepädagogik« hat sich gebildet, der die kontinuierliche, berufs- und institutionsübergreifende wissenschaftliche Weiterarbeit gewährleisten könnte.

(3) Mit der Aufnahme des Lebenswelt-Ansatzes oder des Konzepts sozialräumlicher Aneignung[4] wird die Frage nach den konstruktiven Bezügen zu anderen Bezugswissenschaften weitergeführt.

(4) Die Rezeption durch universitäre Vertreter aus Religionspädagogik und Praktischer Theologie fordert sowohl die Frage nach dem Verhältnis von Gemeindepädagogik zu Religionspädagogik heraus als auch zur Praktischen Theologie insgesamt.[5]

(5) Lehr- und studienbücherartige Publikationen[6] spiegeln offenkundig die Einschätzung wider, daß ein Stadium der Diskussion erreicht ist, welches über Einzelentwürfe und Sammelreihen[7] hinaus Zusammenfassung und weitergehende Systematisierung nicht nur nahelegt, sondern auch erlaubt.

Dieser Diskussionsabschnitt wurde nicht zu Unrecht als eine »zweite Phase der Gemeindepädagogik« bezeichnet (R. Degen, W.E. Failing, K. Foitzik 1992). Sie machte aber auch die unterschiedliche konzeptionelle Ausprägung in einer eher gottesdienstlich zentrierten (Grethlein), einer bildungsmäßig akzentuierten (Wegenast und Lämmermann) und einer lebensweltlich ausgerichteten Gemeindepädagogik (R. Degen, W.E. Failing, K. Foitzik) deutlich.[8] In ihren unterschiedlichen Prämissen, Strukturen wie Folgerungen sind sie derzeit noch nicht vermittelbar, aber wenigstens nachvollziehbar und vergleichbar.

Damit stellt sich heraus, was als gegenwärtige Aufgabenstellung der

---

2 *K. Foitzik*, Gemeindepädagogik. Problemgeschichte eines umstrittenen Begriffs, Gütersloh 1992.

3 Simplifizierende oder gar stigmatisierende Etikettierungen werden so erschwert und die Sachauseinandersetzung gefördert.

4 *V. Drehsen*, Die Gemeinde der Gemeindepädagogik, in: *R. Degen, W.E. Failing, K. Foitzik* (Hg.), Mitten in der Lebenswelt. Lehrstücke und Lernprozesse zur zweiten Phase der Gemeindepädagogik, Münster 1992, 92-125.

5 Es läßt sich allerdings – etwa am Beispiel des Entwurfs von Grethlein – auch nach dem Preis fragen, der gezahlt wird, wenn man Gemeindepädagogik in den Kontext einer ansonsten unveränderten Praktischen Theologie einzeichnet.

6 *R. Blühm*, Gemeindepädagogik, in: *R. Blühm u.a.*, Kirchliche Handlungsfelder, Stuttgart 1993; *C. Grethlein*, Gemeindepädagogik, Berlin 1994; *K. Wegenast* und *G. Lämmermann*, Gemeindepädagogik. Kirchliche Bildungsarbeit als Herausforderung, Stuttgart 1994.

7 Vgl. die von *G. Buttler* und *W.E. Failing* herausgegebene Reihe »Beiträge zur Gemeindepädagogik« und die vom Comenius-Institut herausgebene Reihe »Gemeindepädagogik«.

8 In den größeren Entwürfen wird allerdings der kirchenreformerische Impetus, der die gemeindepädagogischen Entwürfe aus den Fachhochschulen auszeichnete, bedauerlicherweise nicht weitergeführt.

westdeutschen Gemeindepädagogik dringend ist: eine fortschreitende Klärung ihres Problemkerns und eine Systematisierung dessen,
was mit Gemeindepädagogik intendiert wird.

Was könnte das Spezifische, was das Weiterführende der Gemeindepädagogik sein?
Ohne damit ein umfassendes Konzept skizzieren zu wollen, schlage ich vor, das
eigentümliche Profil und den Gegenstandskern der Gemeindepädagogik in vier
grundlegenden Bereichen zu identifizieren:

(1) die Ernstnahme der Alltäglichkeit als Ort christlicher Existenz
(*laientheologische Zentrierung*);
(2) die Wahrnehmung der Gemeinde als Örtlichkeit, territoriale
Sozialität und gelebtem Raum (*sozialräumliche Fragestellung*);
(3) die Grundannahme, daß Lern-, Erziehungs- und Bildungsprozesse das Gesamte von Kirche und Gemeinde durchziehen und mit-
bestimmen (*dimensionale Betrachtungsweise*);
(4) die Verständigung über Kompetenz und Fachlichkeit der Mit-
arbeiter/innen als Voraussetzungen einer Professionalisierung der
gemeindepädagogischen Arbeit (*professionstheoretischer Aspekt*).

2 Die Bedingungen der Alltäglichkeit christlicher Existenz (laientheologische Zentrierung)

Man kann Gemeindepädagogik auch verstehen als eine theologisch-
pädagogische Theorie der Praxis gelebter christlicher Religion, soweit sie sich im Feld der Gemeinde erschließt, darstellt und durch
spezifische Handlungsformen der Gemeinde mitgestaltet wird. Aber
in welcher Intention? Man kann antworten: in einem laientheologi-
schen Sinne.[9]

Diese laientheologische Konzentration, zu der sich die Gemeindepädagogik von ihrem historischen Entstehungszusammenhang her verpflichtet weiß[10], verbindet zwei
Momente, die trotz kategorialem Unterschied nur künstlich getrennt werden können: Laientum als »Einander-Priester-Sein« im Sinne der traditionellen Formel vom
»allgemeinen Priestertum aller Gläubigen« und Laientum als in Rolle und beruf-
lichem Zentrum nicht pfarramtlich-theologisch, sondern »alltags-weltlich« bestimmt
zu sein. »Gemeindepädagogik hat ihren Ort in und befaßt sich mit der alltäglichen
Lebenswelt der Laien«[11]. Gemeindliche Strukturen und pädagogische Handlungsformen der Gemeinden sind dahingehend zu analysieren, wie sie auf den Bildungspro-

---

9 *H. Luther* hatte bereits auf diesen Zusammenhang von Gemeindepädagogik und
Laientheologie hingewiesen (Religion – Subjekt – Erziehung, München 1984).
10 Vgl. *H.F. Rupp*, Gemeindepädagogik – ein inzwischen etabliertes Paradigma
der praktischen Theologie?, in: RpB 34 (1994) 17-32.
11 *B. Suin de Boutemard*, Projektarbeit in Gemeinden, Gelnhausen / Zürich 1989,
133.

zeß individueller religiöser Subjektivität unterstützend bzw. begrenzend einwirken, und zwar auf *drei Ebenen*:

(1)   Zunächst einmal als die *Unterstützung theologischer Urteilsbildung der Laien*. Das ist nur begrenzt als Erschließung theologischer Fachlichkeit für Laien (»Theologie für Nichttheologen«, Informationsaspekt) zu verstehen. Die *religiöse Subjektwerdung* ist nicht dann zum Abschluß oder Ziel gekommen, wenn Theologie begriffen wird, sondern dort, wo – in spezifischem Alltags- und Lebensweltbezug – Glaube als »Erfahrung mit der Erfahrung« heilsame und schmerzvolle Deutekraft entfaltet. Daher ist die Laienfrage primär als Frage nach einer gemeinsamen theologischen Elementarisierung zu begreifen, als spannungsreiches »Gespräch zwischen Laien im geschichtlichen Prozeß«[12]. Ort, nicht nur Anlaß dieses Gesprächs ist der Alltag: »*Elementare* Erfahrungen und *Alltags*erfahrungen sind zwar nicht identisch, aber in unserem Lebensalltag und mit Bezug auf ihn brechen die elementaren Fragen auf«[13]. Es ist durchaus angemessen, dies als »Theologie von unten« zu bezeichnen[14] und mit Nipkow unter den gemeindepädagogischen Zielbegriff »kritische Religiosität« zu fassen. Zunehmend wichtig erweisen sich Überlegungen und Praxismodelle im Sinne einer alltagsnahen (und daher immer auch latent »synkretischen«) Herausbildung und Aneignung von Glaubens- und Gottesvorstellungen sowie die Unterstützung eines argumentierenden Glaubens in einer pluralen Gesellschaft.

Da die Gemeindepädagogik sich in diesem Bemühen von der Theologie nicht hinreichend unterstützt wußte, ist verständlich, sie in ihrem Kern auch als den Versuch einer »Wissenschaft des allgemeinen Priestertums«[15] zu verstehen. Sie sollte ein Ansatz sein, der »den Entdeckungszusammenhang theologischer Probleme (Topoi) nicht in der Theorie der theologisch-systematischen Abfolge (Logik) sucht und findet, sondern in der Lebenswelt der tatsächlichen Menschen und in seiner empirischen sozialen Welt, um von diesem Entdeckungszusammenhang zu einem theologischen Begründungszusammenhang zu kommen«[16]. Aufschlußreich ist, daß dies häufig auch zu einer pädagogisch-methodischen Option führte: Wenn »die Wahrheit der Sache der Theologie als Wahrheit für den Menschen nicht einfach auf Vermittlung feststehender Wahrheit, sondern auf Ermittlung ›uns betreffender Wahrheit‹

---

12   *K.E. Nipkow*, Grundfragen der Religionspädagogik, Bd. 3: Gemeinsam leben und glauben lernen, Gütersloh 1982, 191ff.
13   Ebd., 203, Kursiv *W.E.F.*
14   *G. Ebrecht* und *G. Hegele*, Theologie von unten. Gemeindeaufbau durch gemeindepädagogisches Handeln, in: *G. Stolt* (Hg.), An den Grenzen kirchlicher Praxis, Hamburg 1986, 88-103; *G. Ruddat*, Inventur der Gemeindepädagogik, EvErz 44 (1992) 445-465.
15   *Suin d. B.*, ebd., 133.
16   *Ders.*, Gemeindepädagogik und Sozialarbeit als Wissenschaft, in: Weltweite Hilfe 1 (1987) 19.

abzielt«[17], dann wird die Nähe der Gemeindepädagogik zur Projektpädagogik[18] verständlich. »Die Projektpädagogik leistet einen Beitrag dazu, daß Projektgruppen als antizipierende Handlungs- und Mahlgemeinschaften auch in ›gesellschaftlichen Situationen der Minorisierung‹ (Schicketanz) das Kommende im Heute pädagogisch zu verantworten lernen«[19].

(2)   Zum anderen geht es um *gemeindliche Partizipation der Laien* in Leitung, Gruppenarbeit Predigttätigkeit, Gemeindediakonie etc. mit der Maßgabe der Beteiligung an inhaltlicher Zielsetzung und sachlicher Prioritätensetzung. In ihnen ereignet sich faktisch – so oder so – ebenfalls Theologietreiben. Daß diese Partizipation unter einem diskursiv-konziliaren und entwickelnden Prozeßmodell vorgestellt wird[20], unterscheidet sie von vielen Gemeindeaufbau-Konzepten.

(3)   Die *freie Mitarbeit* (»ehrenamtliche« Tätigkeit) in den Gemeinden in all ihren differenzierten Aufgabenbereichen und Intensitäten gehört zwar zum Kernbestand gemeindepädagogischer Reflexion; dennoch ist eine systematische gemeindepädagogische Bearbeitung, und d.h. eine arbeitsfeldübergreifende befriedigende Thematisierung, noch nicht gegeben. Ansätze zu einer Problembeschreibung liegen zwar vor[21], aber grundsätzliche Diskussionen über eine notwendige Selbstbegrenzung der Professionalisierung, die präzise Ausarbeitung der Beziehung freier Mitarbeiter zu Hauptamtlichen, die Klärung der qualitativen Kompetenzen von freien Mitarbeitern (ohne in fragwürdige Semi-Professionalisierungen abzugleiten) und der sorgsamen Begleitung sind erst noch zu führen.

Die wenigen Arbeiten zu einer übergreifenden »Didaktik der Mitarbeiterbildung«[22] konnten weder auf systematische Vorarbeiten zurückgreifen, noch wurde dieses Problem intensiver aufgenommen. Und doch läßt sich erkennen: Die gemeindepädagogischen Denkansätze suchten eine konstruktiv-kritische Vermittlung von subjekt-orientierter Mitarbeiter-Bildung und funktions-orientierter Qualifizierung zur Mitarbeit. Funktion und Institutionsinteressen sollen die Mitarbeiter/innen als Subjekte nicht überformen und instrumentalisieren.

---

17 *Nipkow*, Grundfragen 3, 200.
18 G. *Buttler*, Projektarbeit in der Gemeinde, in: *D. Zilleßen* (Hg.), Religionspädagogisches Praktikum, Frankfurt a.M. 1976, 166-171; Suin d. B., Projektarbeit; *H. Schröer*, Gemeindepädagogik – noch unfertig, aber notwendig, in: *Degen, Failing, Foitzik* (Hg.), 80-87.
19 Suin d. B., ebd., 134.
20 *M. Dehnen* und *G. Richter-Junghölter*, Gemeindeplanung als sozialer Prozeß, Gelnhausen / Zürich 1980; *R. Lingscheid* und *G. Wegner* (Hg.), Aktivierende Gemeindearbeit, Stuttgart 1990.
21 *E. Goßmann* und *H.B. Kaufmann* (Hg.), Forum Gemeindepädagogik. Eine Zwischenbilanz, Comenius-Institut Münster 1987.
22 *G. Buttler* und *W.E. Failing*, Didaktik der Mitarbeiterbildung, Gelnhausen / Zürich 1979.

Welche Bedeutung spielt für diese laientheologische Zentrierung und Subjektorientierung die Gemeinde als soziales Feld? Und in welcher Perspektive nähert sich Gemeindepädagogik der Gemeinde?

3 Die Bedeutung von »symbolischer Ortsbezogenheit« und territorialer Sozialität als »gelebtem Raum«

Die bisherigen Entwürfe reklamierten das Eigenständige oft mit der mehrdeutigen Formel von der »Gemeinde als Lernort«[23] oder auch von der »Gemeinde als Lern- und Lebensort« und beanspruchten damit, eine Erweiterung im Blick auf die Wahrnehmung von religiöser Praxis und konkreter Gemeinde zu leisten. Mit der Konzentration auf »Gemeinde«, die in keinem Entwurf nur als Parochie, wohl aber als realer »Sozial-Raum« gemeint ist, folgt sie dem Ansatz allen pädagogischen Denkens bei der vorfindlichen Praxis konkreter Subjekte. Gemeindepädagogik versucht, Gemeinde als Gemeinde von Subjekten und als Subjekt theologisch-pädagogisch zu durchdenken. Sie versteht Sozialität und Solidarität theologisch nicht als sekundär abgeleitete, sondern als konstitutive Lebensäußerungen von Kirche, Gemeinde und Christsein. Dabei kann sie sich nicht nur auf theologische Begründungen stützen; sondern es geht ihr auch »in einem fundamentalen (oder philosophisch präziser: phänomenologischen) Sinne um die praktisch konsequente Einzeichnung der Einsichten einer Sozialanthropologie des Raumes in die Gemeindetheologie«[24]. Dabei greift sie vor allem auf zwei Vorstellungskreise zurück, die zugleich die sozialisations-theoretischen Präferenzen anzeigen:
(1)   Gemeinde als Prozeß – Interaktion und Intersubjektivität
In den meisten Entwürfen der Gemeindepädagogik findet sich ein über das Subjekt vermittelter Begriff von Gemeinschaft: In ihr werden Eigenart und Eigenrecht des einzelnen grundsätzlich anerkannt und berücksichtigt. Ein korporatives, überindividuelles Verständnis von Gemeinschaft wurde weitgehend ausgeschlossen. Das organisierende Prinzip der Gemeinde wird also nicht als abstrakte Größe gefaßt, sondern als Zusammenschluß von Subjekten. Der (überwiegend konfliktreiche) Ausgleich zwischen der individuell-subjektiven und der sozial-gemeinschaftlichen Perspektive ist für Gemeindepädagogik grundlegend. Sie versteht die subjekttheoretische Perspektive nicht als Plädoyer für einen religiösen Individualismus oder Subjektivismus, weil sie gerade die Dialektik von Identität und Interaktion

23   Vgl. z.B. *R. Blühm* 1993, 59.
24   *Drehsen*, 104.

für konstitutiv hält. Vielmehr wird die anthropologische Verfaßtheit des Menschen begriffen als das Verwiesensein auf den anderen.

Theologisch würde sie anders die universal-menschheitliche wie ekklesiologische Bezogenheit des Vertrauen bildenden christlichen Glaubens verfehlen: Die Freiheit eines Christenmenschen sucht und braucht die Gemeinde der Befreiten, weil beide nur gebrochen existent sind und der kritischen wechselseitigen Stützung bedürfen. Dabei ist entscheidend, daß nicht eine vorauslaufende normative ekklesiale Interpretation oder gar Gestalt Vorrang in der Argumentation hat. Das nämlich eröffnet die Möglichkeit gemeindepädagogische Lernprozesse, in der die Beteiligten sich wechselseitig schöpferische Freiheit auf eine offene Zukunft hin zumuten – im Modus wechselseitigen Lernens.

Entscheidend dabei ist nicht allein die (keineswegs neue) Behauptung kommunikativer Bedürftigkeit, sondern der Perspektivenwechsel: Anstatt daß die einzelnen aus der Perspektive des Ganzen (der Kirche) betrachtet werden, soll Gemeindepädagogik das Ganze (Religion, Glaube, Kirche) aus der Perspektive der (betreffenden) Subjekte wahrnehmen. Das Ganze wäre dann nicht den einzelnen Subjekten über- oder vorgeordnet, sondern das Ganze wäre begriffen als kommunizierende Intersubjektivität, die aber – nach Merleau-Ponty u.a. – auch eine leibliche Dimension hat.

(2)   Gemeinde als Sozialraum: Feld – Netz – Umwelt

Dennoch muß weitergehend gefragt werden, wo solche kommunizierende Intersubjektivität ihren Ort findet, also »statt«-findet und welches die ortsbezogenen Konstitutionsbedingungen sind. Gemeinde kann sicherlich nicht verstanden werden als isolierter Raum, geschlossenes Milieu oder – bezogen auf Lebensführung – als eine die gesamte Lebenswelt konzentrisch integrierende, prägende und spiegelnde »Gemeinschaft«. Daher hat sich die Gemeindepädagogik auch vom Begriff Gesamtkatechumenat im Sinne einer pädagogischen Ordnungskirche entschieden verabschiedet. Bei der Frage nach einem gegenwartsangemessenen und zukunftsfähigen Paradigma griff man zu relationalen Modellen, die stärker ein »Gewebe«, im Sinne einer Struktur von beweglichen Relationen oder sich verändernder Beziehungen, herauszuarbeiten in der Lage waren. Erst der erkennbare Zusammenhang gemeindlichen Lebens ermöglicht strukturell sowohl punktuelles, mittel- oder langfristiges Auswahl- und Teilnahmeverhalten, erlaubt distanziertes Verhalten wie Verdichtungen als »Verknotungen«. Insofern braucht Gemeinde auch eine Gestalt.

In den 80er Jahren wurde auf Konzepte der Sozialökologie zurückgegriffen[25], später

---

25   *W.E. Failing*, Religionspädagogik und das Alter. Ein Forschungsbericht, JRP 5 (1985) 116-143; *E. Goßmann* und *R. Rogall*, »Ich seh was nicht, was du siehst«. Tagesabläufe von Kindern und Jugendlichen als Anfragen an eine gemeindepädagogische Begleitung, Lernort Gemeinde 1986, 41-49.

erweitert durch den Lebensweltansatz sowie phänomenologisch orientierte Sozialanthropologie[26]. Sozialökologische Sozialisationstheorien wie auch die theoretische und praktische Programmformel »Lebenswelt« interpretieren Subjektivität stets auch im Blick auf (a) stoffliche und räumliche Bedingungen und (b) sozial-kulturelle Qualitäten von Lebenszusammenhängen. Dabei wird von der Voraussetzung ausgegangen, daß der Mensch sich in Beziehungen wie in Handlungen als das Subjekt seiner Welt verstehen und (mit-)gestaltend erleben will, und zwar so, daß er sich auf seinen sozialen Raum im Modus der Aneignung des sozialen Handelns und des sozialen Lebens beziehen kann. Erst so besteht die Möglichkeit, daß sich das über ihn verhängte Milieu zu einer bewußten »Situation« entwickeln kann, in der auch der Glaube als gleichermaßen lebensweltbezogen wie selbsttätig erfahrbar wird.

Die Aufmerksamkeit der Gemeindepädagogik ist daher gerichtet auf »orts- und raumgebundene Lebensäußerungen ..., die als identitätsverbürgendes Ambiente des domizilierten Glaubens in Betracht kommen. Der Glaube in der sozialkulturell-lebensweltlichen Ortsbestimmtheit seines pädagogisch verfügbaren Ausdrucks, und dies nicht als ephemere Rand- oder Rahmenbedingung, sondern als Konstitutionsmerkmal seiner ›Realisation‹ – das meint die Gemeinde der Gemeindepädagogik... Der grundlegende Ansatzpunkt (scheint mir hier) zu liegen: in der Ausarbeitung eines solchen Verständnisses von Gemeinde als eines im christlichen Sinne ›gelebten Raumes‹ (B. Waldenfels), als diejenige ›Lebenswelt‹, in der sich Menschen als Subjekte ihrer sozialen und kulturellen und damit auch religiösen Kommunikation verstehen«[27]. Eine solche »symbolische Ortsbezogenheit« (Treinen) entzieht sich zwar der unbegrenzten Verfügbarkeit; sie benötigt (aber erschöpft sich nicht in) Organisation und ist der Notwendigkeit zu pädagogischen Überlegungen der Gestaltbarkeit nicht enthoben.

Von dort her läßt sich nach Drehsen der Gegenstandskern beschreiben: »Demnach meint Gemeindepädagogik den pädagogisch-methodisch reflektierten Prozeß der Verständigung von Christen über die dauerhaft vergemeinschaftungsfähigen und individualisierungsnötigen Möglichkeiten einer symbolisch ortsbezogenen Realisation christlicher Glaubenspraxis im lebensweltlichen und lebensgeschichtlichen Erfahrungshorizont moderner, v.a. zunehmend urban bestimmter Kultur«[28].

Man kann natürlich mit Beck fragen, ob heute überhaupt noch von einem sozialen Raum als etwas Zusammenhängendem oder gar Integriertem gesprochen werden kann. Ist der Raum nicht in wechselnde, kontingente Szenen, instabile Inseln zerfallen, die eine Art widersprüchlichen situativ veränderlichen Verbund darstellen? Und sind nicht heute eine Fülle mediatisierter Räume über Medien,

---

26 *Drehsen*, ebd.; *W.E. Failing*, Gemeinde als Umwelt – Gemeinde mit Szenen?, in: *Degen, Failing, Foitzik* (Hg.), 146-175.
27 *Drehsen*, 104f.
28 Ebd., 100.

Computerspiele etc. wirksam, die unser Raumverhältnis nachhaltig verändern? Diese Flexibilisierung der Örtlichkeiten und die »Liberalisierungen der Beziehungen« (Diewald) dürfen aber nicht darüber hinwegtäuschen, daß auch weiterhin Subjekt und Objekt der menschlichen Lebenstätigkeit wesentlich durch die Lokalität der Lebenswelt mitgeprägt sind – selbst wenn diese Lokalität eine größere geworden ist.

Freilich gewinnen diese bedeutsamen Räume den Charakter von vernetzten Lokalitäten. Die neuere Diskussion der »Netzwerke« als generelle Sozialisationsträger markiert einen wichtigen Fortschritt: Soziale wie personale Identitäten leben nicht nur, vielleicht nicht einmal vorrangig von linearen oder flächigen Erfahrungsmomenten, sondern erschließen sich über Verknüpfungen und schaffen doch »Trag- und Belastungsfähigkeiten« auf Zeit. Es wäre allerdings kurzschlüssig, wenn übersehen würde, daß auch Netze Territorialität voraussetzen: Sie sind nicht ortlos. Unübersehbar ist also, daß gesellschaftlich zwei Bewegungen gleichzeitig ablaufen: die Auflösung naturwüchsiger Lokalität und die Neugewinnung sozialräumlicher Lokalität. Alle diese Argumente sprechen dafür, daß heute die Rauminterpretationen und räumlich bezogenen Handlungsmuster der Praktischen Theologie, wie sie in der Geschichte (z.B. mit der Parochie, dem Verein, Stadt-, Landgemeinden etc.) als praktisch-theologische Topologie entwickelt wurden, nicht mehr als solche konzeptionell-praktisch verwendet werden können. Das in ihnen angelegte Orientierungspotential bedarf vielmehr eines neuen, integrierenden Paradigmas, das historisch den Wandlungen des Raumes folgen kann; nur so läßt es sich heute fruchtbar machen. Als ein solches integrierendes Paradigma wird das Konzept der »Aneignung sozialkultureller Räume« vorgeschlagen.

Damit bringt die Gemeindepädagogik über die bisherigen Thematisierungsschwerpunkte neuerer Religionspädagogik hinaus eine perspektivische Erweiterung ein: Die Lebenswelt der Gemeindeglieder erschließt sich im Längsschnitt ihrer Biographie *und* im Querschnitt der verschiedenen Räume, Zonen und Bereiche. So wird die Möglichkeit gewonnen, die tendenzielle protestantische Überbetonung der Zeit (Längsschnitt) und der Biographie als Zeiterstreckung durch eine verstärkte Aufmerksamkeit für Raum (und Kultur) als der zweiten anthropologischen Grundkonstante zu relativieren. Lebensgeschichte ist außerhalb raumbestimmter Kultur mit ihrer erfahrbaren »Prägnanz eines identitätsprägenden Lebensortes«[29] nicht zu haben. Diese intensive Wechselwirkung schlägt sich auch noch anders nieder: Die Möglichkeiten des stofflich-materiellen wie sozialen Raumes stellen Bezüge zum Thema her oder verhindern auch eine Thematisierung. Raum(-situation) und Thema gehören im Sinne einer *Dialektik von Thematischem und Räumlichem* zusammen. D.h. auch: Religiöse Thematisierung und symbolische Verdichtungen werden keineswegs nur durch gleichsam ortlose biographisch-lebenszyklische Momente oder zeitlose Orte (Institutionen u.a.) er-

---

29   Ebd., 107.

möglicht. Traditionell freilich galt und gilt oft heute noch das Räumliche als bloßer Rahmen von Themen und Angeboten, der Veranstaltungsort als Adresse, wird aber nicht als gewichtiger Teil der Angebote selbst begriffen. Der Gottesdienstraum ist von semiotischer Prägnanz, Freizeiten und Fahrten steuern auch räumlich die »Erfahrungen«, die Rede von den Akademien als »dritter Ort« war durchaus hintergründig, Wallfahrten waren nicht sinnlos usw.

Setzt man so an, daß die Aneignung sozialer Räume den Focus darstellt, und berücksichtigt man den Zusammenhang von ortsbezogener Symbolisierung, sozialkultureller Raumaneignung sowie den Zusammenhang von Raum und Thema – dann verschieben sich in Analyse und Konstruktion gemeindepädagogischer Praxisprozesse die aufmerksamkeitsleitenden Kategorien: Räumlichkeiten und Szene, Selbstinszenierung und Spielraum, Ritual und Stil, Gegenstände und Objekte, Körper und Bewegung treten weiter nach vorne.[30]

Im Grundsatz kann das Neue der Gemeindepädagogik in einem Doppelten gesehen werden: Sie arbeitet einerseits eine sozialhermeneutisch akzentuierte Subjekttheorie und eine subjekttheoretisch akzentuierte Gemeindetheorie aus. Zum anderen verbindet sie dies mit einem spezifischen symbolischen Verständnis von sozialkulturellem Raum als symbolischer Ortsbezogenheit, die nicht nur einfach gegeben, sondern sich anzueignen und gestaltbar ist.

Die in der Gemeinde*pädagogik* zu bestimmende Qualität solcher Aneignungsprozesse durch und in Gemeinde ist die von Lernen und Bildung.

4 Gemeinde als Lernort – Gemeindepädagogik als Dimension kirchlichen Handelns

Gemeindepädagogik geht von der Grundannahme aus, daß »Lernen« eine »Vollzugsform des Glaubens« ist (*E. Lange*). Mit dieser Betrachtungsweise steht sie keineswegs allein: Durch die Diskussionen auf den Weltkirchenkonferenzen (besonders Nairobi, Vancouver) wurde deutlich, wie stark die religiös-kirchliche Praxis im Kern mit Lern- und Bildungsprozessen verschränkt ist. Kirche und Gemeinde sind (auch) Lerngemeinschaften. Dementsprechend wird gemeindepädagogisches Geschehen als eine *alle* Handlungsfelder und Lebensalter durchziehende Dimension verstanden. Die theoretische wie praktische Wahrnehmung dieser dimensionalen Durchdringung hat systematisch Vorrang vor der Ausarbeitung eines gemeindepädagogischen Handlungsverständnisses als einer abgegrenzten, sektoralen Aufgabe *neben* andern. Die Intention dabei ist zum einen, der

---

30 *Failing*, Gemeinde als Umwelt.

Gefahr problematischer Isolierungen von Fragestellungen und Handlungsmustern zu entgehen und der Neigung zu rhetorisch eindrucksvollen, aber dennoch wirklichkeitsfremden Dichotomien zu widerstehen: Lernen *oder* trösten, verkündigen *oder* lernen, Lehre *oder* Lernen etc. Von daher ist es keineswegs überraschend: Auf der einen Seite begegnet man den Versuchen der Entgrenzung, um Sache und Begriff der Gemeindepädagogik in neue Bereiche zu übertragen (in Diakonie, Liturgie, Ökumene etc.). Auf der anderen Seite findet man eine kritische Abwehrhaltung gegen befürchtete imperiale Omnipotenz des Pädagogischen. So polemisch, interessegeleitet und problematisch diese Diskussion auch gelegentlich geführt wurde, sie hatte eine wichtige Klärungsfunktion für die grundlegende Frage nach dem Verhältnis von dimensionaler Wahrnehmung und sektoraler Handlungsformen. Daher sollen die m.E. wichtigsten Bruchlinien der Diskussion benannt werden, ohne sie abschließend zu bewerten.

1. Gottesdienst als Lernort – Didaktik und Liturgik
»Gottesdienst als Lernort« gehört *nicht* zu den ursprünglichen »Stamm-Themen« der Gemeindepädagogik und bleibt als Thema äußerst strittig.[31] Deutlich wurde aber ihr Insistieren auf dem Moment des Beteiligtseins am ganzen Gottesdienstgeschehen, dem Wirklichkeitsbezug, der dialogischen Struktur sowie einer größeren »Ganzheitlichkeit« des Geschehens. Undeutlich blieben dagegen Funktion und kritische Aneignung von Gottesdienst und Liturgie als *Ritual*, jenen »gefährlichen Unentbehrlichkeiten« (*E. Feifel*) religiöser Erziehung. Die Gemeindepädagogik kommt aber nicht umhin, »Rituale als Dimension des elementaren Lernens, aber auch als elementare Formen des Lernens zurückzugewinnen«[32] und eine produktiv-kritische Spannung zwischen Lernen und liturgischer Feier zu entwickeln.[33] Das aber nötigt sie zu einer schärferen Fassung des zugrunde gelegten Lern- und Bildungsverständnisses, um z.B. das Moment nachvollziehender Einübung gegenüber experimentierendem Erproben und kritischer Distanzierung in eine konstruktive Balance und Vermittlung bringen zu können.[34] Die erkennbare gemeindepädagogische Eigenheit bestand darin, keine separate Liturgie-Didaktik / Ritual-Didaktik auszuarbeiten. Vielmehr war das Augenmerk auf die Einzeichnung ritueller oder kultisch-liturgischer Elemente in umgreifendere Prozesse, also auf die Verschränkung mit anderen Handlungs- und Deuteformen sowie mit anderen gemeindlichen Themen, Gruppen und Ereignissen gerichtet (G. Ruddat u.a.).
2. Lernen durch Rituale – Gemeindepädagogik und Kasualien
Diese Diskussion entzündete sich bezeichnenderweise an der Konfirmation: W. Gräb, M. Nüchtern und K. Dienst wittern Gefahr und äußern sich »kritisch zu der einseitig gemeindepädagogischen Ausrichtung der Konfirmationspraxis«. Sie sehen

---

31 Man vgl. die weit auseinanderliegenden Positionen von C. Grethlein, wo der Gottesdienst ganz orthodox auch gemeindepädagogisch die Mitte darstellt, und Wegenast / Lämmermann, wo er überhaupt nicht nennenswert thematisiert wird.
32 *H.-G. Heimbrock*, Ritual als religionspädagogisches Problem, in: JRP 5 (1989), Neukirchen-Vluyn 1990, 78.
33 *Ders.*, Gottesdienst: Spielraum des Lebens, Kampen / Weinheim 1993, 159.
34 Vgl. *C. Bizer*, Liturgie und Didaktik, JRP 5 (1989), Neukirchen-Vluyn 1990, 83-114.

Tendenzen einer Pädagogisierung des Rituals[35] oder einer falschen »Vergemeindlichung der Konfirmandenarbeit«, wenn man »die Kasualie nur als Gelegenheit zur Anknüpfung und zur Kontaktaufnahme für den Gemeindeaufbau« wertschätzt und nicht »als aktuelle Gelegenheit für die Beteiligten orientierend und vergewissernd« gestaltet.[36] Im Gegenzug zur Gemeindepädagogik will Nüchtern mit der ausgearbeiteten »kasuellen Theologie« in einer »Kirche bei Gelegenheit« Teilnehmerorientierung, Konkretheit, Alltagsbezug sowie das Moment von Freiheit und freier Indienstnahme kirchlicher Angebote als Riten sichern. Konstruktiver argumentiert K. Dienst[37]. Zwar kritisiert auch er die »Langzeit«-Tendenz des gemeindepädagogisch akzentuierten »konfirmierenden Handelns«, allerdings sucht er den Eigenwert des liturgischen Rituals dadurch zu sichern, daß er Konfirmandenunterricht und Konfirmation stärker auseinanderrückt. Weil die Konfirmation »zwischen Kasualie und Gemeindepädagogik« angesiedelt ist, muß es darum gehen, »die kasuellen und die gemeindepädagogischen Aspekte der Konfirmation besser aufeinander zu beziehen«[38]. Begreift man das Angebot für Konfirmanden/innen als Sozialisationsbegleitung, so zeigt diese Auseinandersetzung, was jeweils unter kirchlicher Sozialisationsbegleitung verstanden wird. In den Entgegensetzungen (Abschluß eines Prozesses oder eigenständiges Ritual, lebenszyklische Feier des einzelnen oder Zelebration der *gemeindlichen* Begleitung der Jugendlichen zum Erwachsenwerden) wird – durchaus hilfreich – Klärungsbedarf angemeldet. Die Gemeindepädagogik wird mit ihrem hier zugrunde gelegten sozialanthropologischen Konzept gute Argumente haben, hurtig formulierte Alternativen nicht gelten zu lassen.

3. Gemeinde als diakonisches Subjekt – Gemeindepädagogik und Diakonie
Der Diakonie war zwar ein Gemeindebezug ins Stammbuch geschrieben, sie blieb jedoch eher ein Postulat. Für diese »Gemeindewerdung der Diakonie« bemühte man nun auch die Gemeindepädagogik: Eher unsystematischen Hinweisen bei H. Theurich[39] und H. Seibert[40] folgte dann eine erste breitere Erörterung einer »diakonischen Gemeindepädagogik« durch M. Ruhfus[41]. Im Anschluß an E. Lange versteht er »die Diakonie der Gemeinde als einen umfassenden Bildungsvorgang« und fragt: »Wie gewinnt Gemeinde Handlungskompetenz? Wie entwickelt sich eine kollektive diakonische Identität? Wie vollzieht sich die Subjektwerdung der Gemeinde im Prozeß diakonischen Handelns?«[42]. Was in Ruhfus' ausgewertetem Projekt noch weitgehend Absicht blieb, ist in anderen Gemeinden in eindrucksvoller Weise Realität geworden. Bericht und praktisch-theologische Untersuchung solcher Praxis durch R. Krockauer[43] zeigen, wie real vorhandene (und nicht didaktisch planbare) Konflikt- und »Notzonen in einer Gesellschaft diakonische Kirchenbildung provozieren«, z.B. beim Kirchenasyl. Überraschende Prozesse der Solidarisierung ereignen sich, die er als »diakonale(n) Kirchenbildungsprozeß am Ort der Flüchtlinge in der Gestalt von ›Kirche als Asylbewegung‹« beschreibt. Das *trans*formiert aber her-

---

35 W. *Gräb*, Liturgie des Lebens. Überlegungen zur Darstellung von Religion im Konfirmandenunterricht, PTN 77 (1988) 319-334; K. *Dienst*, Die Konfirmation zwischen Kasualie und Gemeindepädagogik, EvErz 44 (1992) 494-503.
36 M. *Nüchtern*, Kirche bei Gelegenheit. Kasualien – Akademiearbeit – Erwachsenenbildung, Stuttgart 1991, 41f.
37 *Dienst*, Konfirmation.
38 Ebd., 501.
39 H. *Theurich*, Gemeindekiakonie, in: P. *Bloth u.a.* (Hg.), HPT(G) 3, Gütersloh 1983, 497-511.
40 H. *Seibert*, Gemeindediakonie und Gemeindepädagogik, in: Gemeindepädagogik im Widerstreit der Meinungen, Darmstadt 1989, 166-182.
41 M. *Ruhfus*, Diakonie – Lernen in der Gemeinde. Grundzüge einer diakonischen Gemeindepädagogik, Rothenburg o.T. 1991.
42 Ebd., 15f.
43 R. *Krockauer*, Kirche als Asylbewegung, Stuttgart 1991.

kömmliche Gemeinden im theologischen Selbstverständnis (im Blick auf Weltverantwortung) und Gemeindeverständnis, wie auch Bericht und Analyse von R. Heinrich[44] belegen. Aus beiden Berichten können allerdings Struktur und Rückwirkung
der gemeindepädagogischen Lernprozesse noch nicht deutlich rekonstruiert werden.
4. Gemeinwesen realisieren – Gemeindepädagogik und Schule
Religionspädagogen wie K. Dienst, H.-N. Caspary, K.-E. Nipkow u.a. beklagen das
Auseinanderdriften von Schule und Kirche/Gemeinde, wofür es historisch triftige
Gründe gab. Das führte in den 80er Jahren zu einer Beanspruchung und Verpflichtung der Gemeindepädagogik zu einem kooperativen Verhältnis zur Schule.»Von der
Profilierung zur Kooperation«, »Vernetzung statt Trennung!«[45]. Keineswegs nur als
selbstloser Dienst: schließlich sei die Gemeindepädagogik nachhaltig daran zu erinnern, daß »gemeindepädagogischen Aktivitäten durchweg die im RU erworbenen
Kenntnisse und Einstellungen, also eine religiöse ›Minimalsozialisation‹ voraussetzen.«[46] Darauf könne sich Gemeindepädagogik mit Lebensstil-Angeboten und Aktionen beziehen. So erlebte der Gedanke der »schulbezogenen Arbeit der Kirchen«
eine Erneuerung und Veränderung, sei es als diakonisch-gesellschaftliche Schul- und
Schülerseelsorge (helfendes Gespräch und Schulgottesdienst) – »unter Berücksichtigung der Eigenwertigkeit des schulischen Bereichs«[47] oder als dezidiert gemeindepädagogische Aufgabe durch H.B. Kaufmann und das Comenius-Institut[48] im Sinne
einer »Nachbarschaft von Schule und Gemeinde«. Diese »neu gewonnene Perspektive« (U. Becker) wird ausführlicher am Schulgottesdienst (vorwiegend in der Schule)
konkretisiert, der als »Aktivität auf der Grenze zwischen den Institutionen Schule
und Kirche«[49] angesiedelt ist. »Zum gemeinsamen Bezugspunkt für die Zusammenarbeit von Schule und Kirche wird allein das Kind und seine Situation«[50]. Weil »Jugendliche dort, wo es um Lebenssinn und Lebensbewältigung geht, alleingelassen bleiben«[51], müsse es Ziel sein, im schulischen Kontext »Heranwachsenden Orientierungen anzubieten, die im christlichen Glauben begründet sind«[52]. Unterstellt man eine
breite Öffnung der Schule als reale Möglichkeit (was keineswegs ausgemacht ist), so
wäre in der Tat auch die innere Zuordnung von Religionspädagogik und Gemeindepädagogik berührt – eine bisher kaum ausgearbeitete Fragestellung.

Man sieht: Durch neue Praxis[53] einerseits und durch das Vordringen
subjektorientierter und prozessualer Ansätze andererseits wurde
man zu einem Denken in Übergängen und Relationen genötigt und
zu einem Verlassen abschottender Grenzziehungen ermuntert. Diesem Denken in Übergängen entspricht eine Praxis im Zeichen von
Verständigung, Kooperation und Grenzüberschreitungen. Daher
beobachtet man in der gesamten Praktischen Theologie eine starke
Ausweitung bisher eingegrenzter Begrifflichkeit (z.B. Seelsorge, Ka-

44 *R. Heinrich*, Der Fremde. Paradigma für Gemeindeverständnis und Bildungsbegriff, in: *Degen, Failing, Foitzik*, 25-52.
45 *K. Dienst*, Schulbezogene Arbeit der Kirchen, EvErz 40 (1988) 363-371.
46 Ebd.
47 Ebd., 369.
48 *H.B. Kaufmann*, Nachbarschaft von Schule und Gemeinde, Gütersloh 1990.
49 *E. Goßmann* und *R. Bäcker*, Schulgottesdienst. Situation wahrnehmen und gestalten. Gütersloh 1992, 13.
50 Ebd., 75.
51 Ebd., 12.
52 Ebd.
53 Zum Beispiel: Familiengottesdienste, Kirchentage, neue liturgische Praxis, In-
itiativgruppen usw.

sualie etc.), aber auch parallel den Versuch neuer integraler Begrifflichkeiten (z. B. Kommunikation des Evangeliums, kasuelle Theologie oder auch Gemeindepädagogik). So sollen gleichzeitig neue Möglichkeiten der bündelnden Konzentration als auch der Differenzierung eröffnet werden. Dies signalisiert aber auch, daß die traditionelle sektorale Gliederung der Praktischen Theologie (Praxologien wie Homiletik, Seelsorgelehre, Kybernetik etc.) und damit auch deren Ausbildungsdidaktik der komplexen Realität, mit der wir es bei Religion in Kirche und Gesellschaft zu tun haben, nicht mehr gerecht werden kann, ebensowenig wie eine Religionspädagogik, die sich ausschließlich am Lebenslauf orientiert.

5 Kompetenz und Fachlichkeit – Professionalisierung der gemeindepädagogischen Arbeit

Bei der Frage, welches denn die gemeinsamen Bestände der ausgemachten Grundprobleme seien, stößt man in gemeindepädagogischen Denkansätzen in akzentuierter Weise auf das Thema hauptamtliche *Mitarbeiter/innen*. Einerseits kann das nicht verwundern, weil die Entwicklung der Gemeindepädagogik historisch eindeutig eine Folge des Wandels der Mitarbeiterschaft und der Ausbildungsreform war.[54] Andererseits ist das überhaupt schon bemerkenswert und eine deutliche Verschiedenheit zu Gesamtentwürfen der Praktischen Theologie neuerer Zeit (z.B. D. Rössler), in der das Thema marginal ist. Ähnliches gilt für die Religionspädagogik, und zwar selbst da, wo sie mit dem Anspruch auftritt, als Theorie evangelischer Bildungsverantwortung alle relevanten Bereiche zu umfassen. Das qualitativ Neue ist allerdings, daß über die eigentliche professions-theoretische wie berufspolitische Fundierung einzelner Berufe hinaus die Mitarbeiter insgesamt als gemeindepädagogische Kernthematik begriffen und in Ansätzen ausgearbeitet wurden. Sie wird als Zentralproblem einer »Kirche als Lerngemeinschaft« gefaßt und nicht nur kybernetisch oder anstellungstechnisch (»Kirche als Dienstgemeinschaft«) dekliniert.

Gemeindepädagogik verweist im Blick auf die fortschreitend individuelle wie berufliche Differenzierung der Mitarbeiter/innenschaft auf die notwendige Lern- und Verständigungsdimension zwischen Subjekten über Weg und Ziel gemeindlicher / kirchlicher Arbeit. Sie reklamiert die »Aneignung« des eigenen »Arbeitsplatzes Gemeinde« und einer kommunikativ ausgehandelten, engagierten Gestaltungsfähigkeit. Sie verbindet dabei in eindrucksvoller Weise nicht nur »Betroffenenaspekte«, sondern arbeitet die Subjektperspektive auch als partizipatorische Beteiligung an theo-

54 *D. Aschenbrenner* und *G. Buttler*, Die Kirche braucht andere Mitarbeiter, Stuttgart 1970.

logischen wie gemeindlichen Zielsetzungen aus.[55] Für eine solche »strategische« und nicht nur »taktische Beteiligung« reklamiert Gemeindepädagogik eine konziliare Struktur der Mitarbeiterschaft, für die der Aspekt Lerngemeinschaft ein fundamentaler ist. Sie mahnt damit kirchliche Strukturreformen an, die einem solchen konziliaren Lernprozeß Ermöglichungsraum und Stütze bieten. Erst in einem solchen Horizont werden die Fragen nach den beruflichen Handlungsakteuren des gemeindepädagogischen Handelns angemessen verständlich.

Diese Fragestellung wurde in den letzten Jahren vertieft: Entstammte der Begriff Gemeindepädagogik auch ursprünglich den Vorklärungen zu einer nichtpastoralen Berufstheorie der (an Fachhochschulen ausgebildeten) pädagogisch-theologischen Berufsgruppe, so ging es sehr bald um die gleichzeitige Entwicklung eines Konzepts berufsübergreifender gemeindepädagogischer Professionalität der gemeindepädagogischen Arbeit insgesamt und zugleich um die Weiterentwicklung differenzierter Professionalität in der Kirche.

In diesem Rahmen ist das bleibende Recht ausbildungsdidaktischer wie berufstheoretischer Zuspitzung auf Gemeindepädagogen/innen als eigener Berufsausgestaltung zu thematisieren. Denn es gilt immer wieder deutlich zu machen, daß die perspektivische Frage gegliederter dimensionaler Aufgaben von Kirche nicht abgelöst werden kann von der Frage des gegliederten Dienstes, eines gegliederten Amtes und einer differenzierten Professionalität.

Unbefriedigend bleibt die bedeutsame Frage, welche *Schlüsselqualifikationen und Kompetenzprofile* gemeindepädagogisch Handelnde sich aneignen sollten, um die Sache der Gemeindepädagogik nach vorne zu bringen. Gefragt wird hier nicht nach Ausbildungsplänen und Lernzielen, sondern nach einer Verständigung darüber, in welchen grundlegenden Qualifikationen und Kompetenzen sowohl berufsübergreifende wie berufsbezogene gemeindepädagogische Qualifikationsprozesse sich bündeln können. Denn wenn Kooperation unter unterschiedlich vorgebildeten Mitarbeiter/innen praktisch werden und die dimensionale Verschränkung mit anderen Aufgaben der Gemeinde möglich sein soll, dann müssen Kompetenzerwartungen darstellbar und kommunizierbar gemacht werden können.

6   Offene Fragen und Wünsche für die Weiterarbeit

Die Liste der Desiderata ist bei einem noch jungen Denkansatz naturgemäß sehr lang. Über die im Text angedeuteten hinaus scheinen mir für die fortschreitende systematische Fundierung folgende Fragestellungen der Weiterarbeit bedürftig:

---

55 *K. Foitzik* und *E. Goßmann*, Arbeitsplatz Gemeinde. Lerngemeinschaft zwischen Verwaltung und Verheißung, Gütersloh 1989.

1. In besonderer Weise trifft die von M. Josuttis aufgeworfene Frage nach der phänomenologisch zu erhebenden Substanz religiöser Lernprozesse auch die Gemeindepädagogik. Denn »›Lernen‹ im Bereich von Religion ist in mehrfacher Hinsicht spezifisches Lernen«[56].

Er hat spezielle Akte der Vorbereitung, existentiellen Konzentration und körperlich-seelischen Reinigung, der Meditation, Ekstase, Himmelsreise und Glossolalie, Initation, Taufe und Bekehrung, existentielle Qualen u.a. vor Augen. Gesprächspartner dafür wären Religionsgeschichte, Religionsphänomenologie und Ethnologie.

2. Die Frage nach alltäglichen religiösen Lebensweisen und -formen von Gemeindegliedern ist uns bisher weder kirchensoziologisch hinreichend erhellt noch phänomenologisch faßbar geworden. Die Gemeindepädagogik droht daher immer wieder ihren Bezugspunkt zu verlieren und in Optative auszubrechen.

Die schon lange eingeforderte »Ethnographie der volkskirchlichen Verhältnisse« (J. Matthes) blieb aus, so daß das Plädoyer für die Volkskirche auch in dieser Weise eher einem Postulat denn einem Ausloten ähnelt, welche alltagsweltlichen Chancen das Konstrukt Volkskirche denn wirklich bietet. Wie also »synkretistische« religiöse Alltagsformen gemeindepädagogisch begleitet, unterstützt bzw. korrigiert werden können, bleibt dadurch offen. U.a. wäre die Methodik der Netzwerkforschung fruchtbar zu machen, um den Sozialraum gelebter Religiosität in urbanen wie ländlichen Regionen klarer zu erkennen.

3. Wir werden uns verstärkt um eine ökumenische Gemeindepädagogik in dem Sinne kümmern müssen, daß wir religiöse Lernprozesse und gemeindepädagogisches Handeln in anderen christlichen Konfessionen und Gruppierungen systematisch auswerten und vergleichen. Die teilweise Erstarrung religiöser Lernformen könnte so in neue Suchbewegungen überführt werden.

Noch skandalöser allerdings scheint mir die Abwesenheit einer »innerevangelischen ökumenischen« Informiertheit zu sein: Praktische Theologie wie Gemeindepädagogik kennen nicht den Reichtum der eigenen Kirche, wie sie sich jenseits der normierten und standardisierten parochialgemeindlichen Felder ereignet, etwa in Lerninstitutionen der Erwachsenenbildung, in Sozialpfarrämtern, Retraitestätten, Bruderschaften, Meditationshäusern, auf missionarischen Veranstaltungen, in Studentengemeinden, in Öko- und Frauengruppen, in Zivildienst, Entwicklungshilfe und anderswo. Eine gemeindepädagogische Ethnographie des evangelischen Inlands steht offensichtlich noch aus. M.a.W.: Die Gemeindepädagogik scheint derzeit dasjenige Arbeitsfeld / diejenige Ansatz zu sein, der von allen kirchlichen Handlungsformen sehr wenig auf empirisch gesichertes Wissen zurückgreifen kann. Nicht einmal eine hinreichende Anzahl differenzierter Praxisberichte und problemformulierender Sekundäranalysen steht zur Verfügung, die eine entdeckende, weitertreibende Systematisierung erlauben würden.

---

56 *M. Josuttis*, »Glauben heißt lernen«. Besprechung J. Fraas, JRP 1 (1985), Neukirchen-Vluyn 1986, 231.

4. Im Blick auf Differenzierungsprozesse in der multikulturellen /
-religiösen Situation und in Wahrnehmung der großen Differenzierungen innerhalb traditioneller Gemeinden bleibt der Gemeindebe-
griff häufig abstrakt und formal.

Verständigungsmöglichkeit wird latent vorausgesetzt, Fremdheit leicht moralisch
überspielt. Die eher zunehmende Vielfalt nötigt über die bisherigen Ansätze des
ökumenischen Lernens hinaus, eine »Gemeindepädagogik der Vielfalt« auszuarbeiten, die – wie A. Prengel[57] – sich pädagogisch der Differenz in Wahrnehmung, Thematisierung und Stehenlassen-Können stellt und eine eigene christlich bestimmte
Antwort und Gestaltung leistet.

5. Gemeindepädagogik entstand im Umfeld der Kirchenreform-
Diskussion und hängt mit ihr prinzipiell zusammen. Im Gegensatz
zu vielen Gemeindeaufbau-Konzeptionen, die keine pädagogisch-
theologischen Ansätze hervorbrachten, hat Gemeindepädagogik sehr
wohl Konzepte von Gemeindeentwicklung zur Diskussion gestellt.[58]

Nur sind diese ohne strukturelle Kirchenreform nicht wirklich weiterzuentwickeln.
Zwar gilt es, gemeindepädagogisch initiierte Lernprozesse auch für instituionelle
und strukturelle Fragen nutzbar zu machen (Foitzik und Goßmann 1986/1989),
doch müssen hier gezieltere Untersuchungen zu konziliaren und kirchenpolitischen
Lernprozessen unternommen werden, um den strukturpolitischen und kirchenre-
formerischen Horizont gemeindepädagogischer Denkansätze zu verdeutlichen und
wirksam werden zu lassen.

Die nun 25jährige Entwicklung von einem »umstrittenen«[59] und
doch »fruchtbaren Begriff«[60] zu einem »relativ eigenständigen Hand-
lungs- und Theoriefeld« oder gar einer »neuen praktisch-theologischen Teil-Disziplin«[61], möglicherweise sogar zu einem »praktisch-
theologischen Zentralbegriff«[62], birgt noch manche Arbeitsschritte in
sich. Insofern ist H. Schröers Beobachtung »Gemeindepädagogik –
noch unfertig, aber notwendig«[63] korrekt. Das läßt sich aber inzwischen fortschreiben: *Gemeindepädagogik ist erkennbarer geworden
und damit einer systematisierenden Weiterarbeit zugänglich.*

Dr. *Wolf-Eckart Failing* ist Professor für Ev. Theologie / Praktische Theologie am
Fachbereich Ev. Theologie der Johann-Wolfgang-Goethe-Universität Frankfurt a.M.

---

57 *A. Prengel*, Pädagogik der Vielfalt, Opladen 1993.
58 Die von *K.E. Nipkow* unterstellte mangelnde Anschlußfähigkeit von Gemeindepädagogik an Fragen des Gemeindeaufbaus (Bildung als Lebensbegleitung und
Erneuerung, Gütersloh 1990) besteht nicht – wie die Literatur und noch mehr die
Praxis belegen.
59 *Foitzik*, Gemeindepädagogik, 14.
60 *K. Goßmann*, Geleitwort zu *Degen / Failing / Foitzik*, 7.
61 *Rupp*, Gemeindepädagogik, 17-32.
62 *Wegenast* und *Lämmermann*, 4.
63 *Schröer*, 80.

Abstract
The contemporary phase of the discussion concerning congregational paedagogy can be characterized as a phase of systematization. In it the area of subject-matter, the profile of action, and the theoretical range of congregational paedagogy are analyzed. The article elaborates the following recognizable basic themes of congregational paedagogy: education and lay-theology, social environment of educational and learning processes, education as dimension of all ecclesial work and the necessity of a subject-orientated professionalization. On the basis of anthropological, socio-philosophical and ecclesiological considerations the congregation is appreciated as symbolic space. The appropriation of symbolic spaces in religious educational processes is realized as a deepening of the religious understanding of education as much as the independent nucleus of the profile of congregational paedagogy.

1.5

Karl Ernst Nipkow

Zukunftsperspektiven der Religionspädagogik im vereinigten Deutschland

Wer über die Zukunft zu sprechen hat, sollte vorsichtig sein, denn wir haben von ihr kein sicheres Wissen. Alle Zukunftsreflexionen sind vorläufig, und es ist angebracht, sie an Prinzipien besonnener Selbstkontrolle zurückzubinden.

Obwohl Zukunft immer weniger eine überschaubare Folge von Vergangenheit ist, sollte man erstens fortsetzen, was sich bewährt hat (geschichtliche Kontinuität). Zweitens brauchen zukunftsfähige Veränderungen zu ihrer Verwirklichung Anhaltspunkte an den gegebenen Bedingungen (empirische Bedingungsprüfung). Da im Thema betont vom vereinigten Deutschland die Rede ist, sind außerdem zum einen die unterschiedlichen geschichtlichen Erfahrungen in der Bundesrepublik und DDR zu beachten (regionalisierende Betrachtung). Zum anderen kann man über die Zukunft in einzelnen Regionen heute nicht mehr sprechen, ohne gleichzeitig den europäischen und den ökumenisch-interreligiösen Problemhorizont zu berücksichtigen (globalisierende Betrachtung).

1 Zukunftsperspektiven der Religionspädagogik als Disziplin

1.1 Methodologie

Die vorstehenden Gesichtspunkte sind bereits eine erste Antwort auf die Themafrage, nämlich auf die Teilfrage nach der zukünftigen Reflexionsgestalt der Religionspädagogik als Disziplin. In ihrer gegenwärtigen Struktur sind mehrere der für die eben berührten Bestimmungsmomente notwendigen Instrumentarien schwach entwickelt, so die *Historische, Empirische* und besonders die *Vergleichende Religionspädagogik.* Erst in letzter Zeit gibt es Anzeichen einer entschiedeneren Veränderung in allen drei Hinsichten.[1]

Als klassische Methodologie bleibt im übrigen die *hermeneutisch* angelegte Forschung weiterhin grundlegend. Sie kann jedoch längst nicht mehr einseitig ideen- oder – wie sehr beliebt – konzeptionsgeschichtlich betrieben werden, als ob allein Ideen die Entwicklung bestimmten. Die Religionspädagogik ist konsequent auf die sie um-

---

1 Vgl. in letzter Hinsicht E. *Hauschildt*, Die Globalisierung und Regionalisierung der Praktischen Theologie, PrakTheol 29 (1994) 175-193.

brandenden und mitbedingenden politischen Faktoren zu beziehen (Gesellschaftspolitik, Schulpolitik), zumal wenn ihre Praxis in nationale Bildungssysteme integriert ist.[2]

Wegen der gesellschaftlichen Verflechtungen sind in den 70er Jahren neben empirisch-analytischen auch *ideologiekritische* Fragestellungen in die Religionspädagogik eingetragen worden.[3] Inzwischen drohen sie den Blicken wieder zu entschwinden, obwohl sich in der Bundesrepublik wie in anderen europäischen Ländern[4] die Tendenzen zur gesellschaftlichen Instrumentalisierung des Religionsunterrichts verstärkt haben.

1.2 Gegenstandsbereiche

Hinsichtlich der Gegenstandsbereiche ist *analytisch* der weiteste Begriff zu befürworten, die Beschreibung und Deutung von Religion und religiöser Erziehung unter den soeben berührten gesellschaftlichen, den traditionellen kirchlich-institutionellen und den an Bedeutung zunehmenden individuellen Perspektiven. Wie die Globalisierung markiert auch die in immer mehr Weltregionen sich ausbreitende religiöse Individualisierung, um mit der Dimension der *individuellen Religiosität* zu beginnen, einen nicht aufzuhaltenden Entwicklungstrend, dem über die übliche »Schülerorientierung« hinaus theoretisch und praktisch Rechnung zu tragen ist.
Als erstes ist zu beachten, daß jeder von früh an eigenständig religiös relevante Erfahrungen macht und entsprechende Vorstellungen ausbildet, d.h. selbst unter der Verfassung äußerer Konfessionslosigkeit eine Art »Alltagstheologie« entwickelt, das Kind eine charakteristische Religion des Kindes. Zweitens ist die Tatsache der individuellen Entwicklung ernster zu nehmen als bisher, mit ihr verbunden der Blick auf die Lebensgeschichte des einzelnen. Für die Religionspädagogik ist diese Perspektive bereits in dem Maße wichtig geworden, wie versucht worden ist, das Konzept generationsübergreifenden Lernens und das einer lebensbegleitenden Bildung zu entwerfen sowie nachdrücklich Entwicklungspsychologie und Le-

---

2 In diesem Sinne habe ich 1975 bewußt mit dem Vorgehen der geisteswissenschaftlichen (Religions-)Pädagogik gebrochen und mit einer Analyse der ökonomisch-politischen Antagonismen westlicher Demokratien begonnen: Grundfragen der Religionspädagogik, Bd. 1: Gesellschaftliche Herausforderungen und theoretische Ausgangspunkte; Bd. 2: Das pädagogische Handeln der Kirche, Gütersloh 1975, ⁴1990.
3 Vgl. neben den in Anm. 2 genannten Bänden die Schriften *G. Ottos* und seiner Schule, *S. Vierzigs* und *D. Stoodts.*
4 Schärfster Kritiker in dieser Hinsicht ist in Großbritannien *J.M. Hull u.a.*, The new government guidelines on religious education, BJRE 16 (1994) 66-69. Im internationalen Vergleich ist eine auch ideologiekritisch angelegte Religionspädagogik sonst selten anzutreffen.

benslaufforschung in die Religionspädagogik zu integrieren.[5] Drittens werden mit den individuellen Personen Formen von Religiosität sichtbar, die in einem nicht-pejorativen Sinn des Begriffs »synkretistisch« sind.[6] Es wird in Zukunft in jeder Religionsgemeinschaft immer mehr um das Verhältnis von Orthodoxie und Heterodoxie gehen, es sei denn, sie schließt sich sektiererisch ab. In der enger werdenden Nachbarschaft von verschiedenen Religionsgemeinschaften in multireligiösen lokalen und regionalen Lagen, bei gleichzeitigem Wegfall gesellschaftlicher religiöser Kontrolle auf der Grundlage der Religionsfreiheit, werden die einzelnen zum Ort religiöser Osmose und Transformation. Wer von den Zeitgenossen ausgeht, wird viertens auch realistischer erkennen, wie sehr die Religionsgemeinschaften und die in ihr sich entwickelnden Religionspädagogiken die Vielfalt der individuellen Verbundenheitsgrade und -formen zu bedenken haben, die Weisen unbestimmter Christlichkeit und schwebender Religiosität, Beobachtungen zu »Gott im Konjunktiv«, zu seelischen Lagen, in denen man glauben möchte, aber nicht kann usw.

Die Erinnerung an den altkirchlichen Katechumenat, das lebenszeitlich umfassend gedachte Bildungsprogramm der Reformatoren und die erwähnte Konzeption generationsübergreifenden Glaubenlernens haben bereits dazu geführt, hinsichtlich der institutionellen Religion, hier besonders des *kirchlichen Christentums*, die Disziplin der Religionspädagogik unter Einschluß der kirchlichen Erwachsenenbildung zu entfalten, d.h. überhaupt alle einschlägigen Handlungsfelder in Kindheit, Jugend und Erwachsenenalter in Gemeinde, Schule und Gesellschaft theoretisch zusammenhängend in den Blick zu nehmen.[7] Durch die zuvor betonte individuelle Perspektive wird

---

5   Vgl. für die psychoanalytische Entwicklungspsychologie besonders *H.J. Fraas*, für die kognitiv-strukturelle der Piaget-Schule *R. Englert*, *K.E. Nipkow*, *H. Schmidt*, *F. Schweitzer*; zur Einführung s. dessen: Lebensgeschichte und Religion. Religiöse Entwicklung und Erziehung im Kindes- und Jugendalter, München 1987, ³1994, und seine große Untersuchung: Die Religion des Kindes. Zur Problemgeschichte einer religionspädagogischen Grundfrage, Gütersloh 1992.
6   Auf diesen Punkt hat neben anderen besonders *V. Drehsen* aufmerksam gemacht (Die Anverwandlung des Fremden. Über die wachsende Wahrscheinlichkeit von Synkretismen in der modernen Gesellschaft, in: *J.A. van der Ven* und *H.-G. Ziebertz* (Hg.), Religiöser Pluralismus und Interreligiöses Lernen, Kampen / Weinheim 1994, 39-69, Wiederabdruck in: *V. Drehsen*, Wie religionsfähig ist die Volkskirche? Gütersloh 1994, 313-345).
7   Siehe bereits die Anlage von *E. Feifel*, *R. Leuenberger*, *G. Stachel* und *K. Wegenast* (Hg.), Handbuch der Religionspädagogik 1, Zürich / Einsiedeln / Köln 1973, 2 (1974), 3 (1975); außerdem u.a. *H. Schmidt*, Leitfaden Religionspädagogik, Stuttgart 1991, sowie v. Vf.: Bildung als Lebensbegleitung und Erneuerung. Kirchliche Bildungsverantwortung in Gemeinde, Schule und Gesellschaft, Gütersloh 1990, ²1992. Für die ehemalige DDR ist der breite Ansatz von *J. Henkys* bei den »pädagogischen Diensten der Kirche« zu nennen (HPT, III, Berlin [Ost] 1978).

die institutionelle in keiner Weise nachrangig, sind doch schon analytisch gesehen die Individualisierungs- und Pluralisierungsvorgänge
in unserer Zeit nur auf dem Hintergrund religiöser Institutionen
und ihrer Traditionen angemessen zu deuten.

Mit ihnen rückt zugleich die *gesellschaftliche Religion* ins Blickfeld,
nicht nur die gesellschaftlich vermittelte, die üblicherweise unter
dem Begriff der »religiösen Sozialisation« erforscht wird, sondern
auch die gesellschaftlich verwertete Religion und religiöse Erziehung, sei es durch direkte gesellschaftliche und staatliche Inanspruchnahme der Religionsgemeinschaften oder durch die Entwicklung funktionaler Äquivalente (Ethikunterricht als »Ersatzunter-
richt«, »Jugendweihe« als Ersatzkonfirmation).

1.3   Fundierungsproblematik

Während die zukünftige Religionspädagogik analytisch ohne einen
weiten Religionsbegriff nicht auskommt, wird es schwierig, das
Konstrukt »Religion« im Singular so ›aufzuladen‹, daß es der Religionspädagogik auch *normativ* dienlich ist. Ich gehe davon aus, daß
Erziehung, erst recht religiöse Erziehung und Bildung, nicht wertneutral gedacht werden kann und in der gesellschaftlichen Praxis
entsprechend nicht wertneutral abläuft.[8] Jede religionspädagogische
Theorie hat daher das Normenproblem ernst zu nehmen, ohne daß
sie damit eine »normative Pädagogik« alten Stils werden muß – eine
der verhängnisvollsten und nahezu unausrottbaren Verwechslungen
in der Diskussion. Sie verführt dazu, immer wieder die institutionelle Perspektive, die die Existenz der Kirchen ernst nimmt, mit
›dogmatisch‹, ›klerikal‹ oder ›konfessionalistisch‹ gleichzusetzen, die
individuelle und gesellschaftliche religiöse Perspektive dagegen als
Kennzeichen einer Religionspädagogik hervorzuheben, die jener
Attribute enthoben sei. Entsprechend wird die kritische Destrukti-
on kirchlich orientierter Religionspädagogik zum Hauptkennzei-
chen der Disziplin erklärt. Gegen Kirchenkritik wie Religions-, Ge-
sellschafts- und Ideologiekritik ist nicht nur nichts einzuwenden,
sondern sie gehören, wie bereits bemerkt, konstitutiv zur Religionspädagogik. Die hier vertretene Sicht weiß sich seit Jahrzehnten pädagogisch wie religionspädagogisch einem Begriff kritischer Bildung

---

8   Der umstrittene Versuch W. *Brezinkas*, die »Erziehungswissenschaft« als wertneutral forschende Disziplin zu etablieren, bestätigt nur das Gesagte. B. sieht sich
nämlich genötigt, neben der »Erziehungswissenschaft« eine »Philosophie der Erziehung« und eine »Praktische Pädagogik« zuzulassen, um so doch wieder den Hand-
lungsaufgaben mit ihren Normenfragen Rechnung zu tragen (Von der Pädagogik
zur Erziehungswissenschaft, Weinheim 1971; Neubearbeitung: Metatheorie der Erziehung, München 1978).

verpflichtet. Wie aber religiöse Erziehung *nicht neutral* sein kann, ist sie *insgesamt* auch *nicht aus Antipositionen* zu entwickeln, zumal diese ihre Ansprüche ihrerseits auch von eigenen Positionen aus begründen müssen. Erziehung ist ein Vorgang zwischen den Generationen (Schleiermacher), der in einen geschichtlichen Gestaltungsprozeß und Verantwortungszusammenhang eingebettet und zutiefst auf allen Seiten der an ihm Beteiligten von Grundüberzeugungen, Werteinstellungen und Glaubenspositionen geprägt ist. Die Logik einer Theorie der Erziehung muß diesem Tatbestand Rechnung tragen.

Wer die (Religions)Pädagogik als Wissenschaft davon ausklammern will, kann dies bestenfalls, nach dem Modell Brezinkas verfahrend, für einen Teilaspekt versuchen wollen, um sich jedoch damit die erwähnte normative Aporie einzuhandeln, daß das Normenproblem an einer anderen Stelle auftaucht. Die Pädagogik als Ganzes setzt sich auch bei dem genannten Autor aus allen drei Weisen, Pädagogik zu treiben, zusammen.

Darum hilft an dieser Stelle auch der Rückgriff einiger Religionspädagogen auf die *Religionswissenschaft* nicht weiter, sofern diese die Religionen wertfrei untersuchen möchte[9], es allerdings eingestandenermaßen immer nur »ideologiereduziert« zu tun vermag.[10] Grundsätzlich gewichtiger als die stets lediglich eingeschränkt vollziehbare Distanzierung vom unvermeidbaren »Normenhintergrund« (ebd.) ist jedoch der schon genannte, unentrinnbar gegebene *pädagogische Handlungszusammenhang*. Religion*pädagogik* ist etwas anderes als Religionswissenschaft. Eine ausschließlich religionswissenschaftliche Begründung der Religionspädagogik würde mehreren Aporien zugleich erliegen (gegen eine Einbeziehung von Religionswissenschaft ist nichts zu sagen; sie ist sogar verstärkt zu fordern!): Es droht nicht nur eine selbstwidersprüchliche ›Lösung‹ der normativen Problematik, da sie bei Ausklammerung an der einen Stelle an anderer Stelle unausweichlich wird, eben im handlungstheoretischen Zusammenhang, sondern es droht auch ein Verlust der charakteristischen pädagogischen Handlungsformen, die sich von deskriptiv-analytischen Forschungsweisen unterscheiden, wie dies übrigens inzwischen auch immer deutlicher in Großbritannien, Schweden und anderswo erkannt worden ist.[11]

9 In Europa ist dies besonders in Schweden mit einem »objektiven Religionsunterricht« und in Großbritannien mit einem multireligiösen, phänomenologischen Ansatz unter dem Einfluß der Religionsphänomenologie *Ninian Smarts* versucht worden.
10 *S. Körber*, Didaktik der Religionswissenschaft, in: *H. Cancik et al.* (Hg.), Handbuch religionswissenschaftlicher Grundbegriffe 1, Stuttgart 1988, 195-215, hier: 204.
11 *M. Grimmit* (zuletzt: Religious Education and Human Development, Great

Man kann allerdings versuchen, und man hat es versucht, zum einen in einem der Religion gegenüber freundlichen Sinne die Religionspädagogik in einer *humanistischen Anthropologie* zu begründen, in der der Mensch als religionsoffenes Wesen angenommen wird, verbunden mit einem Rückgriff auf ein in allen Religionen auffindbares *ethisch-religiös Gemeinsames*.[12] Umgekehrt hat es im Machtbereich des atheistischen Marxismus-Leninismus eine ›Religionspädagogik‹ gegeben, die den Religionen feindlich gegenüberstand und ihre Aufgabe darin sah, sie zu widerlegen. Beidemal aber ist dann eine solche Religionspädagogik ihrerseits positionell. Im ersten Falle läßt sich die deutliche Tendenz beobachten, »entweder ein *neues theologisches (monistisches) Letztprinzip auf der Meta-Ebene* zu etablieren oder unbewußt wieder traditionelle, kontextgebundene Normativa in die – vorgeblich universale – Formalkonstruktion einfließen zu lassen«[13].

1.4 Religionspädagogik und weltanschaulich-religiöse Pluralität

Das sichtbar gewordene Fundierungsproblem ist keineswegs neu und längst ausführlich diskutiert worden.[14] Es ist jedoch jetzt mit noch größerem Gewicht neu aufgebrochen. Anders als noch vor 20 Jahren geht es heute und in Zukunft zentral um den *Umgang mit weltanschaulich-religiöser und kultureller Pluralität*. Die religionstheoretische Begründung der Religionspädagogik nimmt für sich in Anspruch, eine religiöse Erziehung mit einem weitaus größeren Maß an Toleranz und wechselseitiger Verständigung anleiten zu können als eine theologisch begründete. Für diesen Anspruch wird zum einen die Grundnorm einer liberalen humanistischen Anthropologie geltend gemacht, die als Anthropologie anstelle von Theologie den Menschen, seine individuelle Erfahrung und freie Wahl zum maßgeblichen Ausgangspunkt nimmt. Zum anderen wird das Besondere in den Religionen zugunsten des Gemeinsamen, nach John Hick des »Realen selbst«, des »wirklich Wirklichen« relativiert, das vom Menschen unterschiedlich perspektivisch wahrge-

Wakering: McCrimmon 1987) hat den »Religious Studies approach« durch die Perspektive des erfahrungsbezogenen Ansatzes (»experiential«) im Sinne der persönlichen Suche (»personal quest«) modifiziert und hält geradezu »einen wertfreien, ideologisch neutralen ›objektiven‹ Religionsunterricht für selbstzerstörerisch« (Religionspädagogik im pluralistischen und multikulturellen Kontext, in: JRP 8 [1991], Neukirchen-Vluyn 1992, 37-54, hier: 44). Inzwischen hat auch *N. Smart* selbst mit seiner Ergänzung des Religionsunterrichts als religionswissenschaftliche »Information« durch Religionsunterricht als religiöse »Suche« Konsequenzen gezogen, ohne aber das Normproblem durch seinen Standpunkt eines »soft non-relativism« lösen zu können, eine ungenaue Formel, die alles offenläßt (Global Christian Theology and Education, Durham, Juni 1994, unveröffentl. Ms).
12   So die Vertreter einer »Welt-Theologie« wie *W.C. Smith* bzw. einer »universalen Theologie der Religion« (im Singular) wie *L. Swidler* sowie *J. Hick* und *P.F. Knitter*. Vgl. als jüngste Übersicht hierzu *A. Grünschloß*, Der eigene und der fremde Glaube. Probleme und Perspektiven gegenwärtiger Religionstheologie, EvErz 46 (1994) 287-299.
13   *Grünschloß*, ebd., 295, mit Belegen.
14   Vgl. Bd. 1 meiner Grundfragen, 129-222.

nommen werde und sich in den historischen Religionen entsprechend formiert habe.[15]

Daß ein solcher Denkansatz entstehen konnte, der tendenziell übergeschichtlich, transkulturell und übergreifend argumentiert, ist selbst wiederum nur geschichtlich zu verstehen, so auch in der Selbstdeutung seiner Vertreter, nach denen nämlich die christlichen Kirchen die *Freiheitsprobe* der Neuzeit nicht bestanden haben sollen und für das interreligiöse Gespräch der Zukunft weder gerüstet seien noch auf Grund ihrer Exklusivitätsansprüche die angemessenen Voraussetzungen mitbrächten. Damit aber verwandelt sich die Frage der Zukunft der Religionspädagogik als Disziplin in die Frage, welchen Weg die Kirchen in diesen Fragen finden und gehen werden. Von der Antwort ist wesentlich die Überzeugungskraft und die Sach- und Zeitgemäßheit einer Religionspädagogik mitabhängig, die sich anstelle einer religionstheoretisch-religionswissenschaftlichen Begründung theologisch und pädagogisch fundiert und an dem konstitutiven Bezug zur Kirche einschließlich ihrer spezifischen, historisch gewordenen konfessionellen Ausprägungen festhalten will.

Wie die Zukunft nach dieser Seite hin offen ist, so aber auch nach der anderen: Wird eine sich von den historischen Religionen lösende, mit neuen Letztprinzipien auf der Metaebene arbeitende Religionspädagogik die *Dialogprobe* in der Zukunft bestehen? Es verstärken sich die Zweifel. Analytisch gesehen wird anstelle eines »starken« ein »schwaches Pluralismusbild« zugrundegelegt, d.h. man tendiert dazu, die tatsächlichen tiefen Differenzen zu überspielen. Die Gläubigen der jeweiligen Religionen und Konfessionen sehen sich damit zugleich in ihren besonderen Glaubenserfahrungen und -überzeugungen existentiell nicht mehr ernstgenommen. Schließlich müssen schon zwangsläufig die Kategorien religionswissenschaftlicher Analyse oder religionsphilosophischer Spekulation als ein künstliches, dem eigenen Selbstverständnis übergestülptes System empfunden werden, noch dazu westlichen wissenschaftlichen Ursprungs. Zusammengefaßt steht mithin jede wie auch immer konzipierte Religionspädagogik künftig vor demselben *Grundproblem*. Sie hat mehreres zugleich selbstkritisch-konstruktiv zu bewältigen, die *Freiheits-* und die *Dialogprobe*, und zwar ohne Preisgabe der *Wahrheitsfrage*, die mit erfahrenem individuellem Glauben und korporativen Glaubenstraditionen ansteht. Zugleich darf sie nicht an der *Individualität*, an den individuellen einzelnen, den Kindern, Jugendlichen und Erwachsenen, vorbeigehen – mit diesem Punkt begann unsere Beschreibung (1.2). Was dies spannungsreiche Gefüge mit seinen vier Momenten bedeutet, ist in den nächsten beiden Teilen historisch (2) und systematisch (3) zu entfalten.

---

15 Siehe zuletzt *J. Hicks* Hauptwerk: Human Responses to the Transcendent. An Interpretation of Religion, New Haven / London: Yale University Press 1989, bes. 233ff.

Zur Frage der RP als Disziplin ist zuvor abschließend zu folgern, daß sie, sofern sie sich anstelle einer religionswissenschaftlichen Rahmung theologisch-pädagogisch begründet, als »Theorie kirchlicher Bildungsverantwortung« mit einer Theorie kirchlichen Handelns einhergehen muß. Die Fragen »Wohin geht die Religionspädagogik?« und »Wohin geht die Kirche?« sind unter den gegebenen regionalen deutschen Bedingungen zur Zeit noch miteinander verbunden. Beide Fragen bündeln sich in der vielschichtigen, die Binnen- und die Außenorientierung der Kirche zusammenfassenden Frage Volker Drehsens »*Wie religionsfähig ist die Volkskirche?*«[16].

2   Religionspädagogik im zukunftsoffenen geschichtlichen Prozeß

Der als Grundproblem bezeichnete Sachverhalt kann nur mit historischer Tiefenschärfe näher verdeutlicht werden. Das einschneidende Datum ist für die evangelische Kirche die *Aufhebung der Staatskirche 1919* (Art. 137 WRV) und damit auch der äußere *Verlust ihrer gesellschaftlichen religiösen Monopolstellung*. Das Ereignis machte freilich nur besonders dramatisch sinnfällig, was sich als von der Kirche immer schwerer zu bewältigende doppelte Herausforderung im Sinne zweier *gegenläufiger Handlungsnotwendigkeiten* schon längst angebahnt hatte: Wer äußeren Einfluß verliert, der ja immer auch die innere Identität stützt, muß sich verstärkt um innere Konsolidierung (Binnenorientierung) bemühen und zugleich seine Selbstdarstellung in der Gesellschaft (Außenorientierung) ganz neu regeln. In dieser Gleichzeitigkeit besteht nach wie vor der brisante, schwer auflösbare Problemknoten. Wie kann die Kirche Kirche bleiben? Und wie soll sie zugleich auf die immer unübersichtlichere pluralisierte Lage um sie herum antworten, die sie auch in sich selbst vorfindet? Die religiösen Abweichungen und Abbrüche, aber auch die religiösen Osmosen und Transformationen – man darf nicht einseitig verfallstheoretisch deuten – vollziehen sich ja in ihrer eigenen Mitgliedschaft. Das Problem der Volkskirche und das Pluralismusproblem sind, so gesehen, zwei Seiten ein und desselben Sachverhaltes (vgl. bereits den Schluß von Teil 1).
Im Bildungsbereich war die Kirche mit dem Staat besonders eng verflochten (christliche Staatsschule, obligatorischer Religionsunterricht, konfessionalisierte Lehrerbildung, geistliche Schulaufsicht usw.). Er mußte darum zum prominenten Kampfplatz werden. Wie aber ist von kirchlicher und – so füge ich bewußt hinzu – christlicher Seite insgesamt auf die Moderne *reagiert* worden? Seit über-

---

16   Vgl. *V. Drehsen*, Wie religionsfähig ist die Volkskirche?, Gütersloh 1994.

haupt 200 Jahren in *zweifacher Weise*, durch *Widerstand und Anpassung*, durch *Rückzug und Anverwandlung*, und zwar in einem wellenförmig ausgetragenen, dialektischen geschichtlichen Wechselspiel der Kräfte.

Das Ringen um den Fortbestand des kirchlichen Einflusses wurde auf der *Ebene der Schulpolitik* erst im Weimarer »Schulkampf« akut. Die Kirchen ließen sich von dem pragmatisch-strategischen Interesse leiten, daß es auf die Schule als ganze ankomme, nicht nur auf ein einziges Fach. Dies wurde auf evangelischer wie katholischer Seite prinzipiell ähnlich begründet, wodurch m.E. reformatorische Prinzipien preisgegeben wurden. Unmittelbar nach Kriegsende forderte O. Dibelius (1919) die gesinnungseinige »evangelische Erziehungsschule« im Sinne eines Begriffs von Erziehung (nicht Bildung!) als einheitlicher Prägung »auf der Grundlage einer bestimmten, geschlossenen Lebensgesinnung«[17]. Der gesamtstaatliche, »völkische« Nutzen der konfessionellen evangelischen Schule ist unter dem Einfluß neulutherischer Theologie (M. von Tiling, H. Kittel) 1936 von seiten der Dt. Ev. Kirche auch dem nationalsozialistischen Staat ausdrücklich anempfohlen worden. Nach dem Ende des Zweiten Weltkriegs haben beide großen Kirchen die Konfessionsschulpolitik fortgesetzt, die evangelische Kirche allerdings unter dem Protest einzelner wie O. Hammelsbeck, unter dessen Einfluß mit dem Schulwort der EKD von 1958 dann die Abkehr eingeleitet worden ist.[18]
Auf der *konzeptionellen Ebene* hat das dialektische Gegeneinander der um eine Antwort auf die Moderne streitenden innerprotestantischen Lager viel früher begonnen. Auf die erste große, durch den Pietismus vorbereitete, in der Aufklärungsepoche erfolgende Modernisierung des evangelischen Erziehungs- und Bildungsdenkens (christliche Philanthropen, Pestalozzi, im 19. Jahrhundert besonders Diesterweg) reagierte eine konfessionelle, betont als »Katechetik« sich kirchlich begründende Gegenbewegung, die freilich zum Teil bereits auch auf »Vermittlung« bedacht war (Ch. Palmer), worauf anschließend wiederum eine liberale »Religionspädagogik« antwortete, vom ersten Jahrzehnt dieses Jahrhunderts an unter diesem Begriff (F. Niebergall, O. Eberhard). Gegen sie wiederum richtete sich mit schärfstem Protest im Gefolge der Dialektischen Theologie die Verkündigungskatechetik der »Evangelischen Unterweisung«, die jedoch, als sie sich nach 1945 fortsetzen will (»Nie wieder Religionsunterricht!«, H. Kittel), bereits wenige Jahre später von nun wieder wirksam werdenden modernisierenden Teilströmungen, unterstützt durch ›moderne‹ Theologie (historisch-kritische Exegese, Neue Hermeneutik), abgelöst wird, ein bis heute nicht abgeschlossener, zur Zukunft hin offener Prozeß.

In diesem zwei Jahrhunderte umfassenden Vorgang hat sich auch die *Religionsdidaktik und -methodik* im neuzeitlichen Sinne grundlegend gewandelt, und zwar so, daß sich selbst die konservativen katechetischen Gegenbewegungen davon nicht unberührt zeigen konnten.[19] Da für die moderne Entwicklung unter anderem die Subjektorientierung charakteristisch ist, kann die Transformation

---

17 O. *Dibelius* (Hg.), Die evangelische Erziehungsschule. Ideal und Praxis, Hamburg o.J. (1919), 23.
18 Vgl. *K.E. Nipkow* und *F. Schweitzer* (Hg.), Religionspädagogik. Texte zur evangelischen Erziehungs- und Bildungsverantwortung seit der Reformation, Bd. 2/2: 20. Jahrhundert (TB 89), Gütersloh 1994, 20ff, 34ff, 38f.
19 Belege zu *Palmer, von Zezschwitz, Bohne, Rang* u.a. bei *F. Schweitzer*, Die Religion des Kindes.

daran abgelesen werden, wie Kinder, Jugendliche und Erwachsene
als individuelle Subjekte wahr- und ernstgenommen worden sind.
Seit spätestens der aufklärerischen »Sokratik«, der Berücksichtigung
der »Individuallage« durch Pestalozzi und Schleiermachers Verständnis für die eigentümliche Religion des Kindes und seiner Betonung der »Selbständigkeit« des mündigen evangelischen Christen
bilden die Bemühungen um einen das individuelle Subjekt respek-
tierenden, »erlebnisorientierten« (Kabisch), entwicklungsgemäßen
und »erfahrungsbezogenen« Religionsunterricht (s. besonders heute) sowie um einen volkskirchlich-lebensweltlich angelegten (W.
Neidhart) und subjektbezogenen Konfirmandenunterricht (H. Luther), mit Entsprechungen in Kindergottesdienst, Jugendarbeit und
kirchlicher Erwachsenenbildung, eine große charakteristische Linie.
Die Modernisierung der Religionspädagogik, wie sie inzwischen mit
ähnlichen »korrelativen« Verfahren zur Überbrückung von Tradition
und Situation, Glaubenswahrheit und Person, kirchlicher Autorität
und subjektiver Erfahrung auch in der katholischen Religionspädagogik stattgefunden hat, hat sich schon früh in den Fragen der
Begründung und der *konfessionellen Gestalt* des Religionsunterrichts
zugespitzt. In der ersten Hinsicht ist die schultheoretische Begründung des Existenzrechts des Faches im protestantischen Raum heute
ebensowenig umstritten wie als Kern dieser Begründung der Rekurs
auf das individuelle Recht des einzelnen auf Wahrnehmung seiner
Religionsfreiheit[20]. Auf der individuellen Ebene ist für die evangelische Kirche das Pluralismusproblem allerdings immer schon leichter
zu lösen gewesen als auf der Ebene der sachgemäßen Gesamtbin-
dung des Faches, ist ja schon für die Reformation charakteristisch,
daß zwar die Vermittlung der christlichen Heilswahrheit in Eindeu-
tigkeit zu geschehen habe, die Aneignung der Wahrheit durch die
individuelle Person aber strikt unverfügbar ist und frei bleiben muß.

In dieser Spannung zwischen konfessioneller Klarheit in der Sache und Freigabe auf
der Ebene der Schülerschaft (ein für alle geöffneter RU) denken zwar bis heute auch
noch die meisten evangelischen Religionspädagogen, nicht so jedoch jene Vertreter
einer radikaleren Teilströmung innerhalb der modernen Gesamtströmung, die schon
früh – hierin zu Recht – einen konfessionell-dogmatistischen Religionsunterricht
bekämpft haben, um statt dessen einen »allgemeinen Religionsunterricht« (Diesterweg) einzuführen, hier hingegen wenig überzeugend (vgl. schon Teil 1). Mit dem
Vorschlag der Abschaffung des Religionsunterrichts (Bremer Denkschrift 1905) ging
man darüber noch hinaus. Ende der 60er Jahre tritt diese Position verschärft wieder
auf. Heute, 25 Jahre später, hat im Bundesland Brandenburg ein kirchlich ungebun-
dener Unterricht in Form des Modellversuchs »Lernbereich: Ethik – Lebensgestaltung – Religion« offiziell den Primat erhalten.

20 Zuletzt: *EKD-Kirchenamt* (Hg.), Identität und Verständigung. Standort und
Perspektiven des Religionsunterrichts in der Pluralität. Eine Denkschrift der EKD,
Gütersloh 1994, 38f.

3 Zukunftsperspektiven der Religionspädagogik auf komplexen Wegen

Lagen, in denen zwei gegenläufige Aufgaben gleichzeitig zu erfüllen sind, Identitätsbewahrung nach innen zur eigenen Mitte hin und Relevanzerweis nach außen zum pluralisierten Umfeld hin von dieser Mitte aus, sind komplex zu nennen; sie werden in Zukunft noch zunehmen, mit einem noch größeren Hang zu simplifizierenden Problemlösungen. Komplexe Lagen aber erfordern komplexes Denken.[21] Es ist dadurch charakterisiert, daß es differenziert und integriert, ggfs. auf sich verschränkenden und fortsetzenden Ebenen. Zu den komplexen Denkformen gehören die des komplementären, dialektischen und paradoxalen Denkens. Sie alle befinden sich im Gegensatz sowohl zu einer zweiwertigen Entweder-oder-Logik, die in dualistisch oder diastatisch trennendem Denken anzutreffen ist (ohne Kraft zu verbinden), als auch zu einem Denkschematismus, der, was auseinandergehalten werden muß, zusammenfallen läßt oder gar zusammenzwingen möchte, ein monistisch-homogenisierendes Denken (ohne Fähigkeit, Unterscheidungen zu treffen und Unterschiede zu ertragen). Der zweifache Gegensatz ist verständlich, denn die Entweder-oder-Abgrenzung geht oft damit einher, das durch Abgrenzung eingegrenzte Eigene vom Fremden, Anderen frei und in sich homogen zu erhalten.

3.1 Freiheit, Dialog und religiöse Wahrheit auf komplementären Prüfsteinen

Wir brauchen nur einen kurzen Moment unsere regionalisierende, die deutsche Geschichte betreffende Betrachtung globalisierend zu erweitern (vgl. Einleitung), um sofort zu erkennen, daß unser Grundproblem alle Religionsgemeinschaften erreicht hat, in vollem Ausmaß zumindest neben dem Christentum auch das Judentum und den Islam. Überall dort, wo sich der Geist der Moderne als Geist der Freiheit zur Wahl ökonomisch, politisch, kulturell-ästhetisch und moralisch-lebensstilbezogen ausgebreitet hat, sind die Religionen in dasselbe Dilemma gestürzt worden, droht ihren Traditionen die innere Auflösung, werden sie von den Antworten auf die Moderne hin- und hergerissen, geraten liberale bis liberalistische und konservative bis ultraorthodoxe Positionen oft feindselig aneinander. Angesichts der individuellen modernen Freiheit – vom Indi-

---

21 Ich danke an dieser Stelle *K.H. Reich* (Fribourg) für wertvolle Anregungen, besonders zum Denken in Komplementarität.

vidualismus und Relativismus gar nicht zu reden – stehen die korporativen religiösen Wahrheitsansprüche auf dem Spiel bzw. geht es
um die *Freiheitsprobe der Wahrheit.*
Bereits die internen Spannungen innerhalb der einzelnen Kirchen
rufen nach dem innerkirchlichen Dialog, die Gegensätze zwischen
den einzelnen Kirchen zusätzlich nach dem innerchristlichen ökumenischen. Nun ist jedoch in unserer Welt »Religion nicht Privatsache, es geht die Gemeinschaft sehr wohl an, ob da etwas ist, was
Verständigung verhindert oder für überflüssig erklärt oder ihr den
richtigen Erkenntnisgrund anweist ...«[22]. Folglich steht nach innen
wie nach außen zusätzlich auch die *Dialogprobe der Wahrheit,* die
Kraft zum ökumenischen und interreligiösen Gespräch wie überhaupt zur Verständigung in einer Gesellschaft an. Überflüssig zu sagen, daß erst recht dort, wo Religionsgemeinschaften wie die Kirchen im öffentlichen Bildungsdiskurs mitverantwortlich einbezogen
sind, ihre Fähigkeit, zur allgemeinen Verständigung beizutragen, auf
den Prüfstand gerät, mehr als je zuvor. Gelingende Dialoge aber bedürfen komplexen Denkens.
Dem Wesen des Dialogs und der sich nicht liberalistisch mißverste-
henden Freiheit entspricht aber auch die Umkehrung, die komplementäre Probe, die *Wahrheitsprobe des Dialogs und der Freiheit,* die
für ihn reklamiert wird, sonst wird der Dialog oberflächlich und
der Gebrauch der Freiheit beliebig. Unsere Gesellschaften – und
auch die Schulen – müssen alles dies zusammen zu ihrem Besten
aushalten und die junge Generation hierfür ausnahmslos an jedem
Ort pädagogisch vorbereiten. Aus diesem komplexen Ineinander
leitet sich alles Folgende ab (vgl. schon Schluß von Teil 1).

3.2   Grundlegung der Religionspädagogik in Theologie und Pädagogik – ein dialektischer Zusammenhang

Sofern sich die Religionspädagogik in der Altbundesrepublik nicht
durch Religionswissenschaft und Religionsphilosophie, sondern
durch *Theologie und Pädagogik* hat bestimmen lassen, hat sie bereits komplexe Denk- und Handlungswege beschritten. Sie hat
theologisch bewußt bejaht, was bereits seit dem 18., dem »pädagogischen Jahrhundert«, in dem sich die moderne Pädagogik auch als
Disziplin zu entwickeln begann, immer wieder in Schüben religionspädagogisch wirksam geworden ist (s.o. 2). Nicht wenige der
modernen Anverwandlungen aus dem Raum der Pädagogik bleiben
bis heute problematisch. Festzuhalten aber ist das Ethos einer ei-

---

22   *H. von Hentig,* Glaube. Fluchten aus der Aufklärung, Düsseldorf 1992, 24; vgl.
meine ausführliche Besprechung in JRP 10 (1993) 213-222.

genständigen pädagogischen Verantwortung für das Kind, der Gedanke der Bildung des einzelnen um seiner selbst willen, d.h. gegen seine Unterwerfung unter äußere und innere Zwänge, die seine Menschenwürde zerstören, in allem damit der Respekt vor persönlicher Verantwortung und darum die Förderung von Mündigkeit. Dies ist der Kern eines *kritischen Bildungsbegriffs*.

Ein solcher Zusammenhang von »Bildung, Glaube, Aufklärung«[23] bleibt eine komplexe Spannung, weil es nach wie vor auch um den *christlichen Glauben* gehen soll. Er bezieht sich auf Jesus von Nazareth (ohne hier die Traditionen über den vorösterlichen Jesus und den nachösterlichen Christus gegeneinander ausspielen zu dürfen) als auf eine Erscheinung in unserer Welt, die auch nach dem Urteil von Nichtchristen alle gewohnten Maßstäbe sprengt. Auf ihn glaubend, d.h. vertrauend zu setzen, auf einen Gekreuzigten als den Leben bringenden, ist daher paradox, aber nicht unbegründbar. Über den christlichen Glauben kann als begründetes Vertrauen verständig kommuniziert werden. Das ist der Rechts- und Ermöglichungsgrund abendländischer, besonders reformatorischer Theologie.

Eine so beschaffene Theologie nun kann im pädagogischen Raum in äußerster *Spannung* zur Pädagogik zugleich mit ihr eine enge *Verbindung* eingehen. Weil es theologisch um eine Befreiung geht, in der der Mensch nach der biblisch-christlichen Überlieferung als Person angeredet wird, muß das, was ihn kraft der Gnade Gottes *von sich selbst* befreit, *von ihm selbst* ›wahrgenommen‹ werden. Darum kann sich die Religionspädagogik theologisch und zugleich pädagogisch in dem Gedanken der unvertretbar selbstverantwortlichen Person gründen. Eine »*dialektische* Konvergenz« ist diese Verbindung, weil erstens der Unterschied zwischen der umfassenden Befreiung durch Gott und der selbstbestimmten freien Antwort durch den Menschen festgehalten und zweitens die christliche Wahrheit nicht an das säkulare Denken angepaßt wird, sondern das Ja zu dem *anderen*, säkularen Begriff von Mündigkeit aus dem *eigenen* theologischen Grund hervorgeht. Zum Evangelium selbst gehört, daß es von einem freien Gott aus Liebe in und mit Jesus von Nazareth frei geschenkt wird, darum darf es vom Menschen nicht unfrei pädagogisch vermittelt werden.

Eine so verstandene Religionspädagogik ist so lange zukunftsfähig, als sie in aller ihr möglichen Klarheit unterscheidet und verbindet, differenziert und integriert und nicht unklar vermischt. Nur so gibt sie jedem ihre Identität zu erkennen, die eine notwendige Voraussetzung für klar erkennbare Positionen ist, wie sie ein Dialog erfor-

---

23 Vgl. *R. Preul, Ch.Th. Scheilke, F. Schweitzer, A.K. Treml* (Hg.), Bildung – Glaube – Aufklärung. Zur Wiedergewinnung des Bildungsbegriffs in Pädagogik und Theologie, Gütersloh 1989.

dert, der diesen Namen verdient. Die Identität der Religionspädagogik ist nicht ein homogenes Etwas, eine Einheit, in der alles zu einem Vereinigungspunkt zusammenfällt.
Abwegig wäre auch eine quantitativ ausgerichtete Überlegung. Die
gemeinte komplexe Auffassung wird verfehlt, wenn man meint, entweder müsse doch der Anteil der Theologie oder der der Pädagogik
größer sein, entweder müsse die Religionspädagogik mehr zur
(Praktischen) Theologie oder mehr zur Pädagogik gehören.
Religionspädagogik wird hier statt dessen ohne Abstriche als theologische Disziplin verstanden, wie ich sie selbst mehr als 26 Jahre an
einer theologischen Fakultät vertreten habe, allerdings als eine solche theologische Teildisziplin der Praktischen Theologie, die sich als
»Projekt von Theologie nach der Aufklärung« (Friedrich Schweitzer) begreift.[24]

Dies Verständnis ist schon seit längerem unter westdeutschen Bedingungen formuliert worden. Ungefähr zum gleichen Zeitpunkt hat Jürgen Henkys für die Situation
unter den Bedingungen der DDR festgestellt: »In unserer gesellschaftlichen Lage
konstituieren religiöse Erscheinungen und religionspädagogische Fragestellungen
keine selbständige Disziplin neben und keine Teildisziplin innerhalb der Katechetik.
Vielmehr ist es die Katechetik selbst, die durch diese Erscheinungen und Fragestellungen durchgehend mitbestimmt ist... Die Religionspädagogik ist die anthropologische Seite der Katechetik, die Katechetik der theologische Ort der Religionspädagogik«[25]. Es ist verständlich, daß man in der Katechetik der DDR die westdeutsche Religionspädagogik als eine sich verselbständigende, von der Theologie lösende
Größe empfand. Einen Religionsunterricht außerhalb der Gemeinden gab es nicht,
und auf einen solchen räumlich und sachlich von Gemeinde und Kirche abgeho-
nen schien die westdeutsche Religionspädagogik bezogen zu sein. Umgekehrt haben
manche westdeutschen Religionspädagogen die Katechetik der DDR als einseitig
theologisch-binnenorientiert empfunden. Für die Zukunft ist diese Wahrnehmungs-
differenz nicht wichtig. Aufschlußreich ist vielmehr der Sachverhalt, der sich in der
Schlußbestimmung bei Henkys ausdrückt. Hier wird ebenfalls eine unerläßliche
komplementäre *Verschränkung* in den Blick genommen. Das umrissene historische
Wechselspiel von »katechetischen« und »religionspädagogischen« Antworten auf die
Moderne (vgl. 2), in dem sich zugleich das jeweilige Eigenrecht von Theologie und
Pädagogik ausdrückt, verlangt offensichtlich heute systematisch generell ein *konstitutiv* verbindendes Denken. Wie für Henkys seine *Katechetik* »durchgehend« von
religions*pädagogischen* Fragestellungen bestimmt ist, ist die hier vertretene *Religions*pädagogik durchgehend von *theologischen* bestimmt, wie sie Henkys seinerzeit
nur in dem alten Begriff der Katechetik aufbewahrt sah.

Die Wahl der angemessenen Disziplinbezeichnung ist eine nachran-
gige Frage. Es ist zu bezweifeln, ob der Begriff der »Katechetik«
noch in der Lage ist, den komplexen Herausforderungen im vereinigten Deutschland zu genügen, die sich im Gegenstandsfeld stellen

24 *F. Schweitzer*, Religionspädagogik als Projekt von Theologie nach der Aufklärung – Eine Skizze, PThI 12 (1992) 211-222.
25 *J. Henkys*, Die pädagogischen Dienste der Kirche im Rahmen ihres Gesamtauf-
trages, in: HPT III, Berlin (Ost) 1978, 32.

(s.o. 1.2). Umgekehrt bleibt der Begriff der »Religionspädagogik« nur dann in Zukunft angemessener, wenn sich bei aller seiner Weite nicht seine theologische Substanz auflöst. Der Sache nach ist so oder so von einem Verhältnis wechselseitiger Inklusivität hinsichtlich Pädagogik und Theologie auszugehen, so daß die doppelte Zugehörigkeit der Religionspädagogik zum Ausdruck gebracht werden kann, ohne zugleich das Problem der Konkurrenz entstehen zu lassen. »Einheitsbestimmungen« mit »exklusiven Zugehörigkeitsverhältnisse(n)« anstelle einer *inklusiven Einheitsvorstellung* verfehlen die historisch gewordene Praxis in ihrer pluralen Bestimmtheit.[26]

3.3 Bildung und Glaube in Schule und Gemeinde – komplementäre Herausforderungen und Differenzierungen

Ein Einvernehmen in dem soeben behandelten Punkt ist angesichts der unterschiedlichen Erfahrungen in Ost und West überaus wichtig. Er berührt sich unmittelbar mit dem bekannten, auch außerhalb Deutschlands anzutreffenden Versuch, unser Grundproblem durch eine *Aufteilung von Religionspädagogik und Katechetik* zu lösen. Bei dieser Disjunktion wird erstere nur auf den *schulischen Religionsunterricht* bezogen, während die zweite für die *innergemeindliche Katechese* zuständig zu sein habe. Man kann es auch schärfer und ironischer formulieren – um so eine Gefahr klarer zu benennen –: Die Kirchen geben nur ihre im allgemeinen Bildungssystem vorfindlichen pädagogischen Handlungsfelder für die neue gesellschaftliche Außenorientierung frei, während sie nach innen den innerkirchlichen Zusammenhalt um so »geschlossener« zu stärken suchen, im Sinne des nach wie vor untergründig weiterwirkenden Verständnisses von Erziehung als Prägung und Bildung als Schulung.

Die Disjunktion kann freilich auch ganz andere Ursachen haben, nämlich Zwang von außen. In der Zeit zwischen 1933 und 1945 für ganz Deutschland, nach 1945 über 40 Jahre in der DDR ist dies Modell den Kirchen durch politische und ideologische Repression aufgenötigt worden. Schulischer Religionsunterricht ist in der DDR gesetzlich ausgeschlossen gewesen und unter der Naziherrschaft zum Teil sehr verfälscht worden, Grund genug, in der Zeit des Kirchenkampfes mit einer »*Christenlehre*« in Gemeinde und Elternhaus (O. Hammelsbeck, M. Albertz / B.H. Forck) den auf innerkirchliche Sammlung und Konsolidierung gerichteten, gemeindebezogenen Weg nach innen zu gehen. Er ist in der DDR fortgesetzt worden, allerdings modifiziert; die Christenlehre war einerseits in

---

26 Im Anschluß an die verwandten Gedankengänge F. Schweitzers (Die Einheit der Praktischen Theologie und die Religionspädagogik, in: EvErz 43 [1991] 606-619, hier 615 u. 618).

Sammlung und Zurüstung an der Gemeinde orientiert, anderseits im Zeichen einer »Kirche für andere« offen für alle. Auf katholischer Seite hat das Modell der Unterscheidung zwischen »Religionsunterricht« und »Katechese« Befürworter und Kritiker. Entsprechend wird einerseits relativ traditionell die kirchliche Erwachsenenbildung als »Erwachsenenkatechese« bezeichnet[27], anderseits als »religiöse Erwachsenenbildung« (R. Englert), sofern sie sich auf religiöse Fragen bezieht[28]. Im evangelischen Raum ist nur eine schwache Variante eines Trennungsdenkens zu erkennen, die bezeichnenderweise zum Zeitpunkt der gesteigerten Modernisierung des Religionsunterrichts einsetzende Entwicklung einer »*Gemeindepädagogik*«. In den USA ist die Aufteilung auf Grund der strikten Trennung von Staat und Kirche sowie Schule und Religion historisch bedingt. In staatskirchlich geprägten europäischen Ländern wie Großbritannien drückt sich die Disjunktion darin aus, daß eine interreligiös offene »Religious Education« einer konfessionell geschlossen prägenden »Christian nurture« gegenübergestellt wird. Nach allem Gesagten kann dieser Weg dann nicht für gut geheißen werden, wenn er zu einer *unverbundenen Zweigleisigkeit* anstelle eines *integrierten Zusammenhangs mit innerer komplementärer Differenzierung* führt. Konkret: Das religionspädagogische Handeln in der Gemeinde darf nicht vor dem Geist kritischer, grenzüberschreitender Bildung ausweichen. Das religionspädagogische Handeln in Schule und Gesellschaft darf nicht vor der Präsenz und Brisanz von Glaubenstraditionen ausweichen, die sachlich unverstellt – allerdings in pädagogischer Verantwortung! – in den Diskurs der öffentlichen Bildungsinstitutionen einzutragen sind. So gehört dort Bildung zum Glauben und hier Glaube zur Bildung. *Der verständigungsoffene Sinn von Bildung und die Wahrheitserfahrung des Glaubens sind beide unteilbar.* Kirche und Gemeinde einerseits und Schule und Gesellschaft anderseits müssen jeweils die Herausforderung durch die andere Seite aushalten.

Vertreter der Gemeindepädagogik versuchen, der mit diesem Begriff bestehenden Gefahr einer verengten kirchlichen Binnensicht nachdrücklich entgegenzutreten. Bereits die Parallelität des Begriffsgebrauchs von »Religionspädagogik« und »Gemeindepädagogik« kann jedoch die genannte Zweigleisigkeit begünstigen und im ersten Falle das nötige theologische Niveau und im zweiten das erforderliche pädagogische unterbieten. Der Kirche ist aber z.B. mit einem theologisch steilen Konfirmandenunterricht nicht gedient, der eher abschreckt als einlädt, der Schule nicht mit einem theologisch profillosen Religionsunterricht, der bald überflüssig und auch für die Schüler nichtssagend werden könnte.

27 Themaheft »Erwachsenenkatechese« der Theol. Quartalsschrift 174 (1994), H. 2.
28 *R. Englert*, Religiöse Erwachsenenbildung. Situation – Probleme – Handlungsorientierung. (PraktTheol heute 7), Stuttgart / Berlin / Köln.

Es versteht sich, daß ebensowenig wie eine strenge Aufteilung auch eine Verdoppelung der Christenlehre in der Schule oder des Religionsunterrichts in der Gemeinde nicht angemessen ist. Beidemal wird homogenisierend gedacht, nicht differenzierend und komplementär, wie es für das Verhältnis von Religionsunterricht und Christenlehre R. Degen versucht hat.[29]

3.4 Die Perspektive der Kinder und Jugendlichen

Daß es notwendig ist, überall gleichzeitig prinzipiell mit derselben theologischen Klarheit und pädagogischen Offenheit zu handeln, wird besonders angesichts der *Kinder und Jugendlichen* zwingend. Die anlaufenden Studien »Zur Konfessionslosigkeit in (Ost-) Deutschland« – sie ist eine Realität in Ost und West – verweisen besonders die ostdeutschen Kirchen in der Schule auf ein ungewohntes Terrain.[30] Die Mehrheit der ostdeutschen jungen Menschen ist nicht getauft, im Westen gehören zwar viele noch zur Kirche, aber oft nur in ganz lockerer Bindung. Gleichwohl sind damit weder die einen noch die anderen Atheisten. Nicht wenige zählen zu einem breiten Mittelspektrum zwar konfessionsloser, aber nicht indifferenter Heranwachsender, für Henkys die interessanteste Herausforderung: »Vielleicht bezeichnen sie sich selbst noch als Atheisten. Aber man kann eine Menge von ihnen und mit ihnen lernen«.[31]

Außerdem ist zwischen 1975 und 1990 die Zahl der sog. Atheisten wie die der religiösen Jugendlichen gleichermaßen angewachsen. Auf die westdeutsche Jugendforschung und die zu ziehenden religionspädagogischen Folgerungen bin ich verschiedentlich an anderen Stellen eingegangen. Für die Zukunft ergibt sich aus allem hüben wie drüben unzweideutig, daß in Schule *und* Gemeinde nüchtern, vorbehaltlos und mit größter Entschiedenheit auf alle Jugendlichen zuzugehen und radikal die Perspektive der Heranwachsenden einzunehmen ist. Hierzu gehört, daß die Lehrenden die Äußerungen der Schülerinnen und Schüler entwicklungspsychologisch und sozialisationstheoretisch richtig deuten können, um sie im Zuge einer lebensgeschichtlich und lebensweltlich orientierten Elementarisierung des Unterrichts angemessen zu berücksichtigen (zur Bedeutung dieser Perspektive vgl. schon 1.2).

---

29 *R. Degen*, Zum Profil kirchlicher Arbeit mit Kindern und Jugendlichen bei entstehendem Religionsunterricht in den Schulen, in: *Comenius-Institut / Arbeitsstelle Berlin* (Hg.), Christenlehre in veränderter Situation, Münster 1992, 27-42; vgl. auch die genannte Denkschrift (Anm. 20), 45-49.

30 *EKD-Studien- und Begegnungsstätte Berlin* (Hg.), Zur Konfessionslosigkeit in (Ost-)Deutschland. Ein Werkstattbericht (begegnungen 4/5), Berlin 1994.

31 *J. Henkys* und *F. Schweitzer*, Atheism, Religion, Indifference. Referat auf der 9. Konferenz des International Seminar on Religious Education and Values, Goslar, August 1994 (Ms.), 28.

3.5 Hermeneutisch-didaktische Pluralität mit wechselseitiger Durchlässigkeit

Auf die angedeutete inhomogene Lage im vereinigten Deutschland kann hermeneutisch-didaktisch nicht mehr ein einziger homogener religionsdidaktischer Ansatz angewendet werden. Wir brauchen eine *Pluralität komplementärer und wechselseitig durchlässiger hermeneutisch-didaktischer Modelle*, die auch den christlich motivierten und engagierten jungen Menschen gerecht werden. Neben einer hermeneutischen Grundsituation, für die eine Hermeneutik des schon gegebenen Einverständnisses im Glauben mit einer Didaktik des Einstimmens und Mitvollzugs angemessen bleibt, gewinnt allerdings immer mehr eine Hermeneutik des nichtvorhandenen, erst zu suchenden oder des verlorengegangenen Einverständnisses an Bedeutung mit einer Didaktik der offenen Prüfung und kritischen Auseinandersetzung, aber auch seelsorgerlichen Begleitung. Durchlässig sind diese Ansätze zu halten, weil die Situationen selbst durchlässig sind und unversehens wechseln können. Wo Verstehen und Einverständnis vorhanden war, kann es unter der Schwere der Lebenserfahrungen und der doch nicht aufzuhaltenden Zweifel bei ›frommen‹ Jugendlichen zum Glaubensverlust kommen, umgekehrt bei ›atheistischen‹, ›indifferenten‹ und ›suchenden‹ jungen Leuten zu religiöser Aufgeschlossenheit und Glaubensgewinn.[32]

Glücklicherweise sind auch bei einer früher umstrittenen religionsdidaktischen Kernfrage – *Bibel- oder Problemorientierung* – inzwischen alle Lager im ganzen einig. Die bei der Einführung des thematisch-problemorientierten Religionsunterrichts nie beabsichtigte Zweigleisigkeit ist als falsche Alternative entlarvt worden. Die törichte Entweder-oder-Logik ist schnell zu widerlegen, schon durch die Erkenntnis, daß ein Bibelunterricht theologisch oberflächlich und unangemessen, ein Unterricht über Lebensprobleme theologisch unerhört provozierend und fruchtbar sein kann; der Unterrichtsinhalt allein garantiert nicht den Umgang mit ihm.

3.6 Theologische und ethische Konzentrationen im Zeichen von Elementarisierung

Zu den Perspektiven künftiger *Lehrplangestaltung* gehört in meiner Sicht einmal eine Konzentration auf die *Gottesfrage*. Sie ist vor al-

---

32 Die getroffene Unterscheidung ist lediglich die allgemeinste. Eine dritte hermeneutisch-didaktische Variante hätte ein verlorengegangenes Einverständnis zu berücksichtigen. Sodann sind in diesem Rahmen auch Überlegungen zu einer Hermeneutik differenter Einverständnisse einzubeziehen, sofern die Lerngruppe ökumenisch und interreligiös gemischt ist. Vgl. v. Vf.: Hermeneutisch-didaktische Pluralität. Zwischenüberlegungen zu einem künftigen Programm, in: *U. Becker* und *Ch.Th. Scheilke* (Hg.), Aneignung und Vermittlung. FS Klaus Goßmann, Gütersloh 1995.

lem mit den rätselvollen *Kontingenzen,* den ›offenen Wunden‹ des Lebens verflochten, mit dem Anfang von allem und dem Tod als dem individuellen Ende, mit dem Leid, das zwischen Anfang und Ende erfahren wird, und der Theodizeefrage, mit Gott selbst zwischen vermuteter Fiktivität und untergründig erhoffter Realität[33]. Zukunftspflichtig ist zum anderen ein Unterricht, der in das Ringen um *Gerechtigkeit, Frieden und die Bewahrung der Schöpfung,* in den »konziliaren Prozeß« einführt, und zwar auf den zur Zeit immer stärker auch unterrichtspraktisch in der Erprobung befindlichen Wegen der *Elementarisierung.*[34] Hier hat der Religionsunterricht gegenüber den seit jeher ihn domestizieren und funktional in Dienst nehmen wollenden Erwartungen der bürgerlichen Gesellschaft mutig seine eigene Stimme einzubringen, um in unverkrampfter Partnerschaft zum Ethikunterricht im Lichte des mit Gott gegebenen umfassenden Verantwortungshorizonts die Heranwachsenden kritisch aufzuklären und zu motivieren, auch wenn er für andere unbequem wird.

3.7 »Das Gemeinsame inmitten des Differenten stärken« – zum ökumenischen und interreligiösen Lernen

Komplexe, d.h. differenzierende und integrierende Wege sind nicht zuletzt im *ökumenischen, interreligiösen und interkulturellen Lernen* angesagt. Wieder wird die erforderliche Komplexität unterboten, wenn man reduktionistisch verfährt und zu schnell das Gemeinsame auf Kosten der Unterschiede und damit des je eigentümlichen Schwerpunkts einer Konfession oder Religionsgemeinschaft ausmachen will. Zugleich ist es geboten, die vor Augen liegenden großen christlichen Gemeinsamkeiten zwischen den Konfessionen zu unterstützen und mögliche Gemeinsamkeiten mit anderen Religionen in einer so bitter auf Verständigung angewiesenen Welt zu suchen.

Die Denkschrift der EKD von 1994 hat daher »*Identität*« und »*Verständigung*« konsequent nichtreduktionistisch und zugleich verständigungsoffen aufeinander zu beziehen versucht. Beides soll sich wechselseitig bedingen und durchdringen, gleichsam perichoretisch – eine komplexe Denk- und Lebensbewegung. Dies Grundmodell ist hinsichtlich eines nachdrücklich geforderten »*konfessionell-kooperativen Religionsunterrichts*« näher ausgeführt worden, der u.a. ab der Grundschule einen Wechsel von »differenzierenden« und »integrierenden« Phasen vorsieht. Das Modell gilt aber darüber hinaus auch für die interkulturell-interreligiösen Bildungsaufgaben;

---

33   Vgl. ausführlicher: Erwachsenwerden ohne Gott? Gotteserfahrung im Lebenslauf, München 1987, ⁴1992 sowie: Perspektiven der Lehrplanreform für die Zukunft, EvErz 45 (1993) 432-445.
34   Vgl. *F. Schweitzer, K.E. Nipkow, G. Faust-Siehl, B. Krupka*, Religionsunterricht und Entwicklungspsychologie. Elementarisierung in der Praxis, Gütersloh 1995.

denn dies ist es, »was angesichts des weltanschaulich-religiösen Pluralismus unserer Situation als *kulturelle Verständigungs- und pädagogische Bildungsaufgabe in Schule und Gesellschaft überhaupt* vor uns liegt: *das Gemeinsame inmitten des Differenten zu stärken,* in einer Bewegung durch die Differenzen hindurch, nicht oberhalb von ihnen«.[35] Die Religionsgemeinschaften und Konfessionen selbst sind zu fragen und anzumahnen, die Kraft zur Verständigung aus ihrer eigenen Mitte heraus zu entbinden. Wenn sie hier versagen, wird auch die Geschichte der Religionspädagogik anders fortgeschrieben werden müssen.

Die Unvorhersehbarkeit der Zukunft zusammen mit der Unterschiedlichkeit der Voraussetzungen legt abschließend ein wichtiges übergreifendes Entfaltungsprinzip nah, die *Förderung dezentralisierter Vielfalt*: »Autonomie« der Einzelschule und individuelle Schulgestalten, regionale und lokale Spielräume für die Gestaltgebung des schulischen Religionsunterrichts, Ermutigung zur Variabilität auch in der pädagogischen Arbeit in den einzelnen Gemeinden je nach der besonderen Situation. Durch Entwicklungsvielfalt und -offenheit werden die Lebensprozesse und -veränderungen besser berücksichtigt als durch zentrale Vorschriften. Ferner werden alle Beteiligten zur Partizipation eingeladen. Zukunft wird nicht ängstlich erwartet, sondern in verantwortungsvoller Freiheit eröffnet.

Dr. *Karl Ernst Nipkow* ist em. Professor für Praktische Theologie (Religionspädagogik) und Allgemeine Pädagogik an der Eberhard-Karls-Universität Tübingen.

Abstract
The main challenge today being religious pluralism, the educational ways to be pursued should pay regard to the different faith traditions in their identity and at the same time promote mutual understanding and dialogue by ecumenical and interreligious education. Looking for complex answers in a complex situation, proposals are made for radically taking the perspective of children and youth and simultaneously for theological concentration in linkage to life issues and elementarization. As a discipline, Religious Pedagogy is seen as based upon theological and educational presuppositions in an open-ended historical process. In this context, two alternatives are questioned: religious education constituted by Religious Studies or Catechetics.

---

35 *EKD*, Identität und Verständigung, 65.

1.6

Raimund Hoenen

Ritualisierte Weltanschauung
in der Bildungspolitik der DDR

Nach dem Selbstverständnis der DDR-Bildungspolitik bestand das Ziel des einheitlichen sozialistischen Bildungssystems in der »Bildung und Erziehung allseitig und harmonisch entwickelter sozialistischer Persönlichkeiten, die bewußt das gesellschaftliche Leben gestalten, die Natur verändern und ein erfülltes, glückliches, menschenwürdiges Leben führen«.[1] Dazu gehörte, »gründliche Kenntnisse des Marxismus-Leninismus zu vermitteln« und »feste sozialistische Überzeugungen« auszubilden.[2] Ihr wesentlicher Bestandteil war der dialektische und historische Materialismus, die »wissenschaftliche Weltanschauung der marxistisch-leninistischen Partei der Arbeiterklasse sowie der gesamten fortschrittlichen Menschheit in der gegenwärtigen Epoche«.[3]

Programmatisch hatte schon *W. Ulbricht* im Jugendweihebuch »Weltall – Erde – Mensch« 1954 »Aberglauben, Mystizismus, Idealismus und allen anderen unwissenschaftlichen Anschauungen« den Kampf angesagt.[4] Religion – das Christentum eingeschlossen – galt als falsches Bewußtsein, das in antagonistischen Klassengesellschaften den Interessen der Herrschenden diene. Der Staat erhob den Anspruch, für das ganze »Staatsvolk« eine orientierende, sinnstiftende Weltanschauung einschließlich moralischer Intentionen anzustreben und möglichst alle Äußerungen des gesellschaftlichen Lebens mit dem Attribut »sozialistisch« zu versehen.

Die DDR-Verfassungen (von 1949 und 1969) gewährten dem einzelnen Religionsfreiheit und erlaubten damit die Privatisierung der Religion. Es stellt sich aber die Frage, ob die Verdrängung der öffentlichen Religion durch die materialistische Weltanschauung ein ritualisiertes Sinn- und Deutesystem geschaffen hat, für das die Kennzeichen einer »Civil Religion« zutreffen, wie sie R. Schieder beschrieben hat:

1 *Gesetz über das einheitliche sozialistische Bildungssystem* vom 25.2.1965, § 1 (1), in: Studienmaterial Grundlagen der Pädagogik, Berlin ⁹1986, 154.
2 Ebd., § 5 (4), 156.
3 G. *Klaus* und M. *Buhr* (Hg.), Philosophisches Wörterbuch, Leipzig ⁷1970, 2, 684.
4 W. *Ulbricht*, Weltall – Erde – Mensch, Geleitwort, Berlin 1954, 3.

»Civil Religion sind alle Versuche, den Sinnhorizont eines Gemeinwesens zu konstruieren. Diese Sinnstiftungsversuche können in der Form von Überzeugungen, von Symbolen oder von Ritualen auftreten. Jeder Staatsbürger findet sich bereits in einer Tradition von Sinnstiftungen vor. Er steht aber vor der Aufgabe, sich diese Tradition individuell – das heißt auch kritisch – anzueignen. So gesehen ist jeder Mensch, sofern er als soziales Wesen existiert, ›zivilreligiös‹.[5]«

In der Bildungspolitik der DDR wurden Jahres- und Lebenslauf ritualisiert, Symbole institutionalisiert und die Moralerziehung weltanschaulich orientiert.

1   Rituale im Jahres- und Lebenslauf

1.1   Das Naturjahr

Der Jahreslauf bildete für das Schuljahr sowie für alle außerschulischen Tätigkeiten den hauptsächlichen Orientierungsrahmen. Lehrpläne, Schulbücher, Kinder- und Jugendzeitschriften, Handreichungen für Lehrer und Pionierleiter nahmen darauf Bezug. Die Natur und ihre jahreszeitlichen Veränderungen wurden beobachtet – durch Experimente, Wandern, Exkursionen, Ferienlager (»Junge Naturforscher«, »Körperkultur und Sport«) –, im Deutsch- und Heimatkundeunterricht thematisiert, im Schulgarten praktisch erfahren. Der Jahreslauf spiegelte symbolisch das Leben, den Wechsel von Werden und Vergehen und veranlaßte zum Lob der Sonne. Dem Naturjahr wurden auch die Bräuche zugeordnet, die mit christlichen Festen verbunden waren, aber deren christliche Gehalte nur kurz gestreift oder ganz verdrängt wurden: Erntebräuche, Weihnachten mit der Wintersonnenwende, Ostern und Maien (Pfingsten) mit Frühlingserwachen und Lebensglück. Mit der erzieherischen Intention »Schön ist das ganze Jahr« sollte für jede Jahreszeit eine positive Einstellung gewonnen werden.[6]
In der Weihnachtszeit haben Erziehende gelegentlich christliche Lieder und weitere Literatur tradiert, aber für andere christliche Feste galt das nicht. Die Überfremdung der Pfingstfeiertage durch

---

5   *R. Schieder*, Civil Religion. Die religiöse Dimension der politischen Kultur, Gütersloh 1987, 21 (in Anknüpfung an *T. Parsons, R.N. Bellah* und an *N. Luhmann, W. Lübbe* mit dem Begriff »Zivilreligion« sowie an die seit 1960 geführte soziologische, philosophische und theologische Diskussion).
6   *Das neue Schulfeierbuch*, Teil III: Das ist meine Welt, Leipzig 1978, 169. In einer Materialsammlung für Weihnachtsfeiern »Es weihnachtet sehr...«, Leipzig, 1983, 81ff, wird ein Programm für Gruppen aller gesellschaftlichen Institutionen unter der Überschrift angeboten: »Es ist ein Rot (sic!) entsprungen« – ein Versuch, christliche Tradition durch die der Arbeiterklasse abzulösen.

zentrale nationale und internationale Jugendtreffen sollte das de-
monstrieren.

Da jedoch die großen christlichen Feste nicht abgeschafft wurden, blieb eine Parallelität des zyklischen Naturjahres zum zyklischen Kirchenjahr ebenso erhalten wie
eine partielle Rezeption seiner Inhalte. Die Säkularisierung wurde allerdings dadurch vorangetrieben, daß die christlichen Inhalte immer mehr verdrängt wurden.[7]

1.2 Das Gedenkjahr

Im Gedenkjahr spiegelte sich der gesellschaftliche und politische
Horizont sowie das ideologische Anliegen der staatspolitischen Erziehung wider, wie die Übersicht über die Tage, die nach dem »neu-
en Schulfeierbuch« besonders gewürdigt werden sollten, zeigt:[8]

Der Weltfriedenstag – 1. September (Kriegsbeginn 1939)
Der erste Schultag (Ende August / Anfang September)
Gedenktag der Opfer des Faschismus (OdF) – 9. September (1945)
Der Tag der Republik – 7. Oktober (Gründung der DDR 1949)
Der Tag der großen Sozialistischen Oktoberrevolution – 7. November (1917)
Der Pioniergeburtstag – 13. Dezember (1948)
Der Tag der Nationalen Volksarmee – 1. März (NVA 1956 gegründet)
Geburtstag der Freien Deutschen Jugend (FDJ) – 7. März (1946)
Internationaler Frauentag – 8. März (1911/1946)
Gründungstag der SED – 21./22. April (1946)
Internationaler Kampf- und Feiertag der Werktätigen – 1. Mai (1890)
Tag der Befreiung – 8. Mai (Kriegsende 1945)
Der Internationale Kindertag – 1. Juni (1951)
Tag des Lehrers – 12. Juni (1960)
Schulentlassung / Jugendweihe

Der 7. Oktober, der 1.Mai und der 8. Mai (bis 1967) waren staatliche Feiertage, die auch durch die Schulen vorbereitet und gestaltet
wurden. Obwohl die Teilnahme an den Vormittagsdemonstrationen
Pflicht war, bekamen der 1. Mai und der 7. Oktober Volksfestcha-
rakter. Der 8. Mai konnte sich für das Gedenken der Opfer des 2.
Weltkrieges nicht ritualisieren, da er ideologisch überhöht und geschichtlich einseitig interpretiert wurde. Gegenwärtig ist eine Hinwendung zum Volkstrauertag zu bemerken. Der 50. Jahrestag des
Kriegsendes 1995 könnte allerdings wiederum Ansatz einer Neube-
sinnung in ganz Deutschland werden.

7 Vgl. den »Kalender der Natur« aus dem *Handbuch des Pionierleiters*, Berlin
1952, 642, mit dem Zyklus des Kirchenjahrs in: *Den Glauben feiern*, Frankfurt
a.M. / Leipzig 1994, 154 (Anlage 1). Zum kirchlichen Jahreskreis und seiner Veran-
kerung in der biblisch-liturgischen Überlieferung: K.-H. Bieritz, Das Kirchenjahr.
Feste, Gedenk- und Feiertage in Geschichte und Gegenwart, Berlin 1986.
8 *Das neue Schulfeierbuch*, Teil II, 2 Bde., Leipzig 1974.

Von den anderen Gedenktagen soll hier der Internationale Frauentag am 8. März hervorgehoben werden, weil er im gesellschaftlichen Leben der DDR eine besondere Rolle spielte, um die Gleichberechtigung der Frau zu dokumentieren. Er übernahm immer mehr die Aufgabe des Muttertages. Kindergarten und Schule bereiteten den Tag intensiv vor, die Betriebe veranstalteten Brigadefeiern, die Versorgung der Geschäfte mit Blumen und Süßwaren waren Schwerpunkt und Engpaß der Wirtschaft zugleich.[9]

Die staatlichen Gedenktage bezogen sich auf die Geschichte der (internationalen) Arbeiterbewegung, auf die Geschichte der DDR und der Sowjetunion, »der Partei« und ihrer »Vorhut, der Kinder- und Jugendorganisationen«, und auf die Auseinandersetzung mit dem deutschen Faschismus. Die Reihe wurde ergänzt durch die Feiern zu Ehren besonderer Personen, der Begründer des dialektischen Materialismus, Marx, Engels und Lenin (anfangs auch Stalin), nationaler Führer der Arbeiterbewegung, wie Bebel, Liebknecht, Luxemburg, Zetkin und Thälmann, und internationaler und lokaler Personen des antifaschistischen Widerstandskampfes und der DDR-Geschichte.[10] Wie tief diese Feier- und Gedenktage gewirkt haben und wie stark sie internalisiert wurden, ist noch nicht abzusehen.

Die spezifisch parteipolitisch überfrachteten Tage werden nach 1989 nicht mehr gefeiert, weil sich nur wenige mit ihnen identifizieren. Der 7. Oktober wird von manchen wegen seines Volksfestcharakters vermißt, weil der Tag der deutschen Einheit, der 3. Oktober, noch nicht als Feiertag angenommen wird. Der 1. Mai hat als staatlicher Feiertag offensichtlich auch durch die gewerkschaftliche Trägerschaft eine stabile Tradition.

1.3   Riten im Lebenslauf

Von den in 1.2 genannten Gedenktagen haben Schuleinführung und -entlassung / Jugendweihe zugleich eine individuelle lebenslaufbezogene Bedeutung. Besonders die Einschulung hat sich zu einer großen Familienfeier entwickelt, zu der Verwandte, Paten und Nachbarn ebenso eingeladen werden wie zur späteren Feier der Passegeriten Jugendweihe und Konfirmation. Die Schulentlassung im 16. Lebensjahr nach den obligatorischen 10 Schuljahren der allgemeinbildenden Polytechnischen Oberschule (POS) trat demgegenüber in den Hintergrund.

Für weitere wesentliche Knotenpunkte des Lebens wurden in der DDR weltliche Weihehandlungen angeboten, die jedoch weniger in der Schule thematisiert wurden:

9   Ebd., 2, 262: »Männer schmücken die Arbeitsplätze ihrer Kolleginnen mit Blumen und überreichen ihnen Geschenke. Studenten begrüßen ihre Kommilitoninnen vor Beginn der Vorlesung mit Blumensträußen. Auch Ehemänner und Kinder bemühen sich, ihren Frauen und Müttern einen schönen Tag zu bereiten.«
10   Vgl. *Das neue Schulfeierbuch*, Teil I, Unsere großen Vorbilder, Leipzig 1973.

für die Geburt die sozialistische Namengebung und Namensweihe, die sozialistische Eheschließung und die weltliche Bestattungsfeier.[11]

Die für die Bildung und Erziehung der DDR wichtigste Feier im Lebenslauf bildete die Jugendweihe, die seit 1954 offiziell vom Staat propagiert und unterstützt wurde. An ihr nahmen seit 1959 durchschnittlich 97% der Jugendlichen teil. Schule, Betriebe, Elternvertretungen, Parteien und Massenorganisationen waren unter der Trägerschaft der Ausschüsse für Jugendweihe an der Vorbereitung beteiligt. Der »feierliche Akt der Aufnahme junger Menschen in die Reihen der bewußten sozialistischen Staatsbürger« wurde durch ein Gelöbnis besiegelt. Handschlag, Überreichen des Geschenkbuches und die Festrede waren die weiteren konstitutiven Elemente der Feier in einem kulturell geprägten Rahmen, der seinen Herkunftsbezug zur Konfirmation bzw. der freireligiösen Konfirmation des vorigen Jahrhunderts nicht verleugnen konnte.[12]

Da es den Kirchen nicht gelang, die Ausschließlichkeit von Jugendweihe und Konfirmation durchzuhalten, feierten Jugendliche und ihre Familien oft beide Feste, vor allem im Thüringer Raum. Die Jugendweihe wurde in der Regel zur Hauptfeier, zu der anfangs sogar die christlichen Paten eingeladen wurden. Sie wurde durch die Schulen organisiert und zentral für die Region geplant, es gab die eigentlichen großen Geschenke und am Tag danach schulfrei. Die Zahl der Konfirmanden nahm ständig ab, so daß nach zwei Generationen auch heute der mehrheitliche Wunsch besteht, den Passageritus mit einer Jugendweihe zu feiern. Materielle Zuwendungen und Vergünstigungen spielten früher wie auch jetzt eine wesentliche Rolle.

Der anfängliche Zwang, wegen besserer gesellschaftlicher Beurteilung und des beruflichen Fortkommens an der Jugendweihe teilzunehmen, war in den letzten Jahren der DDR einer selbstverständlichen Gewohnheit gewichen. Die Inhalte des Gelöbnisses und der offiziellen Feier verblaßten: Jugendliche wollten nicht darauf angesprochen werden, »den Sozialismus gegen jeden imperialistischen Angriff zu verteidigen«. Trotz des ständigen Widerspruchs der Kirchen hat sich die Jugendweihe als Passageritus für die 14jährigen während der DDR behauptet und gefestigt.[13]

11 Vgl. zu den Riten in der DDR schon 1977: *K. Richter,* Riten und Symbole in der Industriekultur am Beispiel der Riten im Bereich des Sozialismus, in: Concilium 13 (1977) 108-113.
12 Vgl. *M. Isemeyer,* 100 Jahre proletarische Jugendweihe in Deutschland, in: *M. Isemeyer* und *K. Sühl* (Hg.), Feste der Arbeiterbewegung: 100 Jahre Jugendweihe, Berlin 1989, 12ff.
13 *Th. Gandow,* Jugendweihe. Humanistische Jugendfeier, München 1994, 8ff u.ö., berücksichtigt in seiner Analyse zu wenig den Aspekt des Passageritus und des Brauchtums. Er hebt mit Recht den politischen, antikirchlichen, atheistischen Charakter der DDR-Jugendweihe hervor. Gerade seine Untersuchung der unterschiedlichen Herkunftsstränge der Jugendweihe zeigt, daß in einen rituellen Rahmen sehr verschiedene Inhalte passen. Die Schwierigkeit der Konfirmationspraxis besteht dar-

2   Symbole

Eine Erziehung, die nicht nur Wissensaneignung und Fachbildung erreichen, sondern auch eine »sozialistische Persönlichkeit« formen wollte, konnte auf Symbolik nicht verzichten. Sie spielte im öffentlichen Bewußtsein keine große Rolle, wurde aber in internen Kreisen der sogenannten »Kaderbildung«, der Lehrer- und Pionierleiterausbildung, thematisiert und diskutiert. In Abgrenzung zur braunen deutschen Vergangenheit und zur schwarz-rot-goldenen bundesdeutschen »Gegenwart« galt es, die eigene Symbolik zu entfalten und durch ideologische Intentionen zu profilieren. Der Symbolbegriff war allein soziokulturell bestimmt: »Das Symbol ist eine vereinbarte Kennzeichnung, eine verallgemeinerte bildhafte Darstellung einer bestimmten sozialpolitischen Idee.«[14] Auch wenn hier nur der innerweltliche immanente Rahmen erscheint, leuchtete doch etwas von der (re-)präsentativen Funktion des Symbols in der weiteren Analyse bei den »Ahnen der Urgeschichte« auf: ein über das Abgebildete hinausgehender Sinn.

»Bildhaftigkeit« meint nicht nur das Bildliche, sondern alle Kommunikationsmittel und -medien einschließlich der Sprache. Hier können nur exemplarisch einige Symbolbereiche angesprochen werden.

2.1   Die Sprache

Die weltanschauliche Erziehung gebrauchte viele Imperative und Optative, die einprägsamste Satzform war die Parole oder Losung:

Seid bereit! – Immer bereit! – der Pioniergruß.
Bereit zur Verteidigung des Friedens und zum Schutz der Heimat!
»Lernt von Lenin!« (*U. Berger*)[15]
Es lebe! – Die klassische Akklamation gegenüber den Herrschenden, die ursprünglich Gott bzw. den Göttern galt.

Auch christliche Symbole wurden in den säkularen Sprachgebrauch übernommen. So dichtete *Kuba* (*Kurt Bartels*) zum Tag der Nationalen Volksarmee[16]:

---

in, daß es den Kirchen nicht gelingt, das Anliegen der Taufbefestigung mit den Passageritus-Erwartungen zu verknüpfen. Vgl. dazu *H. Schröer,* Konfirmandenarbeit und Konfirmation, in: Handbuch für die Konfirmandenarbeit, Gütersloh 1984, 220ff, und *K. Dienst* und *W. Neidhart,* Art. Konfirmation, TRE Bd. 19, Berlin / New York 1990, 437-451.
14   *Unsere Symbole,* in: »Pionierleiter« (pl) 34 (1983), 4, Beilage 2/83: Methodik, 3.
15   *Das neue Schulfeierbuch,* Teil I, 112.
16   Ebd., Teil II, 1, 191.

»Es lebe das Brot, und es lebe der Wein!
Und viel von allem für alle muß sein.
Und glücklich zu schlafen und froh zu erwachen,
tagsüber den Nächten das Bette zu machen...
Die Hand am Gewehr, und Friede wird sein!
Es lebe der Friede, das Brot und der Wein –
Es lebe das Brot, und es lebe der Wein!«

Brot und Wein werden als die Symbole des Glücks und des Wohlstands geradezu in der Zukunftsvision des Friedens personifiziert: Sie sollen ewigen Bestand haben und Vertrauen garantieren! Die christliche sakramentale Praxis und die Vision des Friedensreiches sollten den Legitimationshintergrund für die NVA und die Friedenspolitik der DDR bilden!

2.2 Die Demonstration

Zu den organisierten feierlichen »Begehungen« zählten vorrangig Demonstration (»Demo«) und Appell. Dazu trugen Mitglieder der Organisationen Fahnen und Verbandskleidung, Embleme, Ehren- und Parteiabzeichen. Für die Pioniere war das Tragen des Halstuches Pflicht, Pionierkleidung (weißes Hemd / Bluse, blaue Hose / blauer Rock, Käppi oder Schiffchen mit Pionierabzeichen) erwünscht.

Von Stellplätzen zog man, begleitet von Fanfaren und Trommeln, an der Tribüne mit den führenden Vertretern des Staates und der Institutionen, vorbei. Auch der morgendliche Appell auf dem Schulhof zum Wochenbeginn oder zu besonderen Anlässen war mit geordnetem An- und Abmarsch verbunden. Für die sichtbaren Symbole Fahne, Ehrenbanner, Wimpel, Trommel, Fanfare, Chronik und Ehrenbuch gab es einen besonderen Ehrenplatz im Pionierzimmer, der nach sowjetischen Vorbildern gestaltet war und an die russische Ikonentradition (Ikonenecke) erinnerte.[17]

Die »Demo«, ob man ihr zustimmte oder sie wegen ihres Teilnahmezwanges ablehnte, war so internalisiert, daß sie sich als gewaltlose Waffe der Willensbekundung 1989 in der Wende erwies und auch weiter als effektive Möglichkeit der Durchsetzung von Forderungen angesehen wird. Das Ritual der geordneten Masse und der organisierten Mächte an ehrwürdigen Orten und zu regelmäßigen Zeiten scheint seine Faszination nicht zu verfehlen. Der ritualisierte Demonstrationszug der DDR wurzelte in der säkularisierten Prozession wie im militärischen Aufmarsch. Parallelen zu nationalsozialistischer Praxis sind trotz bewußt antifaschistischer Haltung nicht zu übersehen.[18] Die Demütigung, die in dem Unterwerfungsritus unter

---

17 *Handbuch des Pionierleiters*, 1952, Tafeln nach S. 48. Vgl. Anlage 2: Die Symbole der Pionierorganisation, aus ABZ-Zeitung 21/1988.
18 Man vergleiche die Tribünen des Dritten Reiches in Nürnberg und die des

die Staats- und Parteiführung lag, wurde wohl von den wenigsten empfunden.

2.3 Symbole der Pionierorganisation

Für die Hauptaufgabe der Pionierorganisation, den Kindern »die Politik der SED und die Weltanschauung und Moral der Arbeiterklasse zu vermitteln«, spielte die Symboldeutung im Sinne der Traditionen der proletarischen und sowjetischen Kinderbewegung eine wichtige Rolle.

>»Symbolik und Reglement verleihen dem Leben und der Arbeit der Pionierorganisation eine revolutionär-romantische Grundstimmung. Sie tragen dazu bei, das Kollektiv der Mitglieder der Pionierorganisation ideologisch-organisatorisch zu festigen und eine besondere Atmosphäre im Leben des Kinderkollektivs zu schaffen. Sie bringen in einer den Kindern zugänglichen Form die politischen Ideen und Erscheinungen des gesellschaftlichen Lebens sowie das Pathos des Kampfes für den Sozialismus und Kommunismus zum Ausdruck. Die Symbolik und das Reglement sprechen die Kinder, deren Gefühlswelt stark entwickelt ist, an und spiegeln ihre Altersbesonderheiten wider.«[19]

Am Beispiel des Pionierabzeichens läßt sich zeigen, welche Bedeutung Farbe, Form und Zahl haben:

>»In der Schule hatte ich noch die deutsche Schrift mit ihren vielen Schnörkeln und Unterlängen gelernt. Und plötzlich zündete der Gedanke! In den unteren Schnörkel des großen J konnte man doch den Abstrich vom großen P hineinziehen, und schon war die Verbindung beider Buchstaben zu einer Fackel gegeben. Eine Schale daraufzusetzen mit den drei symbolischen Flammen, die den drei Ecken des blauen Halstuches entsprachen – Elternhaus, Schule, Pionierverband – und die Worte ›Immer bereit‹ einzufügen, war nur noch eine Kleinigkeit.«[20]

Die »Kleinigkeit« ergab sich offensichtlich aus der Analogie zur sowjetischen Pionierorganisation. Ihr Abzeichen ist der rote Stern mit aufgehender Sonne und Hammer und Sichel, überwölbt von drei gelben Flammenzungen und umschlungen von dem Band »Immer bereit«.

Die Grundfarbe blau bei Pionieren und FDJ bedeutet Treue, gelb die Sonne und rot die Revolution und das Blut der Kämpfer. Vom Symbolgehalt der Farben wurde behauptet, daß er »uns bis in die heutige Zeit unverändert oder nur modifiziert« begegnet:[21]

Marx-Engels-Platzes bzw. der Karl-Marx-Allee in Berlin, ferner die Aufmärsche bei Olympiaden und Weltmeisterschaften.
19 *Unsere Symbole*, 19f.
20 *F. Hensel-Lewin*, die erste Vorsitzende der Pionierorganisation, in: Pionierleiter, Berlin (Ost) 39 (1988) 17, 5.
21 *Unsere Symbole*, 4.

»Rot – Feuer, Blut, Leidenschaft, Revolution
Gelb – Sonne, Glanz
Gelbgrün – Neid, Haß, Eifersucht
Grün – Natur, Wachstum, Unreifes, Hoffnung, Ruhe
Blau – Treue, Ferne, Unergründlichkeit, Keuschheit
Violett – Trauer, Würde, Entsagung
Weiß – Unschuld, Reinheit, Kälte
Schwarz – Macht, Tod, Trauer, Böses
Grau – Alter, Unterordnung, Trübsinn, Pessimismus
Gold – Sonne, Reichtum, Freude.«

Die unterschiedlichen Deutungsmöglichkeiten zeigen jedoch an, welche Schwierigkeiten im Umgang mit den Symbolen auftreten können. Auch für die Drei-Zahl gab es verschiedene Auslegungen: Das »neue Schulfeierbuch« deutete die drei Ecken des Halstuches wie *F. Hensel-Lewin* auf Pionierorganisation, Schule und Elternhaus[22], während die Anleitung für Pionierleiter und das Handbuch des Pionierleiters darin die drei Generationen von Revolutionären sah: Partei, Jugendorganisation und Kinderorganisation.[23] Wenn die fünf Zacken des roten Sterns die fünf Erdteile bedeuten, dann sind sie nicht nur Ausdruck für die internationale Bewegung, sondern auch für den Anspruch an die ganze Welt. Dieses Sendungsbewußtsein wurde ebenso im Roten Oktober gefeiert, wenn der rote Stern besungen wurde:

»Doch ist ein Stern auf Erden der brennt so rot und warm,
er leuchtet in die Hütten, die dunkel sind und arm.
Wenn irgendwo den Menschen ein Unrecht wird getan,
dann fängt er funkensprühend und heiß zu brennen an.
Er flammte auf in Rußland, da ward Revolution
der Arbeiter und Bauern, es brach der Zarenthron…
Und er wird weiterwandern durch Nebel, Kälte, Wind,
bis endlich alle Menschen auf Erden Brüder sind.«[24]

Wiederum läßt sich der Säkularisierungsvorgang beobachten, der die christliche Licht-Finsternis-Symbolik und die Bedeutung des Sterns auf die Veränderung der Machtverhältnisse durch die Revolution von 1917 übertrug.
Um Schwierigkeiten im Umgang mit den Symbolen überwinden zu helfen, wurden regelmäßige Symbolikkontrollen durchgeführt. Dabei ging es um das vollständige Tragen der Verbandskleidung, um die würdige Aufbewahrung der gegenständlichen Symbole und die Führung der Mitgliedsbücher und um die Frage, ob die Veranstal-

---

22 *Das neue Schulfeierbuch,* II, 1, 150.
23 *Unsere Symbole,* 21; *Handbuch des Pionierleiters,* 1952, 5.
24 *V. Ruika-Franz:* Unser Stern, in: Das neue Schulfeierbuch, Teil II, 118.

tungen zum Pioniergeburtstag am 13. Dezember nicht zu »besseren Weihnachtsfeiern« umfunktioniert würden.

In einigen Fällen wurde die Rückmeldung auf die Schüler geschoben: »Die Pioniere sind nicht leicht zu überzeugen.«[25] Hier meldete sich der Verdacht, daß die Symbole der Arbeiterpartei eine schwächere Kraft haben als die der älteren, teils religiösen, teils »bürgerlichen« Traditionen.

3   Zentralistisches Organisationsprinzip

Der Aufbau der Pionierorganisation folgte von der kleinen Zelle bis zum Gesamtverband dem gesellschaftlichen Leitungsprinzip des so-genannten demokratischen Zentralismus. Die »Pionierfreundschaft« einer Schule bestand aus den Pioniergruppen der Klassen, der »Jungpioniere« bis zur 3. Klasse, der »Thälmannpioniere« ab der 4. Klasse. Sie wählten Räte, deren Mitglieder bestimmte Funktionen erhielten. Die Vorsitzenden und Mitglieder waren durch rote Arm-streifen an der Pionierkleidung kenntlich. Über den örtlichen Orga-nisationen standen die Kreis- und Bezirksorganisationen; die gesam-te Pionierorganisation wurde durch den Zentralrat der FDJ geleitet. In den achten Klassen wurden die Pioniergruppen mit der Bildung der FDJ-Organisationen aufgelöst; die Aufnahme in die FDJ wurde durch den Freundschaftsrat empfohlen. Die FDJ wiederum hatte die Aufgabe, 18jährige Kandidaten für die Aufnahme in die SED zu gewinnen.

Militärische Strukturen und eine militarisierte Sprache (Pionier, Brigade, Kollektiv, Aktiv, Kontrolle, Disziplin u.a.) bestimmten das Leben des einzelnen in Schule und Gesellschaft durch Reglementierung, Disziplinierung und straffe Leitung.[26]

Mit der Meldung in der Form des Pioniergrußes wurden nicht nur die Pionierveranstaltungen, sondern auch die Unterrichtsstunden eröffnet. Der Pioniergruß sollte ausdrücklich als Zeichen der Unter-ordnung der eigenen Interessen unter die der Arbeiterklasse inter-pretiert werden:

25   Was die pl-Symbolik-Kontrolle an den Tag brachte, in: *Pionierleiter*, 34 (1983) 2, 15.
26   *H. Labs*, langjährige Vorsitzende der Pionierorganisation: »Die Symbolik unse-rer Organisation ist ein unentbehrliches Mittel, um den Stolz der Kinder auf die Organisation, das Gefühl der Zugehörigkeit zu Thälmanns jüngster Garde zu entwickeln. Das Tragen des Halstuches, die Ehrung der Fahne, das richtige Ausfüh-ren des Pioniergrußes, die militärisch-straffe Ordnung beim Pionierappell, das Pio-nierlied und die Meldung zu Beginn der Pionierversammlung, das Tragen der Pio-nierkleidung, das Lesen der Pionierzeitung – das alles ist von großer Wichtigkeit in der Pioniererziehung.« in: *Unsere Symbole*, 23f.

»Die fünf Finger stellen die fünf Erdteile dar, in denen es Unterdrückte gibt und um deren Befreiung die Mitglieder des kommunistischen Kinderverbandes kämpfen; die Hand wird deshalb über dem Kopf erhoben, weil die Interessen des Proletariats für die Pioniere über den persönlichen Interessen stehen müssen.«[27]

Die so vollzogene Instrumentalisierung des einzelnen wird heute in den Schwierigkeiten der Jugendlichen sichtbar, sich in der pluralen Welt zurechtzufinden. Bei vielen von ihnen besteht weiter die Sehnsucht nach einer Autorität von oben, die die Rahmenbedingungen des Lebens gewährleisten und Zukunftsperspektiven sichern soll.

4   Die sozialistische Moral

Während Symbol und Ritual die Rahmenbedingungen im Lehr- und Erziehungsprozeß bildeten, stellte die sozialistische Moral dessen Hauptziel und -inhalt dar. Mit dem Pioniergelöbnis verpflichteten sich die Pioniere, die zehn Gebote (!) der Jungpioniere und die elf Gesetze der Thälmann-Pioniere einzuhalten.[28] Am Anfang standen die Gebote der Liebe zum Vaterland DDR, zu den Eltern und zum Frieden. Es folgten die Freundschaft zu den Kindern der Sowjetunion und zu den Kindern der Welt, die Verpflichtung zum fleißigen, ordentlichen und disziplinierten Lernen, zur Pflege von Körper und Sport und zur Erforschung der Natur und Technik, bei den Jungpionieren zu Musik und Spiel. Die Liebe zur Arbeit sollte zur Achtung der Arbeitenden und des Volkseigentums erziehen, die Liebe zur Wahrheit sollte sich am sozialistischen Klassenstandpunkt orientieren. Je ein Gebot galt dem blauen bzw. roten Halstuch. Diese Gebote orientierten auf die »10 Gebote der sozialistischen Moral« zur »Formung« der sozialistischen Persönlichkeit. »Ewig gültige, z.B. von Gott oder einem obersten Sittengesetz abgeleitete Handlungsmaximen« wurden abgelehnt.[29]

Erziehung erwies sich als einseitig ideologisch-politisch begründete Formung des Heranwachsenden mit totalitärem Anspruch. Die Konsequenzen des Freund-Feind-Denkens, der Schwarz-Weiß-Malerei zwischen den ideologischen Systemen und der Autoritätserziehung zeigen sich heute in einem Unvermögen zu Meinungsstreit, Kritikfähigkeit und tolerantem Dialog.

27   Ebd., 26.
28   *Statut der Pionierorganisation »Ernst Thälmann«*, Berlin 1975, 6ff.
29   Vgl. *Pädagogisches Wörterbuch*, Berlin 1987, 261.

5 Weltanschauung als »Religionsersatz«

Nach der exemplarischen Darstellung der weltanschaulich bestimmten Erziehungs- und Bildungsaufgabe in der DDR ist zusammenfassend aufzuzeigen, in welcher Weise der Ersatz für Religion eine
veränderte säkulare Form von Religion schafft.
(1)   Obwohl sich die sozialistische Erziehung bewußt areligiös und
atheistisch verstand, wollte sie aus politischem Interesse einen nor-
mierenden Sinnhorizont für alle sozialistischen Staatsbürger erschließen. Dieser Anspruch übernimmt eine wesentliche Funktion
von Religion, so daß die damit erstrebte materialistische Weltanschauung als »Civil religion« bzw. »Bürgerreligion« beschrieben
werden kann.[30] Den »Transzendenzbezug«[31] des Jenseitig-Überirdi-
schen verlagerte sie in das Diesseits einer utopischen Zukunft. Ihr
optimistisches Sendungsbewußtsein war vom Sieg der sozialistischen Sache überzeugt und wollte alle Menschen davon überzeugen,
daß das absolut Gute durch die Befreiung von den Klassengesellschaften in einer klassenlosen kommunistischen Gesellschaft erreicht würde.

Die in die Privatsphäre des einzelnen verdrängte Religion glaubte man überwinden
bzw. in die Weltanschauung integrieren zu können. Dieses weltanschauliche Konzept mußte aber an den unvereinbaren Gegensätzen von christlichem Glauben und
Marxismus-Leninismus in der DDR scheitern und ließ sich auch nicht mit dem Ziel
einer »gemeinsamen humanistischen Verantwortung« in Einklang bringen.

(2)   Der Totalitätsanspruch der marxistischen Weltanschauung
schränkte die Freiheit des Staatsbürgers ein. Der Widerspruch dagegen führte zum Konflikt, wenn keine Kompromisse mehr möglich
waren. Nach je individuell begründeten Kriterien fielen Entscheidungen verschieden aus für die Mitgliedschaft in der Kinder- und
Jugendorganisation, für die Teilnahme an der Jugendweihe oder an
der vormilitärischen Ausbildung und am Militärdienst. Entscheidungen aus religiöser Überzeugung, die nicht mit der marxistischen
Weltanschauung übereinstimmten, wurden zwar toleriert, hatten
aber meistens Einschränkungen zur Folge.

Anpassung war insoweit möglich, als sie sich nicht in zwiegesichtige Unwahrhaftig-
keit und doppelte Moral einerseits oder Widerstand und Flucht andererseits ver-
wandelte. Ähnlich verhalten sich Anpassungsleistungen für eine »Civil Religion« in
einer liberalen Demokratie auch, allerdings ohne die radikalen Folgen bei Verweigerung wie in totalitären Systemen.

---

30   Vgl. *J. Lott*, ›Civil Religion‹/›Bürgerreligion‹ als religionspädagogisches Problem, in: JRP 5 (1989), 143f, mit Zitathinweis auf: Neues Handbuch des Religionsunterrichts, 1972, 32.
31   Ebd., 135.

(3)   Die einseitige Diesseitsorientierung der materialistischen Weltanschauung führte
- zu einer Leugnung von Krisensituationen (Krankheit, Leiden, Tod), in denen das Leben in Frage gestellt wird und die Sinnfrage aufbricht;
- zu einer Ideologisierung, die das Gesunde und Starke lobt, aber das Problematische und Kritische verschweigt (Gewalt, Sucht, Drogen);
- zu einer Polarisierung von Freund und Feind, Liebe und Haß, Fortschritt und Reaktion, so daß Intoleranz und provinzialistische Ghetto-Mentalität gefördert wurden.

(4)   Heute wirkt in Ostdeutschland mit der Gestaltung öffentlicher Riten, in der Fortsetzung der Jugendweihe und anderer weltlicher Feiern und in einer Neigung zu Ordnung und Disziplin eine mindestens partielle Ritualisierung der früher staatstragenden marxistisch-leninistischen Weltanschauung weiter. Um das Christentum aufzuheben und den Prozeß des Absterbens von Religion zu beschleunigen, wurde versucht, Elemente der christlichen und religiösen Tradition zu integrieren und säkular zu rezipieren. So wurde unter autoritärem staatlichen Druck der Säkularisierungsprozeß forciert, der zwar die Kirche zu einer Minderheitsgruppe gemacht, aber keine religionslose Welt erreicht hat. Einer ideologiefreien Pädagogik und Religionspädagogik erwachsen daher hier neue Aufgaben.

Dr. *Raimund Hoenen* ist Professor für Praktische Theologie an der Pädagogischen Hochschule Erfurt / Mühlhausen.

Abstract
The ritualized world view of Marxism-Leninism belonged to the conception of educational politics in the German Democratic Republic. It took place in the celebrations of the course of the years and in the biography, in the symbolism, in the institutionalized structures, and in moral education. In order to abolish religion, traditional elements were partly integrated and secularized, though with the result of establishing a new form of civil religion under totalitarian conditions. Effects partially extend to the present time whereas other efforts failed because of the contradiction between a totalitarian claim and both a religion which has become a private issue and individual liberty.

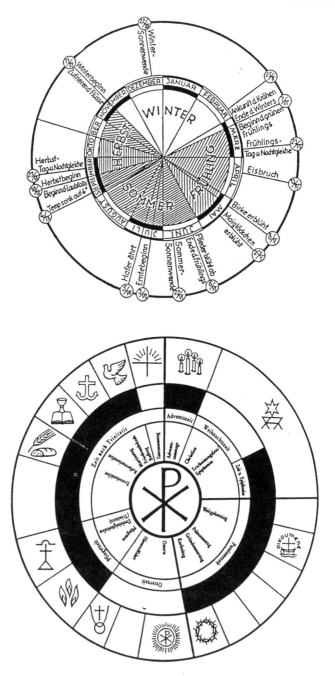

Anlage 1 zu Anm. 7: Der Jahreskreis der Natur und der Kreis des
Kirchenjahrs im Vergleich

Anlage 2 zu Anm. 17: Symbole der Pionierorganisation   ABC-Zeitung 21/1988

Thema 2
Zeit

Fulbert Steffensky

Zeit ist Leben

Der mexikanische Schriftsteller Carlos Fuentes hat eine Rede mit einem Nachdenken über die Zeit begonnen:

»Vor einiger Zeit reiste ich durch den Staat Morelos in Zentralmexico, auf der Suche nach dem Geburtsort von Emiliano Zapata, dem Dorf Anenecilco. Ich hielt auf dem Weg an und fragte einen Campesino, der auf dem Felde arbeitete, wie weit es zu diesem Dorf sei. Er antwortete mir: ›Wenn Sie im Morgengrauen aufgebrochen wären, so wären Sie jetzt da.‹ Dieser Mann hatte eine innere Uhr, die die Zeit seiner eigenen Persönlichkeit und seiner eigenen Kultur anzeigte. Denn die Uhren aller Männer und Frauen, aller Zivilisationen und aller Geschichte, sind nicht auf dieselbe Zeit gestellt. Eines der Wunder auf unserem bedrohten Erdball ist die Verschiedenheit der Erfahrungen, der Erinnerungen und der Wünsche. Jeder Versuch, dieser Verschiedenheit eine uniforme Politik aufzusetzen, ist wie ein Vorspiel zum Tod.«

Ich zitiere diesen Text hauptsächlich wegen seiner Sprache. Die Sprache ist zeitaufwendig, besonders dort, wo die Begegnung mit dem Campesino erzählt wird. Der eigentliche Gedanke nämlich, daß die Zeiten aller Zivilisationen und Geschichte nicht dieselben sind, ist nicht auf sich selbst beschränkt. Er hat eine Inszenierung in der Begegnung zwischen dem Reisenden und dem befragten Campesino. Die Erzählung von dieser Begegnung trägt zum Gedanken nicht bei, aber sie erläutert sie. In der langsamen Sinnlichkeit wird der Gedanke laut, hörbar und verstehbar. Es gibt andere unentbehrliche Überflüssigkeiten in dem Text: daß die Begegnung im Staate Morelos stattfand; daß sie geschah, als Fuentes den Geburtsort von Zapata suchte, und daß dieser Ort Anenecilco hieß, das alles trägt nicht zum Fortschritt des Gedankens bei. Aber die zeitaufwendige Nennung ist der unentbehrliche Resonanzboden des Gedankens. Ohne ihn bliebe der Gedanke Partitur, er wäre nicht Musik.
Ich arbeite in einer Institution, der Universität, die bekannt dafür ist, Gedanken immer nur enthäutet zu präsentieren; als solche, ohne Beiwerk und ohne Umwege und Vorspiele. Diese Institution war bisher sprachprägend (sie ist es nicht mehr). Viele von uns haben es dort verlernt, Ideen und Gedanken Zeit und Spiel zu lassen. Sie haben es gelernt, ökonomisch mit der Zeit umzugehen und der Sprache nur die Zeit zu lassen, die sie unbedingt braucht. Wenn ich der Sprache keine Zeit lasse, dann nehme ich ihr die Leidenschaft und die Verstehbarkeit. Unsere Wissenschaftssprache ist oft nicht deswe-

gen so schwer zu verstehen, weil die Gedanken kompliziert sind, sondern weil ihnen die Hinführung und das Spiel genommen sind. Es sind eben enthäutete Gedanken; alles ist direkt da und gesagt; die Zeit für die Annäherung ist nicht gelassen. Die Reduktion der Sprache auf das »Wesentliche« stört nicht nur ihre Verstehbarkeit, sondern auch ihre Leidenschaft und ihre Moralität. Der nackte Gedanke in dem Fuentes-Zitat – alle Geschichte hat ihre eigene Zeit – enthält keinen Appell, er hat keine Zuneigung und ergreift nicht Partei. Wird der »Gedanke« aber erläutert, wird er sichtbar und hörbar in der Gestalt des Campesino, der dem Fragenden seine Antwort gibt, dann ist mit dem Gedanken immer auch ein Ethos mitgenannt: So soll es sein! Laßt dem Campesino seine eigene Zeit, auch wenn es nicht deine Zeit ist! Je abstrakter ein Gedanke und eine Sprache sind, desto parteiloser sind sie. Man weiß nicht, für wen oder gegen wen sie sprechen. Sie werden innerlich undeutlich. Sie werden neutral.

Mit der Sprache habe ich angefangen, weil alle, die dies lesen, und ich selber beruflich mit Sprache zu tun haben. Aber man kann es allgemeiner sagen: Alle Lebensaneignung ist langfristig und braucht Zeit. Ich beobachte mich selbst: Gerade komme ich von einer fünftägigen Reise zurück. Meine Arbeit hat mich in fünf Städte gebracht. Einen Abend war ich in Halle. Aber von Halle, wo ich zum ersten Male war, kenne ich nur ein Hotel und die häßliche, von Autostraßen zerschnittene Landschaft um den Hauptbahnhof. Ebenso kurz habe ich Stuttgart, Hof, Berlin und Kassel auf dieser Reise gesehen. Welch eine Beleidigung dieser Städte, sie nur in der äußersten Reduktion auf ein Hotel und einen Vortragsraum wahrgenommen zu haben! Diese Städte haben mir nichts gegeben. Sie waren mir nichts schuldig, weil ich ihnen keine Zeit gelassen habe. Sie sind nicht in meinem Gedächtnis, und ich habe keinen Grund, sie zu lieben. Durch meine eigene Schuld haben sie mir das Leben nicht freundlicher gemacht. Ich bin Herr der Zeit geworden. Ich kaufe die Zeit weg, und mit einem raschen Griff bin ich immer bei der »Sache«, bei meinem Vortrag in Halle, Stuttgart oder Berlin. Ohne Zweifel ist meine Freiheit gewachsen. Früher waren die Menschen Sklaven der Zeit. Die schwer überwindbare Entfernung hat ihnen die Annäherungszeit auferlegt. Der Abend hat ihnen diktiert, wann sie mit der Arbeit aufhören sollten. Der Morgen hat ihnen diktiert, wann sie anfangen können. Tag und Nacht, Winter und Sommer, Nähe und Ferne waren Diktate. Die Zeit war ein harter Tyrann. Aber es ist anders geworden, zumindest in der westlichen Welt. Ich kann die Zeit wegkaufen von den Dingen und diese »instant« haben. Vor einer fremden Stadt, vor einem fremden Land liegt kaum noch das, was man eine Reise nennen kann. Alles ist in Stunden gemacht. In Minuten durchfliege ich mit dem Auto die Stadt. Die Jahrszeiten werden gleichgültiger. Ich muß nicht auf das erste Grün im Frühjahr warten, auf die ersten Blumen und auf den ersten Salat. Alles liegt mir als Fertigware zu Füßen. Aber in der zupackenden Raschheit werde ich auch die Sehnsucht des alten Liedes verlernen »Nach grüner Farb mein Herz verlangt«.

Könnte es sein, daß dieses Verhältnis zur Zeit auch die Beziehungen der Menschen untereinander prägt? Freundschaft braucht Zeit. Das Verhältnis der Eltern zu den Kindern braucht Zeit. Die Liebe braucht Zeit. Sie braucht Zeit, wenn sie entsteht, sie braucht Anwege. Sie braucht auch Zeit zu verklingen und zu sterben. Könnte es sein, daß sie vom allgemeinen Zeitverhalten diktiert ist? Man weiß oft nicht: Ist A noch mit B zusammen, oder aber schon mit C, und es spukt vielleicht noch ein altes D in der Beziehung. Es gibt eine omnipotente Gleichzeitigkeit, die den Menschen eher verzweifeln läßt, statt daß sie ihn glücklich macht. Menschen werden in dieser Gleichzeitigkeit sich selbst undeutlich. Sie wissen nicht mehr, wer sie sind, sie wissen nicht mehr, wen sie lieben.

Langsame Zeiten halten wir immer schwerer aus. Lange Weile hat die Menschen schon immer gequält. Die Alten von uns erinnern sich an alte Zeiten, in denen man noch nicht mobil war und sich die Zeit noch nicht mit Kino oder Fernsehen vertreiben konnte. Die Nachmittage der zweiten Feiertage waren oft unerträglich, und man hat sich nach der Arbeit gesehnt. Das Leiden an der langsamen oder »leeren« Zeit hat sich sicher verschärft. Wer kennt nicht das Gefühl der Panik, wenn man in einen Zug eingestiegen ist und dort bemerkt, daß man kein Buch bei sich hat? Horror vacui – die Angst davor, in der Langsamkeit und in der leeren Zeit auf sich selbst zu stoßen, auf jenen unbequemsten Gast! Die Alten konnten noch nicht so gut sein im Zeitvertreib, wir aber können es, und wir tun es bedenkenlos.

Ich habe mir einige Sätze aufgeschrieben, die ein Abteilungsleiter beim Fernsehen gesagt hat, als er den Dokumentarfilm einer jungen ostdeutschen Filmemacherin beurteilte:

Und, meine liebe Frau S., im Westen kommt man eher auf den Punkt. Das werden Sie noch lernen müssen. Keine langen Reden, keine Pausen, man kommt auf den Punkt. Man weiß eben, was man will. ... Sie werden noch viel lernen müssen, vor allem Effizienz! Man muß nur mal vormittags um elf über den Alex gehen. Da weiß man schon alles! Also so, wie die Leute laufen, so arbeiten sie auch. Wirklich, die laufen anders. Eine Gemächlichkeit! Vormittags! Das überträgt sich, sogar auf mich: Ich hatte eine Pause vor einer Besprechung, bin über einen Friedhof spaziert, und plötzlich, ho ho, habe ich ganz vergessen, daß eigentlich Arbeitszeit ist. Ha, ha, passiert mir nur im Osten sowas!

Ich zitiere dies so ausführlich, weil es sicher ein Dokument ist, ein Dokument nicht eines armen Irren, sondern eines armen Normalen. Es ist die Sprache eines Stadtneurotikers, bizarr und gehetzt, kurze und eruptive Haupsätze; ausgestoßene und niemals entwickelte Gedanken. Die Sätze sind schrill wie überlaute Musik, und die Sprache stirbt an der Rastlosigkeit des Sprechers. Er ertappt sich bei der Langsamkeit wie bei einem Atavismus (... bin ich über einen Friedhof spaziert ...), belustigt darüber, daß es sie überhaupt noch gibt. Effizienz verträgt keine Langsamkeit, da hat unser Abteilungsleiter recht. Aber Denken, Poesie und Frömmigkeit brauchen Langsamkeit, und sie werden zerstört, wo man bei ihr mit der Zeit geizt. Die Beachtung der Zeit macht uns kenntlich – diesen Gedanken

möchte ich weiterspinnen. Sich selber deutlich zu sein, das heißt
einmal zu wissen, was man liebt, was man verachtet, welche Le-
bensoptionen man verfolgt. Man wird sich also deutlich durch Le-
bensinhalte. Man wird sich aber auch deutlich durch Markierungen
und Ordnungen; dazu gehört die Markierung in der Zeit und mit
der Zeit. In allen spirituellen Entwürfen hat man sich der Zeit und
ihrem Wechsel angefügt. Man hat den Morgen und den Abend beachtet; man hat den Rhythmus der Wochen, Monate und Jahre beachtet; man hat den Wechsel der Jahrszeiten beachtet. Die Quartembertage, also die ersten Tage einer neuen Jahreszeit, waren in der
Alten Kirche Zeiten des Fastens und der Selbstbesinnung. Menschen haben sich durch Zeiten markiert und sich kenntlich gemacht
im Rhythmus und im Zeitritual, das sie beachten. Man zeichnet sich
durch die Einhaltung bestimmter Zeiten. Zu bestimmten Zeiten be-
sann man sich, machte seine Meditation, ging man beichten, suchte
man seinen Lehrer auf, fastete oder schwieg man. Man schützte sich
vor unnötigen und den eigenen Willen zerfressenden existentiellen
Entscheidungen. Man fragte sich also nicht täglich in zweifelnder
Ungewißheit, ob man etwa an diesem Tag fasten solle oder ob dieser Tag der geeignete Schweigetag sei. Man tat dies alles, wenn »es
Zeit« war; wenn mir also die Zeit von außen sagte, was jetzt zu
geschehen habe – das Fasten, das Schweigen oder die Beichte. Ich
nenne hier nur am Rand die Gefahr, die in einem solchen Verhalten
steckt, nämlich sich selber enteignet zu sein in formalen Ordnungen. Dies ist nicht mehr die Gefahr eines posttraditionalen und in-
dividualisierten Lebens. Unsere Gefahr ist vielmehr das Versinken
im ungezeichneten Leben, die Gleichzeitigkeit aller Sachverhalte
und damit die Entrhythmisierung des Lebens.

Der Rhythmus heilt, weil er vergewissert. Die Erfahrung des wiederkehrenden
Morgens sagt mir, daß die Zeit nicht zu Ende ist, daß morgen und übermorgen auch
noch ein Tag sein wird. Die Erfahrung des wiedergekehrten Frühlings sagt mir auch
im Winter, daß dieser nicht endlos ist. Die Rhythmen waren immer Gegenstand der
öffentlichen Feier, das ist der Sinn vieler Feste. Diese Feste sind öffentliche und
bewußte Wahrnehmungen des Rhythmus und der Wiederholung. Es sind also soziale Vergewisserungen, daß das Leben wiederkommt und daß die Hoffnung nicht gestorben ist.
Rhythmen haben Menschen dazu angeleitet, zu bestimmten Zeiten dieses oder jenes
zu tun oder zu lassen. Vielleicht setzte ein solches Verhalten den Glauben an einen
objektiven Sinn oder an eine objektive Stimmigkeit voraus, die sich in zeitlichen
Wiederholungen auslegt. Wo dieser Glaube zerbrochen ist, da wird der Rhythmus
ersetzt durch Augenblicksentscheidungen und Augenblicksbedürfnisse. D.h. das Leben wird existentialisiert, und es hat genau so viel Sinn, wie ich ihm zuspreche.
Sinngeschehen gibt es nicht mehr als soziales oder allgemeines; es gibt es nur noch als
individuell vollzogenes. Daran hängt es wohl, daß Rhythmus durch Individualbe-
dürfnis ersetzt ist. Ich gehe in einem sochen Bewußtsein also nicht zur Beichte, weil
die Quartembertage da sind – ein alter Bußtermin, sondern weil ich mich hier und
jetzt dazu entscheide; ich meditiere nicht, weil meine Meditationszeit nun gekommen

ist, sondern weil mir in diesem Augenblick nach Meditation zumute ist. Ich frage mich, was z.B. eine solche Vernachlässigung der Rhythmen zugunsten einer situativen Entscheidung oder eines situativen Bedürfnisses in der Kindererziehung, besonders in der Erziehung des Kleinkindes bedeutet. Ich will ja Kinder nicht »objektiven« Rhythmen unterwerfen, daß sie also nur gefüttert und gepflegt werden, wie es die Zeit diktiert. Aber könnte es sein, daß man Kinder zu Selbsttyrannen macht, wenn man ihre situativen Bedürfnisse verabsolutiert und wenn man sie nicht lehrt, was sie heilen kann – den Rhythmus? Und könnte es sein, daß wir selber zu Selbsttyrannen werden, wenn nichts mehr gilt als unsere eigene Situativität?

Ich frage mich, ob es Tugenden gibt, die die Zeit ehren. Als Subjekte in der Hemisphäre des technischen Fortschritts haben wir vor allem zeitraffende und zeitstraffende Fähigkeiten erworben. Wir können die Zeit planen, wir können sie verkürzen, wir können sie benutzen. Beherrschung der Zeit wird fast zu einem absoluten Wert. Eines Tages kam Theodor Heuss, der erste Bundespräsident, von einem Staatsbesuch in der Schweiz zurück, und zwar mit der Bundesbahn. Der Vorsteher des Bonner Bahnhofes begrüßte ihn und sagte stolz: »Herr Bundespräsident, unser Zug war auf die Minute pünktlich.« Heuss meinte trocken: »Und was habe't Sie davon?« Die Frage stellt sich: Was haben wir von unseren zeitbeherrschenden Haltungen? Könnte es sein, daß darüber wichtige menschliche Tugenden verkümmern, in denen wir eher Geschwister als Herren der Zeit sind: die Geduld, das Warten, das Wachsenlassen. Vielleicht muß man glauben, daß der Grund der Dinge gut ist, um Zeit zu lassen – sich selber, Menschen, Tieren, Pflanzen. Vielleicht muß man an Gott glauben, um darauf zu verzichten, atemloser Macher des Ganzen zu sein.

Dr. *Fulbert Steffensky* ist Professor für Religionspädagogik am Fachbereich Erziehungswissenschaft der Universität Hamburg.

Frauke Büchner

Dafür war keine Zeit

»Zwei Stunden Unterricht nach Plan, danach Ausgabe der Zeugnisse durch die KlassenlehrerInnen. Dienstbesprechung ab 10 Uhr.« So oder ähnlich steht es zu jedem Schuljahresende im Mitteilungsbuch des Gymnasiums, an dem ich Religionsunterricht erteile. Als Schulpastorin habe ich keine eigene Klasse zu betreuen, fühle mich daher etwas überflüssig, als meine KollegInnen mit ihren Zeugnismappen davoneilen. Plötzlich habe ich Zeit, mein Fach aufzuräumen, Bücher in die Bibliothek zurückzutragen, Kaffeetassen wegzustellen, ohne daß jemand etwas von mir wissen, haben oder hören will. Geruhsam schaue ich aus dem Fenster, sehe die surfbrettbeladenen Autos der Eltern vor dem Schultor ankommen. Bald sind die Zeugnisse verteilt, Mahnungen und gute Ratschläge dazu. Die Kinder und Jugendlichen haben es eilig, ihre Schule zu verlassen. Die Elternautos wenden und fahren davon. Wir Lehrenden bleiben noch, dienstbeflissen wie wir sind, und haben dadurch Gelegenheit, gute Wünsche für die Ferien auszutauschen. Dann ist auch für uns das Schuljahr 1992/93 zu Ende.

Ich steige ins Auto und fahre aus der Stadt hinaus. Die Gerste steht hoch, aber ist noch nicht reif. Es ist noch früh im Jahr. Das zweite Schulhalbjahr war kurz, zu kurz für eine Projektwoche, zu kurz für ein Sportfest, zu kurz für Wanderungen und Radtouren, zu kurz für das sonst obligatorische Bibelquiz, zu kurz für eine ökumenische Prozession oder einen Gottesdienst im Freien. Die Zeit wurde gebraucht fürs Abitur, für Klausuren und Klassenarbeiten, für Korrekturen und Zensurenbesprechungen.

Im Nachhinein ärgert mich, daß ich mich habe einspannen lassen in dieses Gefühl, keine Zeit zu haben. Gerade weil wir so viel sitzen, lesen, lernen, schreiben und Fehler suchen mußten, hätte es uns gut getan, zwischendurch übers Gras zu laufen, Sonnenluft zu atmen, in den Himmel zu schauen oder darüber nachzudenken, warum wir tagtäglich in die Schule gehen. Aber da waren die Meldungen über zu viel von dem einen Ozon unten und zu wenig von dem anderen oben, sie nahmen uns den Atem, den Schwung und die Lust auf freie Zeit. Die Nachrichten über deutschen Fremdenhaß hielten uns beklommen und pflichterfüllend bei der Arbeit fest. –

Zu Hause angekommen, stelle ich meine Schultasche neben die Stapel von Büchern und Papieren in meinem Zimmer. Seit den Oster-

ferien habe ich nicht mehr aufgeräumt. Zeitungsausschnitte mit aktuellen Kommentaren sind über Bibelkunde- und Kirchenge-
schichtsmaterialien gerutscht. Meine Bildersammlung zum Thema
»Freundschaft und Liebe« blieb unbenutzt. Dafür war keine Zeit.
Aber wir haben biblische Nomadengeschichten gelesen und Berichte über Frauen und Männer, die obdachlos mit Jesus durchs galiläi-
sche Bergland zogen. Es war Zeit für das Studium biblischer Geset-
zestexte zum Umgang mit Fremden im antiken Israel. Es war Zeit,
türkische und afrikanische Gedichte zu hören. Es war Zeit, die Kla-
gepsalmen und das Vaterunser wahrzunehmen, zu verändern oder
neu zu schreiben. Ich hefte sorgfältig zusammen, was dabei gedich-
tet, komponiert und gezeichnet wurde.
Was diesmal nicht in die Zeit paßte, Franz von Assisi, Jesaja und die
Fotos von jungen und alten Liebespaaren, lasse ich griffbereit liegen, fürs nächste Schuljahr – vielleicht. Und die Presseberichte über
deutschen Fremdenhaß? Es widerstrebt mir, sie unter dem Buchsta-
ben F zwischen Materialen zu den Themen »Frauen« und »Frieden« einzuordnen. Es irritiert mich, daß ich nicht weiß, wie das
weitergehen wird mit Rechtsextremismus und Fundamentalismus.
Ich war sehr vorsichtig beim Reden, hatte keine Analysen parat,
ließ viele Fragen offen. Das war kein didaktischer Trick.

Der Umgang mit Ereignissen der Vergangenheit ist mir vertrauter als der mit Gegenwärtigem; nicht nur deshalb, weil ich von Vergangenem meistens weiß, wie es
weiterging, und daraus gelegentlich Weisheit schöpfen kann. Meine Vorliebe für Geschichte hängt auch damit zusammen, wie Schule und Theologie sich definieren. Die
heutigen Gymnasien sind, wie vor 30 Jahren, als ich selbst die Schulbank verließ,
Traditionsschulen. Sie wollen Kinder und Jugendliche in die Auseinandersetzung
mit der Kultur ihrer Ahnen verwickeln und mit den naturwissenschaftlichen Er-
kenntnissen vertraut machen, die vor vielen Jahren zum Stand der gegenwärtigen
Technik und Wirtschaft geführt haben. Die abendländisch-christliche Theologie paßt
gut in dieses Schulkonzept. Auch sie befragt mit Vorliebe die Quellen aus dem Anfang unserer Zeitrechnung, um die Gegenwart zu erhellen. Beobachte ich aber die
Kinder des 7. und 8. Jahrgangs, merke ich, daß sie mir mit ihrem Verstand halb
belustigt, halb gespannt in die verschiedenen Jahrhunderte der Theologie- und Sozi-
algeschichte folgen und auch lernen, was sie sollen, daß sie selbst aber ganz in der
Gegenwart leben. Die Personen, Erfahrungen und Erfindungen der Geschichte bleiben für sie ein ungestaltetes Durcheinander von Einzelheiten, solange diese nicht
direkt in ihr kindliches Leben fallen und mit ihnen ins Gespräch kommen. Oft
gelingen solche Verknüpfungen ja, und die Erfahrungen der Alten beginnen zu sprechen, aber ich frage mich doch, ob diese gegenwärtigen Schulkinder sich nicht auch
manchmal wundern, wieso Bedeutsames vor allem früher passierte und warum große Menschen heute rar sind. –

Ich werde die Zeitungsdokumente der Gegenwart nicht erst alt
werden lassen, ehe ich daraus eine Unterrichtseinheit mache. Aber
Platz schaffen will ich wenigstens daneben und drumherum, denn
das Schuljahresende ist für mich bei aller Erschöpfung und Irritation auch die Zeit fürs Zurückschauen und Ordnen. Ich loche meine

Arbeitspläne und Stundenvorbereitungen, aber schaue sie noch einmal an, ehe ich sie abhefte. Es gab auch in diesem besonderen Jahr einiges, was in allen anderen Schuljahren genauso ist:
Am Anfang war Zeit zum Kennenlernen von neuen Menschen, Büchern und Themen. Schülerinnen und Schüler waren neugierig. Wir Lehrenden hatten in den Ferien unsere pädagogische Phantasie und die Lust am Unterrichtsfach wiedergewonnen. Wir hatten Neues gelesen, gesehen, bedacht. So wurde in den ersten Schulmonaten viel Überraschendes, Spannendes gelernt und erarbeitet; meist noch unbelastet vom Klausuren- und Zensurendruck. Neben der Arbeit an frisch entdeckten Seitenthemen war Platz für theologisch Zentrales.
Die ersten Monate waren aber auch eine Zeit der sozialen Konflikte in den neuen Lerngruppen. Die Religionsstunden konnten hier und da helfen, in aller Ruhe zu reden, zu streiten und Sitzordnungen auszuprobieren. Vieles an Wut und Unterdrückung, an Spott und Albernheit brach in meinen Stunden hervor, obwohl der Anlaß dafür ganz woanders lag. Für Schüler und Schülerinnen sind die Religionsstunden auch eine Zeit, in der sie herauslassen können, was sie anderswo wortlos geschluckt haben.
Nach den Herbstferien waren die offenen »Klassenkämpfe« ausgekämpft, oder sie wurden weniger hörbar in den hinteren Reihen, nur noch in den Pausen oder auf der Sachebene ausgetragen. Nun hätte eine zweite arbeitsame Phase folgen können. Aber neben den Klassenarbeiten und Klausuren warfen Reformationstag und 9. November, Toten- und Bußtage, Advent und Weihnachten ihre Schatten und Lichter in den religionspädagogischen Alltag. Wir nahmen uns Zeit für Erkundungsgänge in der Stadt, besuchten katholische und evangelische Kirchen, den Synagogenplatz und den jüdischen Friedhof. Wir bewunderten im strömenden Regen den Schmuck auf christlichen Gräbern. Wir zündeten im Klassenraum Kerzen an, sangen adventliche Lieder und kochten Tee. So verging die Zeit vor Weihnachten wie im Fluge. Und in den letzten Schultagen vor den Ferien türmten sich die trotzdem geschriebenen Klassenarbeiten auf meinem Schreibtisch: Ferienarbeit.
Der Unterricht im Januar war angefüllt mit Last-Minute-Referaten, mit nachzuschreibenden Klassenarbeiten und beziehungsgefährdenden Notenbesprechungen. Kalender und Kasualien hatten mich aus dem schulischen Rhythmus gebracht. Wie immer wußte ich keinen anderen Rat, als im Februar und März meinen Unterricht dann straff, zügig und stoffbezogen zu gestalten, nachzuholen, was ich, versäumt zu haben glaubte. ReferendarInnen und PraktikantInnen mit ihren sonst willkommenen Ideen störten jetzt eher. So verging die Zeit bis zu den Osterferien gleichmäßig, arbeitsam, lehrplanfreundlich. Gedanken zum Karneval, die kursorische Lektüre der

Passionsgeschichte und Gespräche über Aktuelles hatten sich in die allgemeine Strebsamkeit einzufügen. Themen für Klassenarbeiten und Klausuren ergaben sich wie von allein. – Nach den Osterferien ist es mir diesmal nicht gelungen, eine Situation herzustellen, in der die Schüler und Schülerinnen rückblickend und versammelnd das Gelernte hätten bedenken können. Das ist anders, wenn die Sommerferien später beginnen. Religiöses Lernen und Verstehen braucht seine Zeit. Und es ist ein langwieriger Prozeß, für das eigenständige Reden von den wichtigen Dingen des Glaubens eine passende Sprache zu finden. – Ich hebe meine unerfüllten Unterrichtspläne vom Schuljahr 1992/93 auf; ich versehe sie mit kritischen Notizen, doch werde sie nie einfach wiederholend nutzen können.

Mein Stundenplan fällt mir beim Aufräumen in die Hände. Er war sehr ungünstig: viele Springstunden und am Freitag nur eine einzige Unterrichtsstunde. Mir fehlte der freie Wochentag, um in der Bibliothek zu arbeiten oder auf Mediensuche zu gehen. Ich kann nicht jahrelang von bewährtem Wissen und erprobten Texten, Bildern oder Filmen zehren, sondern möchte mich auch in neue Fachbereiche und Perspektiven einarbeiten. Ich möchte meine religionspädagogischen Erfahrungen reflektieren und mit dem vergleichen, was andere schreiben. Ich möchte wissen, was in den Hochschulen theologisch gearbeitet wird. Für all das blieb zu wenig Zeit.

Die vielen Springstunden hielten mich länger in der Schule fest, als mir lieb war. Aber sie zwangen mich zur Muße zwischen den Unterrichtsstunden. Ich hatte Zeit für Gespräche im LehrerInnenzimmer, lernte den Schulgarten kennen und die SchülerInnencafeteria lieben. Die Springstunden haben verhindert, daß ich in den letzten Schulstunden genauso erschöpft und genervt war wie die Schülerinnen und Schüler, die ich unterrichtete. Aber ich verlor das Gefühl für die Strapazen des normalen Schulvormittags.

Wie anstrengend und verwirrend ist das, was wir Lehrenden innerhalb von sechs Schulstunden den Lernenden zumuten. Die Pausen zwischen den Stunden bieten den Kindern und Jugendlichen ja keinen Raum, Gehörtes, Gelesenes, Gelerntes in Ruhe zu bedenken und sich aufs nächste Fach einzustellen. Vielmehr sind die unterrichtsfreien fünf oder fünfzehn Minuten angefüllt mit Kommunikation und Aggression und dem Abschreiben nicht erledigter Hausaufgaben. Eigentlich müßte jede Religionsstunde mit einer gesprächsweisen, spielerischen oder meditativen Aufnahme dieser Situation beginnen. Aber dafür nehme ich mir nur im Notfall Zeit. Meist beginne ich meinen Unterricht mit einer zügigen Hinführung zum Thema, lenke also von den Pausenerlebnissen ab, anstatt sie aufzunehmen. Ich habe Angst, sonst nicht »zur Sache« zu kommen. Aber was ist denn die »Sache« meines Unterrichts, wenn nicht das, was Kinder und Jugendliche beschäftigt?
Oft wünsche ich mir darum längere Schulstunden. In Doppelstunden reagiere ich auf soziale Bedürfnisse offener. Aus gelegentlichen Projektwochen kenne ich das

Vergnügen, ganze Schulvormittage mit einer Gruppe bei eigenen und religiösen Themen zu verweilen. Und doch schätze ich dies eher als Ausnahmesituation. Gerade wenn es »dicht«, das heißt, religiös, persönlich, kreativ zugeht, empfinde ich das Ende der Stunde auch als notwendige Entlastung. Das Klingeln befreit von zu großer Nähe oder bedrängender Ergriffenheit. »Meine« Schülerinnen und Schüler können sich von mir lösen, und auch ich bin sie los – bis zur nächsten Religionsstunde. Die Zeitbegrenzung bewahrt vor unseliger Verklettung und Inanspruchnahme, erhält uns unsere Autonomie. Und der Stundenplan mit den verläßlichen zwei Religionsstunden in der Woche verspricht das Wiederanknüpfen in absehbarer Zeit.

Unter dem Stundenplan kommt die Adressenliste meiner Kolleginnen und Kollegen zum Vorschein. Mein Blick hakt sich an einigen Namen fest: Mit W. wie Waltraud oder Wolfgang habe ich nicht zuende gestritten. Von M. wie Martina oder Michael wollte ich noch hören, wie das Unterrichten mit meinen Materialien geklappt hat. Mit A. wie Arno oder Annette hätte ich mich gern für einen Spaziergang in den Ferien verabredet. – Ja, diese Schulfreundschaften: während der Schulzeit eng, alltäglich, verläßlich, unausweichlich und dann plötzlich durch die schulfreie Zeit unterbrochen! Ich spüre dabei nicht nur Wehmut, sondern auch Erleichterung. Durch die zeitliche Begrenztheit unserer Beziehungen bleiben wir neugierig und ungebunden.

Noch etwas fällt mir beim Blick in die LehrerInnenliste auf: Unsere Fachgruppe Religion fand keine Zeit für einen Ausflug, keine Zeit für gemeinsame theologische Reflexion, keine Zeit für die Besprechung von Abituraufgaben, wenig Zeit für den Austausch von Unterrichtsmaterial. Verbirgt sich hinter der Unmöglichkeit, Termine zu finden, auch eine neue, noch diffuse Unlust an gemeinschaftlicher Arbeit? Sind wir einzelgängerisch geworden? Strengt uns das vormittägliche Reden und Zuhören so sehr an, daß wir uns nicht mehr nach Gesprächen am Abend sehnen? Ist das Gefühl von Solidarität in schul- und gesellschaftspolitischen Fragen verlorengegangen? – Nur für eine Weile lassen sich tiefergehende Defizite mit dem »Mangel an Zeit« verhüllen. Wir werden über uns selbst nachdenken müssen.

Zuletzt schaue ich mir die Listen der SchülerInnennamen an. Einige Telefonnummern sind rot unterstrichen. B. wird die Ferienzeit gut tun. Von J. hätte ich gern gewußt, wie der Streit mit den Eltern ausgegangen ist. Mit C. konnte ich nicht mehr über die schlechte Zensur im Fach Religion sprechen. G. hat die letzten vier Religionsstunden geschwänzt. – Nein, ich telefoniere jetzt nicht! Der nächste Schultag findet zuverlässig am 2. August statt. »Bestimme eine Zeit für den Unterricht, gib Deinen Schülern eine bestimmte Zeit für das Kommen und Weggehen.« Das hat mir eine jüdische Lehrerin gesagt; ihre Weisheit stammt aus dem Talmud. Der erste Teil der Regel ist auch mir vertraut. Die Arbeit pünktlich in Gang zu setzen, die einzelnen Unterrichtsschritte sorgfältig zu planen und zu beobachten, den Verlauf und das Gelingen meiner Stunden zu verantworten, das habe ich in meinem didaktischen Repertoire. Aber den zweiten Teil der Regel muß ich für mich immer neu buchstabieren: weggehen lassen und selber weggehen zu einer bestimmten Zeit.

Dr. *Frauke Büchner*, Pastorin, ist Studienleiterin am Religionspädagogischen Institut von Sachsen-Anhalt in Naumburg.

2.3

Klaus Mollenhauer

Zeitschemata

Deutungsmuster von Jugendlichen

1

Über »Zeit« ist in den letzten Jahrzehnten, aus der Perspektive sehr verschiedener Wissenschaften, derart viel geschrieben worden, daß, wenn sich nun auch noch die Erziehungswissenschaft zu Wort meldet, zu befürchten ist, sie könne sich entweder in den schwierigpluralen Diskussionen von Physik, Biologie, Geschichtsschreibung, Religionswissenschaft, Ethnologie, Philosophie[1] hilflos verfangen oder aber in erbauliche Trivialitäten ausweichen. Ziemlich am Anfang des neuzeitlichen Nachdenkens über Erziehung findet sich bereits eine solche »Trivialität«; in einem langen Traktat mit dem Titel »Della famiglia« von *Leon Battista Alberti* (um 1440) heißt es:

»*Gianozzo*: Drei Dinge sind es, die der Mensch sein Eigen nennen kann; und sie sind es so sehr, daß die Natur vom ersten Augenblick an, wo du das Licht der Welt erblickt hast, sie dir gegeben hat mit der Freiheit, sie zu gebrauchen, gut oder schlecht, soviel es dir beliebt und gefällt; und die Natur hat angeordnet, daß diese Dinge immer bei dir bleiben und sich niemals, bis zum letzten Tag, von dir trennen. Das eine von ihnen, wisse, ist die Regung der Seele, durch die wir begehren oder in Zorn aufwallen... Das andere, siehe, ist der Körper. Ihn hat die Natur abhängig gemacht, wie ein Werkzeug, wie einen Wagen, auf dem die Seele fährt, und sie hat ihm befohlen, nimmer sich einem anderen Befehl zu unterwerfen als dem der eigenen Seele... Der Natur widerstrebt es, wenn der Körper nicht in der Gewalt der Seele ist, und vor allem liebt der Mensch von Natur aus die Freiheit, er liebt es, sich selbst zu leben, sein Eigen zu sein...
Lionardo: Und das dritte – was wird das sein?
Gianozzo: Oh, ein höchst wertvolles Ding! Diese meine Hände und Augen sind nicht so sehr mein Eigen...
Lionardo: Wunderbar! Was mag das sein?
Gianozzo: Man kann es keinem hinterlassen, nicht verringern, in keiner Weise kann dies Ding dir nicht gehören, sofern du nur willst, daß es dein ist.
Lionardo: Und wenn es mir beliebt, wird es einem anderen gehören?
Gianozzo: Wenn du willst, wird es nicht dein Eigen sein: die Zeit, mein lieber Lionardo, die Zeit, liebe Kinder!«[2]

---

1   Vgl. etwa *H. Gumin* und *H. Meier* (Hg.), Die Zeit. Dauer und Augenblick, München / Zürich 1989.
2   *L.B. Alberti*, Über das Hauswesen (Della Famiglia), Zürich / Stuttgart 1962, 216f.

Frage und Antwort, die entfernt an Augustinus erinnern, haben auch heute noch ihren Alltagssinn, ganz ähnlich dem, was nach dem 15. Jahrhundert rasch geläufig wurde: Daß Zeit Geld wert sein kann, weiß man, seit Geldverleiher Zinsen nehmen; daß sich Geld in Arbeitszeit umrechnen läßt, war eine der Sorgen Dürers; Erasmus von Rotterdam riet dringlich, bei der Ausbildung von Knaben und Jünglingen keine Zeit zu verlieren; Johann Amos Comenius konstruierte den Lebenslauf als sieben aufeinanderfolgende »Schulen«; der Pietist August Hermann Francke wollte keine Pausen dulden usw. Derartiges ist oft beschrieben worden[3], und das Muster pädagogischer Ermahnung, das sich darin zeigt, wird selbst dort noch bestätigt, als ein kultureller Sachverhalt, wo ihm in moralisierender Attitüde das Lob der Muße entgegengehalten oder in soziologisch-analytischer Absicht die Richtung dieses Musters als Taylorisierung der Zeit oder »Entkörperlichung«[4] beschrieben wird. Die Frage ist also, was es zu derartigen und inzwischen gut dokumentierten Problemlagen beizutragen gibt, wenn darüber in pädagogischer Einstellung ergiebig gesprochen werden soll. Das wird ohne Bescheidenheit der Einzelwissenschaft nicht möglich sein, ohne Einschränkungen, die hier vorab erwähnt seien:

– Ob es sinnvoll ist, über »Zeit« so zu reden, als sei dies ein über die Grenzen der einzelnen Wissenschaften oder Wissenssorten hinaus identischer »Gegenstand« oder nicht vielmehr ein immer wieder je anderes Konstrukt (vgl. dazu C. Colpe, N. Elias)[5], muß gänzlich unerörtert bleiben.
– Eine pauschale Unterscheidung ist indessen sinnvoll: Offenbar liegt die schwierigste Grenze zwischen Fragerichtungen der Natur- und denjenigen der Geistes- und Sozialwissenschaften, zwischen einerseits »physikalischem« und andererseits »semantischem« Zeitbegriff, den Deutungen also, die sich auf das beziehen, was man als »primäres Zeiterleben« bezeichnet hat[6].
– Zwar wäre auch das »Zeiterleben« ein sinnvoller Gegenstand der Erziehungswissenschaft; seine Aufklärung müßte indessen weit in die Naturwissenschaften hineinreichen, etwa in die Biologie (»biologische Uhr«) oder die Neurophysiologie. Deshalb soll im folgenden nur vom »semantischen« Zeitbegriff die Rede

3 Vgl. dazu R. *Wendorff*, Zeit und Kultur. Geschichte des Zeitbewußtseins in Europa, Opladen 1980; *Ph. Aries*, Zeit und Geschichte, Frankfurt a.M. 1988; *N. Elias*, Über die Zeit (Arbeiten zur Wissenssoziologie II, hg. von M. Schröter), Frankfurt a.M. 1984; historisch besonders differenziert und zuverlässig A. *Borst*, Computus. Zeit und Zahl in der Geschichte Europas, Berlin 1990; ferner A. *Keller*, Über die Zeit, Dortmund 1992; vielleicht auch, bezogen auf Probleme der Bildungsgeschichte, K. *Mollenhauer*, Zur Entstehung des modernen Konzepts von Bildungszeit, in: *ders.*, Umwege, Weinheim / München 1986, 68-91.
4 K. *Heinemann* und P. *Ludes*, Zeitbewußtsein und Kontrolle der Zeit, in: K. *Hemmerich* und M. *Klein* (Hg.), Materialien zur Soziologie des Alltags, Opladen 1978, 220-243.
5 C. *Colpe*, Die Zeit in den asiatischen Hochkulturen (Babylon – Iran – Indien), in: *Gumin* und *Meier* (Hg.), Zeit, 225-256; auch *Elias*, Zeit.
6 E. *Pöppel*, Erlebte Zeit und Zeit überhaupt, in: *Gumin* und *Meier* (Hg.), Zeit, 369-382.

sein, d.h. von solchen Sachverhalten, die in den Alltagsvokabularien unserer Gegenwart zur Sprache kommen und die sich auf das beziehen, was, ebenfalls all-
tagssprachlich, in unserer historischen und kulturellen Situation gemeinhin unter Problemen der Zeit verstanden wird.

– Dennoch wird im folgenden auch vom »Zeiterleben« die Rede sein. Dann aber
handelt es sich nicht um die auch physiologisch aufklärungsbedürftige Seite solcher Phänomene, sondern um diejenige, die in Selbstbeschreibungen zur Darstellung kommt.

2

Es gibt, innerhalb unserer säkularen Kultur, zwei Ausgangsdaten
für das Nachdenken über Zeit in Erziehungs- und Bildungsprozessen: einerseits Geburt und Tod und andererseits die Frage, die
Schleiermacher für die allererste jeder modernen Pädagogik hielt:
»Was will denn eigentlich die ältere Generation mit der jüngeren?«[7]
Geburt und Tod stecken den Rahmen ab; was dazwischen geschieht, soll von zwei Faktoren abhängig sein, die in einem Wech-
selwirkungs-Verhältnis stehen: vom vernünftigen Wollen der älteren
und von den Entwicklungsverläufen der jüngeren Generation. Aus
dem damit gesetzten Problemspektrum greife ich hier nur einen
ganz kleinen Ausschnitt heraus, nämlich die Frage, wie psychosozi-
al stark belastete Jugendliche auf die Zumutungen reagieren, die die
ältere Generation ihr als Erwartungen zur zeitlichen Strukturierung
des Lebens entgegenbringt.

Daß Bildung und Erziehung sich in der Zeit erstrecken, auch daß
innerhalb unserer Kultur diese Erstreckung geregelt ist, daß sie nach
Mustern verläuft, daß es Fortschritte und Einschnitte, kritische und
weniger kritische Phasen gibt, dies alles sind triviale Feststellungen.
Trivial ist vielleicht auch noch die Einsicht, daß derartige Muster,
die das Heranwachsen regulieren, dem Individuum Normalformen
der zeitlichen Lebenslaufgliederung auferlegen, mit denen es
Schwierigkeiten haben kann. Solche Schwierigkeiten hängen damit
zusammen, daß die objektiven Muster, die gesellschaftlichen Nor-
malitätserwartungen für »gelungene« Bildungs- und Entwicklungs-
verläufe – also z.B. Pünktlichkeitserwartungen, Einschulungstermi-
ne, Lernzeiten im Jahresrhythmus, Strafmündigkeitstermine u.ä. –
dem *Erleben* von Zeit konfrontiert sind. Muster und Erleben können also aufeinander abgestimmt sein; sie können aber auch, das ist
vielleicht schon weniger trivial, im Streit miteinander liegen. Sie
müssen also balanciert werden.

---

7 *F. Schleiermacher*, Pädagogische Schriften I. Die Vorlesungen aus dem Jahre
1826, Frankfurt a.M. / Berlin (West) / Wien 1983, 9.

Diese Balance gelingt nicht immer. Das Mißlingen kann auf verschiedene Weise erscheinen oder erkennbar werden: Lernzeiten, die Kinder oder Jugendliche brauchen, können von den institutionellen »meßbaren« Bildungszeiten (Kleinkindalter, Kindergarten, Grundschule usw. bis hin zum Berufsabschluß) abweichen und etwa als »Entwicklungsrückstände« zu Konflikten führen; erinnerte Zeit kann die objektive Chronologie in Verwirrung bringen; die Zeit, die man braucht, um ein auftretendes Bedürfnis sozial verträglich zu befriedigen, kann als unerträglich lange erlebt werden[8]; das Zeitempfinden in der Gleichaltrigengruppe, der Subkultur, der Clique kann zu den institutionellen Vorgaben im Hinblick auf meßbare Zeit in Konflikt geraten; wenn die Zeit mit Tätigkeit angefüllt ist, vergeht sie rasch, andernfalls streicht sie frustrierend langsam dahin, entsteht Langeweile; die Zukunft kann, wie die Vergangenheit, als ein Fatum erlebt werden, ohne »Perspektive«, ohne vorstellbare zeitliche Gliederung; schließlich kann auch der Tageslauf so scheinen, als sei er nichts als eine Abfolge innerer Impulse des Organismus, nicht abstimmungsbedürftig mit äußeren, »objektiven« Zeitsachverhalten. In derartigen Balancierungsleistungen zeigt sich ein historisch-anthropologisches Grundproblem, mit dem wir alle zu tun haben, aber auch eine besondere Schwierigkeit, mit der Jugendliche konfrontiert sind, die sich in ohnehin schon schwieriger Lebenslage befinden. Beständig werden uns Synchronisierungen abverlangt.

Wir[9] wollen deshalb ermitteln – und das ist nun die engere Fragestellung, die hier (empirisch) erörtert werden soll –, ob bei Jugendlichen, die in schwierige Verhaltenskonflikte hineingerieten und die bei ihren Erzieherinnen und Erziehern in verschiedenen Einrichtungen der Jugendhilfe eher Ratlosigkeit hervorrufen, etwas erkennbar ist, das auf derartige Lebensprobleme Bezug nimmt. In welchen

---

8 Vgl. G. *Kasakos*, Zeitperspektive, Planungsverhalten und Sozialisation, München 1971.
9 Die folgenden Materialien und Argumentationen entstammen der empirischen Jugendstudie *K. Mollenhauer* und *U. Uhlendorff*, Pädagogische Diagnosen II. Selbstdeutungen verhaltensschwieriger Jugendlicher als empirische Grundlage für Erziehungspläne, Weinheim / München 1995. Die Materialien der Studie bestehen aus den Protokollen von 70 Gesprächen, die mit Jugendlichen beiderlei Geschlechts geführt wurden. Die Stichprobe war eine sehr einseitige Auswahl von Fällen: Es wurden (fast) nur solche Jugendliche interviewt, denen ihre Erzieher (vorwiegend in Heimen der Jugendhilfe) derart gravierende Verhaltensschwierigkeiten zuschrieben, daß die Prognosen eher skeptisch oder gar pessimistisch ausfielen. Neben der Auswertungsdimension »Zeit« haben wir in jener Studie die Gesprächsmaterialien auch nach »Körpererfahrungen«, »Selbstbildern«, »normativen Orientierungen« und »Devianz« ausgewertet. Dabei war uns in jeder dieser Hinsichten nur an den *Selbstdeutungen* bzw. *Selbstbeschreibungen* der Jugendlichen gelegen, nicht aber an objektivierender Ursachenermittlung. Die folgende empirische Berichterstattung ist ein gemeinsamer Text von U. Uhlendorff und mir.

Deutungsmustern, so ist also unsere Frage, geben die Jugendlichen ihren Umgang mit Zeit zu erkennen? Da nach solchen Mustern nicht direkt und nicht in standardisierter Form gefragt wurde – wir haben mit den Jugendlichen offene Gespräche geführt –, können sie nur aus dem Erzählduktus und den zur Sprache gebrachten Inhalten erschlossen werden.

Der Spielraum, den der Interpret dabei hat, ist freilich groß und kann zu unkontrollierbaren Vermutungen führen. Er liegt zwischen einer sehr oberflächlichen Auswertung einerseits, bei der etwa nur darauf geachtet würde, ob und in welchen Zusammenhängen überhaupt der Ausdruck »Zeit« oder sinnverwandte Vokabeln auftreten – und andererseits in dem Versuch, »tiefe« Charakteristiken der Rede, die etwa schon im Satzbau, in der Grammatik, in den Verbformen Indikatoren für den Umgang mit Zeitproblemen vermuten lassen, zu beschreiben. Die erste Variante schien uns zu unergiebig; die zweite wäre eher in linguistischer Grundlagenforschung angebracht, nicht aber im Zusammenhang vorwiegend pragmatischer Interessen. Wir haben uns für einen mittleren Weg entschieden, auch wenn er strengere theoretische Interessen kaum zu befriedigen vermag.

Es wurden drei Arten von Äußerungen zum Gegenstand der Auswertung gemacht, die, auch wenn sie nicht in die »Tiefe« der mental verankerten Bewußtseinsformen eindringen, doch etwas vom Zeit-Management und dem ihm zugrunde liegenden Habitus im Umgang mit Zeitproblemen zum Vorschein bringen, nämlich:

– Wie bringen die Jugendlichen ihre biographische Vergangenheit zur Darstellung, wie strukturieren sie ihre Erinnerung?
– Wie beschreiben sie soziale Interaktionen und die Wege zwischen einem auftauchenden Bedürfnis und dessen Befriedigung, die Abstimmungen auf die Erwartungen anderer, die dabei als nötig oder unwichtig erachteten »Antizipationen«?
– Wie gehen sie mit Zukunftsvorstellungen um, nicht nur in mikrosozialen Interaktionszusammenhängen, sondern im Sinne biographischer Entwürfe als zeitlichen Strukturierungen im Erwartungsfeld zwischen »Wunsch und Wirklichkeit«?

In allen drei Hinsichten muß jene oben angedeutete Balanceleistung erbracht werden zwischen objektiv vorgegebenen chronometrischen Zeitschemata und dem subjektiven Erleben von Dauer. Man kann davon ausgehen, daß im sozialisatorischen Regelfall beides im labilen Gleichgewicht gehalten werden kann: Die chronometrischen Vorgaben können akzeptiert werden; hingegen wird das »psychologische« Erlebnis von Dauer, die Befriedigung des Moments gleichsam in den Nischen der Chronometrie lokalisiert, gleichviel ob sie im biographischen Verlauf oder in situativen Besonderheiten gefunden werden. Das chronometrisch auferlegte Schema von Bildungskarrieren z.B. kann, ohne daß daraus gravierende Schwierigkeiten entstehen, gelegentlich durchbrochen werden. Jemand kann mal ein halbes Jahr »durchhängen«, ohne daß die eigene Kontrolle über Zeitdistanzen verlorengeht; Spiel, Abenteuer und Reisen können situativ die Erlebnis-Zeit in den Vordergrund rücken, ohne daß dadurch die gesellschaftlich standardisierten Vorgaben prinzipiell in eine Zone der Ablehnung geraten, wie auch umgekehrt die auferlegte Chronometrie nicht das subjektive Erleben von Dauer oder situativer Intensität beeinträchtigen muß.

Die Jugendlichen unserer Stichprobe sind zumeist anders. Sehr viele von ihnen tun sich schwer mit dem, was in der Interaktionstheorie »Perspektiven-Übernahme« heißt, eine Fähigkeit, die nicht nur die allgemeine Interaktionskompetenz betrifft, sondern auch für den Erwerb sozial verträglicher Zeitschemata grundlegend wichtig ist. Das Sich-Hineinversetzen in die Perspektive von anderen bedeutet ja nicht nur, diesen konkreten anderen Menschen, als aktuellen Beziehungspartner, in seinen Erwartungen an mich ernst zu nehmen; es bedeutet auch, den »generalized other«, das, was mir als verallgemeinerte Erwartung begegnet, in meine Handlungsschritte einzubeziehen, also mich in der Perspektive solcher Erwartung zu sehen. Die chronometrische Struktur von Bildungsverläufen in unserer Gesellschaft ist eine solche verallgemeinerte Erwartung. Wer also im Verlauf seiner Sozialisation wenig Gelegenheit hatte, derartige Abstimmungen zu erlernen, gerät leicht in Konflikte. Fast immer entstehen sie entlang dieser kritischen Zone von verallgemeinerungsfähigen objektiven Zeitgliederungsregulativen und den eher subjektiv zu nennenden Erlebnisweisen, die sich von konkreten Situationen, von individuellen Impulsen, von spontanen Befriedigungswünschen nur schwer lösen können. Auch der umgekehrte Fall ist denkbar, daß nämlich die institutionelle Zeitgliederung die subjektiven Erlebnisspielräume überwuchert und deshalb gar nicht mehr zur Erfahrung kommt, daß das subjektive Zeiterleben (»psychologische Zeit«) sein Recht verlangen darf und also auch in der Selbstdeutung einen wesentlichen Platz haben sollte.

In solcher Lage entwickeln die Jugendlichen unserer Stichprobe »Schemata« oder »Muster«, nach denen das für jeden von uns irritierende Spiel zwischen persönlichen Impulsen und unpersönlichen Regelvorgaben individuell akzeptabel gedeutet wird. Die Irritation wird, wenn man nicht über die oben beschriebene Frustrationstoleranz und die Fähigkeit zur Übernahme genereller Perspektiven verfügt, in durchgehenden Deutungsmustern zur Beruhigung gebracht. Das erlaubt es den Jugendlichen, die Widersprüche oder Differenzen gleichsam zu bereinigen. Drei solcher subjektiver Deutungsmuster haben wir in den Materialien gefunden, und zwar nach Maßgabe der erläuterten Problemlage:

- Es gibt Jugendliche, deren Umgang mit Zeitproblemen ganz oder doch sehr weitgehend von den verallgemeinerten und objektiven Schemata geprägt ist, die in unserer Kultur für biographische Verläufe, für Bildungs- und Lernzeiten geltend gemacht werden. Was ihnen in ihrem Leben relevant erscheint, das wird jenen Vorgaben zugeordnet. Wir bezeichnen dies als das *Muster institutionalisierter Zeit*.

– Daneben gibt es Jugendliche, die so erzählen, als seien derartige Chronometrien irrelevant. Die Strukturierung von biographischen Erinnerungen, aktuellen Schilderungen und Zukunftserwartungen erfolgt nach Maßgabe wichtiger Beziehungserfahrungen, zumeist in nahen sozialen Kontexten; Zeitverläufe werden entsprechend gegliedert; die Dichte des Erlebens von Interaktionen ist ihnen erheblich wichtiger als die Frage, wie dies sich in die Zeitstruktur etwa von Bildungs- oder Ausbildungskarrieren einfügt. Wir bezeichnen diese Mentalität als *an sozialen Beziehungen orientiertes Muster* der subjektiven Deutung von Zeit.

– Das dritte Muster umfaßt nicht, wie es scheinen könnte, eine Restgruppe, sondern hat ein ausgeprägtes eigenes Profil. Es wird von Jugendlichen zur Sprache gebracht, denen sowohl die institutionellen Zeitschemata als auch die erlebnisdichten Beziehungsereignisse gleichgültig zu sein scheinen. Ihr Leben – so ist der Eindruck beim Lesen der Interviews – gliedert sich in seinem Verlauf nach aufregenden Episoden, die im übrigen unverbunden bleiben. Eigentlich nehmen sie überhaupt keine Gliederung nach Entwicklungs- oder Bildungsschritten, auch nicht nach folgenreichen Erfahrungen mit anderen Menschen vor, sondern springen von Episode zu Episode, ohne daß Relevanz-Abstufungen erkennbar wären. Wir nennen dieses Muster *»fragmentiert«*.

Jedes dieser drei Muster enthält Stärken und Schwächen. Erst aus deren Abwägung können sich pädagogische Folgerungen ergeben. Vorerst aber sollen sie qualitativ beschrieben werden.

3

Institutionalisierte Zeit

Unter den 70 interviewten Jugendlichen gab es eine Teilgruppe, die eine in sich konsistente, mehr oder weniger chronologische Lebensdarstellung zur Sprache brachte, und zwar in enger Anbindung des Lebenslaufs an Institutionen wie Familie, Heim und Schule. Ein 17jähriger Junge zum Beispiel beschreibt seinen Lebenslauf folgendermaßen:

»Ich war ein Jahr lang im Krankenhaus, weil ich blutkrank war. Und mein Vater und meine Mutter waren ja Alkoholiker und haben sich immer gestritten. Und da kam das Jugendamt und meinte, ein Kind weg oder alle. Und da hat meine Mutter gesagt: eins. Und das war ich, weil ich ja krank war. Und da bin ich gar nicht mehr zu meiner Mutter gekommen, sondern in den Wohnhof in X. Das ist so ein Kinderheim... Da war ich dann ungefähr ein halbes Jahr, und dann hat sich ein anderer Heimleiter gemeldet. Und hat gefragt, ob ich nicht da ins Heim möchte. Ich hab natürlich ja gesagt, weil ich das noch nicht alles genau wußte... Und dann kam ich auf den Trip, mehr Scheiße zu bauen, also Blödsinn zu machen und sowas. Und dann meinte der Heimleiter, ich hätte so ein kleines, vierjähriges Mädchen betatscht. Und da meinte der Heimleiter, ich kann gehen und sowas. Und dann bin ich in die Jugendpsychiatrie nach D. gekommen. Und die haben dann gesehen, daß ich überhaupt nichts in der Birne habe, noch richtig ticke da oben... Und die haben nach einem Heim geguckt, X. und Y. und weiß Gott nicht alles. Und dann haben sie gesagt, A. ist noch ein Platz frei, und dann bin ich hergekommen. Nee, die Leute sind hier in die Psychiatrie gekommen. Und dann haben wir geredet und so und denn hab ich Ja gesagt. Und dann bin ich hierher gekommen.« (15/17/m)[10]

Ein anderer erzählt:

»Ich bin in A. geboren, das ist bei X... Dann ist meine Mutter gestorben... Ich bin dann zu Pflegeeltern in X gekommen. Erst habe ich bis zu meinem ersten Lebensjahr, haben wir in Y noch gewohnt und dann eben zu Pflegeeltern nach X... Da kam mal eine harte Zeit, da waren meine Eltern arbeitslos. Und da wurde eben alles gekürzt... Und dann bin ich auf die Schule gekommen, auf die Hauptschule. Da bin ich bis zur achten Klasse dann gegangen, siebte habe ich einmal wiederholt, ne, weil ich so einen langen Krankheitsfall hatte... Und dann bin ich nach S. gegangen in die Ausbildung letztes Jahr.« (14/17/m)

Ein Mädchen berichtet:

»Also ich bin 1970 hier in X. geboren, ja ich mein', welches Krankenhaus, das weiß ich jetzt nicht mehr... Ich hab zuerst mit meiner Oma, meiner Tante, meinem Opa und meiner Mutter in einem Haus gewohnt... Meine Mutter, die mußte ja arbeiten. Also die war eigentlich nie da. Mein Vater, der war eigentlich auch nicht da, also wo ich schon ganz, ganz klein war, da ham se sich auch schon getrennt. Weil ich bin ja auch gekommen, da war meine Mutter 19 und so. Ja, und dann hat se eigentlich so viel Zeit auch nicht gehabt, um sich immer so ganz intensiv zu kümmern, und halt erzogen hat mich halt irgendwie mehr meine Oma. Und darum ist wahrscheinlich auch klar gewesen, daß die halt eben mit 14, wo ich dann 14 war, wo ich dann mit ihr richtig so gewohnt habe, irgendwo dann auch nicht so ganz klargekommen ist. Ja, und dann ging das halt eben nicht mehr, ich hab mich irgendwo dann mit meiner Mutter überhaupt nicht verstanden, ja und dann hat se mich eben ins Heim gesteckt, ins Heim geschickt...« (56/22/w)

Die Erzählweise ist relativ einfach. Die Jugendlichen reihen die für sie relevanten Ereignisse zu einem bestimmten Erfahrungsfeld (Familie, Schule) einfach aneinander, sie verwenden dabei häufig die Konjunktion »und dann«. Selbst bei der Darstellung wichtiger Situationen und Lebensereignisse gibt es selten Hinweise auf das innere Zeiterleben. Die »psychologische Zeit«, Momente der Langeweile oder Ungeduld werden kaum zum Thema. Über die Einschulung heißt es z.B.:

»Morgens hat meine Mutter mich fertiggemacht für die Schule, hat mir 'ne Schultüte in die Hand gedrückt, dann sind wir zur Schule hingefahren... Ja, und dann kamen auf einmal meine Freunde aus'm Kindergarten, die ich da kennengelernt hatte, ... und dann kamen die Lehrer raus und ham uns die Hand gegeben, ham se uns in unsern Klassenraum gebracht. Na, dann haben se die Eltern weggefahren, ... haben wir so Zettel gekriegt und sollten das ankreuzen, ja weiter weiß ich auch gar

---

10   Der Code in den Klammerausdrücken bedeutet: Fallnummer/Alter/Geschlecht.

nicht mehr. Zwischen elf und zwölf Uhr konnten wir dann gehen. Haben die Eltern uns wieder abgeholt.« (2/16/m)

In ihren Erzählungen vermißt man detaillierte Beschreibungen und zeitliche Abfolgen von zwischenmenschlichen Ereignissen und Handlungen mit den ihnen nahestehenden Personen. Für Außenstehende dramatisch erscheinende Vorkommnisse wie Trennung und Heimeinweisung werden eher distanziert-sachlich mitgeteilt. In vergleichbarer Art werden *Tagesverläufe* oder auch Interaktionssequenzen dargestellt. Die Beschreibung des Tagesablaufs folgt den vorgegebenen Zeitplänen und Angeboten der Institutionen. Das »Ich« nimmt selten gestaltenden Einfluß, es fügt sich scheinbar dem Rhythmus der Einrichtungen und Lebensfelder. Biographisch relevante Ereignisse wie etwa der Aufenthalt in einer psychiatrischen Einrichtung sind vorwiegend chronometrisch interessant; demgegenüber tritt die mögliche Erlebnisdichte interaktiver Erfahrungen zurück:

»Da bin ich mit andern Leuten zusammengekommen, ja, und dann nach 'ner Zeit fing dann die ganze Scheiße an, ne? Mit Klauen und Lügen und zu spät nach Hause kommen, mal 'ne Nacht gar nicht kommen. Und da wurden meine Großeltern nach 'ner Zeit natürlich nicht mit fertig. Wurden ja auch älter, und dann ham die gesagt: so, jetzt können wir nicht mehr. Die ham's lange mit mir ausgehalten! ... Dann ham die mich in die Kinderpsychiatrie gesteckt nach H., weil die gedacht haben, ich bin innerlich nervös... Also ich war da auf 'ner geschlossenen Station, hab jeden Tag 'n Gespräch mit dem Doktor gehabt, so'n Arzt, und nachmittags hab ich Therapien gehabt. Wenn ich gut, hab gut gefühlt habe, dann hab ich nachmittags mal 'ne halbe Stunde oder 'ne Stunde Ausgang gehabt, na, dann wieder rein, dann um 8 ins Bett. Das war so meist der Tagesablauf, der immer so abging, immer. Da gab's keinen Tag, der nicht so aussah... Und dann 'n halbes Jahr da gewesen, und dann bin ich hierhin gekommen, also nicht direkt hier, erstmal in 'ne andere Außenwohngruppe. Ja, und dann nach 'ner Zeit ham se mich dann hier hingetan. Gucken, wie's hier läuft.« (35/15/m)

Auch die Zukunftspläne scheinen einem Fahrplan zu folgen, den man zwar in seinem Zukunftssinn nicht durchschaut, der aber dennoch akzeptiert wird:

»Ein Jahr Hauswirtschaftsschule. Und danach mach' ich aber noch was anderes, wegen meinem Hauptschulabschluß, damit ich ihn krieg'. Das nennt sich, glaub' ich, irgendwie BFH oder BVH... Danach will ich 'ne Ausbildung als Floristin anfangen. Weil ich Blumen mag, weil ich schon immer hinter Blumen her war, so Gartenarbeit, so Blumengestecke, Blumen binden, Biedermeiersträuße und so weiter.« (30/16/w)
»Ich war hier zur Schule. Und dann hab ich erst Hauswirtschaft und Agrar gemacht. Und da hab ich gesehen, das ist überhaupt nichts für mich. Ja, und dann hab ich mal versucht, BVJ, Farbe und Holztechnik. Da hat mir Farbe keinen Spaß gemacht, weil der Meister so mies zu mir war. Und der Meister bei Holz war eigentlich immer voll nett zu mir. Dann hab ich mir angewöhnt, immer schon um halb loszugehen, statt immer ein paar Minuten zu spät zu kommen. Und dann hat's mir

auch immer mehr Spaß gemacht. Auch, wenn ich da morgens reinkam, so ein schöner Holzduft von Kiefer oder sowas.« (15/17/m)

Die Zeit-Deutungsmuster, nach denen diese Jugendlichen ihre biographischen Ereignisse ordnen, sind auf sympathische, aber häufig auch dürftig anmutende Weise realistisch, haben etwas von der Zuverlässigkeit handwerklicher Orientierungen, wie in alten Handwerker-Chroniken. Individuell Bedeutsames rückt demgegenüber eher in den Hintergrund; statt dessen treten Merkmale eines gleichsam öffentlichen Lebenslaufs hervor. Manchmal lesen sich die Äußerungen der Jugendlichen wie eine Jugendamtsakte: frühe Krankheit, Scheidung der Eltern, Aufenthalte bei Verwandten, Einschulung, Umzüge, Schulschwierigkeiten, Familienhilfe, Heimeinweisung, psychiatrische Betreuung, Heimwechsel, BGJ, Lehre. Hinter dem (scheinbar) nüchternen und auf institutionelle Abläufe bezogenen Schema der zeitlichen Orientierung bleibt indessen verborgen, was mit der Bildung des Individuums geschieht. Die in den Äußerungen vorherrschende chronometrische Einstellung könnte auch brüchiges Eis sein, ein durch leidvolle Lebenserfahrung akzeptiertes Korsett biographischer Orientierung, das einerseits Stütze, andererseits Restriktion bedeutet. Es gibt bei dieser Art biographischer Mitteilungen keine, in denen die Zeitvergessenheit im Spiel, die eher privaten biographischen Gliederungen, die Zeitabläufe von Freundschaften oder anderen sozialen Beziehungen, die »Biographien« von Gruppenstrukturen, die (vermutbare) Erlebnisdichte von herausragenden Lebensereignissen zur Darstellung gebracht werden.

Beziehungszeit

Das folgende Beispiel eines türkischen Mädchens zeigt, trotz chronologischer Erzählweise, die zeitliche Gliederung der Vergangenheit nach Maßgabe mehr oder weniger dramatischer Beziehungsereignisse:

»Ich bin in Deutschland geboren, ... dann bin ich gleich, nachdem ich geboren bin, hat mich meine Mutter nach Türkei gebracht, bin ich mit meinen Großeltern da aufgewachsen, bis ich sieben Jahre alt war, meine Mutter kam ab und zu mal zu Besuch, und dann hab ich sie Tante genannt, weil ich sie ja nicht kannte, und dann hat sie sich immer über mich geärgert... Und meine Großeltern haben versucht, irgendwie zu beweisen, daß sie meine Eltern sind, also meine richtigen Eltern. Das wollt' ich einfach nicht kapieren, weil ich hab gedacht, ich hab meine Eltern, das sind meine Großeltern, und dann basta, hab ich gedacht. Und ich wollte meine Eltern nicht akzeptieren. Und als ich dann sieben geworden bin, hat mein Vater 'n Brief geschrieben nach Türkei und hat gesagt: ... wir wollen unsere Tochter wiederhaben... Und bin ich wieder zurückgekommen, und dann hab ich meine Eltern kennengelernt und meine richtigen Geschwister... Und da war ich ganz entsetzt ... ich hab mich selber gefragt: was soll das jetzt, auf einmal hab ich Geschwister, und ich hab nicht meine Ruhe, und ich wollte meine Großeltern also für mich haben, weil die mir mehr Liebe gegeben haben und alles, was ich brauchte. Und mein Vater und meine Mutter, die waren eifersüchtig, weil ich meine Großeltern mehr mochte als meine Eltern. Meine Geschwister, die waren auch eifersüchtig, weil meine Oma hat mir alles gegeben, ... die sind eifersüchtig gewesen, die sind immer noch eifersüchtig. Die hetzen mich gegen meine Oma auf. Und als dann dieses Problem kam, also dieses Problem mit meinem Vater, er wollte was, naja – er wollte was von mir, was ein normaler Vater nicht machen konnte. Dann bin ich zur Schule gegangen in H., erst in die Grundschule, ich hatte riesige Probleme erst mit meiner Familie, weil ich erst meine Geschwister kennengelernt habe, und dann, mit der Schule wollt' ich ja nichts anfangen irgendwie, die Schule war mir nicht wichtig in dem Augenblick. Und dann bin ich in die Sonderschule gekommen, mit meinem Bruder zusammen, der hatte, glaub' ich, auch Probleme... Und als ich in der Sonderschule war, dann nach paar Wochen wollt' ich Selbstmord machen... Naja, meine Großeltern sind ausgezogen, und dann kam das Problem mit meinem Vater, ... hab ich ganz viele Tabletten genommen... Da war ich ... noch nicht ganz 13.« (29/16/w)

Es folgt eine detaillierte Beschreibung der Reaktionen auf den Selbstmordversuch, die familiäre Aufregung, die Behandlung im Krankenhaus, die peinlichen Fragen der Ärzte, »ob mich jemand vergewaltigt hat, warum ich diesen Selbstmord gemacht habe«. Sie beschreibt ihre Loyalitätskonflikte gegenüber ihrem Vater, der sie sexuell mißhandelt hat, dann ihren Versuch, einen türkischen Rechtsanwalt einzuschalten, eine dramatische Entführungsszene in die Türkei. Wieder zurück in Deutschland, so erzählt sie,

»... bin ich denn abgehauen, hab ich 'n Auto angehalten, und da war ein Mann, wollt' ich lieber nicht einsteigen. Hab ich denn 'ne Frau angehalten, und sie mußte zum Zahnarzt, hat sie da den Termin abgesagt, hat mich zum Polizeirevier gefahren. Und der Direktor kannte mich ja nicht, dann kam der andere Polizist, der mich schon kannte. Der hat gesagt: Sie sagt die Wahrheit, dann hat man gleich das Jugendamt verständigt, dann wußten auch meine Eltern schon, wo ich war. Mein Bruder kam, meine Mutter kam, die ganzen türkischen Leute haben sie mitgebracht. Mein Bruder hatte gesagt: Bitte tu das nicht, gehe nicht zum Heim zurück. Dann war ich noch verzweifelter und noch bescheuerter an dem Tag! ... Dann bin ich ins Internat gekommen. Ja, und von da aus bin ich nach X. (Heim) gekommen, nach zwei Jahren.«

Die erinnerten Erwartungen und die damit verbundenen Spannungen geben dem Lebenslauf seine eigentliche Dynamik. Dramatische soziale Zuspitzungen (wie z.b. die Entführung), die verschiedenen Versuche des Mädchens, die Situation zu lösen (Selbstmordversuch, die Bemühung, über eine Lehrerin einen Rechtsanwalt einzuschalten, die Flucht) und die Gegenhandlungen der Eltern und Reaktionen der Jugendhilfevertreter markieren die verschiedenen Etappen und Wendepunkte innerhalb des Lebenslaufs. Im Zentrum der Erinnerungen stehen aber – im Unterschied zum »institutionellen« Zeit-Muster – die Wünsche sowie Strebungen des Individuums und die damit verbundenen sozialen Schwierigkeiten, Ängste und Verzweiflungen. Die erinnerten konflikthaften zwischenmenschlichen Situationen und die mit ihnen verbundenen inneren Bewegungen bilden die eigentlichen Säulen der Autobiographie. Sie verdichten sich zu

Beziehungsthematiken, die sich über einen längeren Lebensabschnitt hinziehen und nur hier und da mit dem institutionellen Werdegang verknüpft werden. Institutionsbezogene Ereignisse wie Einschulung oder Heimeinweisung tauchen vereinzelt in der Lebensbeschreibung auf, aber mehr im Schatten der sozialen Beziehungsereignisse; sie dienen, wie auch die jeweiligen Altersangaben, mehr als chronologische Orientierungshilfen.

Die Biographie verliert dadurch, daß eigene und fremde Handlungsabsichten mitgeteilt werden, ihre starre und an institutionelle Abfolgen gebundene Form. Diese Jugendlichen ziehen andere zeitliche Gliederungspunkte heran und strukturieren ihre Biographie nach einer anderen Logik als jene, die dem Prinzip institutioneller Zeitschemata folgen. Die Autobiographie wird als eine Art Etappendrama aufgebaut, in dem die Entwicklung eines zwischenmenschlichen Konfliktes über einen längeren Zeitraum dargestellt wird, und zwar aus der Sicht des Hauptakteurs; die einzelnen Etappen bzw. dargestellten Lebensstationen bilden bewegende Höhepunkte des Lebensweges, die zumeist mit wichtigen Veränderungen und Wendungen einhergehen.

Kennzeichnend für die Erzählweise ist, daß Handlungen in dichten zeitlichen Schritten berichtet werden: »Bin ich dann abgehauen, hab ich 'n Auto angehalten, und da war 'n Mann drin, wollt' ich lieber nicht einsteigen ...«. Schwierig wird es nur dann, wenn ein Handlungsgeschehen beschrieben werden soll, in dem mehrere Personen einbezogen sind, die parallel, also zeitgleich handeln, und deren Handlungen schließlich aufeinandertreffen. Als Beispiel noch ein weiterer Auszug aus dem Bericht des türkischen Mädchens:

»Da war ich 13½... Und dann wollt' ich, also hat mein Bruder gesehen, daß ich die Tabletten geschluckt habe, hat meine Mutter geholt. Damals hatt' ich ja, hatte meine Mutter noch 'n Kind gekriegt, das war mein jüngster Bruder, der war, glaub' ich, gerade 4 oder 5 Jahre alt, der jüngste jetzt... Und meine Mutter hat meinen kleinen Bruder bißchen ausgeführt, ... in' Spielplatz, das war in der Nähe... Und dann, als mein Bruder gesehen hat, daß ich Tabletten genommen habe, hat mein Bruder meine Mutter geholt, dann hat sie – mein Vater hat immer Geschichten erzählt, daß ich angeblich in den Toiletten mit deutschen Jungs rumgemacht habe, aber das stimmte gar nicht. Mein Bruder hat gesagt, das stimmt gar nicht, also ich war immer bei meinem Bruder. Und dann hat mein Vater meinen Bruder auch geschimpft, und dann hatt' ich die Nase voll, ich hab gesagt: Ich will nicht mehr weiterleben! Hab ich Tabletten genommen, ich hatte meinem Bruder auch erzählt davon, und dann, was mein Vater für Märchen zu meiner Mutter erzählt hat, mit den Jungen da – dann hat meine Mutter mich auch halt, als ich Tabletten genommen hab, ... dann hat meine Mutter gesagt: Du bist 'ne alte, was weiß ich, Hure und so. Hat mein Bruder dann alles in dieser Sekunde erzählt, er hat gesagt: das stimmt alles nicht, sie traut sich nicht, dir die Wahrheit zu sagen. Meine Mutter wollt' das aber nicht glauben, und dann in dem Moment ist mein Vater einen trinken gegangen in'ne Kneipe, ist mein Bruder schnell hingefahren, hat meinen Vater geholt... Und dann ist mein Vater gekommen, ham se mich zum Hausarzt gebracht.« (29/16/w)

Es fällt auf, daß es dem Mädchen noch nicht gut gelingt, die verschiedenen Handlungen der beteiligten Personen in der Erzählung zeitlich aufeinander abzustimmen; man weiß beim ersten Lesen nicht so richtig, was vorher und was gleichzeitig passiert ist, wer wann dies oder jenes erzählt hat und zu welchem Zeitpunkt sich dies oder jenes ereignet hat. Erst nach mehrmaligem Lesen läßt sich das Geschehen rekonstruieren. Die Erzählerin reiht Handlungen, die sich parallel zur selben Zeit ereignen, aneinander, so als würden sie zeitlich nacheinander erfolgen (»Hat mein Bruder in dieser Sekunde dann alles erzählt. Meine Mutter wollt' das aber nicht glauben, *und dann in dem Moment* ist mein Vater einen trinken gegangen ..., ist mein Bruder schnell hingefahren ... hat meinen Vater geholt«). Alles geschieht zur selben Zeit und doch zeitlich nacheinander. Nun könnte man dies mit den sprachlichen Schwierigkeiten des Mädchens begründen, ihr fehlen solche adverbialen Bestimmungen der Zeit, welche Zeitrelationen verdeutlichen, wie z.b. während, bevor, zur gleichen Zeit, vorher, nachher. Sie verwendet nur ungenaue zeitliche Bestimmungswörter wie »und dann«, »damals«, »da«, »in dieser Sekunde«. Das scheint aber eher ein Entwicklungsproblem zu sein.

Bei der ersten Gruppe wurden Zeitverläufe beschränkt auf eine Handlungsabfolge beschrieben, in ihrer Vorstellung schien es keine parallel verlaufenden Geschehensabläufe zu geben. Für die Jugendlichen, die sich diesem zweiten Typ zuordnen lassen, existieren neben den eigenen Handlungen auch andere, von ihnen unabhängige Geschehensabläufe, die sich zeitgleich ereignen. Sie können sie aber noch nicht zeitlich koordinieren. Das Mädchen, das hier prototypisch für die ganze Gruppe steht, scheint sich auf einer Entwicklungsstufe zu befinden, auf der das Individuum in seinen Vorstellungen noch nicht in der Lage ist, zwei Handlungen in ihrer Gleichzeitigkeit zu denken bzw. darzustellen; es gibt noch keine von dem Geschehen abstrahierte Zeitvorstellung, in der verschiedene Handlungsverläufe aufeinander bezogen werden könnten. Die Erzählweise folgt einer »zentrierten Handlungslogik«[11]: Verschiedene Handlungsabläufe, in die mehrere Personen verwoben sind, die zum Teil parallel verlaufen und aufeinander Bezug nehmen, werden von der Position eines der Beteiligten beschrieben. Einen dem Geschehen übergeordneten und wechselnden Betrachterstandpunkt gibt es nicht. Das Mädchen versetzt sich in ihre damalige Notsituation und beschreibt sie allein aus ihrer Perspektive. Das Muster der »institutionalisierten Zeit« ist der entgegengesetzte Fall: Die *eigene*

---

11 G. *Dux*, Die Zeit in der Geschichte, Frankfurt a.M. 1989.

Perspektive fehlt und wird gleichsam der eines abstrakten Anderen geopfert.

Die Lebensbeschreibungen unterscheiden sich von denen der ersten Gruppe noch durch ein weiteres Merkmal: Handlungsabfolgen ereignen sich nicht mehr schicksalhaft, sondern werden z.T. selbst mitbestimmt; Ursachen für Veränderungen werden begründet:

»Naja – weil jedes Mal, wenn ich da zu Hause war, dann gab's irgendwie immer Streit wegen irgendwelchen Sachen! Und wenn's so Kleinigkeiten waren. Ich mein', meine Mutter, die hat Brustkrebs, und die hat auch nicht mehr viel von ihrem Leben zu erwarten, kann ich auch verstehen. Aber deswegen muß sie sich nicht gleich ganz verkriechen und so. Mit meinem Vater ist es auch nicht so ganz einfach, der hat krankhafte Eifersucht. Das ist schon schlimm, also wenn's nach mir geht, würd' ich den sofort in'ne Klapse einweisen. Naja, mein Vater, der hält eh nicht viel von mir, der meint, ich wäre zu dumm und so. Aber ich hab mir gesagt, ich geh' arbeiten, und dann kann ich ihm wenigstens beweisen: Ich hab was gelernt, und du nicht! ... Naja, eine Zeit hab ich ziemlich intensiv über meine Eltern nachgedacht. In letzter Zeit träum' ich auch sehr viel von ihr (Mutter). Aber mehr so die grausigen Sachen. Da hab ich z.B. schon den eigenen Kopf von meiner Mutter in der Hand gehalten! Und – ach – aber jetzt geht's eigentlich so, find' ich. Also ich find', ich muß mich jetzt mehr auf die Arbeit konzentrieren, das ist wichtiger. Weil es geht jetzt im Endeffekt um *meine* Zukunft, weil ich hab mich sechs Jahre – oder besser gesagt, fünfeinhalb – mehr um meine Eltern gekümmert als um mich selbst. Weil, um mich hat sich keiner gekümmert! Die waren entweder nie da, oder es gab nur Streit und waren weg.« (47/17/m)

Jugendliche, die am institutionen-orientierten Zeitmuster hängen, bevorzugen eine relativ bewertungsfreie Schilderung von Ereignisabfolgen, für die die Konjunktion »dann ... und dann ... und dann« steht. Jugendliche des an Beziehungsereignissen orientierten Musters von Zeitgliederungen bringen die Lebenssachverhalte in einer Darstellungsweise zur Geltung, in der interaktiv wichtige Gründe und Folgen mitgeteilt werden. Die von ihnen bevorzugte Konjunktion, auch wenn sie nicht wörtlich verwendet wird, ist »weil ...«. Die zeitliche Abfolge von Lebensereignissen ist, innerhalb dieses Musters, an das subjektive Wollen und Können gebunden, mehr jedenfalls als an die institutionalisierte Chronometrie.

Ähnlich wie bei der Tagesgestaltung folgen diese Jugendlichen auch bei der *Zukunftsplanung* stärker als die erste Gruppe ihren individuellen Wünschen, oft entgegen den Ratschlägen ihrer Erzieher und unabhängig von den tatsächlichen Verwirklichungschancen. Ein Mädchen möchte unbedingt Sozialpädagogin werden und entwirft gemeinsame Lebenspläne mit ihrem Freund:

»Wir sind jetzt fast ein Jahr zusammen, und wir wollen noch länger zusammen bleiben. Und wir glauben auch, daß es klappt. Und wir lassen uns nicht von außen beeinflussen, von den Erziehern, das fand ich also ziemlich erniedrigend, daß die kommen und sagen, hör mal zu, der steht doch sowieso nicht auf deinem Niveau, der ist doch etwas tiefer, laß ihn doch hängen, es bringt nichts mit euch beiden...

Wenn, dann muß ich das selber für mich rauskriegen, ob es stimmt, was die sagen.
Aber das können die doch gar nicht beurteilen. Wenn er arbeiten geht und ich arbeiten gehe, dann ist es ... also, ich find's besser, wenn man zwei verschiedene Arbeiten
hat, als wenn z.B. beide im Büro wären. Das wäre überhaupt nichts... Und manche
sehen das hier nicht ein. Die Erzieher, was die gesagt haben, das fand ich echt total
daneben, oh, ich fand das so gemein.« (20/16/w)

Jugendliche, die ihren Lebenslauf stärker nach Beziehungsereignissen gliedern, orientieren sich in ihren Zukunftsvorstellungen weniger an konventionellen Karrieren, sondern folgen mehr ihren Interessen, Neigungen, Bedürfnissen. In der eigenen Vorstellung folgt
der Lebensweg nicht festgelegten Bahnen. Das Geschehen in der
Zeit kann von ihnen mitbestimmt werden, sie vertreten also ein
eher »aktives« Konzept von Lebenszeit. Die eigene Lebenszeit wird
als Entwicklungszeit erlebt: Die persönliche Vergangenheit zeichnet
sich durch die Bewältigung sozialer Konflikte und den Erwerb von
Kompetenzen aus, das Leben wird als ein individueller sozialer Rei-
feprozeß gesehen. Sie sehen sich vor der Entwicklungsaufgabe, ihre
Lebensvorstellungen und Interessen den eigenen Könnens- und
Wollensmöglichkeiten anzupassen.
Auch angesichts dieses Zeitmusters – es mutet nicht weniger sym-
pathisch an als das erste – kann man sich fragen, warum eigentlich
Jugendliche mit derartigen Orientierungen in Schwierigkeiten geraten, die sie zu Klienten der Jugendhilfe machen. In beiden Arten
von Selbstbeschreibung stecken Einseitigkeiten: eine Unterschla-
gung gleichsam der subjektiven Erlebniskomponente im »instituti-
onsorientierten«, ein Mangel an – wenn man so sagen darf – institu-
tionellem Realismus im zweiten, ganz an das individuelle Zeiterleben gebundenen Fall.

Fragmentierte Zeit

Die Strukturierung des Zeiterlebens an den meßbaren institutionellen Abfolgen des Lebens und die Orientierung an erfahrungsdich-
ten Interaktionsereignissen ließen beide Ordnung und eine gewisse
Logik erkennen. Daneben gibt es Jugendliche (ca. 25 % der Fälle),
deren Erzählweise abgehackt und sprunghaft erscheint, gelegentlich
beliebig assoziativ, jedenfalls so, daß zunächst Regelhaftes kaum zu
entdecken ist.
Ein Jugendlicher z.B. sagt über seine Zeit im Kindergarten:

»Ou! Tja, das ist schwer. Also da war ich, glaub' ich, von vier bis fünf. Sind wir
spazieren gegangen, auch zusammen was gemacht. Mein Bruder kam ja ein' Tag
später rein. Wir sind zusammen eingeschult worden. War ja vorher auch schon im
Vorschulkindergarten. Zweimal im Kindergarten. War langweilig das zweite Mal...
Ich weiß nur noch, daß ich mal im Kindergarten Geburtstag hatte. Denn war ja bei
uns so Sitte, so auf'n Stuhl. Und die Jugendlichen durften mich mit Stuhl hochhe-

ben ... da bin ich eine Woche auf Sonderschule gekommen. Dann waren wir schwimmen, haben wir auch schon gemacht. Mein Djako (Schwimmabzeichen) in der Sonderschule gemacht. Einer mußte sich ja freiwillig melden, ne. Waren ja mehrere. Fragte ein Direktor oder was er war: Wer hat Lust auf den Stuhl? Alle haben sich gemeldet. Außer ich, ne. Er hatte mich drangenommen. Auf'n Stuhl, dann kamen noch drei, vier Stühle drunter. Hat er mir erstmal gratuliert. Da hab ich Schiß gehabt, weil ich Höhenangst hatte.« (22/17/m)

Zu seiner Schulzeit sagt er folgendes:

»Nur Schreckliches. Wir haben uns nur geprügelt. Der hat angefangen, da hab ich zurückgeschlagen. Ich hab nur einen Zahn verloren... Wenn ich Schule geschwänzt habe, bin ich meistens zum Wald gegangen, nur rumgegangen, Scheiße bauen, Bäume ausreißen. Da bin ich aber geflitzt, weil ein Wildschwein kam.« (22/17/m)

Auch andere wissen von der Schulzeit wenig zu berichten, was auf die Institution bezogen ist:

»An die Schultüte kann ich mich noch erinnern, aber sonst? Nö. Da war ich noch bei meinen Pflegeeltern, glaub' ich, so genau weiß ich das nicht... Was hab ich damals gemacht? Wir ham draußen gespielt, mit den Autos da, und was weiß ich. Oder wir sind in Scheunen vom Bauern gegangen, ins Heu reinfallen lassen oder so. Dann ham wir auch so einige Einbrüche gemacht, mal 'n bißchen Alkohol rausgeholt und so.« (12/18/m)

Diese Jugendlichen haben offensichtlich gravierende Schwierigkeiten mit der Chronologie. Zwischen verschiedenen Lebenszeitpunkten springen ihre Schilderungen assoziativ hin und her. Dennoch kann man nicht behaupten, daß ihr Zeiterleben ohne jede Ordnung sei; sie ist nur schwerer zu erkennen: Nicht die institutionelle Zeit, nicht Geschichten und Vorgeschichten von Beziehungsereignissen strukturieren ihre biographische Erinnerung, sondern aufregende Momente. Was zwischen diesen liegt, scheint gänzlich irrelevant zu sein (»Was hab ich denn immer gemacht?«). Die Bruchstücke stehen in einem Sinnzusammenhang, der sich nicht aus der zeitlichen Abfolge von Ereignissen ergibt, auch nicht aus der Relevanz und »inneren« Dauer von Beziehungskonflikten, sondern aus Momenten, die nur durch das Merkmal miteinander verbunden sind, aufregend gewesen zu sein. Auch die Beschreibung von Situationen, für die man im Regelfall die Verdeutlichung von Handlungsabläufen erwarten würde, fällt nach dem gleichen Muster der Reihung aufregender Momente aus, z.B. die Beschreibung einer Jugendgerichtsverhandlung:

»Ich dachte, das wär' hier nicht-öffentliches Gericht. Meinte ich, was sind das für Leute? Ja, das sind Praktikanten. Ich hab mich immer kaputtgelacht. Die sahen ja schlimmer aus als ich. Die sahen ja verbrechermäßig aus. Und der Richter: Wie alt bist du? Hab ich gesagt. Wann bist du geboren? Stimmt das wie, wie du heißt? Ich sage, ja. Ich sag' ihm, daß ich von Geburt so alt bin. Sag' ihm, daß ich von Geburt auch so heiße. Immer Gericht verarscht. Eine viertel oder halbe Stunde später meinte dieser Rechtsanwalt – ich hatte keinen Anwalt, ne: Das war das erste Mal, lassen wir ihn davonkommen! Meinte der Richter ganz blöd – da hätte ich mich allerdings aufregen können, ne: Wenn ich Sie noch einmal erwische, dann sieht das gar nicht so gut für Dich aus! Ja, ja, laber mal, ich so gedacht. Tschau, geh mal schön. Bin ich rausgegangen.« (22/17/m)

Die beschriebenen Ereignisse haben den Charakter von in sich abgeschlossenen Episoden, sie fügen sich in keine zeitliche biographische Abfolge und haben scheinbar auf das weitere Lebensgeschehen keinen Einfluß. Hier andere, nicht weniger skurrile Beschreibungen:

»Und dann bin ich auch abgehauen einmal, mit'm Fahrrad, ... hab ich Streit gehabt mit so'm Jungen, mein Rennrad geschnappt, dann bin ich per Autobahn gleich zurückgefahren nach X... Da ham mir noch 20, 30 Kilometer gefehlt auf diesem Schild – steht ja 130, ne ... Dann hab ich gesagt: och Scheiße, ich hab keinen Bock mehr... Und dann sind se, das waren Anhalter, mit mir dann aus der Ausfahrt runter, und ich wollte das gar nicht... Dann, ja, ham se mich zur nächsten Tankstelle, die Erzieher angerufen, wo ich war, aus dem Heim da, ne? Dann ist 'n Erzieher gekommen, hat mich da wieder abgeholt. Erst mal wieder zurückgefahren, erst mal geduscht. Weil, ich mußt' ja mal pinkeln auch mal auf dem Fahrrad. Na, hab ich nicht extra angehalten, sondern ich bin gefahren und hab dabei gepinkelt, ne.« (33/15/m)

Eine Jugendliche berichtet:

»Und, ja, diese Cousins wurden halt innerhalb von zwei Jahren auch zwei Jahre alt, logisch, ne? Ja, und die ham dann immer zu Weihnachten halt immer ihre Süßigkeiten gekriegt, und die hatte dann halt jeder für sich alleine. Na, seit dem Tag an hab ich gemerkt, daß das auch für mich dann besser kommt, wenn ich für mich die Sachen behalte, weil ich hab ja dann mehr, ne! ... Also ich hab 'ne Puppe gekriegt, und die ham 'n LKW gekriegt, so'n Truck, so'n Modelltruck, ne. Und das fand ich ja natürlich völlig genial, so'n Modelltruck. Na, und da hab ich, bin ich einfach zu P. hin und meinte so: Du, laß mich doch mal tauschen! Er so: Ja, aber nicht lange! Ich so mir den Truck genommen, ihm die Puppe in die Hand gedrückt und weg damit, das Zimmer abgeschlossen! (lacht) Naja, gut, und den hab ich dann auch behalten... Äh (lacht), ich muß da ganz ehrlich zu sagen, vor zwei Jahren, da war ich ja noch 17 und alle drei Cousins 15, und da war ich mit einem von den dreien 'ne ganz kurze Zeit zusammen, aber das ist daran gescheitert, daß ich nie wußte, welchen ich denn nun habe. Weil, irgendwie bin ich da immer so'n bißchen durcheinandergeraten! ... Das waren Drillinge!« (50/19/w)

Wieder ein anderer Jugendlicher beschreibt seine Kindheit so:

»Meine Onkels, die waren auch erst 16, 17, also: Skateboard, Karton draufgenagelt und mich reingesetzt und angefahren. Oder irgendwie beim Fußballspielen in 'n Riesenmüllcontainer eingesperrt, ja, und dann ham se Fußball gespielt und mich natürlich auch rausgeholt... Wo ich meinen ersten Hund hatte, an den erinner' ich mich auch noch... Immer wenn's irgendwie Ärger gab, dann bin ich immer bei dem Hund in die Hütte reingekrochen, und keiner konnte was machen!« (3/18/m)

Wie schon im Zusammenhang der Chronologie von Lebenslaufdaten nützen auch hier die Nachfragen der Interviewer wenig. Sie werden teils übergangen, teils bleiben sie mit dem Hinweis darauf, sich nicht erinnern zu können, unbeantwortet, teils werden sie geradezu unwillig abgewehrt, als »stressig« empfunden. Zu einem geordneten Nachvollzug ihrer Lebensgeschichte sind sie aufgrund der häufigen Brüche und Wechsel in ihrem Leben nicht in der Lage. Befragt man sie zu einem Lebensabschnitt, dann können sie je nach Erlebnisdichte eine Reihe kurzer Episoden beschreiben; unangenehm in Erinnerung gebliebene Lebensetappen werden, wenn überhaupt, dann stark verkürzt abgehandelt.

Vor einer ständig wechselnden Kulisse werden auf der Vorderbühne immer gleichartige Sketches inszeniert. Die Anekdote scheint deshalb das geeignete Erzählmittel zu sein, mit dessen Hilfe erlebte Diskontinuität in positive Momente gewendet werden kann und die Darstellung der bruchstückhaften Vergangenheit in Form einer Selbststilisierung als Held der Unbeständigkeit gelingt. Veränderungen scheint es dabei nur in der Außenwelt, Bewegung nur zwischen Personen zu geben. Das Selbst bleibt in ihrer Wahrnehmung zwangsläufig unverändert, und zwar deshalb, so läßt sich vermuten, weil die nötige Selbstdistanz fehlt, um eine sensible Innenwelt zu konturieren. Dadurch kann Lebenszeit nicht als Entwicklungszeit wahrgenommen werden. Veränderungen sind gleichsam nur auf der Außenseite der Persönlichkeit, nämlich in der Dimension von Interessen und Tätigkeiten, denkbar. Für einen Fünfzehnjährigen z.B. scheint Therapie eher ein »netter« Zeitvertreib gewesen zu sein. Mit der Frage, ob er sich im Hinblick auf seine früheren sozialen Schwierigkeiten verändert habe, scheint er überfordert zu sein. Therapie hat für ihn eher den Charakter einer ausgefüllten Freizeit:

»Und dann konnt' ich da kokeln, konnt' ich da auf meiner Therapeutin reiten, so'n Gurt anlegen und dann hinten so: schneller, und so! Im Matsch rum, und das war ganz nett da. Da ... hab ich dann auch vier Jahre Therapie gekriegt. (I: Aber hat das was für dich gebracht, diese Therapie? Daß es dir besser ging?) Also ich glaube nicht. Außer, daß meine Freizeit dann bißchen besser war, ne. Daß ich nicht mehr so rumgegammelt habe, sondern daß ich was zu tun hatte. Nee, ansonsten glaub' ich nicht.« (33/15/m)

Entsprechend bleiben die Zukunftsvorstellungen und -wünsche dieser Jugendlichen blaß, wirken kontextlos, zufällig, willkürlich, bleiben völlig unerläutert:

»Sanitäter will ich werden, aber ich weiß noch nicht, wie... Die Ideen kommen später noch« (6/15/m). »Fliesenleger oder Schreiner, aber das interessiert mich noch nicht« (7/13/m). »Ich will Millionär werden« oder »Flugzeugbauer – meine Mutter hat da wohl Beziehungen zum Flughafen.« (12/18/m)

Es gibt keine artikulierten Vorstellungen über Ausbildungswege. Wie man einmal sozial lokalisiert sein will, auch im Hinblick auf familiäre Kontexte, bleibt ganz unbestimmt. Ein phantasierendes Ausmalen, oder auch nur die Andeutung davon, ist nicht zu beobachten. Die Unfähigkeit oder Unwilligkeit, die eigene biographische Vergangenheit nach dem Muster sinnhafter Zeitfolgen zu strukturieren, hat in der Diffusität von Zukunftserwartungen ihre Entsprechung. Es herrscht der mal mehr, mal weniger aufregende Lebensaugenblick, ohne in die Ordnungen von Erinnerung und Erwartung eingefügt zu werden.

4

Diese drei Deutungsmuster, die sich auf das beziehen, was wir Probleme der Lebenslauf- oder Bildungsgang-Gliederung nennen können, sind natürlich nur ein sehr kleiner Ausschnitt aus dem breiten Fragenspektrum, das sich unter dem Titel »Zeit und Erziehung/Bildung« einstellt. Aber selbst dieser bescheidene Ausschnitt zeigt die Schwierigkeiten, die sich dann ergeben, wenn begrifflich Plausibles in empirisch halbwegs Zuverlässiges überführt werden soll. Zudem haben wir nur untersucht, wie Jugendliche ihre Situierung in der »Zeit«, d.h. hier nur im Kontext ihres Lebensablaufs, in eigenen Worten zur Sprache bringen – und selbst dies nur mit Bezug auf eine kleine und besonders problembeladene Gruppe. Verallgemeinerungen verbieten sich deshalb. Dennoch lassen sich einige weiterführende Fragen aus unseren Interpretationen gewinnen.
Eigentlich haben die Jugendlichen in den Gesprächen mit uns nur zu erkennen gegeben, wie sie ihre Erinnerung strukturieren. Wenn aber, wie viele meinen, Vergangenheit und Zukunft, dazwischen der flüchtige Moment von Gegenwart, wesentliche Ordnungsrichtungen für unser (wenigstens das moderne; aber Augustinus war schon der gleichen Meinung) Zeitbewußtsein sind, dann ist die Frage bildungstheoretisch ziemlich relevant, wie die nachwachsende Generation sich zu dieser »Ordnung« verhält. Alle Stufen, die Piaget als Entwicklung des Zeitbewußtseins beim Kinde beschrieben hat[12], sind von unseren Probanden bereits durchlaufen. Aber nun, gleichsam am Ende des »Zeit-Bildungs-Curriculums«, stehen sie vor der Frage, wie sie die zeitliche Konstituierung ihrer Individualität (sie können Geschwindigkeiten messen und vergleichen, mit Uhren umgehen, »physikalische« von »psychologischer« Zeit unterscheiden usw.) mit den Kontexten synchronisieren können (oder wollen), in denen sie leben. Zu diesen Kontexten gehört auch – nach dem Verständnis der älteren Generation – die erinnerte Vergangenheit. Man

---

12 *J. Piaget*, Die Bildung des Zeitbegriffs beim Kinde, Zürich 1955.

kann diese Frage weit ausgreifend diskutieren, etwa durch die Zuspitzung auf Geschichte, wie Ph. Ariès das tat[13]: Haben die von uns befragten Jugendlichen ein Verhältnis zur Geschichte? Vermutlich haben sie keins. Aber ist nicht schon der gelungene Schritt in die je eigene Erinnerung und die Weise solcher Strukturierung wenigstens auch ein erster möglicher Schritt in die Geschichte – vielleicht nicht die öffentliche, aber doch die private? Und ist es nicht der pädagogischen Aufmerksamkeit wert, »unterstützend« und »gegenwirkend«[14] auf das zu achten, was in solchen Strukturierungen oder Selbstdeutungen vor sich geht?

Aber wo soll man (»Was *will* denn eigentlich die ältere Generation mit der jüngeren?«) unterstützen, wo gegenwirken? Wir haben aus unseren Gesprächsmaterialien drei (grobe) Deutungsmuster für Erinnerung konstruiert. Sie haben eine, wenngleich entfernte, Ähnlichkeit mit Weisen des Umgangs mit erinnerter Zeit, die innerhalb der europäischen Geschichte der Neuzeit literarische Höhepunkte hatten: die »institutionelle Zeit« in den frühesten Memoiren und Handwerker-Chroniken, wo, bis ins 19. Jahrhundert hinein, nahezu ausschließlich die Werkstatt-Geschichte notiert wird; die »Beziehungszeit« am Beginn der Autobiographie und des Pietismus bis zum Höhepunkt des »Anton Reiser« von K.Ph. Moritz, eine Gattung oder eine Erzählweise, in der personale Konstellationen und damit verbundene innere Geschichten des Individuums zur Darstellung kommen; die »fragmentierte« Zeit schließlich bei Baudelaire, wo, etwa im »Spleen de Paris«, die Kontinuitäten zerbrechen und nur noch von lyrischen oder dramatischen Lebensmomenten die Rede ist. Diese Abfolge ist nicht unbedingt als Fortschrittsgeschichte zu lesen. Es sind drei hier nur ganz vorläufig konstruierte verschiedene Typen, die der moderne Europäer (möglicherweise) in sich verträglich versammeln kann. Diese Erinnerungstypen, so möchte ich vorschlagen, sind drei nicht-hierarchisch anzuordnende Auslegungen der Zeitlichkeit unserer Existenz im Hinblick darauf, wie wir unsere Erinnerung strukturieren. »Pathologien« entstehen – jedenfalls in unserer Kultur – dann, wenn nur *eine* dieser drei Weisen zur Geltung gebracht werden kann. Und das scheint bei unseren jugendlichen Gesprächspartnern der Fall gewesen zu sein. Darum sind sie in Schwierigkeiten geraten. Man sollte ihnen deshalb helfen, auch die je anderen beiden Modi in sich zu aktivieren.

Erinnerung hat etwas mit Zukunft zu tun. Schleiermacher meinte schon – und Piaget hat es 100 Jahre später empirisch bekräftigt –, daß in dem Maße, in dem die Erinnerungsfähigkeit des heranwachsenden Individuums sich ausbildet, auch sein Vermögen steige, Zukünftiges antizipieren zu können. Das konnte freilich nicht im Sinne irgendeiner empirisch-prognostischen Fähigkeit gemeint sein. Es war gemeint als das Vermögen, aus erinnerten Daten (und ihrer Situierung in Lebens-Zeit-Kontexten) Mutmaßungen über Erwartbares und dessen (mögliche) Modifikationen anzustellen. Das war die

13 *Ariès*, Zeit.
14 Vgl. die erste und – wie mir scheint – immer noch überzeugende Konstruktion dieser beiden pädagogischen Handlungstypen bei *Schleiermacher*, Schriften, 51ff.; 45ff., die Erörterung der Frage, ob in der Erziehung der »Moment« der »Zukunft« aufgeopfert werden dürfe.

große Hoffnung der Bildungstheorie der deutschen Klassik; nur so konnte Fortschritt denkbar sein. Die Möglichkeitsbedingung für eine bessere Zukunft schien die zuverlässige (historische) Erinnerung zu sein. Wissen wir es besser? Kaum. Aber was wäre dann ein Umgang der Generationen miteinander, der es ermöglicht, Erinnerungen derart zu artikulieren, daß geschichtliche Vergangenheit und Zukunft in solcher Artikulation wenigstens vorbereitet würden? Im Blick derjenigen Jugendlichen, die ihre Erinnerung nach dem »institutionellen« Muster beschreiben, ist die Zukunft nur die Wiederholung der Vergangenheit; nach dem »Beziehungszeit«-Muster bleibt alles offen, allenfalls auf das psychologische Subjekt und seine »Bedürfnisse« oder aktuellen Beziehungen beschränkt. Auch bei denen, die dem »fragmentierten« Muster folgen, blieben die Zukunftserwartungen, wie wir sagten, blaß, kontextlos, willkürlich. Worauf weisen – in der Perspektive pädagogischer Verantwortung gedacht – solche Befunde hin? Läßt sich also ein Erinnerungsmuster denken, das so strukturiert ist, daß es eine ebenfalls »strukturierte« Zukunftsphantasie erlaubt? Allerdings immer nur – mit Schleiermacher gesprochen –, wenn wir das mit vernünftigen Gründen »wollen« sollten!

Das kleinste Partikel in diesem mentalen Spiel zwischen Erinnerung und Antizipation, Vergangenheit und Zukunft, ist der aktuell erlebte Augenblick, »Moment«, mehr oder weniger gedehnte Gegenwart. Dürfen wir, die ältere Generation, mit vernünftigen Gründen wollen, daß seine glückliche Erfüllung einer unbestimmten Zukunft aufgeopfert werden solle? Diese Frage war ursprünglich – am Beginn des 19. Jahrhunderts – teilweise der hohen Kindersterblichkeit geschuldet. Sie ging aber schon damals, jedenfalls bei Schleiermacher, darüber hinaus und ist eine Frage danach, ob wir wollen dürfen, daß Bildungswege von Kindern und Jugendlichen nur als »Karrieren« gedacht werden, als systemgerechte Schrittabfolgen in der Lebenszeit. Oder müssen wir nicht vielmehr, nach skeptischer Abwägung unserer Wollens-Motive, die Abbrechungen und hedonistischen Impulse, das zwecklose und also aller Zukunft gegenüber gleichgültige Spiel, den erfüllten und damit auch zukunftsindifferenten Augenblick mit seiner besonderen Erlebnisdichte in sein Recht setzen, wenn er denn eines haben sollte? Die oben skizzierten »fragmentierten« Deutungen von erinnerter Zeit kommen dem am nächsten; die »institutionalisierte« Zeit steht dem am fernsten. Zwischen beiden dehnt sich eine Facette von pädagogischen Aufgaben (für die Erwachsenen), die den Sinn weder des einen noch des anderen liquidieren dürfte.

Das Muster der »fragmentierten« Deutungen steht der »postmodernen« Mentalität am nächsten, das »institutionelle« den gegenwärtigen Markt-Mechanismen, die »Beziehungszeit« am ehesten den psychosozialen Deutungen gegenwärtiger Wirklichkeit. Ich denke, keines von diesen dreien verdient einen Vorzug vor dem anderen. Allenfalls könnte man sie in eine Entwicklungsreihe bringen. Es ließen sich dann auch je spezifische Bildungs- oder Entwicklungsaufgaben denken, die den Jugendlichen dazu verhelfen, ihre zum Stereotyp geronnenen Selbstdeutungen noch einmal in Bewegung zu bringen[15]. Allerdings zeigt sich, wenn wir den Ausdruck »Entwicklung« in Anspruch nehmen, ein Zeitkonstrukt nicht der Jugendlichen, sondern unserer eigenen Theorie bzw. unseres kulturellen Bildungsumfeldes. Lebensereignisse von Kindern und Jugendlichen im Sinne einer »Entwicklung« aufeinander zu beziehen, ist der Versuch, durch die Reihung gestufter Abfolgen im einzelnen Ereignis Sinn zu finden. Machen wir dieses Konstrukt in der pädagogischen Praxis geltend, dann bekräftigen wir damit den kulturellen Zeithabitus, der unsere pädagogische Kultur prägt. Keinesfalls aber sprechen wir damit eine universelle Wahrheit aus.

Dr. *Klaus Mollenhauer* ist Professor für Pädagogik an der Universität Göttingen.

Abstract
From the beginning of modern times (Neuzeit) the fact that the growing up of the young generation is submitted to various regulations of time got an increasing significance. All the more not only the question becomes important which forms of social organisation of time, for instance in educational institutions, are being available, but also with which patterns of interpreting themselves children and adolescents react on that. Three of such patterns are described and discussed, namely by using materials from discussions with adolescents with severe behavioral disorders.

15 Vgl. dazu die sehr eindringlichen empirischen Befunde und theoretischen Deutungen von *R.L. Selman*, The Growth of Interpersonal Understanding, New York 1980; *ders.* und *H. Schultz*, Making a Friend in Youth. Developmental Theory and Pair Therapy, Chicago / London 1990.

2.4

Christoph Bizer

Schulzeit und Christuszeit

Ein religionspädagogisch-theologischer Essay*

1 Die Ausgangsthese – und eine Parabel

Auch das Christentum lebt als Religion in seinen genuinen Zeit-
und Raumverhältnissen. Ohne sie wäre es nicht konkret, verflüch-
tigte sich in die Abstraktionen dogmatischer Sätze, innerlicher
Überzeugtheiten und sentimental erinnerter Gewesenheiten. Die
Raum- und Zeitverhältnisse des gelebten Christentums sind mit den
spezifischen Vorgaben, Inhalten und Handlungen der ausgeübten
Religion als Potentiale gesetzt, werden durch sie in relativer Stabili-
tät aufrechterhalten und dynamisch gestaltet. Dabei setzen sie sich
mit vielen anderen religiösen, personalen, wissenschaftlichen, ästhe-
tischen und technischen Gestaltungen von Raum und Zeit in Beziehung, adaptieren sie teils und konkurrieren mit ihnen.

Ich denke an die Gestaltung von Zeit durch chronometrische Messung, die tendenziell alle Zeit auf sich bezieht; an die Gestaltung von Raum, die den gesamten Erdkreis durch das Gebet der Muslime von vielen Punkten aus auf den Mittelpunkt
Mekka hin ausrichtet; an die Strukturierung des Tagesablaufs durch berufliche Tätigkeit; an die Ordnung von Raum und Zeit, die ein begrifflich-rationaler Diskurs
etabliert; an musikalische Klangräume mit ihren Tempi und an die psychischen Formen des Zeiterlebens: die Zeiterfahrung im Traum und in der Mathematikstunde, in
Verfolgung einer Karriere und im Genuß von Melancholie.

Die verschiedenen Entwürfe von Raum und Zeit müssen auf gesell-
schaftlich-institutioneller Ebene und auch vom Individuum in Psy-
che und Lebensführung aufeinander bezogen und jeweils gegenein-
ander-miteinander ausbalanciert werden.[1] Einzelne Referenzsysteme
werden je nach Interessenlage präferiert, ausgebaut und gesellschaftlich je nach den Machtverhältnissen als »Realität« durchgesetzt. Unter dem gesellschaftlichen Primat der Technik wird zur wirklichen
Wirklichkeit, was sich in chronometrisch gemessene Zeit als lineare

---

* *Klaus Wegenast, dem Umtriebigen, zum Eintritt in den Ruhestand am 22.6.1995 in
alter Kompatriotischer Freundschaft gewidmet.*

1 Vgl. die Arbeiten von *F. Büchner, K. Mollenhauer* und *Fr. Schweitzer* in diesem
Band.

Abfolge gleicher Impulse einordnet und als Prozeß tendenziell berechenbar erscheint. Gleichzeitigkeiten etwa von Vergangenheitlichem und Gegenwärtigem unterliegen demgegenüber dem Verdacht der Fiktion.

Die unpolitische Selbstverständlichkeit ist noch in Erinnerung, mit der das evangelische Landeskirchentum die religiöse Strukturierung des Jahresablaufs durch das Kirchenjahr (mit Pfingstmontag und Bußtag) als allgemein anerkannt voraussetzte. Die Notwendigkeit, sich für seine überkommene Zeitordnung nach außen hin einzusetzen und nach innen den Gestaltungsauftrag wahrzunehmen (Bußtag!), hat es außerhalb zaghafter kirchlicher Behördendiplomatie lange nicht gesehen. Vielmehr scheint die organisierte Kirche die Konkurrenz der ökonomischen Rationalität, durch die ihre Inhalte verbraucht werden, nicht wahrhaben zu wollen – vielleicht weil es die evangelischen Christen nicht darauf vorbereitet weiß, die Zeit Gottes und die ökonomische Zeit zu unterscheiden und in der Komplexität des Lebens auszubalancieren.

Je weniger das evangelische Christentum die Aufgabe annimmt, seine religiöse Zeit- und Raumordnung zu pflegen und dynamisch aufrechtzuerhalten, desto mehr Plausibilität reklamieren die Entwürfe, die Zeit und Raum nach Verwertungsinteressen durchrationalisieren; desto weniger auch werden sich die spezifischen religiösen Vorgaben, Inhalte und Handlungen in ihren eigenen Raumzeitlichkeiten entfalten können und wahrnehmen lassen.

Der sicher auch religiöse Sachverhalt, daß in den Königreichen Württemberg und Bayern die Uhren jeweils anders gehen (und um des gelebten Lebens willen anders gehen müssen!) – dieser Sachverhalt konkurrierte noch nach 1870 mit dem Entwurf einer Eisenbahnzeit als staatenübergreifender Einheitszeit. Mangels Einsicht in die Unabdingbarkeit der spezifischen königreichlichen Zeiten siegte schließlich die preußische Rationalität. Am Grenzbahnhof Ulm verschwand jene symbolträchtige Uhr, die dem Publikum die ferroviale Zeitdifferenz zwischen dem württembergischen Ulm und dem bayerischen Neuulm nach Minuten öffentlich anzeigte und damit das Bayernland über alle weißblauen Bahnstationen hinweg als bayerisch definierte. Kein Wunder, nachdem ihm die eigene Zeit zur Selbstentfaltung entwunden war, konnte sich Bayerisches nur noch folkloristisch in den Nischen des Brauchtums behaupten. – Die Story ist von mir im Blick auf das evangelische Christentum und seinen Umgang mit der eigenen Zeit als Parabel gemeint.

2 Erinnerung und Analyse: Zeit- und Raumkonstruktion im traditionellen evangelischen Christentum

Unter der Frage nach Zeiten und Räumen, unter denen sich Vorgaben, Inhalte und Handlungen der christlichen Religion entfalten können und die sie wiederum aus sich heraussetzt, tritt scharf hervor, daß konstitutive Bedingungen, unter denen sich das landeskirchliche Christentum vermittelte, in lang andauernden geschichtlichen Prozessen aufgezehrt worden sind. Die kirchlich-religiöse Sozialisation in der Familie integrierte über die Riten des mittäglichen Tischgebets und des Abendgebets am Kinderbett den Raum und die Zeit des häuslichen Tages und transzendierte diese in den Raum Gottes. Der Gottesdienst als architektonisch-geistlicher Raum und Schnittpunkt der bürgerlichen Zeit mit Gottes Zeit machte denselben Vorgang zur Teilhabe öffentlich.

Die Hausgebete

»Komm Herr Jesus, sei du unser Gast ...« läßt unter dem gesprochenen Wortlaut – Uhde hat's noch gemalt! – den angesprochenen Heiland zum täglichen Höhepunkt des Sonnenstandes an den Mittagstisch herantreten. Dort ist die Hausgenossenschaft versammelt und erwartet ihre Hauptmahlzeit. Der Heiland kommt aus ätherischer Himmelswelt mit einer Segensgebärde heran, so nahe, daß er im nächsten Moment Platz nehmen könnte.

»Lieber Gott, mach mich fromm ...« verantwortet rückblickend den gewesenen Tag unter dem Willen Gottes und ordnet ihn dem Lebensweg in die Ewigkeit ein: Im Jetzt auf der Grenze zwischen den beiden elementaren Zeitgestalten des Lebens – des Wachens und des Schlafens – verbinden sich unter dem gesprochenen Wortlaut das Gesicht der intim zugewandten Mutter, die kuschelige Wärme des Bettes und der alle Zeiten überwölbende Himmel Gottes zum beschützten Raum.

Die Gebete stellen Elemente eines raumzeitlichen Programms dar, das Religion umfassend, den natürlichen Lebensraum transzendierend, räumlich als Beziehungsverhältnis zu Gott bzw. zu Christus eröffnet. Kinder, die ein paar Jahre mit diesen Riten *auf*gewachsen (und ihnen dann auch eines Tages *ent*wachsen) sind, haben wohl – *ubi visum est deo* – für ihr ganzes Leben Raum und Zeit für Gottvertrauen und damit im christlichen Sinn »Seele« gewonnen.

Nach dem Zusammenbruch der expliziten religiös-christlichen Sozialisation in der Familie, also *post festum* interpretiert, fasziniert die Institution dieser Gebete, weil sie die Konstruktion von christlichem Raum und christlicher Zeit nachvollziehen lassen. Ich deute jetzt unter den disparaten Stichworten (1) des Allgemeinen Priestertums und (2) der Elementarizität nur an:

1. Mögen Hausvater und Hausmutter seinerzeit mit ihren Gebeten den gegenständlich im Himmel thronenden Gott angeredet und bewegt haben, von heute her gesehen haben ihre priesterlichen Worte den räumlichen und zeitlichen Zusammenhang von Welt und Himmel, Menschenkind und Gottesmacht konstruiert und hergestellt. Indem Jesus als Heilandsgestalt zu Tisch gebeten und ihm Zeit für sein Kommen eingeräumt wird, erfüllt er seiner biblischen Verheißung entsprechend die Bitte, kommt heran und führt damit für die Betenden, umgeben von himmlischen Räumen, seine Existenz herbei. Der als »lieber Gott« angeredete Himmelsherrscher muß nicht vorgängig existent gedacht sein, um so angesprochen zu werden, sondern er erfüllt das Gebet, indem er sich dadurch für die Betenden in ihr Sein rufen läßt. Der wirklichkeitsstiftende performative Sprechakt des Gebets verleiht den Sprechenden im strikten Sinn die Macht von Priestern, Gott herbeizurufen. Ihre *allgemeine* Macht steht der *speziellen* von lutherischen Pastoren in nichts nach. Daß der *ad hoc* in das Sein der Beter tretende Gott nach biblischem Zeitverständnis damit

zugleich – als Gott – derjenige ist, der von Ewigkeit zu Ewigkeit herrscht – *der da ist und der da war und der da kommt* (Apk 1,4) –, bildet das tragende Implikat des Gedankens.

2. Die Macht dieser Gebetlein beruhte auf ihrer Elementarizität, das hießt zunächst auf ihrer Handhabbarkeit durch jedermann und jedefrau, jedenorts und jederzeit; historisch gesehen in beachtlicher Weise schichtenübergreifend. Elementarizität heißt weiter: situationsstiftend. Die gesprochenen Gebete setzen den im Tageslauf herausgehobenen Moment voraus und akzentuieren ihn. Im strikten Sinn qualifizieren sie ihn durch ihre Wortlaute als Gottes Zeit, an der die Betenden teilhaben. Sie sind durch die vorgegebenen Wortlaute in die Lage versetzt, ihre Zeit situativ in Gottes Zeit einzubringen und ihre Situation aktual zu Gottes Zeit zu ›machen‹. Schließlich entspricht Elementarizität – evangelisch – der Schwellensituation: noch ganz *außerhalb* der Religion und doch ganz *in* ihr. Die Betenden stellen sich durch das Sprechen des Gebetleins in ihre Religion und üben sie damit ganz aus, ohne daß etwas fehlte (mag es daneben noch andere verpflichtende Begehungsformen geben). Und zugleich bestimmen sie im Vollzug des Sprechens selber – von außerhalb –, welche Entfernung sie zu dem rituell Gesprochenen *in actu* einnehmen (mag auch der Wortlaut mit seinen Inhalten im selben Moment nach den Sprechenden greifen). Als raumzeitliche »Begehung« eröffnete der institutionalisierte Gebetsritus im Prinzip die Möglichkeit, sich zu ihm zu verhalten: die raumzeitliche Bedingung für reflexive Subjektivität. Das subjektive Verhalten zum geprägten Wortlaut mündet in den Weg, auf dem das Gebet, der Verfassung des Subjekts entsprechend, neu konzipiert wird. Dann wird die Frage kreativ beantwortet werden, ob Jesus auch bei Minna zu Gast ist, wenn sie nach dem Servieren im Eßzimmer der Herrschaft selber hastig in der Küche ißt. Und welche Gestalt jener Frömmigkeit zukommen sollte, die der Herrscher des Himmels den Seinen gleichsam als Eingangsbedingung in sein Reich verleiht. Dieser letzte, aber auch alle anderen angesprochenen Punkte bieten Anknüpfungen für die Überlegungen zu einem gegenwärtigen Unterricht, der sich das Ziel setzt, die christliche Religion evangelisch für verantwortliche Gestaltung zu erschließen.

Der öffentliche Gottesdienst

Die christliche Religion ist in ihren »Begehungen« in den durch sie konstituierten Räumen und Zeiten konkret. In diesen Konkretionen führt sie – querliegend zu den säkularen raumzeitlichen Programmen und durch sie gebrochen – ihre eigene Zeit, »GegenwartEwigkeit«[2], »Heilszeit«, und ihren eigenen Raum, »Himmel«, mit sich. Diese Vollzüge sind ›weltlich – nicht von dieser Welt‹. Dementsprechend haben sie sich an der Grenze, an der sie sich weltlich lokalisieren, eigene Formen der Konkretion ausgebildet, die ihre Inhalte zugleich verhüllen und zugänglich machen: »Kult«. Sie haben sich eigene architektonische Gehäuse geschaffen: »Kirchen«; eigene Sprache: »Predigt«; eigene Stilformen des symbolischen Handelns: »Liturgie«. Was soeben an den früheren häuslichen Gebetsformula-

---

2 Vgl. *Wieland Schmied* in Zusammenarbeit mit *Jürgen Schilling*, GegenwartEwigkeit. Spuren des Transzendenten in der Kunst unserer Zeit. Ausstellungskatalog Berlin, 7. April-24. Juni 1990, Stuttgart 1990. Vgl. zum selben Problem auf der Ebene sprachlicher Selbstdarstellung die Arbeit von *K. Mollenhauer* in diesem Band S. 107-128.

ren phänomenologisch erhoben wurde, leistet der Gottesdienst öffentlich zugänglich.[3]
Der Gottesdienst *ist* insofern ausgeübte christliche Religion, als er
Gottes Zeit am Sonntagvormittag um zehn in der bürgerlichen Zeit
situiert, sie auf Ewigkeit hin transzendiert und vom sonntäglich
ausgegrenzten Zeitablauf her die Zeit bis zum nächsten Sonntag als
Woche gliedert. Der Gottesdienst *ist* insofern christliche Religion,
als er räumlich von einem ausgegrenzten Territorium aus durch Anrufung Gottes einen labilen Sprachraum bis zu Gott hin errichtet
und damit über die Stadt hinweg »Himmel« ausbreitet. Die religionspädagogisch sog. »Gottesfrage« ist theologisch schal, wenn sie
diese gottesdienstliche Handlungsdimension als frageeinholendes
Antwortsystem nicht einbezieht.
Der Schaden, der für die unterrichtliche Mit-Teilbarkeit evangelisch-christlicher Religion dadurch entstanden ist, daß sie über mehrere Generationen hinweg nicht vermocht hat, ihren Gottesdienst
zu Teilnahme und Mitwirkung zu erschließen und offenzuhalten, ist
schwerlich zu ermessen. Wo die Kirchenarchitektur[4] zu städtebaulicher Kulisse, der Sonntagsgottesdienst zur Winkelmesse, die Liturgie zu bürokratisch verwalteten Spruchsequenzen degeneriert, ist
christliche Religion nur *gegen* ihre leibhafte Erscheinung zu unterrichten. Der Religionsunterricht unterliegt damit einem Zwang zur
Spiritualisierung.

In Wahrnehmung gottesdienstlichen Geschehens kann gegengesteuert werden, entweder in der eher hilflosen Unterscheidung des eigentlich Gemeinten vom Faktischen oder aber im evangelischen Versuch, den Gottesdienst an einzelnen tragenden
Elementen in eigener Regie unterrichtlich-reflektierend nachzubauen und auf etwaige probeweise Handhabung durch die Lernenden, jetzt oder später, zu perspektivieren. Die interaktionalen Momente des Religionsunterrichts, zumal in der Aufnahme
biblischer Wortlaute[5], realisieren immer auch Zeit- und Raumentwürfe und zielen
m.E. seit Jahren in diese Richtung.

Der faktische Ausfall des öffentlichen christlichen Gemeindegottesdienstes als Datum religionspädagogischer Orientierung zeitigt den
größten Schaden dadurch, daß sich die kosmischen Dimensionen
von Raum und Zeit zunächst in der unterrichteten, in der Folge
auch in der ausgeübten evangelisch-christlichen Religion verflüchtigen und kaum wahrzunehmen sind. Damit fällt das Ensemble der

---

3 Viel zu lernen ist von der Betrachtungsweise von *M. Josuttis*, Der Weg in das
Leben. Eine Einführung in den Gottesdienst auf verhaltenswissenschaftlicher
Grundlage, München 1991.
4 *Chr. Radeke*, Umgang mit und in Kirchen, in: ChrL 47 (1994) 238-248.
5 *H.K. Berg*, Ein Wort wie Feuer. Wege lebendiger Bibelauslegung, Stuttgart /
München ²1992; *ders.*, Lebenspraxis als Ausgangs- und Zielperspektive der Bibellektüre, in: JRP 8 (1991), Neukirchen-Vluyn 1992, 139-154.

einzelnen Elemente, die zur Konstruktion christlicher Begehung
dienen und sich in dieser Funktion wechselseitig beleuchten, bezie-
hungslos auseinander: die Heilige Schrift, das christliche Bekenntnis, die christliche Lehre, die Zehn Gebote. Aus ihrem genuin religiösen Zusammenhang gelöst, verwandeln sie sich – neulutherisch –
in gespenstische personale Innerlichkeit: in Textbedeutung, Überzeugung, Dogmatismus und Moral. Die performativen religiösen
Sprechakte, die im Sprechen den ausgesprochenen Inhalt als raumzeitlichen Vorgang zustande bringen – historisches Paradigma: »dir
sind deine Sünden vergeben!« – werden in Höheren und Hohen
Schulen von den Redeformen ›Erheben und Deuten von Aussagen‹,
›Aussprechen von Überzeugungen‹ und ›Reflexion von deren Bedingungen‹ überlagert und in ihrer grundlegenden ›religionsstiften-
den‹ Wertigkeit nicht erfaßt. Die Geburt der Religion aus Text, Innerlichkeit und Gedanken wird suggeriert.

3 Die Raumzeitlichkeit der Schule – die Raumzeitlichkeit der christlichen Religion

Der Zugriff der Schule auf die Religion

Das ordentliche Lehrfach Religionsunterricht ist bei allen Freiheiten
in die schulischen Zeit- und Raumordnungen eingebunden. Das betrifft nicht nur Klassenraum und Schulhof auf der einen und die
45-Minuten-Stunde, den Rhythmus des Schuljahres und das Jahr-
gangsprinzip auf der anderen Seite, sondern – jetzt nur die Zeit be-
treffend – das Zeitverständnis insgesamt: die Einübung der »chronometrischen« Tugend der Pünktlichkeit, die Feststellung von Leistung als Arbeit in gemessener Zeit; die Weltbemächtigung durch
Schematisierung nach linear konzipierter Zeit...[6]
Die schulische Ordnung von Zeit und Raum setzt sozialisierend
durch, was als »real« zu gelten hat. Jenseits der Grundschule wird
der Jesus, der in zeitloser Gegenwärtigkeit (sei es auch im Kolorit
einer fernen, vergangenen Zivilisation) in erzählten und selbstgestal-
teten Geschichten über die Erde des jeweiligen Lebensraumes wan-
dert, zur historischen Figur, der sich Schülerinnen und Schüler über
Texte und Realienkunde zu nähern haben. Das durch die Schule dem
Religionsunterricht eingestiftete Zeit- und Raumverständnis tendiert
dahin, Wundertaten, Abendmahl und Auferstehung zu Zügen einer
vergangenheitlichen Biographie zu machen, die entweder von vornherein ausgefiltert oder in besonderen Deutungsanstrengungen

---

6   Vgl. den Beitrag von *F. Büchner* in diesem Band S. 101-106.

(»... nach den Vorstellungen der damaligen Zeit ...«) digital dem »Erklären« unterworfen werden. Die komplementäre unterrichtliche Gegenbewegung von der Einsicht in ausgeübte christliche Religion wäre nicht »schulisch«: die berichtete Wundertätigkeit als Entsprechung zur Gestalt eines in gottesdienstlichem Raum heute ›gegenwärtigen‹ und damit ›heilenden‹ Jesus wahrzunehmen. Der Raum der ›Gleichzeitigkeit‹ einer im Evangelium verlautenden Jesusgeschichte mit ihrer ausgelegten heutigen Wortgestalt »in Christus« erscheint durch die Raum- und Zeitverhältnisse der Schule und das durch sie formierte Denken erst einmal ausgeschlossen.

So bleibt es einstweilen bei jenem Schul-Jesus, der in Gesinnung, Wort und Tat die Schulgeistigkeit und Schulanständigkeit historisiert-oszillierend widerspiegelt. Für seine Person war er eindrucksvoll durch ein gewissermaßen normatives Gottvertrauen ausgezeichnet, das jedoch gegenwärtige Möglichkeiten, an Gott zu glauben, kaum berührt, ja durch seine Abständigkeit eher erschwert. Ein fiktiver Schüler, eine fiktive Schülerin auf dem Gymnasium mit dem Bedürfnis, sich dort religiös zu ernähren, würde nur im Theologiestudium schneller verhungern als in der Schule, vermute ich mal.

Von den Bedingungen der Schule her *muß* der Zugriff auf Religion so sein, und es hat auch seine Richtigkeit damit – wenn anders »Religion« ein Fach der Schule ist. Natürlich wird auch der »Gegenstandsbereich« Religion in der Geistigkeit der Schule bearbeitet und strukturiert. Es ist für die Religion ein Risiko, in der öffentlichen Schule unterrichtet zu werden. Sie erleidet dadurch tiefgehende Veränderungen, weit mehr als etwa das Englisch der Engländer in unserem Schulenglisch. Das Risiko ist um so größer, als die schulisch unterrichtete Religion außerhalb des Unterrichts die Selbst- und Fremdwahrnehmung von Religion in ungleich höherem Maß beeinflußt; wie die Schule auch selber weit mehr von gesellschaftlichen Wahrnehmungen der Religion bestimmt wird als von den Binnenerfahrungen innerhalb der Religionsgemeinschaft selbst.

Die Arbeit des Religionsunterrichts an der Religion

Der schulische Zugriff leistet, theologisch gesehen, für den Umgang mit der christlichen Religion dieses: Schülerinnen und Schüler gehen in ihrem üblichen Schulverhalten in eigener, möglichst unverstellter Sprache an sie heran. Sie tragen eigene Interessen und Probleme potentiell in den Unterricht ein, und der Unterricht hält sich dafür offen, Selbstfindung und Selbstklärung zu unterstützen: wichtig genug! weil der so konzipierte Unterricht Religion in diejenigen gesellschaftlichen Lebensbereiche einbezieht, die der subjektiv verantworteten, virtuell interessierten Gestaltung unterliegen. Die Aufgabe, die religiösen Formen und Inhalte in kreativer und reflexiver

Selbstwahrnehmung zur eigenen Teilhabe an der Religion zu
entwickeln und zu gestalten, ist mit der Einrichtung des an Grundsätze der Religionsgemeinschaften zurückgebundenen Religionsunterrichts im Prinzip, so sie sich ihrer annehmen wollen, allen
Bürgerinnen und Bürgern gestellt. Im Blick auf manche Spielarten
auch christlicher Fundamentalismen ist diese Errungenschaft nicht
leicht zu überschätzen.
Der schulische Zugriff auf die christliche Religion leistet theologisch ein Weiteres: Die Schule unterlegt ihre rationalisierten Zeit-
und Raumvorgaben der christlichen Religion, gewiß. Lernen, Begreifen und Verstehen beruhen immer auf Verknüpfung mit und
Adaption an vorgegebene und eingeübte Muster von Wahrnehmung: Einordnung des Christlichen also in vorgegebene und mitge-
brachte Entwürfe von Räumen und Zeiten.

Das Siebentagewerk der Schöpfung wird zwangsläufig als Theorie der Weltentste-
hung aufgenommen und muß mit der raumzeitlichen Dynamik der Urknalltheorie
konkurrieren. Es steht mit seinem altväterischen Gott ohne Realitätsgehalt da. Da
hilft keine Apologetik, kein historischer Rückzug auf antibabylonische Priestertheo-
logie und keine Ausflucht ins »nur« Symbolische. Wenn die jüdisch-christliche Religion nicht den Anfang der Zeit besetzt, ist sie ihrerseits in das Religionssystem
naturwissenschaftlicher Weltkonstruktion und ihr Realitätsverständnis eingeordnet.
Da hilft auch keine schiedlich-friedliche Trennung zwischen den Zuständigkeitsbe-
reichen von Religion und Naturwissenschaft.
Wie wär's mit Versuchen, den christlichen Gott zu modernisieren: zur Energie zu
machen, die das Weltall in Bewegung hält und – sich selbst die Gesetze gebend –
auseinandertreibt? Zur unanschaulichen Figur zu machen, die *hinter* diesem Welt-
theater den Urknall knallen ließ?

Natürlich wird christliche Religion dadurch erst einmal verkürzt,
vielleicht schlimm entstellt. Unter weltanschaulich-pluralistischen
Bedingungen vollzieht sich religiöses Lernen synkretistisch. Ein
Christentum ohne synkretistische Züge gibt es nur in historischen
Rekonstruktionen und in systematischer Abstraktion.
Problematisch ist das nur, wenn bestimmte Vorgaben von Raum
und Zeit der christlichen Religion im Unterricht auf Dauer und un-
reflektiert unterlegt werden, so daß sie für Lehrende und Lernende
normative Funktion übernehmen und sich die Sensibilität für die
spezifischen Raum- und Zeitverhältnisse, die den religiösen Inhalten
Aura und Atem geben, nicht produktiv ausbilden kann.
Die entsprechende Einsicht der Unterrichtenden in die raumzeitlichen Baugesetze von christlicher Religion und die entsprechende
Umsicht im Religionsunterricht vorausgesetzt, werden sich an den
jeweiligen Vorgaben, Inhalten und Handlungen der Religion die eigenen räumlichen und zeitlichen Dimensionen schon entfalten und
mit den mitgebrachten Vorgaben der Schülerinnen und Schüler zu
spannenden Konstellationen führen.

Also:

Der Religionsunterricht ist darauf angelegt, im Nachspüren und im gestalthaften Entwerfen insbesondere religiöser Vorgaben, Inhalte und Handlungen, für spezifische Raum- und Zeitkonstruktionen zu sensibilisieren, ihre Geltungsbereiche, Wertigkeiten und Folgen abzuschätzen, die Realitätsansprüche zu durchschauen und Balancierungen verschiedener Systeme im eigenen Umgang mit Raum und Zeit zu erproben.

Der Schöpfergott neben, unter und über dem Gottgeist der Weltformeln macht sich epiphan gegenwärtig; im Klang der gottesdienstlichen Worte und in dem sie umgebenden Sprachraum; aus Ewigkeiten in Zeitlichkeit hereintretend, ohne sie je zu verlassen; in religiöser Gestalthaftigkeit von Himmel umgeben, ja durchaus mit altväterischen Zügen, mit bestimmt festhaltenden Händen gar:
Unsere Hilfe steht im Namen des Herrn,
Der Himmel und Erde gemacht hat,
Der Treue hält, ewiglich,
Und nicht fahren läßt das Werk seiner Hände.[7]

4 »Was ist das?« Theologische Vergewisserung am Ursprung evangelischen Unterrichtens

Einmal auf die konstitutive Bedeutung der raumzeitlichen Dimensionen für religiöses Lernen aufmerksam geworden, versuche ich, mich an der evangelischen Unterrichtstradition zu vergewissern und zuzusehen, wie Luthers Kleiner Katechismus[8] auf die Frage nach Räumen und Zeiten reagiert. Es geht mir jetzt nicht um die Analyse des Tradierten, sondern um Möglichkeiten des *theologischen* Tradierens, nicht um Jugendunterricht, sondern um Einsicht für die Leser, Leserinnen und für mich.

Textinterpretation

Der alte Katechismusunterricht war durch die Lehrerfrage »Was ist das?« strukturiert; die Verhörfrage prägt den Raum des Unterrichts hierarchisch. Die festgelegte, geschuldete Antwort ist dem räumlich herausgehobenen, abhörenden Hausvater abzustatten. Indem die geheiligte »Antwort« D. Martin Luthers rezitiert wird, stellt sich die Gleichzeitigkeit des verlauteten kanonischen oder »apostoli-

---

7 Eine der traditionellen Introduktionsformeln zu Beginn des evangelischen Hauptgottesdienstes.
8 Enchiridion. Der kleine Katechismus D. Mart. Lutheri für die gemeine Pfarrherrn und Prediger, BSLK, Göttingen ³1956, 501ff. Ich bitte die Leserin, den Leser, den Text nach Möglichkeit während der Lektüre des Folgenden aufgeschlagen neben sich zu legen. Die Credo-Erklärung 510-512.

schen« Textes (»*Ich gläube an Gott, den Vater ...*«) mit der verantwortlich gestalteten Ich-Gegenwart der Sprechenden her (»*Ich gläube, daß mich Gott geschaffen hat ...*«): evangelische Gemeinde. Die
Verhörfrage beauftragt, worthaft Kirche herzustellen; der Auftrag
wird im Nachsprechen der »Erklärung«eingelöst.
Für uns ist die Frage »Was ist das?« durch Pietismus, Aufklärung,
Erweckung und Liberalismus hindurchgegangen. Wenn der »apo-
stolische« Text überhaupt einer erklärenden Entfaltung bedarf, zielt
die Frage »Was ist das?« nach unserer Logik auf eine die Vorgabe
und sich selbst wahrnehmende eigene Gestaltung. Dafür kann Luthers Auslegung nur ein orientierender Vorlauf sein. Wer heute die
Frage auf sich beziehen wollte, hörte sie *nach* der Antwort Luthers
als die Aufforderung, nun sei er selber dran: moderne Subjektivität.
Das schließt nicht aus, daß der Vorlauf durch Luthers »Erklärung«
(für Lehrende) orientierenden Charakter haben kann. Im Sich-Einlassen darauf tritt der traditionelle Zeitentwurf des Apostolikum als
eine widerständige religiös-christliche Zeitordnung schroff hervor.

Die Erklärung zum 1. Artikel stellt in ihrem Formular, im Rhythmus archaischer
Sprache, für den Nachvollzug ein Ich als Platzhalter bereit. Durch eine sprachliche
Reihung ist es zur eine unabgeschlossene Ganzheit der Selbstwahrnehmung gestellt
(»*Leib und Seel, Augen, Ohren und alle Gelieder, Vernunft und alle Sinne*«) – in
derselben Struktur seine gegliedert wahrgenommene Lebenswelt (»*Haus und Hofe,
Weib und Kind, Acker, Viehe und alle Güter ...*«). Aus der Selbstwahrnehmung
wird es in eine Frageaktivität in Richtung auf die heilige Geschichte des Gottessohnes Jesus Christus ausgerichtet. Diese Geschichte erstreckt sich von der Ewigkeit, in
der der Sohn vom Vater geboren ist, über sein Leiden und Sterben am Kreuz hin
zur Ewigkeit, in der er »*lebet und regieret*« und in der er »*am jüngsten Tage mich
und alle Toten auferwecken wird*«. Die Zeit der heiligen Geschichte des Gottessohnes ist der Zeit entzogen, aber sie macht sich in seiner irdischen Geschichte zeitlich
und erstreckt sich darin, um von da aus, in großem Bogen alle nachfolgende Zeit
überwölbend, noch einmal, diese beendend, die Weltzeit zu berühren.

Unter der Katechismusfrage spielt das fragende Ich in der raumzeitlichen Vorgabe des Credo mit (»*Ich gläube ...*«). Das Ich läßt sich
durch Luther die heilige Geschichte auf den Ort ausrichten, an dem
es selber in Beziehung zur (anschaulichen) Gestalt des Gottessohnes
tritt (»*sei mein Herr*«; »*auf daß ich sein eigen sei ...*«). Das Ich nimmt
damit in der heiligen Geschichte Platz (»*... in seinem Reich unter
ihme lebe und ihme diene in ewiger ... Seligkeit*«). Das lernende Ich,
das zwischen die Vorgabe des »apostolischen« Credo und die Auslegung des Reformators gestellt ist, gleitet, indem es sich in die Auslegung Luthers hineinbegibt, gleichsam in die Zeit Gottes von Ewigkeit zu Ewigkeit hinein, obwohl es zur selben Zeit mit »*Kleider und
Schuch, Essen und Trinken*« in »*Haus und Hofe*« lebt.

Bilanzierung

Religionspädagogisches Denken tut sich mit dieser symbolischen Zeitordnung schwer. In der Schule kann man sie noch – als unvermittelbar – der Kirche überlassen. Der Kirchenunterricht wird sie als uneigentliche traditionelle Vorstellung behandeln, die natürlich nicht so gemeint sei, an der sich niemand stören möge, ohne die es aber auch nicht gehe. »*... von dort wird er kommen*« schärfe gegenwärtige Verantwortung ein – nur, wo ist die Schärfe, wenn »er« »in Wirklichkeit« nicht kommen wird?

Als Theologe verweise ich auf die wirklichkeitssetzende Kraft der Metapher, die im gottesdienstlich gesprochenen Credo den religiös-zeitlichen Horizont für die ebenda entfalteten Verheißungen Gottes verbindlich setzt und sich mit dem Einlassen auf Verheißung im Akt des Glaubens implizit abzeichnet. Aber der Gottesdienstbezug ist eben das pädagogische Problem!

Im Durchspielen der Erklärung Luthers zeichnet sich am Text die gottesdienstliche Wirklichkeit ab, in die hinein sie die Credo-Aussagen entfaltet. Unterricht der Moderne stellt das lernende Ich weder zwischen die heiligen Texte der »Apostel« und des Reformators noch vor das Credo noch in einen Bezug zum Gottesdienst, sondern – wenn überhaupt – vor eine religiös unstrukturierte Heilige Schrift. Sie enthalte angeblich die Geheimnisse der christlichen Religion – nur gibt sie sie in den seltensten Fällen her. Weder das raumzeitliche Programm in der Auslegung Luthers noch das Credo selbst, das seinerseits Raum- und Zeitstrukturen für die Auslegung der Heiligen Schrift bereitstellt, dürfen in der Schule dazu anleiten, die Wortlaute der Bibel für den religiösen Gebrauch Raum- und Zeit-stiftend wahrzunehmen und in entsprechende Auslegungsgestalten zu überführen. Wenn die Bibel ohne Blick für ihre Räume und Zeiten angeschaut wird, findet sie nur schwer den Ort und die Stunde, an der sie aufspielen darf.

Glücklicherweise ist es die Methodik, die auf ihrer Ebene längst transzendierende Raum- und Zeitgestaltung in den Religionsunterricht eingebracht hat: die Darstellung des Himmels in der Kinderzeichnung; die Erzählung, in deren Sprachraum sich Jesus als Heiland zeichenhaft-wundertätig der Gegenwart zuwendet; die Dramatisierung eines Bibeltextes, in der er unversehens zum Mysterienspiel der Welt Gottes wird; die Verklanglichung, die den Text in eine sich dynamisch ausbreitende Gestalt überführt. »Was ist das?« hätte jetzt den Sinn: Was mache ich daraus, wie spiele ich darin mit, und was macht es aus mir? Aber die religionspädagogische Reflexion traut sich kaum darzutun, inwiefern hier christliche Religion als wirkende Wirklichkeit dargestellt und ein gottesdienstliches Element eines Textes Heiliger Schrift inszeniert wird – und darüber hinaus, unter welchen Hinsichten und mit welcher Theologie die Inszenierung bedacht werden kann. Im Gegenteil, käme hier »Theologie« ins Spiel, machte sie den Unterrichtenden gar noch angst.

Präsentische Eschatologie

Zur Wiederaufnahme im folgenden ist aus der Auslegung Luthers zum 3. Artikel noch ein weiterer Orientierungspunkt einzuzeichnen. Es ist nicht das Ich allein, das vor der heiligen Geschichte von Herabkunft und Wiederkehr des Gottessohnes steht und darin seinen Ort suchen muß. Der dritte Artikel stellt das mythische Weltdrama, das sich von Ewigkeit zu Ewigkeit erstreckt, auf den Zeitpunkt jeweiliger Täglichkeit ab. Dadurch erst werden Raum und Zeit von »Christenheit«, Kirche, gewonnen, geschenkt: die Raumzeitlichkeit des Glaubens.

Das katechismuslernende Ich erfährt sich mit allen Gläubigen zusammen als »*Christenheit*«, die »*täglich alle Sünde reichlich*« vergeben bekommt. Die tägliche Sündenvergebung ist das die christliche Weltzeit strukturierende Element, weil sich aus ihr die Auferwekkung zum ewigen Leben ergibt.

Die tägliche Sündenvergebung ist Tätigkeit des Heiligen Geistes. Sie ist himmlische Gabe, mit der er den Erdkreis erfüllt, Gabe der Heilszeit, die alle anderen Gaben des Heils mit sich führt. Die Sündenvergebung wird im Glauben angenommen, und wer sie annimmt, glaubt, und wer glaubt, ist »*sampt allen Gläubigen*« in den Zeitbogen auf das ewige Leben hin eingestellt.

Erfahrbar ist der Heilige Geist dadurch, daß er »*durchs Evangelion berüft, sammlet, erleucht, heiliget und bei Jesu Christo erhält im rechten einigen Glauben*«. Seine Tätigkeiten errichten durch die evangelische Gemeinde in Wort und Sakrament christenheitlichen Raum; Wort und Sakrament erhalten ihn dynamisch aufrecht: im zeitlich-täglichen Moment, wo der Geist wieder gegen die empirische Unheiligkeit der Sünder »... bei Jesu Christo erhält«, seiner Heiligkeit, vergebend, teilhaftig macht und Glauben ermöglicht.

Der Katechismusschüler, der sich in diesem Wortlaut heimisch macht, lernt im qualifizierten täglichen Zeitpunkt, in dem Sünde vergeben wird, Zeit und Ewigkeit zur Heilszeit verbunden zu sehen: Der Katechismusschüler hat präsentische »Eschatologie« gelernt.

5   Schriftauslegung im raumzeitlichen Horizont

Die präsentische Eschatologie gibt den raumzeitlichen theologisch-hermeneutischen Horizont, in dem sich die Vorgaben, Inhalte und Handlungen der evangelisch-christlichen Religion als solche erfahrbar machen. Christus ist religiöse Gestalt in jeweiliger Gegenwart. Sein Wort ist hier und jetzt raumeinnehmendes und raumschaffendes Gebilde; es ist ein Geschehen, das durch Gaben des Geistes Zeit als erfüllte Gegenwart qualifiziert. In der gabenerfüllten Gegenwart erstrecken sich Himmel und Ewigkeit und dehnen sich auf der Erde aus, auf religiöse Weise, aber mit Folgen für heillose Zustände: »von Ewigkeit zu Ewigkeit«, wo die christliche Zeit von der Schöpfung bis zum Kreuz Jesu und zum Jüngsten Tag aufgehoben ist. Eine Evangelische Religionspädagogik, die die Raum- und Zeitdimensionen des Christentums nicht pflegt, wird viel Sinnvolles tun können, aber nie dahin kommen, das Christentum als lebbare und lebensstiftende Religion wahrnehmen zu lassen, weil sie Gott – Gott den Schöpfer, Jesus Christus den Heiland und den Heiligen Geist – in der Blässe von Begriffen, Vorstellungen und Bedingungen beläßt und die Dreidimensionalität raumzeitlicher Gottesepiphanie nicht respektiert.

Der Clou der evangelisch-christlichen Religion liegt darin, daß sie die Heilige Schrift als »Instrument« begriffen hat, durch das die Gegenwart Gottes – unter dem Vorbehalt, daß er mitspielt – verantwortlich, Christenheit berufend und erhaltend, inszeniert wird. Alle Wortlaute der Heiligen Schrift und ihre unterrichtliche Erschließung stehen deshalb religionspädagogisch in der Dialektik von Täglichkeit und Ewigkeit und machen sie als präsentische Eschatologie, religiöse Zeit stiftend, sichtbar. Wo der Religionsunterricht diesen Horizont nicht ausfüllt, muß er wissen, daß er sich als evangelischer Religions-Unterricht im Vorfeld aufhält und wenigstens sich selbst die Entfernungen und weiteren Wegstrecken zur eigenen Inhaltlichkeit klar machen muß.

Beispiel: Die christliche Seefahrt

Ich verantworte diese religionspädagogische Norm mit einem Beispiel aus dem eigenen akademischen Religionsunterricht. Mehrere Gruppen eines Seminars hatten einen Tag lang über die Geschichte vom sinkenden Petrus (Mt 14,22-33) gearbeitet. Es ging darum, für die szenische Darstellung der Geschichte theologische Konzeptionen zu entwerfen und zu verantworten. Eine der Gruppen spielte ihr Ergebnis in der Abenddämmerung auf dem Hof des Tagungsheimes vor. Die alte Dorfkirche aus Buntsandsteinquadern überragt den Platz. Eine steinerne Treppe führt zu ihr hinauf und schließt den Hof mit einer hohen Mauer ab. Das wellige Kopfsteinpflaster ist jetzt der See Genezareth. Hinter einer Bordsteinkante steht das Seminarpublikum am Ufer.

Dort schickt gerade ein energischer Jesus weiblichen Geschlechts seine Jünger von sich weg. Eben hatte sie noch priesterlicher Stolz erfüllt; sie hatten 5000 Menschen aus dem Reichtum Jesu fünf Brote und zwei Fische ausgeteilt, ein unerschöpflicher Vorrat: »Nimm hin, Christi Brot, für dich gegeben.« Alle waren satt geworden. Jetzt schickt sie Jesus weg, ins Boot, hinüber zum anderen Ufer, in die Nacht. Er wolle seine Ruhe haben, beten. Er könne sie nicht mehr sehen, diese beflissenen Priesterlein. Er komme nach. Die Jünger legen mürrisch vom Gestade ab, hinein in den See Genezareth. Petrus, eigentlich Alexandra, verbindet Unerschütterlichkeit mit Großmäuligkeit. Gabi-Johannes wirkt eher schüchtern. Andreas glaubt alles, was in der Bibel steht, und ein ungläubiger Thomas versucht sich in der Gegenrolle. Jeder, jede hält einen Zipfel eines Batiktuches, und so schippern sie in die Nacht hinein, gegen Wind und Wellen. Jesus sitzt, die steinerne Treppe hoch, auf der Mauer zur Kirche, über der Welt und betet.

Die Jünger rudern. Ab und zu knappe Sätze: Warum Jesus nicht komme, »ach, er kommt überhaupt nicht mehr«. Übrigens, immer denke er nur an sich, typisch, alleinsein und beten. »Und wer macht die Diakonie?« Schließlich, das mit den Broten hätten sie sich nur eingebildet, eine Symbolhandlung. Und der Gottessohn? Ein Spinner, inzwischen sicher längst gekreuzigt. Nein, sagt Petrus, es sei was dran gewesen, und nun habe man seine Pflicht zu tun und zu rudern. Aussteigen auf dem Wasser sei eh nicht drin. Andreas verweist auf die Heilige Schrift.

Da gerät Johannes fast aus dem Häuschen; sie fahren inzwischen einen Fluß hinauf. Er sieht eine große Stadt, auf sieben Hügeln. Es riecht brenzlig, Flammen züngeln, die Stadt brennt. »Nero«, weiß Johannes, »zündet selber seine Hauptstadt an und schiebt's den christlichen Brüdern und Schwestern in die Schuhe«. Am Ufer sind Kreuze aufgerichtet. Petrus: »Ruhe bewahren, weiterrudern, tun, was die Weltgeschichte verlangt.« Den Christen hier können sie eh nicht helfen. In weitem Bogen umkreist Jesus das Schiff, er weint. Gleich sitzt er wieder oben auf dem Dach der Welt und betet.

Keine 300 Jahre später nähert sich das Schifflein wieder einer Stadt. Dort die Hagia Sophia; am Ufer viele Mönche: das zweite Rom. Auf der anderen Seite der Meerenge Nicaea. Das ganze Römerreich ist christlich geworden! Petrus ist stolz. Thomas gehen vor lauter konstantinischer Wende die Einwände aus. In weitem Bogen umkreist Jesus das Schiff, schüttelt den Kopf, weil er das Wörtlein ὁμοούσιος hört. Die christliche Seefahrt dauert an.

Wum, wum, wum, kräftige Hammerschläge. Das muß von der Schloßkirche kommen. »Der kleine Dicke in der Kutte, seht ihr, was er an die Kirchentür nagelt?« Thomas atmet durch: »Jetzt ist Reformation, es herrscht ein neuer Geist.« Petrus: »Weiter, dort geht's lang!« Johannes: »Denkste, jetzt gilt allgemeines Priestertum, der Papst hat nichts mehr zu sagen!« Jeder der Jünger zieht das Tuch in seine Richtung. Schließlich Petrus: »Schluß mit diesem Durcheinander. Ich bin nicht Papst, aber einer muß das Sagen haben, und das bin ich!« Jesus umkreist in weitem Bogen das Schiff, setzt sich wieder auf den Berg und betet.

Inzwischen ist das Wasser unter dem Kiel des Bootes nur noch ein Rinnsal. Immer wieder läuft das Boot auf Grund. Am Ufer Edelleute mit elegantem Degen; sie sprechen englisch. Professoren in Talaren und unter Perücken. Göttliche Vernunft breitet sich aus, in Göttingen. Der König von England hat die modernste Universität der Welt gestiftet. Jedes Buch ist da zu bekommen, Zensur ist abgeschafft. Jesus kommt gar nicht erst herunter von seinem Platz. Aber der Genius loci verpflichtet ihn auf altsprachliche Kenntnisse. »Ich – nicht«, sagt er, im Sinn von »ohne mich«, לֹא אֲנָחִי. Da, das Schiff ist längst wieder in offener See. Andreas schreit auf. Es ist plötzlich finster geworden. Ein Blitz durchzuckt den Himmel. Ein Seebeben läßt das Schifflein fast kentern. Der Mond wird größer, immer größer und fällt direkt auf sie zu. Die Jünger schreien vor Angst. Nur Thomas merkt nichts.

Jesus kommt auf das Boot zu, leibhaftig, offensichtlich. Das kann nicht sein! Er ist höchstens eine vage Kunde, Bedingung der Möglichkeit des menschlichen Selbstbewußtseins. »Ihr seht ein Gespenst«, sagt Thomas. Petrus weiß, das Boot geht sowieso in diesem endzeitlichen Tohuwabohu unter. Er schreit in das Tosen hinein: »Jesus, wenn du's bist, laß mich zu dir kommen.« Und Jesus, ätherische Gestalt, mit lockendem Schmelz, breitet die Arme anmutig aus und sagt leise, deutlich, bestimmt: »Komm.«

Petrus setzt zögernd erst den einen Fuß auf das Wasser, dann den anderen. Er steht. Die Wellen heben ihn hoch und lassen ihn wieder sinken. Seine Gestalt strafft sich. Er geht hoch erhobenen Hauptes, auf dem Wasser, Blick nach vorne, zu Jesus. Ein bißchen noch balanciert er mit den Armen. Wir sehen, was für ein Kerl er ist. Und da, ein Schrei, und er fängt an, wegzusacken: Seelenruhig kommt Jesus auf ihn zu, streckt seine Hand aus, streckt sie noch ein bißchen weiter aus, ergreift ihn am Handgelenk, zieht ihn hoch – und legt ihm ein Badetuch um die nasse Schulter. Er bringt ihn ins Schiff zurück. Himmlische Ruhe auf einen Schlag!

»Jesus, du bist Gottes Sohn«, sagt Andreas. »Wunder beweisen gar nichts«, sagt Thomas. »Ist jetzt das Ende der Zeit da?« fragt Johannes. »Was hast du gemacht, die ganze Zeit?« hören wir Andreas fragen. Und: »Wie geht's weiter?«; »müssen wir dich jetzt immer bei uns haben?«; »waren wir ohne dich nicht eine gute Gruppe?« Jesus macht in das Gewirr der Fragen hinein eine weitausholende Geste zum Publikum am Gestade des Sees Genezareth, an die Leserinnen und Leser des Jahrbuchs der Religionspädagogik, und gibt die Fragen allesamt weiter: »Ihr seid doch die Theologen!« – Und die klatschen auch noch Beifall, daraufhin.

Abstract
Christian religion becomes concrete in its rites and celebrations, in worship and prayer, which constitute specific time: the merger of presence and eternity – the time of salvation. Accordingly, such concrete religions have developed forms, which veil and reveal simultaneously: cult; they have created an individual language sermon; and a particular style of symbolic action: liturgy. It is the primary task of religious education to sharpen pupils' sensitivity to distinctive Christian constructions of time and space, to estimate their value and consequences, to understand their claims of reality, and to test different systems, in order to find their own way how to deal with space and time by outlining and shaping religious contents and actions. The author exemplifies his thesis by interpreting children's prayers, the worship service, the Apostolic Creed, Luther's catechetic question »What does this mean?«, and one example from his own academic teaching.

2.5

Friedrich Schweitzer

ZEIT

Ein neues Schlüsselthema für Religionsunterricht und Religionspädagogik?

Otto Böcher zum 60. Geburtstag

Zeit – kein Thema von Religionspädagogik oder Religionsunterricht? Zunächst mag dies einleuchten. »Zeit« ist ein abstraktes Thema – eher geeignet für das philosophische Oberseminar als für die Schule. Vielleicht einmal in einer Arbeitsgemeinschaft, am besten in der Sekundarstufe II. Aber sonst? Mit Kindern?!

Zu den Themen, über die sich mit Kindern besonders gut philosophieren lasse, zählt H.-L. Freese die »Zeit«. Kinder zeigen »für einige ›bewußtseinserweiternde‹ gedankliche Vergegenwärtigungen in diesem Zusammenhang ein besonderes Interesse«. »Ist die Welt von Ewigkeit her oder hat sie einen Anfang gehabt? Was war vor diesem Anfang? Wie lang ist die Gegenwart ...? Gibt es die ›Zeit an sich‹ ...? Manchmal kommt es uns so vor, als ›verginge‹ die Zeit ›im Flug‹, dann scheint sie dahinzukriechen – wieso? ... Was hat es mit Zeitmaschinen auf sich? Warum ist Zeit das kostbarste Gut, das wir besitzen?«[1]

»Keine Zeit für Kinder« – so die »Fragen, Einsprüche, Ermunterungen«, die 1989 beim Kirchentag vorgetragen wurden – als Plädoyer dafür, den Kindern »Zeit zu schenken«[2]. Welche Zeiterfahrungen brauchen Kinder und Jugendliche? Zeit als Not schon in der Kindheit – von Erwachsenen und deren Welt erzeugte Not, das ist inzwischen ein eigenes Thema der Pädagogik: Momos Kampf gegen die Zeitdiebe als pädagogische Zeitansage[3] – gilt das auch für die Religionspädagogik?
Selbst *Zeit* auf einem Bücherrücken ist kein wirksames Mittel mehr, die Leserschaft klein zu halten. Nicht nur »Traumzeit« als Kult-

---

1 *H.-L. Freese*, Kinder sind Philosophen, Weinheim / Berlin 1989, 138.
2 So der Beitrag von *A. Flitner*, Zeit sparen – Zeit nehmen – Zeit schenken, in: *K. von Bonin* (Hg.), Keine Zeit für Kinder? Fragen, Einsprüche, Ermunterungen, München 1990, 17-30.
3 *K.-H. Sahmel*, Momo oder: Pädagogisch relevante Aspekte des Problems der Zeit, Päd. Rundschau 42 (1988) 403-419.

buch[4], sondern auch Taschenbuchausgaben von S. Hawkings »kurze[r] Geschichte der Zeit«[5] (»eine klare, verblüffend einfache Darstellung«, wie es dort heißt – nach zwei Jahren fast 200 000 Exemplare) oder S. Nadolnys »Entdeckung der Langsamkeit«[6] (nach drei Jahren fast 400 000 Exemplare) lassen fragen, was aus der abstrakten Fremdheit von Zeitreflexion geworden sein mag.

Wäre es möglich, daß die heute als selbstverständlich angesehene, nicht weiter hinterfragte Erfahrung von Zeit das Verständnis religionsunterrichtlicher Inhalte so schwer macht? Könnte es sein, daß von der Problematisierung von Zeit die Möglichkeit erfolgreichen Religionsunterrichts abhängig ist? – Mit diesen Fragen ist zugleich die im folgenden beabsichtigte thematische Beschränkung angesprochen. Es geht mir vor allem um religionspädagogische Praxis und Theorie im Blick auf schulischen Religionsunterricht, nicht gleichermaßen um Familie und Gemeinde. Wie sich zeigen wird, ist für den schulischen Religionsunterricht hier ein besonderes Defizit festzustellen.

1 ZEIT – kein Thema der Religionspädagogik

Bisher, so scheint es, ist *Zeit* kein Thema von Religionspädagogik oder Religionsunterricht. In den Lehrplänen hat zwar die Kategorie *Zukunft* einen festen Platz gefunden, nicht aber die der *Zeit*[7]. Eine Durchsicht entsprechender Bibliographien[8] aus den letzten fünf Jahren ergibt, daß das Stichwort Zeit zwar jeweils aufgenommen ist, daß es aber wenig und vor allem wenig einschlägig bedient wird.

Die meisten Nennungen beziehen sich auf das Kirchenjahr oder den Gottesdienst, der als Schulgottesdienst jahreszeitlich und schuljahresbezogen abgehalten werden soll. Seltene Nennungen gelten einzelnen Büchern der Bibel (Kohelet) oder Themen (Sabbat), ethischen Fragestellungen (Arbeit und Freizeit), dem Kalender, literarischen Äußerungen und Zeittheorie (S. Hawking). Der Schwerpunkt scheint eher beim Konfirmandenunterricht als beim Religionsunterricht zu liegen. Besonders hinzuweisen ist auf zwei Themenhefte, die in den untersuchten Zeitraum fallen. Sie

---

4 *H.P. Duerr*, Traumzeit. Über die Grenzen zwischen Wildnis und Zivilisation, Frankfurt a.M. 1983.

5 *S.W. Hawking*, Eine kurze Geschichte der Zeit. Die Suche nach der Urkraft des Universums, Reinbek 1991.

6 *S. Nadolny*, Die Entdeckung der Langsamkeit, München / Zürich 1983.

7 Vgl. die Lehrplansynopsen bei *K. Wegenast*, Religionsdidaktik Sekundarstufe I. Voraussetzungen, Formen, Begründungen, Materialien, Stuttgart u.a. 1993, und *C. Brühl*, Überblick über evangelische und katholische Religionslehrpläne, in: *F. Schweitzer* und *G. Faust-Siehl* (Hg.), Religion in der Grundschule, religiöse und moralische Erziehung, Frankfurt a.M. 1994, 326-334.

8 Geprüft wurden die Literaturdienste des *Comenius-Instituts* in Münster (Religionspädagogik und Religionsunterricht).

gehören – bezeichnenderweise? – in den Bereich des Berufsschulreligionsunterrichts (BRU 15/1991) und der Elementarerziehung (WdK 1/1988).

Schon angesichts der oben erwähnten Beobachtungen wirft dieser Befund die Frage auf, ob dem Thema *Zeit* nicht doch größerer Raum gegeben werden müßte. Wenn das Zeitthema religionspädagogisch nur in der Gestalt der Frage nach Zukunft aufgenommen wird, so ist jetzt zu fragen, ob die damit beabsichtigte Korrelation noch hinreicht, ob sie noch stimmig ist, ob sie ergänzt werden müßte. Auch theologisch ist das Thema *Zeit* breiter zu fassen – unter Einschluß individueller und gesellschaftlicher Zeiterfahrungen, der Zeit des Kosmos, aber auch der Zeit*krisen*, des verfehlten Umgangs mit der Zeit. Ist *Zeit* die elementarere Form, in die auch das Thema *Zukunft* in seiner Radikalisierung noch mündet? Und ist es diese Radikalisierung, auf die wir uns heute einstellen müssen?

2   Zeit, Zeiterfahrung und Zeitkrisen: drei exemplarische Zugänge

Die Auswahl der Zugänge im folgenden richtet sich nach deren angenommener religionspädagogischer Relevanz: Zeiterfahrung bei Kindern und Jugendlichen, Zeit als historisches (Krisen-)Phänomen, Zeitdeutung und Theologie. Der exemplarische Zugriff reagiert zugleich auf eine explosionsartig sich vollziehende Vermehrung von Untersuchungen zum Thema *Zeit*, die es mit sich bringt, daß eine umfassende Orientierung schwierig wird[9]. – Die drei ausgewählten Zugänge überschneiden sich zumindest darin, daß sie der Annahme einer *einheitlichen Zeit* widersprechen. In Frage gestellt wird die anthropologische Auffassung, *Zeit* sei dem Menschen von Anfang an in nur einer Form mitgegeben und also angeboren. Bestritten wird die Einförmigkeit der Zeit sodann gesellschaftlich und historisch, vor allem durch kulturhistorische Vergleiche. Verwiesen wird schließlich auf alternative Aspekte der Zeit – im Widerspruch zu zeitlicher Einfalt und im Namen der Fülle des Lebens. Alle drei Zugänge stehen zugleich im Zeichen der Erfahrung einer *Zeitkrise*, die als Signatur einer sich krisenhaft zuspitzenden Modernisierung von Kultur und Gesellschaft angesehen wird. In diesem Sinne lassen sich diese Zugänge auch als Befreiungsversuche verstehen, die nach der Möglichkeit von Subjektsein, Subjektwerden und Humanität fragen.

---

9   Für mich selbst waren i.f. eine Reihe von Sammelbänden und Monographien besonders bedeutsam, die hier vorab genannt werden sollen: *J. Aschoff u.a.,* Die Zeit. Dauer und Augenblick, München / Zürich ³1992; *J.T. Fraser,* Die Zeit. Auf den Spuren eines vertrauten und doch fremden Phänomens, München 1991; *W.C. Zimmerli* und *M. Sandbothe* (Hg.), Klassiker der modernen Zeitphilosophie, Darmstadt 1993; *R. Zoll* (Hg.), Zerstörung und Wideraneignung von Zeit, Frankfurt a.M. 1988; *F. von Auer, K. Geißler* und *H. Schauer* (Hg.), Auf der Suche nach der gewonnenen Zeit, 2 Bde., Mössingen-Talheim 1990; *H. Blumenberg,* Lebenszeit und Weltzeit, Frankfurt a.M. 1986; *A.M.K. Müller,* Die präparierte Zeit. Der Mensch in der Krise seiner eigenen Zielsetzungen, Stuttgart 1972, Die Zeiten ändern sich. Zeiterleben und Zeitstrukturen im Umbruch = ThPr 2 (1993).

2.1   Zeit der Kinder und Jugendlichen

(1)   *Zeitmanagement und Zeitstreß schon in der Kindheit.* In der
Kinderforschung wird heute die These vertreten, daß vor etwa 30
Jahren einschneidende Veränderungen in der zeitlichen Organisation für Kinder eingetreten seien. Gesprochen wird von einem »Eindringen moderner Zeitorganisation in die Lebensbedingungen von
Kindern«[10]. Die »Zeitmuster der Kindheit« seien heute »nicht mehr
so einfach strukturiert wie früher, als sie im wesentlichen aus dem
festen Mahlzeiten- und Schlafenszeitenplan der Familien und aus
den Schulzeiten bestanden«. Die »Lebenswelt der Kinder« sei inzwischen mit »einer großen Vielfalt an fixierten Zeiten ausgestattet,
die sich zu komplexen zeitlichen Strukturen der kindlichen Umwelt
überlagern, zu Strukturen aus langfristig zeitübergreifenden und
kurzfristig detaillierten Zeitzuteilungen, aus Einzelterminen und
Mustern für Zeiträume, aus Zeitschritten auf ein Ziel zu und aus
zyklischen Mustern der Tages- und Wochenrhythmen, aus verbindlichen Vorgaben und aus selbst gewählten, selbst verabredeten Ter-
minen«[11]. Der amerikanische Psychologe D. Elkind spricht hier
vom »gehetzten Kind«, wobei er Eltern, Schule und Medien als
Hetzer namhaft macht[12].
Hinter solchen Analysen steht vielfach die kritische These, daß sich
die Zeit im Verlauf des modernen Prozesses der Zivilisation in einer
Weise gewandelt habe, die den Menschen wenig zuträglich sei.
»Zeitstreß«[13], die »Zerstörung von Zeit«[14], gelten als kennzeichnende Krisenphänomene einer solchen Zivilisationsform (s.u., 2.2). In
der Pädagogik hat besonders H. Rumpf[15] die moderne Beschleunigungskultur zivilisationskritisch aufs Korn genommen. Seine Forderung für die Schule heißt: »Langsam werden« – eine Perspektive,
die auch religionspädagogisch Zustimmung finden kann (s.u., 3).
Die enorme Tragweite einer veränderten Zeitorganisation, die offenbar immer weiter vordringt und die Kindheit verändert, wird erst
erkennbar, wenn man sich die Bedeutung zeitlicher Ordnung in der

---

10   So *U. Rabe-Kleberg* und *H. Zeiher*, Kindheit und Zeit, über das Eindringen
moderner Zeitorganisation in die Lebensbedingungen von Kindern, Zeitschrift für
Sozialisationsforschung und Erziehungssoziologie 4 (1984) 29-44.
11   *H. Zeiher*, Über den Umgang mit der Zeit bei Kindern, in: *M. Fölling-Albers*
(Hg.), Veränderte Kindheit – veränderte Grundschule, Frankfurt a.M. ⁴1992, 103-
113, 106.
12   *D. Elkind*, Das gehetzte Kind. Werden unsere Kleinen zu schnell groß?, Hamburg 1991.
13   *I.E. Plattner*, Zeitstreß. Für einen anderen Umgang mit der Zeit, München
1993.
14   *Zoll*, (Hg.), Zerstörung und Wiederaneignung von Zeit.
15   *H. Rumpf*, Mit fremdem Blick. Stücke gegen die Verbiederung der Welt, Weinheim / Basel 1986, bes. 101ff.

menschlichen Entwicklung vor Augen führt. Es geht nicht nur um äußerliche Veränderungen in der Kindheit, es geht um grundlegende Strukturen von Persönlichkeit, die neu in Frage gestellt werden.

(2) *Zeiterfahrung bei Kindern und Jugendlichen.* Die Frage der Zeit gehört nicht zu den zentralen Themen der Psychologie des Kindes- und Jugendalters. Dennoch erlauben vorliegende Untersuchungen und Theorien eine Reihe wichtiger Einsichten, die hier zusammenfassend aufgenommen werden sollen. Im Anschluß an neuere Erkenntnisse aus der Psychopathologie[16] liegt es dabei nahe, eine persönlichkeitspsychologisch-psychoanalytische mit einer kognitionspsychologischen Perspektive zu verbinden, um so die Wechselbeziehung zwischen den jeweiligen Deutungen der Entwicklung in den Blick nehmen zu können. Die Persönlichkeitsentwicklung beruht u.a. auf basalen zeitlichen Strukturierungsleistungen, deren Eigenart kognitionspsychologisch zu beschreiben ist und deren Störung Folgen bis in die Pathologie der Persönlichkeit hinein mit sich bringt.

Im Rahmen seiner *genetischen Epistemologie* als dem Versuch, das Werden des Erkennens zu erfassen, hat J. Piaget sich auch mit der Bildung des Zeitbegriffs – der »Genese der Zeit« (génèse du temps)[17] – befaßt. Dem konstruktivistischen Ansatz folgend will er zeigen, daß die vom Kleinkind erfahrene »ursprüngliche Dauer... ebensoweit entfernt [ist] von der eigentlichen Zeit wie die Breite der sensorischen Stimulation es vom organisierten Raume ist«. Daher lautet seine zentrale These: »Die Zeit wie auch der Raum werden nach und nach aufgebaut und implizieren die Elaboration eines Systems von Beziehungen«[18]. Raum und Zeit seien nicht angeboren, sondern das Ergebnis konstruktiver Leistungen im kindlichen Aufbau der Wirklichkeit.

Behauptet und mit Beobachtungen belegt wird dann die Bildung des Zeitbegriffs auf dem Wege über mehrere Phasen:

– In der vorsprachlichen Phase werde bereits eine erste zeitliche Organisation erreicht (Piaget verweist auf die Wartezeit vor dem Essen, Gefüttertwerden usw.). Solche »praktischen Zeiten und Sukzessionen« beweisen für Piaget aber noch nicht das »Vorhandensein eines Schemas der homogenen Zeit«. Vielmehr handele es sich nur um »Koordinierungen einzelner Handlungen«[19].

---

16 *H. Heimann,* Zeitstrukturen in der Psychopathologie, in: *Aschoff u.a.,* Die Zeit, 59-78.
17 *J. Piaget,* Die Bildung des Zeitbegriffs beim Kinde, Frankfurt a.M. 1974; vgl. auch *P. Fraisse,* Psychologie der Zeit. Konditionierung, Wahrnehmung, Kontrolle, Zeitschätzung, Zeitbegriff, München / Basel 1985.
18 *J. Piaget,* Der Aufbau der Wirklichkeit beim Kinde. (GW 2), Stuttgart 1975, 309.
19 *Ders.,* Die Bildung, 359.

- Mit dem Erwerb der Sprache gelte bei der Zeit, ähnlich wie bei anderen Dimensionen der Entwicklung, daß »das Kind… im Bereich des Denkens wieder neu zu lernen beginnt, was es im rein Praktischen schon beherrschte«. Deshalb müssen jetzt, auf der Ebene des sprachlich-begrifflichen Denkens, die elementaren Kategorien und Koordinationen erneut erworben werden. Piaget spricht auch von einer »örtlichen Zeit«, und zwar in einem doppelten Sinne: Zum einen sei es eine »nicht allgemeine, sondern von einer Bewegung zur anderen wechselnde Zeit«; zum anderen decke sie sich »mit der räumlichen Anordnung«[20]. Beispielsweise werde bei ungleicher Geschwindigkeit auch die Gleichzeitigkeit abgestritten usw.
- Über die anschauungsgebundene Zeitwahrnehmung gelange das Kind hinaus, wenn es zwei Schritte vollzieht, die Piaget in folgende prägnante Sentenzen faßt: »Die Zeit verstehen heißt, sich von der Gegenwart losmachen«. Und: »Die Zeit verstehen heißt also, durch geistige Beweglichkeit das Räumliche überwinden!«. Solange Zeit nur erlebt werde, folge das Kind bloß dem Lauf der Ereignisse. Erst wenn es von diesem abstrahiere, gelange es zum Vor- und Zurückschreiten, zu einem Denken in Zukunft und Vergangenheit. Deshalb nennt Piaget dies die »operative Zeit«: Durch kognitive Operationen werde eine Reversibilität erreicht, die gleichbedeutend ist mit der Abstraktion vom erlebten Lauf der Ereignisse, wie sie für die »örtliche« Zeit noch charakteristisch ist[21]

Die mit diesem letzten Schritt erreichte Zeit, die sich vom »erlebten Lauf der Ereignisse« löst, wird von Piaget nicht mehr in ihren psychischen Konsequenzen erörtert. Zumindest andeutungsweise wird der damit erreichte Stand – mit den neuen Fragen und Aufgaben, die sich nunmehr einstellen – in der späteren, an Piaget anschließenden Forschung so formuliert: »Am Ende der mittleren Jahre der Kindheit (6-7 bis 10-11) haben Kinder die grundlegenden objektiven Systeme der Zeitrelationen und der vielfältigen linguistischen Strukturen, die wir zur Bezeichnung zeitlicher Unterscheidungen benutzen, gemeistert. Von Interesse ist jetzt nicht mehr die Frage, ›wie sie die Sprache und die zugrundeliegenden Vorstellungen beherrschen‹, sondern vielmehr, ›was ist ihre bewußte Wahrnehmung ihrer eigenen Vergangenheit und Zukunft, und welche Faktoren beeinflussen solche Wahrnehmungen‹«[22]. Damit ist der Übergang zur *biographischen Selbstreflexion* bezeichnet, wie sie für das Jugendalter kennzeichnend ist.

Er saß oft lange – in finsterem Nachdenken – gleichsam über sich selbst gebeugt…
Er erlebte ja nichts, und sein Leben dämmerte in steter Gleichgültigkeit dahin, aber dieses Glockenzeichen fügte dem auch noch den Hohn hinzu und ließ ihn in ohnmächtiger Wut über sich selbst, über sein Schicksal, über den begrabenen Tag erzittern. Nun kannst du gar nichts mehr erleben, während zwölf Stunden kannst

---

20 Ebd., 361, 363.
21 Ebd., 365, 367.
22 *L. Harner*, Talking about the Past and Future, in: *W.J. Friedman* (Hg.), The Developmental Psychology of Time, New York / London 1982, 141-169, 163.

> *du nichts mehr erleben, für zwölf Stunden bist du tot …: das war der Sinn dieses Glockenzeichens.*
> *Aber gerade das war es, was Törleß nicht verstand. Die geduldigen Pläne, welche für den Erwachsenen, ohne daß er es merkt, die Tage zu Monaten und Jahren zusammenketten, waren ihm noch fremd. Und ebenso jenes Abgestumpftsein, für das es nicht einmal mehr eine Frage bedeutet, wenn wieder ein Tag zu Ende geht. Sein Leben war auf jeden Tag gerichtet. Jede Nacht bedeutete für ihn ein Nichts, ein Grab, ein Ausgelöschtwerden. Das Vermögen, sich jeden Tag sterben zu legen, ohne sich darüber Gedanken zu machen, hatte er noch nicht erlernt.*
>
> R. *Musil*, Die Verwirrungen des Zöglings Törleß (1906), Hamburg 1959, 15, 17, 36.

In der Sicht Piagets[23] findet der erweiterte Zeithorizont in der Adoleszenz seinen Ausdruck in einer neuen Form der Selbstreflexion – einer Lebensplanung, die das Gesamt eines Lebens umfaßt. Hier trifft sich die Kognitionspsychologie mit der *Psychoanalyse*, die – wiederum von der Psychopathologie her – die Gefahr der adoleszenten »*Zeitdiffusion*« beschreibt.

Die von E.H. Erikson so genannte »Auflösung der Zeitperspektive« stellt eine im ganzen eher wenig beachtete Störung im Prozeß der adoleszenten Identitätsbildung dar. Bis zu einem gewissen Grade gehöre sie jedoch auch zum normalen Verlauf der adoleszenten Entwicklung:

»In extremen Fällen verzögerter und verlängerter Adoleszenz tritt eine außergewöhnliche Form einer Störung im Zeiterleben auf, die in ihrer milderen Form der Psychopathologie der alltäglichen Reifezeit zugehört. Sie besteht in einem Gefühl großer Dringlichkeit und doch auch aus dem Verlust der Rücksichtnahme auf die Zeit als einer Dimension des Lebens. Der junge Mensch kann sich gleichzeitig sehr jung, ja säuglingshaft fühlen und doch alt über alle Verjüngungsmöglichkeit hinaus. Häufig hört man von unseren Patienten Klagen über versäumte Größe und den vorzeitigen verhängnisvollen Verlust nutzbarer Möglichkeiten… Ihre Gefährlichkeit aber besteht in dem entschiedenen Unglauben an die Möglichkeit, daß die Zeit eine Veränderung bringen könnte, und doch auch einer leidenschaftlichen Angst, daß sie es täte. Dieser Widerspruch kommt oft in einer allgemeinen Verlangsamung zum Ausdruck, die den Patienten … sich verhalten läßt, als bewege er sich in Sirup. Es ist für ihn schwierig ins Bett zu gehen und sich dem Übergang in den Schlafzustand zu stellen, und es ist ebenso schwierig für ihn, aufzustehen und sich der Notwendigkeit der Wiederherstellung der Wachheit zu stellen«[24].

Dabei bestehe auch ein Zusammenhang zwischen dieser »Auflösung der Zeitperspektive« und adoleszentem *Suizid*, was die existentielle Bedeutung der Zeiterfahrung unterstreicht. Hier tritt das Ineinandergreifen von psychosozialer und kognitiv-struktureller Entwicklung besonders deutlich hervor.

23 *J. Piaget*, Theorien und Methoden der modernen Erziehung, Frankfurt a.M. 1974, 206.
24 *E.H. Erikson*, Jugend und Krise. Die Psychodynamik im sozialen Wandel, Stuttgart 1981, 174.

Wie Untersuchungen von Suizidmotiven in der Wahrnehmung Jugendlicher[25] zeigen, besteht ein enger Zusammenhang zwischen Zeitperspektive und Suizidmotivation: Mit dem Erwerb von Zeitperspektiven, die ein persönliches Leben als ganzes übergreifen, gewinnen solche Motive einen veränderten Charakter. Sie werden in dem Sinne existentieller, als äußere Anlässe gegenüber der auf die ganze Person bezogenen Einschätzung an Gewicht verlieren.

Der Zusammenhang zwischen den kognitiven Strukturen bzw. Strukturierungen von Zeit im Sinne Piagets und der existentiellen Identitätskrise im Jugendalter reicht bis in die frühe Kindheit zurück. Wie Erikson betont[26], ist die adoleszente »Zeitverwirrung« nämlich als Aktualisierung frühkindlicher Krisen im Bereich des Grundvertrauens zu verstehen. Der Erwerb des Grundvertrauens sei nicht zuletzt vom Aufbau solcher Erwartungen abhängig, die eine hoffnungsvolle Erfahrung von Zeit ermöglichen – wobei auch Erikson beispielsweise an das Warten auf die versorgende Bezugsperson denkt.

Zeiterfahrung und Zeitwahrnehmung, wie sie von Erikson und Piaget beschrieben werden, stellen zwei Seiten desselben Vorgangs basaler Strukturierung von Wirklichkeit dar und sind beide gleichermaßen elementar für die Persönlichkeitsentwicklung.

Die im Rahmen der allgemeinen Entwicklungspsychologie beschriebenen Zusammenhänge[27] finden in der Jugendforschung eine aktuelle Bestätigung. So konnten bei den Shell-Jugendstudien[28] deutliche Zusammenhänge zwischen Lebensorientierungen wie dem sog. Jugendzentrismus und der jeweiligen Zeiterfahrung aufgewiesen werden.

An Eriksons Beschreibung der »Auflösung der Zeitperspektive« ist – besonders im vorliegenden Zusammenhang – noch ein Weiteres bemerkenswert: die auf *Sinnstiftung* und *Religion* bezogene – Erikson nennt es mißverständlich: »ideologische« – gesellschaftliche

---

25 *R. Döbert* und *G. Nunner-Winkler*, Formale und materiale Rollenübernahme. Das Verstehen von Selbstmordmotiven im Jugendalter, in: *W. Edelstein* und *M. Keller* (Hg.), Perspektivität und Interpretation. Beiträge zur Entwicklung des sozialen Verstehens, Frankfurt a.M. 1982, 320-374; *dies.*, Die Bewältigung von Selbstmordimpulsen im Jugendalter. Motiv-Verstehen als Dimension der Ich-Entwicklung, in: *W. Edelstein* und *J. Habermas* (Hg.), Soziale Interaktion und soziales Verstehen. Beiträge zur Entwicklung der Interaktionskompetenz, Frankfurt a.M. 1984, 348-380.
26 *Erikson*, Jugend, 95ff.
27 Vgl. auch, mit anderen Akzenten, *H. Leitner*, Lebenslauf und Identität. Die kulturelle Konstruktion von Zeit in der Biographie, Frankfurt a.M. / New York 1982.
28 *Jugendwerk der Deutschen Shell* (Hg.), Jugend '81. Lebensentwürfe, Alltagskulturen, Zukunftsbilder, Bd. 1, Hamburg 1981, 637ff., vgl. 346ff., stärker gesellschaftlich ausgerichtet: *Jugendwerk der Deutschen Shell* (Hg.), Jugend '92. Lebenslagen, Orientierungen und Entwicklungsperspektiven im vereinigten Deutschland, Bd. 2: Im Spiegel der Wissenschaften, Opladen 1992, 145ff.

Antwort auf die adoleszente Zeitkrise. Solche Antworten enthalten demnach, wenn sie der Jugend etwas bieten wollen, stets »eine sinnlich überzeugende *Zeitperspektive*, die mit einem zusammenhängenden Weltbild vereinbar ist«[29]. In der auch sonst bei Erikson beschriebenen Art und Weise[30] wird hier eine Aufgabe sinnstiftender Deutung bezeichnet, von deren Gelingen die adoleszente Entwicklung in ihrem humanen Potential abhängig sei und zu der Religion einen wesentlichen Beitrag zu leisten vermöge.

> *Während ich Zucker in meinem Kaffee verrühre, versuche ich, bewußt in meiner Umgebung zu sein: Hinter einer Häuserecke, für mich nicht sichtbar, steht der Dom, der mir allein schon durch seinen Namen ein Stück Heimat gibt. Schräg vor mir ist ein Loch im Pflaster. Ständig verschwinden darin Leute und neue tauchen auf. Alle, die neu erscheinen, wissen sofort, wohin sie wollen, sie strömen auseinander und verwuseln sich mit den schon früher Erschienenen. Dieser U-Bahn-Eingang kommt mir vor wie die Tunneleinfahrt zum Schattenbahnhof einer Modelleisenbahn. Die Menschen warten unter der Erde auf irgendein Kommando, stürzen hervor, fahren einmal im Kreis, kehren unverzüglich unter die Erde zurück. (...)*
> *Wenn ich schon die Zeit, in der ich lebe, nicht ändern kann, weder vorwärts noch rückwärts, auch kann ich sie nicht anhalten oder z.B. donnerstags vier Stunden überspringen, so will ich mich wenigstens im Raum frei bewegen. Doch Raum und Zeit stehen in einer seltsamen Beziehung. Wenn ich in irgendeiner Stadt zum ersten Mal erscheine, verbindet mich nichts mit der dortigen Zeit. Ich hätte auch zwei Wochen später kommen können, nichts hätte sich für mich geändert. Dieses Aus-dem-Fluß-der-Zeit-Hinaustreten ist nur in völlig fremder Umgebung möglich. Ich sitze im Café und habe mit der Zeit, die die Leute hier umtreibt, nichts zu tun.*
> *Eine zeitenthobene halbe Stunde, Verlorensein in der Anonymität. Beglückt stelle ich fest, daß ich mit einer Gruppe hier bin, die dieselbe Zeit wie ich hat: 18.30 Staatsoper...*
>
> Stephan, Schüler der Jahrgangsstufe 13 zum Thema: Studienfahrt – Impressionen und Reflexionen[31]

(3) *Zeit – gesellschaftliche Individualisierung – Lebenszeit in der Krise.* Die adoleszente Zeitwahrnehmung und die mit dieser verbundene Form von Lebensplanung ist ihrerseits im Rahmen der gesellschaftlichen Situation zu verstehen. Eine krisenhafte Dynamik gewinnt diese Zeitwahrnehmung angesichts der gesellschaftlichen

---

29 *Erikson*, Jugend, 188.
30 Vgl. *F. Schweitzer*, Identität und Erziehung. Was kann der Identitätsbegriff für die Pädagogik leisten?, Weinheim / Basel 1985, 41ff.
31 Zit. n. *G. Lange*, »Panik, sobald Zettel und Stift neben mir liegen.« Schreibbiographische Skizze eines Leistungskurses Deutsch, in: *J. Gidion, H. Rumpf* und *F. Schweitzer* (Hg.), Gestalten der Sprache. Deutschunterricht und praktisches Lernen, Weinheim / Basel 1987, 107-127, 119f. Ich habe diesen Text auch im Rahmen von Überlegungen zu »Lebenslauf und Religion« aufgenommen (vgl. m. Beitrag AevRU H. 49, 91), aber sein eigentliches Gewicht besitzt dieser Text in der adoleszenten, biographischen Reflexion von Zeit.

Individualisierung, die hier in ihrer Dimension von zeitlicher Freisetzung und sog. freier Zeit einerseits und des Zwangs zur Planung und bewußten Gestaltung von Biographie andererseits in Anschlag zu bringen ist. Da das Verhalten in der Freizeit bzw. das Verhältnis von Arbeit oder Schule und Freizeit ein eigenes Thema darstellt und in den Lehrplänen auch berücksichtigt wird, konzentriere ich mich hier auf die noch weniger beachtete Frage der Lebenszeit. Auch in der zu Recht kritischen Diskussion einer vereinfachenden Individualisierungsthese[32] besteht vielfach Einigkeit darüber, daß Lebensläufe in der sich zuspitzenden Moderne in die Spannung zwischen Individualisierung und Standardisierung eintreten[33]. Die psychologisch zu beschreibende, in der Adoleszenz neu erworbene Fähigkeit biographischer Flexibilität und Planung trifft auf eine gesellschaftliche Situation, die sie einerseits enorm verstärkt, sie andererseits aber ständig mit Grenzen konfrontiert, die im modernen Versprechen individueller Freiheit zur Lebensgestaltung paradoxerweise nicht vorgesehen sind. Daher ist es nicht überraschend, daß in der Pädagogik schon früh die Schattenseiten und Belastungen des Individualisierungsprozesses für die einzelnen Jugendlichen hervorgehoben worden sind[34]. Auch für die Religionspädagogik ist es deshalb wichtig, den Blick über die Psychologie und die Biographie des einzelnen hinaus auf die gesellschaftlichen Fragen der Zeit zu öffnen.

Dennoch darf der krisenhafte gesellschaftliche Zusammenhang auch religionspädagogisch nicht so aufgenommen werden, daß er die philosophischen Grundfragen des Seins und Lebens in der Zeit zudeckt. Wenn der gesellschaftliche Wandel die adoleszente Zeiterfahrung in eine Krise führt, so entbindet er zugleich tiefgreifende Fragen, die nach einer religiösen oder theologischen Antwort verlangen.

2.2   Zeit der Gesellschaft

Parallel zu der Genese des Zeitbegriffs, wie sie in der Psychologie thematisiert wird, können in der Soziologie die historisch-gesellschaftliche Bedingtheit und der Wandel von *Zeit* untersucht werden. Zeit erscheint dann nicht nur als Medium geschichtlicher Veränderung, sondern auch als deren Gegenstand. Sie wird – besonders bei N. Elias, auf den ich mich im folgenden vor allem beziehe – zu einem zentralen Aspekt des Zivilisationsprozesses.

32   *U. Beck* und *E. Beck-Gernsheim* (Hg.), Riskante Freiheiten. Individualisierung in modernen Gesellschaften, Frankfurt a.M. 1994.
33   So die inzwischen breit rezipierte These bei *U. Beck*, Risikogesellschaft. Auf dem Weg in eine andere Moderne, Frankfurt a.M. 1986, bes. 121ff., 205ff.
34   *H. Bilden* und *A. Diezinger*, Individualisierte Jugendbiographie? Zur Diskrepanz von Anforderungen, Ansprüchen und Möglichkeiten, ZP 30 (1984) 191-207.

Die historisch-soziologische Reflexion eröffnet zugleich die Möglichkeit, nach der Angemessenheit des gesellschaftlichen Umgangs mit Zeit zu fragen. Diese Frage kann nicht nur auf naheliegende Themen wie Arbeitszeit und Freizeit, Zeitmanagement und »Zeitstreß« bezogen werden. Kritisch zu untersuchen sind vielmehr auch die Zeitstrukturierungen, die dem gesellschaftlichen Leben gleichsam transzendental – als Bedingung seiner jeweiligen Möglichkeit – zugrunde liegen. Die Suche nach »Eigenzeit« und die aus der Todesverdrängung entstehende Lebenshaltung der »letzten Gelegenheit« sollen dies verdeutlichen.

(1)   Was eine historisch-soziologische Reflexion des Zeitbegriffs leistet, ist nach Elias eine doppelte *Entmythologisierung von Zeit.* Die erste Entmythologisierung richte sich gegen den »Fetischcharakter des Zeitbegriffs«[35]. Dieser entstehe aus einer Wahrnehmung von Zeit als vom Menschen vollständig abgelöster, ihm vorgegebener Größe. Elias spricht auch von einer Verwechslung, die »der ›Zeit‹ selbst Eigenschaften jener Prozesse« zuschreibe, »deren Wandlungsaspekte dieser Begriff symbolisch« doch repräsentiere. Demgegenüber müsse Zeit verstanden werden als ein »Symbol«, das auf einer sozial erlernten Syntheseleistung beruht[36]. »Zeitbestimmen beruht demnach auf der Fähigkeit von Menschen, zwei oder mehr verschiedene Sequenzen kontinuierlicher Veränderungen miteinander zu verknüpfen, von denen eine als Zeitmaßstab für die andere(n) dient«. »Was wir ›Zeit‹ nennen, bedeutet also zunächst einmal einen Bezugsrahmen, der Menschen einer bestimmten Gruppe, und schließlich auch der Menschheit, dazu dient, innerhalb einer kontinuierlichen Abfolge von Veränderungen von der jeweiligen Bezugsgruppe anerkannte Meilensteine zu errichten«[37]. Mit dieser sozialen Relativierung von Zeit wird zwar einem objektivistischen Zeitverständnis widersprochen, aber doch auch nicht für eine subjektivistische Auffassung plädiert. Denn Zeit besitze durchaus objektiven Charakter und stehe für das in die soziale Welt eingebettete Individuum nicht zur Disposition. Damit wendet sich Elias – dies die zweite Entmythologisierung – gegen I. Kant, »der Zeit und Raum als Repräsentanten einer Synthese a priori« angesehen – und dabei übersehen habe, daß Menschen diese Synthese keineswegs immer und überall auf gleiche Weise vollziehen[38].

Der historische Wandel des Zeitbegriffs wird damit zu Elias' eigentlichem Thema. Er kontrastiert Frühformen menschlicher Kultur einerseits, moderne Industriegesellschaften andererseits und schließt auf fundamentale Veränderungen im Zeitbegriff: Unsere »Vorfahren… erlebten eine große Menge von Einzelereignissen, ohne klare Zusammenhänge oder allenfalls mit ziemlich unstabilen Phantasiezusammen-

35 *N. Elias*, Über die Zeit. Arbeiten zur Wissenssoziologie II, Frankfurt a.M. 1984, 44.
36 Ebd., 44, XXXIX.
37 Ebd., 42f.
38 Ebd., XI, 31.

hängen«. Die »Wandlungen von partikularisierenden zu generalisierenden Synthesen gehören zu den bedeutsamsten Entwicklungsschritten, die man in diesem Zusammenhang vorfindet... Hinzu kommt, daß bestimmte Zeiteinheiten wie ›Tag‹, ›Monat‹, ›Jahr‹ etc., die heute gemäß unserem Kalender und anderen Zeitregulatoren glatt ineinanderfließen, dies in der Vergangenheit nicht immer getan haben. Tatsächlich ist es die Entwicklung des Zeitbestimmens im sozialen Leben, die allmähliche Schaffung eines relativ gut integrierten Rasters von Zeitregulatoren wie kontinuierlichen Uhren, kontinuierlichen Jahreskalendern oder die Jahrhunderte umspannenden Ära-Zeitskalen (wir leben heute im ›20. Jahrhundert nach Christi Geburt‹), die das Erleben der Zeit als eines gleichmäßigen, einförmigen Flusses überhaupt erst möglich macht. Wo das erste fehlt, fehlt auch das zweite«[39].

> _Der Schulinspektor einer Sioux-Reservation_
> _»Was würden Sie von einem Volk denken«, sagte er, »das kein Wort für ›Zeit‹ hat? Meine Leute haben kein Wort für ›zu spät‹ oder auch für ›warten‹. Sie wissen nicht, was es heißt, zu warten oder zu spät zu kommen.« Dann fuhr er fort: »Ich kam zu dem Schluß, daß sie sich niemals an die weiße Kultur anpassen könnten, solange sie nicht wüßten, was Zeit bedeutet und wieviel Uhr es ist. Also ging ich daran, ihnen die Zeit beizubringen. In keinem Klassenzimmer der Reservation gab es eine Uhr, die ging. Also kaufte ich zuerst einige anständige Uhren. Dann ließ ich die Schulbusse pünktlich abfahren, und wenn ein Indianer zwei Minuten zu spät kam, hatte er eben Pech gehabt. Der Bus fuhr um 8 Uhr 42, und zu dieser Zeit mußte er da sein.«_
>
> _Edward T. Hall_, The Silent Language (1959), zit. nach N. Elias[40].

Die _Uhr_ oder _Uhrenzeit_ ist ein anschauliches Beispiel für die gesellschaftliche Bedingtheit der Zeiterfahrung. Die Entwicklung der Uhren zeigt die Verschiebung der Zeit. Bei Elias – und schon zuvor in den berühmten Studien von L. Mumford[41] – wird die zivilisierende, die gesamte Lebensführung tiefgreifend verändernde Wirkung besonders der am Handgelenk tragbaren Zeit eindrücklich beschrieben.

Hier wie auch sonst[42] versteht Elias den Zivilisationsprozeß als einen Übergang vom »Fremdzwang« zum »Selbstzwang«. Mit der Aufrichtung eines »persönlichen Zeitgewissens« (die »innere Stimme, die nach der Zeit fragt«) werde der »soziale Zeitzwang« verinnerlicht, als »Selbstzwang«[43].

Für Elias besitzt die »Individualisierung der gesellschaftlichen Zeitregulierung« geradezu paradigmatische Züge des Zivilisationsprozesses. Der Grundvorgang ist der einer Verinnerlichung von äußeren Zwängen, die dadurch aber nicht abgebaut, sondern nur um so unentrinnbarer werden. »Charakteristisch für das Selbstzwangmuster von Zivilisationsprozessen auf den späteren Stufen« sei die »Tendenz zu einer maßvollen und ebenmäßigen Disziplin in fast jeder Hinsicht, bei fast allen Gelegenheiten. Die für diese Gesellschaften typische Zeitregulierung ist ... repräsentativ für

39 Ebd., 5f.
40 Ebd., 120.
41 _L. Mumford_, Technics and Zivilization, New York 1934, bes. 196ff., 270ff.
42 Vgl. bes. _N. Elias_, Über den Prozeß der Zivilisation. Soziogenetische und psychogenetische Untersuchungen. Bd. 1: Wandlungen des Verhaltens in den weltlichen Oberschichten des Abendlandes, Frankfurt a.M. ³1977.
43 _N. Elias_, Über die Zeit, XLIIIf, XXXII.

ihr Zivilisationsmuster... Sie überzieht das ganze Leben der Menschen. Sie erlaubt keine Schwankungen, ist ebenmäßig und durchaus unentrinnbar«[44].

(2) Mit ihrer »sozialwissenschaftlichen Diagnose« spitzt H. Nowotny[45] die Studien von Elias noch weiter zu. Die sich im Zivilisationsprozeß vollziehende Transformation der Zeit versteht sie im Horizont ökonomisch bedingter Rationalisierung. »Erst mit dem aufkommenden Kapitalismus, als Zeit in Geld umgewandelt werden konnte«, sei »die für Industriegesellschaften charakteristische Einstellung gegenüber der Zeit« entstanden und habe »der Ablösungsprozeß einer in Arbeitszeit meßbar gewordenen Lebenszeit« begonnen[46]. Dieser ökonomisch erzwungene Vorgang einer Vergleichzeitigung dürfe aber die Gegenbewegungen nicht übersehen lassen – und hier fällt der für diese Autorin so wichtige Begriff der »*Eigenzeit*«. Schon im 19. Jahrhundert sei die ökonomisch-technische Durchsetzung von »Gleichzeitigkeit« von einer zweiten Bewegung begleitet worden, die ebenfalls bis heute anhalte: der »Ich-Zeit-Perspektive, die zwischen Eigen- und Fremdzeit zu unterscheiden« weiß[47]. So werde in der Gegenwart die »Annäherung an eine weltumfassende Gleichzeitigkeit« wiederum begleitet von einem »eigenartigen und bislang unerhörten Wunsch« der Menschen: »*Sie wollen mehr Zeit für sich selbst haben*«.

Die »Sehnsucht nach einer anders gelebten Zeit« werde zum Ausgangspunkt der »Pfade nach Uchronia«, von denen sie drei beschreibt[48]:

– »Schlaraffenland der Vollzeit«: Hier geht es um den Wunsch, zugleich mehr Zeit und mehr Geld – also alles! – zu haben.
– »Desintensivierung«: Hier soll der »Ökonomie der Zeit« eine »Ökologie der Zeit« entgegengesetzt werden – gleichsam eine Verlangsamung der Zeit.
– »Wiederaufnahme der natürlichen Rhythmen«: Kennzeichnende Begriffe seien hier Homöostase und die Rückkehr zu zyklischen Formen von Zeit.

Nowotny selbst sieht in keiner dieser »uchronischen Zeitstrategien« eine wirkliche Lösung. Keine sei vor der »Gefahr der Manipulation, ja der Perversion« gefeit. Überhaupt seien die Möglichkeiten, wie der Mensch vermeiden könne, ein Opfer der Zeit zu werden, am Ende begrenzt. »In Anbetracht der letzten Wahrheit, jener des eigenen Todes, sind alle Menschen Opfer der Zeit. Die Maske des

---

44   Ebd., XXXII, 129.
45   *H. Nowotny*, Eigenzeit. Entstehung und Strukturierung eines Zeitgefühls, Frankfurt a.M. 1993, 9.
46   Ebd., 38.
47   Ebd., 14, Zitat i.f. 19.
48   Ebd., 139f.

Zwanges, der von der Zeit auszugehen scheint, ist nichts anderes als Schutz vor dieser Wahrheit«[49].

(3) Was dies bedeutet, hat besonders M. Gronemeyer in ihrer Studie über das »Leben als letzte Gelegenheit« zu zeigen versucht. Die – gewiß spekulative, aber deshalb auch provozierende – Grundthese dieser Studie ist, daß »nicht prometheischer Geist, sondern Todesangst die Moderne inspirierte«[50]. Die besonders im 14. Jahrhundert von der Pest ausgehende »traumatische Todeserfahrung« habe zu einer Lebenshaltung geführt, für die das Leben als »letzte Gelegenheit« genutzt werden muß. Was dem Menschen übrig geblieben sei, »nachdem er sich aus dem übergreifenden Zusammenhang von Gottes Heilszeit befreit hatte, war sein zwischen Geburt und Tod eingezwängtes klägliches bißchen Leben«[51]. Das Aufkommen des Stundenglases als Sinnbild für die menschliche Vergänglichkeit mache dies bildhaft deutlich.

In Gronemeyers zivilisationskritischer Studie wird erkennbar, daß eine Beschleunigungskultur religiöse Wurzeln besitzt. Insofern verweist sie bereits weiter auf die Frage nach der

2.3 Zeit des Glaubens

Die Frage nach Glaube und Religion aufzuwerfen bedeutet beim Thema Zeit nicht einfach den Einbezug einer zusätzlichen Dimension. Vielmehr ist die Dimension von Religion und Glaube hier immer schon präsent. Dies gilt sowohl für die individuelle als auch für die gesellschaftliche Entwicklung von Zeit.

Die Literatur über die Entwicklung des Zeitbewußtseins von Kindern und Jugendlichen sowie die Darstellungen zur gesellschaftlichen Einbettung und Veränderung von Zeit enthalten immer wieder religiöse Bezüge im weiteren, aber auch engeren Sinne[52]. Zunächst ist festzuhalten, daß die Dimension der Zeit offenbar sowohl für den sich entwickelnden Menschen als auch für die sich wandelnde Gesellschaft zu den fundamentalen Kategorien gehört, die als ein tragendes Weltbild Wirklichkeit allererst strukturieren. Sinnfragen, wie sie im Jugendalter angesichts der erstmals bewußt überschaubaren eigenen Lebensspanne aufbrechen, besitzen eine elementare Beziehung zur Wahrnehmung von Zeit. Bemerkenswerterweise war weiterhin die Bestimmung von Zeit in ihrem Ursprung eine priesterliche Aufgabe[53]. Eine Ökonomisierung von Zeit wurde erst erreichbar, als sich die Zeitbestimmung von früheren

---

49 Ebd., 145f.
50 *M. Gronemeyer*, Das Leben als letzte Gelegenheit. Sicherheitsbedürfnisse und Zeitknappheit, Darmstadt 1993, 7.
51 Ebd., 15, 87.
52 Über die bereits gen. Literatur hinaus sei besonders verwiesen auf *N. Neumann*, Lerngeschichte der Uhrenzeit. Pädagogische Interpretationen zu Quellen von 1500 bis 1930, Weinheim 1993.
53 S. etwa *Elias*, Über die Zeit, 20.

religiösen Dimensionierungen abzulösen begann[54]. Schließlich besitzt auch der Zusammenhang zwischen dem Bewußtsein der eigenen Sterblichkeit und der jeweiligen Gestalt von Zeiterfahrung fast immer eine religiöse Komponente.
Aus solchen Verbindungen zwischen dem Thema Zeit und Religion oder Glaube erwächst die eingangs aufgestellte Behauptung, daß ein Aufbrechen der heute für selbstverständlich gehaltenen, an einer populär-physikalischen Zeit abgelesenen Zeitauffassungen eine wesentliche Voraussetzung für den produktiven Umgang mit religiösen und insbesondere biblischen und christlichen Formen der Zeitdeutung sei.

(1) Wird vor dem Hintergrund des bislang Gesagten nach dem *biblischen Zeitverständnis* gefragt, so läßt sich zunächst das allgemein über den geschichtlichen Wandel von Zeit Festgestellte auch an der Bibel und ihrer Umwelt nachvollziehen. Innerhalb des Alten Testaments ist eine Entwicklung zu beobachten, in deren Verlauf es zu einem abstrakten Zeitverständnis erst kommt[55]. Auch das Neben- und Ineinander zyklischer und linearer Zeitvorstellungen tritt hervor. Entscheidend ist aber die Relation von Verheißung und Erfüllung, die sich als eigentlich zeitstrukturierendes Verhältnis von den Anfängen bis hinein ins Neue Testament durchhält.
Das biblische Zeitverständnis enthält die Provokation einer veränderten Dimensionierung von Zeit, die als solche wahrgenommen und rekonstruiert werden muß. Zwischen Gottes- und Zeiterfahrung besteht ein enges Verhältnis.

Dieses Verhältnis kann in vielfältiger Weise schon an solchen Aussagen in der Bibel aufgenommen werden, in denen Zeit ausdrücklich thematisiert wird. Um nur einige Beispiele zu nennen: »Meine Zeit steht in deinen Händen«, Ps 31,16; »Ein jegliches hat seine Zeit, und alles Vorhaben unter dem Himmel hat seine Stunde: geboren werden hat seine Zeit, sterben hat seine Zeit ...«, Koh 3,1ff.; »Denn tausend Jahre sind vor dir wie der Tag, der gestern vergangen ist, und wie eine Nachtwache«, »Lehre uns bedenken, daß wir sterben müssen, auf daß wir klug werden«, Ps 90, 4.12; die Zeitansage Jesu; das eschatologische Denken des Paulus; das Ende der Zeit in der Offenbarung des Johannes (»Es soll hinfort keine Zeit mehr sein«, Apk 10,6).

Bei den zuletzt genannten thematischen Zusammenhängen weitet sich der Blick bereits über einzelne Bibelstellen hinaus auf die allgemeinere Frage nach einer *Theologie der Zeit*.

---

54 Stellvertretend gen. sei *J. Le Goff*, Zeit der Kirche und Zeit des Händlers im Mittelalter, in: *C. Honegger* (Hg.), Schrift und Materie, Frankfurt a.M. 1977, 393-415.
55 Vgl. *G. von Rad*, Theologie des Alten Testaments, II: Die Theologie der prophetischen Überlieferungen Israels, München 1975, 108ff; *H.W. Wolff*, Anthropologie des Alten Testaments, München ³1977, 127ff; unter Berücksichtigung alt- und neutestamentlicher Aspekte, *S. Herrmann*, Zeit und Geschichte, Stuttgart u.a. 1977; *ders.*, Art. Eschatologie I-VIII, bes. IV. Neues Testament, 270-299, in: TRE Bd. 10, 1982 (Lit.); allgemein *D. Georgi, M. Moxter* und *H.-G. Heimbrock* (Hg.), Religion und Gestaltung der Zeit, Kampen 1994 (Lit.); als knappe Zusammenfassung *K.-H. Bieritz*, Das Kirchenjahr. Feste, Gedenk- und Feiertage in Geschichte und Gegenwart, Berlin ²1988, 23ff.

(2) Die Aufgabe einer *Theologie der Zeit* kann allgemein in der – kritischen – Deutung von Zeit gesehen werden. Vorausgesetzt ist dabei eine systematische Rekonstruktion der biblischen Formen von Zeiterfahrung und Zeitbewußtsein – also der *Geschichte* und *Heilsgeschichte*, der *Eschatologie* mit ihren präsentischen und futurischen Auslegungen, der *Protologie*, der *Kairologie*, der *Apokalyptik* und der *liturgischen* Zeiterfahrung, um nur die wichtigsten zu nennen. *Individuell-biographische* und *gesellschaftlich-politische* Formen schließen sich unmittelbar an. Im folgenden sollen zwei Beispiele kritischer Zeittheologie aufgenommen werden – das erste im gesellschaftlichen, das zweite im individuellen Horizont. Welchen Beitrag kann eine theologische Deutung angesichts der Krise der Zeit, wie sie aus soziologischer Sicht beschrieben wurde, leisten? Als Beispiel für eine Antwort auf diese Frage wähle ich die Darstellung von J.B. Metz[56], der als einer der ersten für eine Erneuerung apokalyptischen Denkens angesichts gegenwärtiger Zeitkrisen plädiert und damit bei anderen – wie beispielsweise J. Moltmann[57] – Aufnahme und Weiterführung gefunden hat.

Metz setzt ein mit einer scheinbar paradoxen Forderung: Er hält es für erforderlich, daß die Theologie heute verstärkt auf »Zeitdruck« hinwirkt. Diese erstaunliche Auffassung erwächst für ihn aus der Frage, ob die zeitliche Überbeanspruchtheit heutiger Menschen nicht gerade Ausdruck einer »Zeitlosigkeit« – einer »Erfahrung zeitloser Zeit« – sein könnte. Im »Zeitalter der Zeitlosigkeit« gelte das Gesetz: »Keiner hat Zeit, keiner nimmt sich Zeit«. In einem solchen Zeitalter greifen deshalb »Zeitinflation« und »Machbarkeitskult« direkt ineinander. Beide beruhen auf einer »Vorstellung von Zeit als einem leeren, evolutionär ins Unendliche wachsenden Kontinuum, in das alles gnadenlos eingeschlossen ist«. Kritisch bemerkt Metz, daß die Logik der Evolution dabei als »neue Quasimetaphysik« fungiere. In ihr habe die »Vergleichgültigung von Zeit« die »systematische Herrschaft über das allgemeine Bewußtsein« übernommen. Diese Gleichgültigkeit lebe jedoch von einer Ideologie – der »Fiktion von Zeit als einer leeren, überraschungsfreien Unendlichkeit«. Eine Grundaufgabe theologischer Zeitdeutung bestehe deshalb darin, diese ideologische Verengung neu zu öffnen, sie zu unterbrechen. Aphoristisch: »Kürzeste Definition von Religion: Unterbrechung«[58].

---

56 *J.B. Metz*, Glaube in Geschichte und Gesellschaft. Studien zu einer praktischen Fundamentaltheologie, Mainz 1977, 149ff.
57 *J. Moltmann*, Der Weg Jesu Christi. Christologie in messianischen Dimensionen, München 1989, 172ff.
58 *Metz*, Glaube, 149-152.

Angesichts dieser kritischen Wahrnehmung müssen nach Metz zwei theologische Grundentscheidungen revidiert werden, weil sie die Theologie ihres kritischen Potentials der Zeitdeutung berauben. Abzulehnen sei erstens die »Uminterpretation der ›Naherwartung‹ in eine ›Stetserwartung‹«. Diese Uminterpretation habe nämlich nichts anderes bedeutet als die Angleichung an die evolutionären Zeitschemata, deren ideologische »Zeitlosigkeit« ja gerade den Ausgangspunkt von Metz' Rückfragen bildet. Den »Bann der Zeitlosigkeit« durchbreche aber – zweitens – auch keine »Konzentration des Zeitcharakters des Christentums auf Existenzzeit«. Dies führe nur zur »Denkfigur der Paradoxie von Zeit und Ewigkeit«[59].

Was soll an die Stelle der zu revidierenden theologischen Grundentscheidungen treten? Hier plädiert Metz für eine *Neubewertung der Apokalyptik*, in der er nun – ähnlich wie die neuere Exegese[60] – nicht mehr ein abzulehnendes Katastrophendenken sehen möchte:

»Sieht man in der jüdisch-christlichen Apokalyptik, die doch zu Recht als ›Mutter der christlichen Theologie‹ (E. Käsemann) gelten darf, nicht primär die mythische Bannung der Zeit in ein starres Weltschema, sondern – im Gegenteil – die radikale Verzeitlichung der Welt, dann ist das Katastrophenbewußtsein der Apokalyptik fundamental ein Zeitbewußtsein, und zwar nicht etwa ein Bewußtsein vom Zeitpunkt der Katastrophe, sondern vom katastrophischen Wesen der Zeit selbst, vom Charakter der Diskontinuität, des Abbruchs und des Endes der Zeit. Dieses katastrophische Wesen der Zeit macht Zukunft fraglich. Gerade dadurch aber wird sie zur ›echten Zukunft‹, gewinnt sie selbst Zeitstruktur und verliert ihren Charakter als jene zeitlose Unendlichkeit, in die hinein sich Gegenwart beliebig projiziert und extrapoliert«[61].

Die für die Apokalyptik zentralen Fragen – »Wem gehört die Welt? Wem ihre Leiden? Wem ihre Zeit?«[62] – sollen auf diese Weise für unsere Gegenwart neu entbunden und ihr kritisches Potential im Blick auf die Ideologie der »Zeitlosigkeit« freigesetzt werden.

Das zweite Beispiel christlicher Zeitdeutung, das hier im Sinne einer Theologie der Zeit aufgenommen werden soll, bezieht sich stärker auf die *Spannung zwischen physikalischer Zeit und Lebenszeit*. Theologisch kann diese Spannung sowohl unter dem Aspekt der Geschichte oder der Geschichten[63] als auch im Blick auf Gottesdienst und Liturgie bearbeitet werden. In beiden Fällen geht es um

59 Ebd., 152f.
60 Vgl. dazu O. *Böcher*, Kirche in Zeit und Endzeit. Aufsätze zur Offenbarung des Johannes, Neukirchen-Vluyn 1983; *ders.*, Christliche Endzeiterwartung – seit fast 2000 Jahren. Die Apokalypse des Johannes und die Geschichte ihrer Auslegung, in: *H. Kessler* (Hg.), Gefahren und Chancen des Wertewandels (Abhandlungen der Humboldt-Gesellschaft für Wissenschaft, Kunst und Bildung 12), Mannheim 1993, 241-258.
61 *Metz*, Glaube, 155.
62 Ebd., 157.
63 Vgl. zuletzt G. *Otto*, Zur Zeit. Eine Skizze, ThPr 28 (1993) 121-131; *H. Streib*, Erzählte Zeit als Ermöglichung von Identität, in: *Georgi, Moxter, Heimbrock* (Hg.), Religion, 181-198.

die Wiederherstellung einer humanen Zeitperspektive und -erfahrung. Nur die zweite Perspektive, die der Liturgie, will ich hier etwas weiter konkretisieren.

Grundlage aller Überlegungen bildet hier die Einsicht in den Zusammenhang von Liturgie als Fest und Feier mit den Formen menschlicher Zeiterfahrung. Die für die Moderne kennzeichnende Form der Zeiterfahrung und besonders die Krise der Zeit berührt diesen Zusammenhang, stellt ihn in Frage und fordert ihn neu heraus. Die ökonomisierte Zeit relativiere »die herkömmlichen kosmisch, jahreszeitlich und durch traditionelle Feste und Festzeiten geprägten Zeitstrukturen«[64]. Zugleich entstehe aber auch die »Suche nach einer anderen, bleibenden, sinn-vollen Zeit, nach erfüllter Gegenwart«, durch die sich der Gottesdienst herausgefordert sehe. Dabei sei es wichtig zu erkennen, »daß die Welt und die Liturgie nur dann wahrhaft menschlich sein und bleiben können, wenn man die bei aller Wandlungs- und Anpassungsfähigkeit letztlich doch bleibend vorgegebenen biologisch-psychischen und sozialen Strukturen der menschlichen Natur und die kosmischen Elementarstrukturen in der Welt ernstnimmt«[65] – eine Forderung, die mit ihrer Berufung auf unveränderliche anthropologische Vorgaben entsprechende Rückfragen aufwirft. Unabhängig von diesem möglichen Einwand bleibt jedoch die These, daß die »Erfahrung dimensionierter Zeit«, die durch Gottesdienst im Kirchenjahr ermöglicht und eröffnet werde, eine wesentliche Voraussetzung für die sinnvolle Erfahrung der »eigenen Lebenszeit« darstellt[66].

3 Zeit als Herausforderung für Religionspädagogik und Religionsunterricht

Wenn *Zeit* als neues Schlüsselthema für Religionsunterricht und Religionspädagogik angesehen werden soll, so bleibt nun noch zu fragen, *wie* dies geschehen kann. Konkretionen in drei Hinsichten möchte ich ausblicksweise verdeutlichen, wobei ich mich – dem religionsunterrichtlichen Schwerpunkt dieses Beitrags folgend – auf den schulischen Zusammenhang konzentriere.

1. *Zeit als Gestaltungsaufgabe.* »Das Wichtigste ist, den jungen Menschen in einer geeigneten Umgebung aufwachsen zu lassen, wo die hier drohenden Fehler vermieden sind und ein richtiges Verhältnis zum Raum und zur Zeit vorgelebt wird«[67]. Die bewußte Gestaltung von Zeit gehört so gesehen mit zu den Aufgaben, die der Religionspädagogik im Blick auf die Schulkultur heute zufallen[68]. Die

64   *H.B. Meyer*, Zeit und Gottesdienst. Anthropologische Bemerkungen zur liturgischen Zeit, LJ 31 (1981) 193-213, 202; z. weiteren Zusammenhang *R. Volp*, Liturgik. Die Kunst, Gott zu feiern, 2 Bde., Gütersloh 1992/1994.
65   *Meyer*, Zeit, 204, 207.
66   *H.M. Dober*, Erfahrbare Kirche: dimensionierte Zeit und symbolische Ordnung im Kirchenjahr, ZThK 89 (1992) 222-248, 229.
67   *O.F. Bollnow*, Antrophologische Pädagogik, Bern / Stuttgart ³1983, 99f.
68   Vgl. auch *H. Halbfas*, Das dritte Auge. Religionsdidaktische Anstöße, Düsseldorf 1982, 165ff.

Forderung nach einer »produktiven Verlangsamung des Lernens« ist sodann auf den Religionsunterricht selbst zu beziehen. Grundschulpädagogisch, aber auch in der Sekundarstufe, könnte dies bedeuten: »Zeiten der Stille« wahrnehmen, »sich auf Bilder einlassen«, Bibeltexte verweilend lesen[69]. Die Erfahrung produktiver Verlangsamung und zugleich einer Vielfalt möglicher Zeiten bildet auch die Grundlage für die Reflexion von Zeit, die als zweite Aufgabe für Religionsunterricht und Religionspädagogik zu nennen ist.

2. *Zeit als Bildungsaufgabe.* Folgt man den kritischen Analysen von Psychologie, Soziologie und Theologie, so markiert *Zeit* heute vor allem eine Bildungs*lücke*. Das zum geflügelten Wort gewordene Augustin-Zitat – »Wenn man mich nicht fragt, was Zeit ist, weiß ich es, wenn man mich fragt, weiß ich es nicht« – hat inzwischen einen neuen Sinn gewonnen: Wer nicht über die Zeit nachdenken kann, bleibt der Mythologie eines unkritischen populär-physikalischen Zeitverständnisses verhaftet. Die Ausbildung eines kategorial differenzierten Zeitverständnisses bildet daher die Voraussetzung für einen ideologiekritischen wie überhaupt für einen ethisch verantwortlichen Umgang mit der Zeit. Zugleich leistet ein solches differenziertes Zeitverständnis einen wichtigen Beitrag zur persönlichen Identitätsbildung und zur biographischen Selbstreflexion. Die Vielfalt biblisch-theologischer Zeitauffassungen erweist sich so als wichtige Möglichkeit zeiterschließender Bildung.

3. *Zeit als Medium fächerverbindenden Arbeitens.* Zeit als Bildungsaufgabe wahrnehmen bedeutet, unterschiedliche (disziplinäre) Perspektiven aufeinander zu beziehen. Im bislang Gesagten ist dies bereits im Blick auf Psychologie, Soziologie, Philosophie und Theologie erkennbar geworden. Für die Schule sind noch weitere Perspektiven zu nennen: Literatur, Musik, Ästhetik; Geschichte, Ökonomie und Recht; Physik, Biologie und Astronomie; Medizin und Pädagogik[70]. In allen diesen Fällen geht es darum, Voraussetzungen und Konsequenzen unterschiedlicher zeitlicher Perspektiven sichtbar zu machen und kritisch zu bewerten. Der »Streit um die Wirklichkeit«, in den sich der Religionsunterricht einbringen soll, ist heute nicht zuletzt im Blick auf die Zeit zu führen.

---

69 G. *Hilger*, Langsamer ist mehr! Vorschläge für eine produktive Verlangsamung des Lernens im Religionsunterricht, in: *Schweitzer* und *Faust-Siehl* (Hg.), Religion, 215-220.

70 Die genannte Literatur, s. bes. Anm. 9, enthält dazu vielfach geeignete Hinweise.

Abstract
In this article the attempt is made to understood ›time‹ as a key topic for religious education. Drawing on psychology, sociology, historical analyses as well as on theology, the phenomenon of time is discussed from three different perspectives: the time of children and youth, the time of society, the time of faith and religion. Finally, it is suggested in what respects ›time‹ may become important for the praxis of religious education.

3

Problemhorizonte und Berichte

3.1

David Day

Modell-Lehrpläne für den Religionsunterricht: die jüngste Entwicklung in Großbritannien[1]

In Großbritannien haben sich in letzter Zeit hinsichtlich des Religionsunterrichts interessante Entwicklungen ergeben. Man erwartet schon, daß sich im Umfeld dieses Faches Eigentümliches zuträgt, aber die letzten sechs Jahre waren mit einer Spannung ganz besonderer Art verbunden. Eine Weile sah es so aus, als ob zwei Merkmale des britischen Religionsunterrichts in einschneidender Weise modifiziert werden würden. Noch ist es zu früh vorauszusagen, was am Ende passieren wird.

Aber vielleicht sollte ich mit dem Anfang der Ereignisse beginnen. Im Jahre 1944 wurde der Religionsunterricht durch ein Bildungsgesetz als einziges Fach im Curriculum vorgeschrieben. Es sei bemerkt, daß nicht einmal Mathematik und Englisch diese Würde teilten.[2] Aber obwohl das Gesetz von 1944 für das ganze Land bestimmend war, gab es keine einheitlichen landesweiten Rahmenrichtlinien. Die Regierung gab die Verantwortung für die Erstellung der Rahmenrichtlinien an die regionalen Schulbehörden ab (»Local Education Authorities«). Das führte dazu, daß zum Beispiel eine sechzig mal fünfundvierzig Kilometer große Region, die nicht weniger als sieben Schulbehörden enthielt, entsprechend auf sieben verschiedene Rahmenrichtlinien für den Religionsunterricht kam.[3]
Ein zweiter überraschender Aspekt des britischen Religionsunterrichts betrifft das Verhältnis zwischen dem Lehrer bzw. der Lehrerin und dem Inhalt des Unterrichts. Während die verschiedenen religiösen und konfessionellen Gemeinschaften daran beteiligt wurden, den Inhalt der Rahmenrichtlinien zu bestimmen, ist das Unterrichten des Stoffes nicht den Kirchen, sondern professionellen Lehrkräften übertragen,

1 Zur Entwicklung der Religionspädagogik in England s. auch *M. Grimmitt*, Religionspädagogik im pluralistischen und multikulturellen Kontext, JRP 8, 1991, Neukirchen-Vluyn 1992, 37-54, und *ders.*, Die gegenwärtigen Probleme der religiösen Erziehung in England, JRP 3 (1986), ebd. 1987, 191-202.
2 Religious Education wurde als ein Fach bestimmt, das im Klassenverband für alle Schülerinnen und Schüler unterrichtet wird, gleichgültig welcher Konfession oder Religion sie angehören (Anmerkung des Übersetzers).
3 Die Rahmenrichtlinien der staatlichen Schulen wurden von Ausschüssen verabschiedet, in denen in den 50er und 60er Jahren Vertreter und Vertreterinnen aller Konfessionen und ab den 70er und 80er Jahren Vertreter und Vertreterinnen aller Religionen in der Region beteiligt waren. Da es zur Verabschiedung der Richtlinien der Zustimmung verschiedener Gremien bedurfte, wurden sie »Agreed Syllabus« genannt. Heute schreiben diese für staatliche Schulen größtenteils einen Unterricht vor, in dem alle Weltreligionen berücksichtigt werden (Anmerkung des Übersetzers).

von denen viele keine Bindung an die Gemeinschaften, die ihre Tätigkeit stützen, und – vielleicht – auch keinen persönlichen religiösen Glauben haben. Wenn man dann noch hinzufügt, daß in Großbritannien traditionell die Lehrer und Lehrerinnen beträchtliche Freiheiten haben, im Unterricht ihr eigenes Arbeitsvorgehen zu strukturieren und zu gestalten, und daß die Verlage die Freiheit haben, Lehrbücher aller Formen, Größen, Farben und Inhalte zu produzieren, dann kann man einschätzen, wie groß die Vielfalt ist, die den Religionsunterricht bislang charakterisiert.

Es erscheint nun fast so, als ob all dies sich ändern und mit dem Religionsunterricht so etwas wie eine Revolution geschehen könnte. Im Jahr 1988 verabschiedete die Regierung ein neues Bildungsgesetz, das das gesamte Bildungssystem – nicht nur den Religionsunterricht – reformierte. Das Gesetz führte ein staatlich festgelegtes Curriculum ein, das »National Curriculum«, so daß es nun zum ersten Mal obligatorisch wurde, Fächer wie Englisch, Geschichte, Mathematik, Musik und Geographie zu unterrichten. Es stellte ebenfalls sicher, daß nationale Unterrichtsprogramme und Stufen des Kenntnisstandes für jedes Fach und alle Klassen von der Vorschule bis zur 10. Klasse (»age range 5 to 16«)[4] festgelegt wurden. Am Ende hatte Großbritannien ein landesweites Curriculum wie andere Staaten, und am Ende, so dachte man weithin, würde eine feste Struktur Ordnung und höhere Standards in unsere Schulen bringen.

Man mag in dieser Situation gedacht haben, daß der Religionsunterricht seinen Platz im nationalen System neben den anderen Fächern einnehmen würde. Erstaunlicherweise lehnte es die Regierung ab, Religionsunterricht in das »National Curriculum« einzufügen – trotz lebhafter Lobby-Tätigkeit der Kirchenleitungen während der langen Sommerpause, bevor die Vorlage zum Gesetz wurde. Diese Ablehnung schien um so schwerer verständlich, als das Gesetz selbst eine positive Haltung gegenüber »spirituellem«[5] Unterricht im allgemeinen und dem Religionsunterricht im besonderen einnahm. Tatsächlich stärkte es in einer Reihe praktischer Fragen den Platz des Religionsunterrichts in den Schulen und versprach solchen Instituten zunehmende Macht, die dafür verantwortlich waren, daß das Fach nicht verwässert und aufgeschwemmt würde. Aber in der Frage des »National Curriculums« blieb die Regierung fest. Der Religionsunterricht wurde eingegliedert unter der Rubrik »Basis Curriculum« – ein eigenartiger Begriff, der bestimmt ist als »alle Fächer des Nationalen Curriculums plus Religionsunterricht«.

---

4 Da in Großbritannien die Schüler nur in seltenen Fällen nicht versetzt werden, entsprechen sich Klassen und Altersstufen (Anmerkung des Übersetzers).
5 Im englischen Gebrauch ist das Wort »spiritual« etwas weiter gefaßt als im Deutschen. Es umgreift »geistig-seelisch« in einem weiten säkularen Sinne, bis zu »religiös-spirituell« im engeren Sinne (Anmerkung des Übersetzers).

Man kann sich die Mischung aus ungläubigem Staunen, Belustigung und Verwirrung vorstellen, mit der diese Entscheidung von den Fachleuten des Religionsunterrichts begrüßt wurde. Die Aussicht, von dem öffentlichen Ansehen eines Faches des »National Curriculum« zu profitieren (ganz zu schweigen von dem Geld und den übrigen Möglichkeiten, die sich plötzlich erschlossen hätten), schien mit einem Schlag und ohne guten Grund vom Tisch gefegt. Bis heute ist nicht leicht zu erkennen, warum die Regierung diesen Weg einschlug.

Was auch immer der Grund war, Religionsunterricht blieb ein Fach, dessen Stoff regional bestimmt wurde. Das heißt nicht, daß das Gesetz sich über dieses Thema ausschwieg. In einem Paragraphen (§ 8.3), der inzwischen berühmt wurde, und in einer Ausdrucksweise, die immer wieder zitiert wurde, legte das Gesetz fest, alle Rahmenrichtlinien, die nach 1988 herausgegeben werden, sollen »reflect the fact that the principal religious traditions in Great Britain are in the main Christian whilst taking account of the teaching and practices of the other principal religions represented in Great Britain« (die Tatsache widerspiegeln, daß die grundlegenden religiösen Traditionen in Großbritannien in der Hauptsache christlich sind, während sie zugleich die Lehre und Religionsausübung der anderen grundlegenden Religionen, die in Großbritannien vertreten sind, berücksichtigen sollen). Einige wiesen darauf hin, daß dies das erste Mal sei, daß ein Bildungsgesetz ausdrücklich aufführt, daß Religionsunterricht andere Glaubensrichtungen als das Christentum zum Inhalt haben muß. Andere beobachteten, daß die Stoßrichtung dieses Paragraphen darin liege, die christliche Dominanz in diesem Fach in einer Art zu institutionalisieren, die für andere religiöse Gemeinschaften inakzeptabel sei.

Natürlich ließ der Paragraph 8.3 bei genauem Hinsehen beide Interpretationen zu. »Reflect« und »taking account« sagen wenig aus, solange sie nicht in Unterrichtseinheiten stundenweise mit einem Zeitplan ausgedrückt sind. Es wurden Überlegungen angestellt, was diese Begriffe wohl in Prozenten pro Religion zur Folge haben, aber zu diesem Zeitpunkt gab es keinen verbindlichen Kommentar der Regierung. Also machten sich die regionalen Schulbehörden daran, neue nach-88er Rahmenrichtlinien aufzusetzen, indem sie ihren gesunden Menschenverstand und ihre gute alte Verfahrensweise gebrauchten. In der Eile der darauf folgenden Arbeit an Richtlinien wurden etwa dreißig neue Rahmenrichtlinien ins Leben gerufen; die meisten sahen denen bemerkenswert ähnlich, die vor dem neuen Gesetz erschienen waren. Es war, als züchtige das Gesetz die Schulen mit der Gewalt einer Daunenfeder.

Diese Situation währte nicht lange. Was auch immer der Wortlaut genau sagte, das Gesetz wurde weitgehend verstanden als Formalisierung eines christlichen Übergriffs auf das Curriculum des Religionsunterrichts. Eines der besonderen Merkmale der neuen Szenerie war die aktive Beteiligung verschiedener christlicher Gruppen, die aus verschiedenen, aber untereinander zusammenhängenden Gründen den Vorrang des Christentums erzwingen wollten. Niemand war daher sonderlich überrascht, als eine Anzahl christlicher Eltern

Beschwerde gegen die Rahmenrichtlinien in Ealing und Newham einlegte und sie damit begründete, daß deren Inhalt nicht in Übereinstimmung mit den Anforderungen von Paragraph 8.3 sei. Briefwechsel des Bildungsministeriums legten dar, daß fehlende Bestimmungen zu den Inhalten als bedeutsamer Mangel angesehen wurde. Es sah so aus, als ob neue Rahmenrichtlinien sehr viel expliziter und präziser ausführen müßten, was in der jeweiligen Religion unterrichtet werden sollte. Was sogar noch größere Bestürzung hervorrief, war jedoch ein Bericht, der vom National Curriculum Council herausgegeben wurde – eine ausgesprochen mächtige und anerkannte Einrichtung. Dieses Organ machte sich anheischig zu zeigen, daß die überwiegende Mehrheit der neuen, nach-88er Rahmenrichtlinien darin versagte, den Forderungen des Gesetzes zu entsprechen, sei es auf Grund von Einzelheiten oder wegen der Stellung, die dem Christentum gegeben wurde. Diese Feststellung stürzte die meisten regionalen Schulbehörden in Verwirrung. Wenn sie nun versuchten, neue Rahmenrichtlinien herauszugeben, riskierten sie einen beträchtlichen Aufwand an Zeit, Anstrengung und Geld für ein Produkt, das vielleicht als inakzeptabel zurückgewiesen werden würde. Kein Wunder, daß viele sich entschlossen, Däumchen zu drehen, und versuchten, Zeit zu gewinnen, um klarere Leitlinien von oben abzuwarten.

Um dieser weitverbreiteten Verwirrung zu begegnen, beauftragte die Regierung die School Curriculum and Assessment Authority (»Behörde für das schulische Curriculum und für die Einschätzung schulischer Leistungen«), Modell-Lehrpläne zu erarbeiten, die als Beispiel dafür dienen sollten, wie den zugegebenermaßen mehrdeutigen Kriterien des Gesetzes entsprochen werden konnte. Ein erster Entwurf davon zirkulierte im Frühjahr 1994; die Endfassung wurde im Juli herausgegeben. Bei der öffentlichen Bekanntgabe der Modell-Lehrpläne waren Repräsentanten der religiösen Gemeinschaften zugegen, unter anderem der Erzbischof von Canterbury und der Oberrabbiner. Äußerungen der Zufriedenheit, Ausdrücke des guten Willens und das allgemeine Gefühl, Ordnung in das Chaos gebracht zu haben, begleiteten die Veranstaltung.

Dieser Abriß der Ereignisse seit 1988 mündet in zwei Fragen. Nachdem die Modell-Lehrpläne letztendlich das Licht der Welt erblickt haben, ist erstens zu fragen, *welche Art des Religionsunterrichts sie vertreten*. Die Dokumente betonen ihre beratende Funktion. Sie machen keine Vorschriften. Die Geschichte ihres Ursprungs und der Grund ihrer Existenz jedenfalls zeigen aber an, daß, beratend oder nicht, es schon eine recht kühne regionale Schulbehörde sein müßte, die sich über diese Vorschläge hinwegsetzt. Einen eigenen Weg zu gehen bedeutet, eben die Art von Problemen heraufzubeschwören, die doch zur Entstehung der Modell-Lehrpläne geführt haben. Die zweite Frage betrifft die Bedeutung dessen, was sich hier ereignet hat. *Was hat der Druck und der gesamte Prozeß zu bedeuten, der zu diesen Modell-Lehrplänen geführt hat?* Was bedeutet das alles für den Religionsunterricht?

Was soll als Religionsunterricht gelten?

Zwei Modell-Lehrpläne sind erarbeitet worden. Der erste, »Living Faiths Today« (Lebende Glaubensweisen heute), ist nach der Frage strukturiert, was es bedeutet, ein Mitglied einer Glaubensgemeinschaft zu sein. Der zweite, »Questions and Teachings« (Fragen und Lehren), ist um die religiösen Lehren strukturiert und bezieht sich auf maßgebende Ideen und Fragen, die sich aus der menschlichen Erfahrung ergeben. Damit entsprechen sie zwei grundlegenden Zugängen zum Religionsunterricht, wie er seit mindestens 1970 in Großbritannien stattfindet. Interessant ist die deutliche Abneigung gegen alle Zugänge, die auf einer thematischen Behandlung gemeinsamer Ideen und Konzepte mehrerer Religionen beruhen.[6] Eine lebendige Auseinandersetzung um das, was dann »Mischmasch« genannt wurde, hat zu einer Polarisierung verschiedener Gruppen für oder gegen den Wert thematisch orientierter Rahmenrichtlinien geführt. Dabei hielten die Beteiligten auch stärkere Gefühlsäußerungen nicht zurück. Die Regierung steht dem »Mischmasch« feindlich gegenüber, und diese Haltung drückt sich in der Linie aus, die die Modelle vertreten.

Der zweite wichtige Grundzug der Modelle ist der Vorrang des Christentums. Das Christentum soll auf jeder Stufe einer Schülerkarriere unterrichtet werden, normalerweise begleitet von einer oder höchstens zwei anderen Religionen. Es gibt keine Schulstufe, in der das Christentum nicht präsent wäre. Dasselbe kann natürlich nicht von irgendeiner der anderen fünf Religionen gesagt werden.[7] Darin entsprechen die Modelle lediglich dem Wortlaut des Paragraphen 8.3 des Bildungsreformgesetzes und der Interpretation dieses Abschnitts durch die Regierung in der von ihr herausgegebenen Erläuterung. Immerhin ist es einen Hinweis wert, daß die Endfassung der Modelle von der früheren Position abgerückt ist, die anteilige Unterrichtszeit festzulegen, die für das Christentum im Vergleich zu den anderen Religionen aufgewandt werden soll. Das scheint ein vernünftiger Schritt zu sein. In der Praxis hat das Christentum wahrscheinlich sowieso immer den Löwenanteil der Stundentafel eingenommen. Aber das auch sichtbar zu machen, steht auf einem

---

6 Der thematische Ansatz im englischen Religionsunterricht verbindet mehrere Religionen unter einer Fragestellung, die sich meist aus menschlichen Grunderfahrungen oder typischen Strukturen von Religion ergibt. Die Gegner sehen hierin eine Vermischung verschiedener Religionen (Mischmasch), während die Befürworter hier die eigentliche Aufgabe des englischen Religionsunterrichts sehen, nämlich erste Ansätze zum Dialog (Anmerkung des Übersetzers).

7 Die in England normalerweise unterrichteten fünf Religionen neben dem Christentum sind: Judentum, Islam, Hinduismus, Buddhismus und Sikhismus (Anmerkung des Übersetzers).

anderen Blatt und dürfte Besorgnis und Groll bei den anderen Religionen hervorrufen.

Die Religionen, die unterrichtet werden sollen, werden jetzt in in sich abgeschlossenen, wasserdichten Abteilungen präsentiert. Dieser Zug ist wahrscheinlich der heftigste Schlag für die, die an die übliche Art der »Agreed Syllabus« gewöhnt waren. Zum Beispiel im key-stage 3 (11 bis 14 Jahre)[8] wird das Christentum in drei Blöcken oder Einheiten unterrichtet – und fast nur in Einheiten, die von der eigenen Materie beherrscht sind (Christentum 3a: Glaube an Gott, die Evangelien, Jesu Lehren im Verhältnis zur modernen Welt, das Verständnis von Kirche; Christentum 3b: Christentum als Weltreligion; und Christentum 3c: Christentum in der Geschichte, Ausdrucksformen des Glaubens, Vielfalt und Einheit). Die anderen Religionen, Hinduismus, Buddhismus, Islam, Judentum und Sikhismus, haben alle je zwei solcher Einheiten, die den Stoff ebenfalls um grundlegende Fragestellungen anordnen (zum Beispiel: Islam 3a beinhaltet Allah, Führung und Glaube, Gottesdienst und Frömmigkeit, islamisches Verhalten und Ethik). Der überwiegende Eindruck ist der einer Masse von Material. Es besteht die Gefahr eines »information overkill«, und viele Einheiten sehen in der Tat recht unverdaulich aus.

Was hat diese Entwicklung des Religionsunterrichts zu bedeuten?

Ich möchte vier bedeutsame Themen herausgreifen:

1. Die Erarbeitung der Modelle ist Kennzeichen eines Trends hin zu landesweiten Rahmenrichtlinien für den Religionsunterricht.

Wie schon gesagt, hat es das bisher nicht gegeben. Die einander ablösenden Regierungen waren nicht geneigt, den Religionsunterricht anzutasten, und hatten die Verantwortung dafür den regionalen Schulbehörden übertragen. In der Theorie hat sich daran nichts geändert, aber in der Praxis werden die Modelle die Wirkung haben, »anerkannte Versionen« des Religionsunterrichts zu fördern. Das mag freilich nichts Schlechtes sein. Zur Zeit des Gesetzes von 1988 hofften viele Fachleute, daß das Fach Teil des »National Curriculum« werde. Wenn es dazu gekommen wäre, hätte es auch von den Mitteln profitiert, die dafür zur Verfügung gestellt wurden. Es kann sein, daß die Regierung gezwungen wurde, das Konzept der Modell-Lehrpläne einzuführen, um die Ideologie lokaler Interessen und Handlungsformen zu wahren, während sie in Wirklichkeit tatkräftig in allem außer dem Namen in Richtung landesweiter Rahmenrichtlinien drängt. Die nächsten ein oder zwei Jahre werden es zeigen.

2. Die Modell-Lehrpläne stellen ein weiteres Beispiel dafür dar, wie sich die Regierung augenblicklich auf Probleme des Religionsunterrichts einläßt.

Keine Regierung zuvor hat je so viel Interesse am Religionsunterricht gezeigt oder so viel Verpflichtungsgefühl gegenüber dem Fach wie die augenblickliche konservative Führung. Zwar war dies nicht immer unbedingt mit der nötigen finanziellen

---

8   Wie bei uns Primarstufe und Sekundarstufe werden in England key-stages (KS) unterschieden: 1.-2. Klasse ist KS 1; 3.-6. Klasse KS 2, 7.-9. Klasse ist KS 3 usw. (Anmerkung des Übersetzers).

Unterstützung verbunden, aber durch politische Absichtserklärungen und Rükkenstärkung hat die Regierung viel geleistet, die Fachleute des Religionsunterrichts zu ermutigen. So weit, so gut. Was allerdings etwas stört, ist das, was der Sinn und die Motivation dieser Unterstützung zu sein scheint. Viele haben den Verdacht, daß das Engagement der Regierung für einen Religionsunterricht, der die zentrale Stellung des Christentums betont und diesem ein hervorgehobenes Profil gibt, von der Absicht bestimmt ist, wieder eine einzige Religion als Grundlage der nationalen Einheit zu etablieren. Tatsächlich hat John Hull, einer der führenden Autoritäten auf dem Gebiet des Religionsunterrichts, darauf aufmerksam gemacht, daß dort, wo zwischen dem Christentum, als Erbteil Großbritanniens, und den anderen Religionen, die lediglich in diesem Land »vertreten« sind, unterschieden werde, ein Punkt erreicht sei, an dem sich die Geister scheiden müssen. Diejenigen, die diese Unterscheidung so nicht vertreten können, weisen darauf hin, daß dies Ausdruck eines geringen Engagements für die Idee einer multikulturellen, pluralistischen Gesellschaft sei und eine stillschweigende Marginalisierung der ethnischen Minoritäten betreibe.

3. Die laufende Debatte hat in eigenartiger Weise gezeigt, wie die Glaubensgemeinschaften wieder als Mächte auftreten, mit denen gerechnet werden muß.

Schon erwähnt wurde die lobbyistische Tätigkeit der etablierten christlichen Konfessionen. Andere interkonfessionelle Gruppen waren ebenfalls für die christliche Seite aktiv, aber die Debatte hat auch Antworten von anderen Religionen hervorgerufen. Die Märzausgabe von »Islamia« berichtet über eine Erklärung von »United in Faith« (einer Institution, die die nicht-christlichen Religionen in den Kommissionen für die Modell-Lehrpläne repräsentierte), die mißbilligte, wie der Unterricht im Christentum den Unterricht der anderen Religionen zurückdrängt. Sicherlich wird der Verdacht auf christlichen Imperialismus in den kommenden Monaten ähnliche Reaktionen hervorrufen und vielleicht schlimmstenfalls zu einer gewaltsamen Polarisierung führen. Aber die Religionen haben auch profitiert. Ein Heft, das den Modell-Lehrplänen beiliegt, legt ausführlich die Berichte der Arbeitsgruppen aller sechs Hauptreligionen dar. Jede Glaubensrichtung stellt die zentralen Konzepte und Ideen zusammen, die die jeweilige Gemeinschaft für wesentlich hält. Das sind autoritative und innovative Dokumente. Es wird keine Darstellung von Judentum oder Islam mehr geben, die nur den Vorstellungen der Lehrer und Lehrerinnen (oder Verlegern und Verlegerinnen) passen, ohne dem zu entsprechen, wie diese Religionen von den Glaubenden verstanden und ausgeübt werden.

4. Traurig genug – die Einmischung von Regierungsvertretern hat eine Vielzahl von Erklärungen hervorgebracht, die nur als Verdacht gegen die Fachleute des Religionsunterrichts beschrieben werden kann.

Eine Zeitlang schien es, als sei die Diskussion von Politikern und Amateurtheologen erobert worden. In den Jahren seit 1970 lagen Charakter und Richtung des Religionsunterrichts weitgehend in der Hand der Lehrer und Lehrerinnen, der Fachberater und Fachberaterinnen. Es hatte sich ein Konsens über die angemessene Praxis entwickelt. Es war befremdlich zu sehen, wie dieser Konsens von einigen Richtungen her stigmatisiert wurde. Dort wurde der Eindruck vermittelt, daß der Religionsunterricht sich ganz verirrt habe und von denen übernommen worden sei, denen jeder Kontakt mit dem eigentlichen Leben fehle, daß er die Kinder der Nation betrogen hätte, weil er sie mit einer Diät des »Mischmasch« gefüttert habe (dem jetzigen Standardausdruck für den Mißbrauch eines Unterrichts, der mehrere Religionen unter einem Thema vereint). In einer solchen Atmosphäre kann nichts Konstruktives wachsen. Hoffentlich werden die Modell-Lehrpläne das Ende dieser Phase anzeigen, und hoffentlich wird sich wieder eine Curriculumsentwicklung, die von erzieherischen Erwägungen geprägt ist, geltend machen können.

Es ist interessant, in dieser Zeit mit dem Religionsunterricht in Großbritannien befaßt zu sein. Viele Leser und Leserinnen mögen den Eindruck gewinnen, die Geschichte, die ich hier erzählt habe, illustriere nur zu gut die klassischen britischen Eigenschaften: Pragmatismus, Unlogik und Kompromisse! Sicher mag es so aussehen, als bewegten wir uns auf ein sehr unbritisches Gebilde zu, ein staatlich festgelegtes und landesweit gültiges Curriculum für den Religionsunterricht. Aber eins haben wir seit 1988 gelernt: Sichere Vorhersagen gibt es nicht. Warten wir ab, was noch daraus wird.

David Day ist Principal des St. John's College an der Universität von Durham und Senior Lecturer in Pädagogik.
Aus dem Englischen übersetzt von Karlo Meyer, Göttingen.

3.2

Norbert Mette

Bekenntnis-, nicht konfessionsgebunden

Anmerkungen zur Diskussion um den schulischen Religionsunterricht im Anschluß an die EKD-Denkschrift »Identität und Verständigung«

Angesichts der seit 1989 neu aufgebrochenen Diskussion um den schulischen Religionsunterricht, die in einer Reihe von Stellungnahmen, Memoranden und Ratschlägen ihren Niederschlag fand[1], lag es nahe, daß die Anfang September 1994 veröffentlichte EKD-Denkschrift zum Religionsunterricht[2] besonders auf die Frage hin geprüft und beurteilt wurde, wie sie es mit dem überkommenen Konfessionsprinzip dieses Schulfaches hält. Daß die Denkschrift dieses erneut bekräftigt, wobei sie allerdings die Möglichkeit eines konfessionell-kooperativen Religionsunterrichts vorsieht und gefördert wissen möchte, fand entsprechend der unterschiedlichen Standpunkte in der Öffentlichkeit eine zwiespältige Aufnahme: Die einen begrüßten, daß die Denkschrift bei aller grundsätzlichen Beibehaltung doch eine beachtliche Weiterinterpretation des Konfessionalitätsprinzips im Sinne einer offeneren Praxis vorgenommen habe. Die anderen erblickten gerade darin nur einen – gewissermaßen durch die schulpraktischen Notwendigkeiten aufgedrängten – halbherzigen Schritt und kritisierten, daß die Denkschrift nicht entschiedener wenigstens für einen ökumenischen, wenn schon nicht für einen interreligiösen Religionsunterricht plädiert habe.[3]

Sicher ist die Konfessionalitätsfrage ein entscheidender Punkt, wenn es um das Problem eines zukunftsfähigen Konzepts des Religionsunterrichts geht. Aber man wird dem Anliegen und der Anlage der Denkschrift nicht gerecht, wenn man das Augenmerk ausschließlich darauf fixiert und sie insgesamt daran bemißt. Läßt man sich auf die Gesamtargumentation der Denkschrift zum Standort und zu Perspektiven des Religionsunterrichts ein, kann ihr – so die Leitthese der folgenden kritischen

---

1 Vgl. die Dokumentation in: EvErz 45 (1993) Heft 1: Religionsunterricht und Konfessionalität.
2 Identität und Verständigung. Standort und Perspektiven des Religionsunterrichts in der Pluralität. Eine Denkschrift der Evangelischen Kirche in Deutschland, Gütersloh 1994 (die Klammern im folgenden enthalten Seitenangaben dieser Denkschrift).
3 Vgl. z.B. *H. Gloy*, Schule soll die Gemeinschaft fördern, statt sie zu zerbrechen, in: DASBl vom 7.10.1994.

Auseinandersetzung – bescheinigt werden, daß sie für dieses Schulfach eine angesichts der sich stellenden Herausforderungen höchst bemerkenswerte und tragfähige Grundlage und Gestalt entwickelt hat. Folgt man der ausführlich entfalteten Logik der Denkschrift, kann man möglicherweise in der Konfessionalitätsfrage zu einer anderen Schlußfolgerung gelangen, als die Denkschrift es tut.

»Nur wenn Religionsunterricht sich ... vom Bildungsauftrag der Schule her versteht, ist er in Zukunft zu rechtfertigen.« Dieser programmatische Grundsatz – entnommen dem 1992 veröffentlichten Plädoyer des Deutschen Katecheten-Vereins zum »Religionsunterricht in der Schule«[4] –, der eine erhebliche Akzentverlagerung in der Debatte um die Begründung dieses Schulfaches beinhaltet, wird von der Denkschrift konsequent befolgt und könnte ihr darum gewissermaßen als Motto vorangestellt werden. Sie argumentiert fast durchgängig pädagogisch bzw. religionspädagogisch. Die theologische Vergewisserung fällt relativ knapp aus. Verfassungsrechtliche Aspekte, die früher sehr stark herausgestellt wurden, werden eher beiläufig abgehandelt.

Was in bildungs- und schultheoretischer Hinsicht an Analysen und Reflexionen vorgelegt wird, geht weit über den Religionsunterricht hinaus und verdient darum auch allgemeine Beachtung. Indem sie von Anfang an klar macht, daß es ihr nicht vordergründig um die Sicherung ihrer eigenen Interessen geht, sondern sie sich auf gehaltvolle Weise in den allgemeinen, kontrovers geführten bildungstheoretischen und -politischen Diskurs einmischt, ist diese Denkschrift zu einem überzeugenden Beispiel geworden, wie die Kirche ihre öffentliche Mitverantwortung für das Bildungswesen wahrnehmen kann (vgl. 44f).

Daß der spätestens in der jetzt heranwachsenden Generation zu verzeichnende epochale religiöse Traditionsbruch dazu nötigt, ganz neu die damit gegebenen Voraussetzungen und Möglichkeiten des Religionsunterrichts zu bedenken, ist innerhalb der aktuellen religionspädagogischen Diskussion wohl kaum mehr strittig. Die Denkschrift führt allerdings neben dieser spezifischen Herausforderung noch zwei weitere und allgemeinere Herausforderungen an, die nach ihrem Dafürhalten bei den Überlegungen über Standort und Perspektiven des Religionsunterrichts unbedingt mitzuberücksichtigen sind (vgl. 9f): Zum einen konstatiert sie eine insbesondere auf die Lebensführung des einzelnen sich folgenreich auswirkende Grundlagenkrise der Moderne; zum anderen sieht sie das noch verschärft durch die zunehmende Ungewißheit der Zukunft, wovon die nachwachsende Generation am nachhaltigsten betroffen ist. Was heißt Bildung angesichts dieser tiefgreifenden »Krise der Lebensorientierung in einer pluralen, von Gegensätzen gezeichneten Welt, die gleichzeitig von

---

4 Wiederabgedruckt in: EvErz 45 (1993) 34-44, hier: 34.

tiefgreifenden Zukunftssorgen bedrängt ist und sich als die ›Eine Welt‹ erkennt« (10)? Nach der Denkschrift müssen ihre Aufgaben nach zwei Seiten hin vermessen werden (vgl. 10f): Es geht um das Erlernen von sozialer Verantwortung und Handlungsfähigkeit auf der einen und von individueller Orientierung und kommunikativer Kompetenz auf der anderen Seite. Die Frage ist allerdings, woher die für solche umfassenden Lern- und Bildungsprozesse erforderlichen Ressourcen genommen werden können.

In diesem Zusammenhang plädiert die Denkschrift dafür, der ethisch-religiösen Dimension in der Erziehung und Bildung verstärkt Beachtung zu widmen (vgl. 31ff). Sie knüpft dabei an der pädagogischen Debatte um eine zukunftsfähige Allgemeinbildung an und bringt ergänzend zu den von W. Klafki zusammengestellten »epochaltypischen Schlüsselproblemen« die drei folgenden fundamentalen Fragestellungen ein, die unbedingt zu einem auf Gegenwart und Zukunft hin angemessenen Bildungskonzept gehörten:

1. die ethische Grundlagenproblematik, die dahingehend umrissen wird, daß die Fähigkeiten der Menschen zur ethischen Beurteilung mit der laufenden Zunahme an Wahlmöglichkeiten für sie nicht mehr Schritt halten würden;

2. das Pluralismusproblem, das eine Suche nach verbindlichen Bezugspunkten erschwert und teils fundamentalistische, teils relativistische Einstellungen begünstigt;

3. die Religion, die nicht einfach als Privatsache abgetan werden kann, sondern sich weiterhin auch gesellschaftlich als bedeutsam erweist.

Aus einem so angereicherten und vervollständigten Bildungsverständnis ergeben sich nach Auffassung der Denkschrift für die Schule vor allem folgende drei übergreifende Aufgaben (vgl. 35):
-   »mit prägenden Kräften und Traditionen der eigenen Kultur und Geschichte vertraut zu machen« (Vergangenheitsdimension der Bildung);
-   »das Zusammenleben von Menschen anderer Länder, Kulturen und Religionen zu fördern« (Gegenwartsdimension von Bildung);
-   angesichts der Gefährdungen einer »Risikogesellschaft« zur »Mitverantwortung für die weltweite Bewahrung des Lebens in Frieden und Gerechtigkeit« zu befähigen (Zukunftsdimension der Bildung).

Um zu einer bewußteren Wahrnehmung der bei diesen »Schlüsselproblemen« unweigerlich ins Spiel kommenden philosophischen, ethischen und theologischen Fragen und zu einem reflektierteren Umgang damit anzuhalten, empfiehlt die Denkschrift die Einrichtung einer eigenständigen Fächergruppe in der Schule, gebildet aus den jeweils an einer Schule vertretenen (evangelischen, katholischen, orthodoxen, jüdischen, islamischen) Religionslehren sowie dem Ethik- bzw. Philosophieunterricht (vgl. 34f; 73-81). Von der Ein-

richtung eines solchen eigenständigen Pflichtbereichs verspricht sie
sich, daß zum einen die Bedeutung der von diesen Fächern behandelten Fragen und Themen für die Allgemeinbildung unterstrichen
wird und daß zum anderen die beteiligten Fächer verstärkt miteinander kooperieren, um so ihrer gemeinsamen Aufgabe nachzukom-
men, »die Verständigungsbereitschaft und -fähigkeit der jungen Generation in besonderer Weise zu fördern« (90).

Diese Aufgabe wird dann auf den (evangelischen) Religionsunterricht hin konkretisiert, und zwar mit Blick sowohl auf seinen Sinn und seine Aufgaben (vgl. 26ff) als
auch auf die ihm angemessenen didaktischen Prinzipien des Lehrens und Lernens
(vgl. 50ff). Wohltuend fällt auch hier auf, daß die Denkschrift – was sich von dem
zugrundegelegten Bildungsverständnis her auch nahelegt – eine bloß auf das eigene
Fach beschränkte Sichtweise zu überwinden bemüht ist und wo immer möglich
nach Kooperation mit anderen Fächern und nach entsprechenden Unterrichtsformen (z.b. Projektmethode) Ausschau hält (vgl. z.B. 52, 69f). Zugleich wird aber
auch Wert darauf gelegt, daß die spezifische Eigenart des (evangelischen) Religionsunterrichts zum Zuge kommen kann.

Um sie zu bestimmen, ist die vorgenommene pädagogische Begründung – Religion als unverzichtbare Dimension von Bildung – zwar
notwendig, aber nicht hinreichend. Die spezifischen Inhalte dieses
Faches wurzeln in der christlichen Glaubenserfahrung und haben
»in der Sendung und Person Jesu Christi ihren Ausgangspunkt«
(36); sie zu erschließen und auszulegen, ist Sache der theologischen
Vernunft. Worum es hierbei geht, so betont die Denkschrift, umgreift mehr als das, »was die staatliche Schulpolitik als Beitrag des
Religionsunterrichts zu Sinn- und Wertfragen normalerweise erwartet und auch erwarten darf« (ebd.). Im Religionsunterricht kommen
Inhalte zur Sprache, die sich nicht einfach für vorgegebene Ziele
und Aufgaben instrumentalisieren lassen, sondern die umgekehrt
»das Bildungsgefüge der Schule durch eine ›überschießende‹ Dynamik provozieren können« (ebd.; vgl. 18f).

Dies ist etwa dann der Fall, wenn im Religionsunterricht die alten Geschichten wei-
tererzählt werden, die auch heute noch »Perspektiven der Lebenszuversicht und der
Hoffnung« (28) zu eröffnen vermögen, wenn er den »Ernst des Wahrheitsproblems«
(30) wachhält und vor Augen führt oder wenn er die Gegebenheit des Bösen und
damit von Schuld und Sünde in der Welt (incl. der religiösen Institutionen) nicht
einfach verdrängt (vgl. 29f). »Religion vermittelt«, so läßt sich hier treffend ein Dik-
tum von H. Luther anführen, »das Bewußtsein vom Grenze in zweifacher Hinsicht:
im Blick auf die Wahrnehmung von Welt, die als verbesserlich und erlösungsbedürf-
tig wahrgenommen und nicht als gut hingenommen wird, und im Blick auf die
Selbstwahrnehmung, die auf die Fragmentarität und Gebrochenheit menschlichen
Identitätsstrebens achtet.«[5]
Was hier die Denkschrift ansatzweise leistet, verdient große Beachtung; und die Religionspädagogik müßte es sich angelegen sein lassen, daran verstärkt weiterzuarbei-

---

5 *H. Luther*, Religion und Allgemeinbildung, in: EvErz 43 (1991) 2-6, hier: 5f.

ten, will sie den christlichen Glauben als zukunftsfähig erweisen: das Bemühen nämlich um eine bildungstheoretische Rekonstruktion bzw. Transformation der zentralen Erfahrungsgehalte dieses Glaubens.[6]

Wenn die pädagogisch-bildungstheoretischen Überlegungen in dieser Denkschrift einen so bedeutsamen Stellenwert einnehmen, so hängt dies damit zusammen, daß es ihr darum geht, Sinn und Aufgaben des schulischen Religionsunterrichts ganz konsequent mit Blick auf die Herausforderungen und Erfordernisse, wie sie sich von der Lebenssituation der heutigen Heranwachsenden her aufdrängen, zu begründen und zu konzipieren. »Damit«, so kommentiert K. Goßmann zu Recht, »ist eine Grundentscheidung getroffen worden, die für die Kirche selbst von Bedeutung ist. Denn hier kommen nicht Kriterien ins Spiel, die von einer vorgegebenen Beziehung zum Glauben oder der Kirchenmitgliedschaft ausgehen, sondern von dem jungen Menschen, von dem Prozeß seiner Identitätssuche, so wie er sie vollzieht, bejaht und verantwortet – ein Aspekt, der auch im Rahmen künftiger Kirchentheorie stärker reflektiert werden müßte, als dies bisher der Fall ist.«[7] Innerhalb der katholischen religionspädagogischen Diskussion wird dies übrigens unter dem Stichwort »diakonischer Religionsunterricht« erörtert.[8]
Um den Kindern und Jugendlichen so gut wie möglich gerecht werden zu können, werden in der Denkschrift zunächst die wichtigsten Befunde aus der neueren Kindheits- und Jugendforschung zu den allgemeinen sowie zu den spezifischen religiösen Bedingungen des Aufwachsens in der heutigen Gesellschaft zusammengetragen. Es wird dabei u.a. durchaus noch »ein gewisses religiöses Interesse« konstatiert, »das aber von christlichen Vorstellungen und kirchlich-dogmatischen Traditionen abgekoppelt ist« (15f). Diese jeglichen institutionellen Vorgaben gegenüber reserviert sich gebende Haltung entspricht nach der Denkschrift genau dem Bestreben der jungen Leute, ihr Recht auf persönliche Selbstbestimmung in Anspruch zu nehmen – mit welchen ambivalenten Konsequenzen auch immer das verbunden sein mag.
Aufgrund dieser Situationsanalyse folgert die Denkschrift, der Religionsunterricht müsse es sich – neben dem Ethik- bzw. Philosophieunterricht – in besonderer Weise angelegen sein lassen, sich der fundamentalen Orientierungsschwierigkeiten der Heranwachsenden anzunehmen und einen »Beitrag zur persönlichen religiösen Orien-

---

6 Vgl. hierzu beispielhaft anregend: *J.B. Metz*, »Leiden beredt werden zu lassen«, ist Bedingung aller Wahrheit«, in: Die Weltwoche vom 17.11.1994.
7 *K. Goßmann*, Identität und Verständigung als Aufgabe des Religionsunterricht, in: CI-Informationen 2/94, 2.
8 Vgl. z.B. *G. Bitter*, Religionsunterricht zugunsten der Schüler. Umrisse eines diakonischen Religionsunterrichts, in: PR 43 (1989) 639-658.

tierung und Bildung« (26) zu leisten. Allerdings habe dies so zu erfolgen, daß »die selbständige, erfahrungsbezogene Aneignung und Auseinandersetzung« (27) gefördert werde. Die Denkschrift schlägt dazu eine Fülle von didaktischen Prinzipien vor, die hier nicht im einzelnen dargelegt werden können. Insgesamt korrespondieren sie dem doppelten Lernziel, wie es der Titel der Denkschrift programmatisch angibt: »Identität und Verständigung«.

»Identität« heißt: Der Religionsunterricht soll den Schülerinnen und Schülern behilflich sein, zu einer eigenen Identität auch in religiöser Hinsicht zu gelangen. Wie sie ausfällt, muß offen bleiben und ist in jedem Fall zu respektieren. Geleistet wird eine solche Hilfe zur Identitätsbildung durch erfahrungsbezogene, altersgemäße und biographienahe Vermittlungs- und Aneignungsprozesse, durch Angebote zu einem identifikatorischen Lernen und überhaupt durch die Vermittlung der Erfahrung, daß es für das eigene Leben bereichernd sein kann, wenn man bereit und fähig ist, sich verbindlich auf etwas einzulassen und dafür einzustehen.

»Verständigung« besagt: Die anzustrebende Identität besteht in einer kommunikativen Kompetenz, die sich nicht rigide anderen gegenüber abgrenzt, sondern sich offen und verständigungsbereit zeigt gegenüber anderen Identitäten. Gefördert wird das durch Lernprozesse, die – zumal angesichts der faktischen Pluralität – dazu verhelfen, die anderen und anderes zu verstehen und anzuerkennen, also durch interkulturelles und fächerübergreifendes sowie ökumenisches und interreligiöses Lernen.

Daß es sich bei all dem um Lernformen handelt, die nicht bloß auf die kognitive Ebene abheben, sondern auch den affektiven sowie pragmatischen Bereich einbeziehen, versteht sich von selbst. Für den Religionsunterricht heißt das, daß er auf die Begegnung mit religiöser bzw. christlicher Praxis angewiesen ist. Er muß darum, wie die Denkschrift mehrfach hervorhebt, immer wieder auch die Grenzen des Faches sowie die Grenzen der Schule überschreiten und Kontakte etwa mit Kirchengemeinden in der Umgebung suchen. Vor diesem Hintergrund sprechen durchaus gewichtige Argumente für den Standpunkt, den die Denkschrift schließlich in der Konfessionalitätsfrage einnimmt. Wenn nämlich der Text für eine Beibehaltung des Konfessionalitätsprinzips plädiert – allerdings dies ausdrücklich nicht in Form der »katholischen Trias« von Lehrer, Schüler und Inhalt angewandt wissen möchte, sondern als »Angebot« für alle Schülerinnen und Schüler unbeschadet ihrer konfessionellen oder religiösen Herkunft und Orientierung –, dann geschieht dies nicht in der Absicht, mit allen Kräften ein Privileg der Kirche in der Schule weiterhin zu erhalten. Es geschieht vielmehr im Interesse der Kinder und Jugendlichen, die zumindest das Recht haben zu wissen, »woran sie sind«, wenn sie an einem bestimmten Religionsunterricht teilnehmen, und die grundlegender noch ein Recht haben, »sich frei und selbständig religiös orientieren zu können« (38), sei es, um den bisher vermittelten Glauben sich vertiefend anzueignen, sei es, um nach Kennenlernen und Prüfen eine bewußte Entschei-

dung treffen zu können. Daß dies nicht in einer pluralismus- und
demokratiefeindlichen fundamentalistischen Manier erfolgt, das
wird einerseits durch das »staatliche Aufsichtsrecht« über den Religionsunterricht an der Schule garantiert. Andererseits entspricht es
– wie die Denkschrift unterstreicht – dem heutigen Selbstverständnis sowohl der evangelischen als auch der katholischen Kirche, daß
sich Konfession und ökumenische sowie interreligiöse Offenheit
und Verständigungsbereitschaft alles andere als gegenseitig aus-
schließen. Nachhaltig bekräftigt wird das dadurch, daß grundsätzlich für den Religionsunterricht die Orientierung an einer »ökumenischen Hermeneutik« und darüber hinaus eine verstärkte konfessionelle Kooperation an der Schule in allen Bereichen (Schülerschaft, Lehrerschaft, Inhalte) gefordert wird (vgl. 65-72).
Ist der Standpunkt, zu der die Denkschrift hinsichtlich der Konfessionalitätsfrage gelangt, von dem argumentativen Kontext her auch
nachvollziehbar, so heißt das allerdings nicht, daß er sich damit
zwingend auferlegt. Mit den Argumenten der Denkschrift selbst –
und zwar sowohl mit den theologischen als auch mit den pädagogischen – läßt sich auch eine andere Schlußfolgerung ziehen, die eindeutig in Richtung zumindest eines ökumenischen Religionsunter-
rrichts weist:
Was die sozialisatorisch-pädagogischen Gegebenheiten und Möglichkeiten angeht, äußert sich die Denkschrift sehr realistisch: »Weil
eine dichte christliche Erziehung oder auch nur eine allgemeinere
religiöse Sozialisation in vielen Familien nicht mehr stattfindet,
führt der Religionsunterricht der öffentlichen Schule immer öfter
zu einer Erstbegegnung mit Glaube, Religion und christlicher
Überlieferung. Hierdurch wird der Religionsunterricht vielfach zu
einem Alphabetisierungsprozeß. Man kann von einem neuen Prinzip alphabetisierenden Lernens sprechen, das auf die Grundelemen-
te des Christentums bezogen ist.« (54) An anderer Stelle wird das
unterstrichen, indem auf das Prinzip der Elementarisierung verwiesen wird (vgl. 28); statt daß die Schülerinnen und Schüler durch
Stoffülle und Pensendruck gleichsam erstickt werden, sei der Unterricht auf die Vermittlung elementarer Inhalte und Strukturen zu
konzentrieren. In der Tat hat der Religionsunterricht unter den heutigen Bedingungen eine Menge erreicht, wenn er eine »religiöse
Propädeutik« (die allerdings nicht bloß auf die kognitive Dimension
beschränkt bleiben darf) geleistet hat. Natürlich wird diese durch
den konfessionellen bzw. religiösen Standort des Lehrers oder der
Lehrerin mitgeprägt. Aber hierbei handelt es sich in der Regel um
eine Widerspiegelung der bestehenden theologischen Interpretationsvielfalt der gemeinsamen Glaubensfundamente.

Bestätigt wird das durch die spärlichen Hinweise auf die zentralen Inhalte des Religionsunterrichts, etwa 18f: Schöpfung, Auferstehung, Kreuzestod, Jesus Christus, Kirche, Ethik. Hier sind keinerlei kontroverstheologischen Unterschiede zu erkennen. Was dann ausdrücklich zur theologischen Bestimmung von »Konfessionalität in evangelischer Sicht« gesagt wird (vgl. 61ff), wird mit dem Hinweis eingeleitet: »Die lutherischen Bekenntnisschriften wollten ursprünglich nicht Lehrgrundlagen von Partikularkirchen sein; durch sie sollte die universale christliche Wahrheit zur Geltung kommen.« (61) Ist dies nur eine historisch zutreffende Aussage oder nicht doch auch, wie die zwischenkirchlichen Lehrgespräche mittlerweile erbracht haben, eine durch und durch theologisch gültige Feststellung? Und in der Tat läßt sich bei den formulierten sechs Punkten kein grundsätzlicher theologischer Dissens zur katholischen Auffassung angeben. Zwar würde die eine oder andere möglicherweise von der jeweils eigenen Tradition oder Theologie her anders formuliert und/oder akzentuiert. Doch eine solche Interpretationsvielfalt gibt es schließlich im evangelischen Raum selbst. Schließlich empfiehlt die Denkschrift gerade für die Behandlung der zwischenkirchlich umstrittenen Themen gemeinsame Unterrichtsphasen (vgl. 69). Auch von inhaltlicher Seite steht damit letztlich einem gemeinsamen christlichen Religionsunterricht nichts im Wege. Angeführte Bedenken in verfassungsrechtlicher Hinsicht werden gegenstandslos (37ff), wenn die Kirchen sich entschließen, sich auf »gemeinsame Grundsätze« zu verständigen, wozu sie theologisch in der Lage wären und was sie aus (religions-)pädagogischen Gründen möglichst umgehend in Angriff nehmen sollten. Warum sollte nicht der Religionsunterricht fördern, womit sich die Kirchen augenblicklich einmal wieder schwer tun: die Ökumene entschiedener vorantreiben?

Um es nochmals zu betonen: In einem ökumenischen Religionsunterricht wird die Bekenntnisgebundenheit dieses Faches nicht aufgegeben; sie wird nur nicht mehr mit dem Konfessionalitätsprinzip gleichgesetzt. Es ist genau eine solche verhängnisvolle theologische Kategorienverwechslung, die sich durch die Denkschrift hindurchzieht, wenn sie nämlich zu Recht zu einer »konfessorischen Kompetenz« (54) befähigen möchte und diese darum auch von den Lehrpersonen zumindest in diesem Fach erwartet, diese jedoch zugleich an den bestehenden konfessionellen Ausrichtungen des Christentums festgemacht wissen möchte. Theologisch gilt ja gerade – und dies unterstreicht die Denkschrift ausdrücklich (z.B. 54, 63), und es entspricht wohl auch faktisch dem unter immer zahlreicher werdenden Gläubigen der verschiedenen Kirchen anzutreffenden Bewußtsein –, daß der Religionsunterricht in dem Maße, wie er sich bekenntnisgebunden versteht, auf die Einheit des Glaubens zielt und damit die bestehenden Konfessionstümer transzendiert.[9] Es liegt dann nahe, daß dem auch seine organisatorische Gestalt entspricht. Damit wäre sicher auch der Zukunft dieses Faches besser gedient, sieht man einmal davon ab, daß ein solcher ökumenischer Religionsunterricht an vielen Orten bereits jetzt schon praktiziert wird.[10]

---

9 Vgl. dazu sehr klar R. *Schlüter*, Ökumenische Perspektiven eines bekenntnisgebundenen Religionsunterrichts, in: KatBl 118 (1993) 810-814.
10 Vgl. z.B. KatBl 119 (1994) Heft 6: Ökumenische Zusammenarbeit.

Vermehrt findet die Auffassung Zustimmung, angesichts der derzeitigen multikulturellen und -religiösen Situation reiche ein ökumenischer Religionsunterricht nicht aus; erforderlich sei ein »interreligiöser Religionsunterricht«. Daß angesichts der auch weltanschaulich und religiös höchst heterogen gewordenen Schülerschaft die Schule vor neuen Herausforderungen steht – als »Bildung zur Pluralitätsfähigkeit« könnte man die anstehende Integrationsaufgabe umreißen –, ist unbestritten (vgl. 23). Allerdings ist es voreilig, aus der Not eine Tugend zu machen und nunmehr alle Schülerinnen und Schüler unter dem Dach eines gemeinsamen Religionsunterrichts zusammenführen zu wollen. Denn dazu sind die erforderlichen hermeneutischen und didaktischen Grundlagenfragen noch längst nicht hinreichend angegangen, geschweige denn gelöst.[11] Zudem könnten sich dadurch gerade Angehörige von »Minderheitsreligionen« in problematischer Weise vereinnahmt fühlen. Allererst wäre darum für sie die Möglichkeit zu einem eigenständigen Religionsunterricht an der Schule vorzusehen, wofür sich auch die Kirchen einsetzen sollten. Für die Schülerinnen und Schüler könnte übrigens eine solche Pluralität von Religionsunterrichtsangeboten an der Schule sehr reizvoll sein. Und durch die Einrichtung einer eigenständigen Fächergruppe, wie die Denkschrift sie fordert, würde es begünstigt, daß hier im Unterschied zu der hergebrachten Fächertrennung viel stärker – etwa in der Durchführung von gemeinsamen Projekten – miteinander kooperiert würde, wodurch konkret erfahrbar würde, daß bekenntnisbezogene Bestimmtheit und dialogische Verständigung sehr wohl miteinander vereinbar sind.[12]

Wenn hier bei aller grundsätzlichen Würdigung der Denkschrift als einem beachtlichen neueren religionspädagogischen Ereignis in der Konfessionalitätsfrage eine andere Position eingenommen wurde, so muß der Rezensent der Ehrlichkeit halber eingestehen, daß in seiner eigenen Kirche, nämlich der römisch-katholischen, auf dem überkommenen Konfessionalitätsprinzip noch viel rigider insistiert wird, als es die evangelische Kirche tut; und es zeichnet sich auf absehbare Zeit keine nachhaltige Änderung in dieser Hinsicht ab.[13] Zwar werden im katholischen Raum insbesondere von religionspädagogischer Seite die Stimmen immer lauter, die einen deutlichen Richtungswechsel anmahnen.[14] Und auch in der Praxis werden längst andere Wege begangen. Aber auf kirchenleitender Ebene herrscht weithin eine Kurzsichtigkeit vor, die mit Blick auf die weitere Existenz des Religionsunterrichts als Schulfach beängstigend zu nennen ist. Am ehesten wird noch in manchen Teilen der katholi-

---

11 Vgl. *J.A. van der Ven* und *H.-G. Ziebertz* (Hg.), Religiöser Pluralismus und Interreligiöses Lernen, Kampen / Weinheim 1994.
12 Vgl. dazu beispielhaft *F. Doedens*, Interkultureller Religionsunterricht in Hamburg, in: *I. Lohmann* und *W. Weiße* (Hg.), Dialog zwischen den Kulturen, Münster / New York 1994, 333-344.
13 Vgl. *B. Krautter*, Von den Kirchen gemeinsam verantworteter Religionsunterricht?, in: KatBl 119 (1994) 763f (diese »offiziöse« Stellungnahme nimmt den Tenor der nach der Frühjahrsvollversammlung 1995 abgegebenen Erklärung des Vorsitzenden der Deutschen Bischofskonferenz vorweg).
14 Vgl. hierzu z.B. die verschiedenen Beiträge auf dem Symposion »Religionsunterricht 20 Jahre nach dem Synodenbeschluß« (als Arbeitshilfe 111 veröffentlicht vom Sekretariat der Deutschen Bischofskonferenz, Bonn 1993); vgl. zusammenfassend *N. Mette*, Religionspädagogik, Düsseldorf 1994, 206-214.

schen Kirche in den neuen Bundesländern wahrgenommen, daß mit
einer allgemeinen Prinzipienreiterei der Praxis nicht unbedingt gedient ist; der Zwang der Verhältnisse drängt eine verstärkte ökumenische Zusammenarbeit schlicht und einfach auf.[15]
Was in theoretischer Hinsicht die religionspädagogische Diskussion
auf katholischer Seite von der Denkschrift lernen kann, ist die starke Rolle, die die pädagogischen Überlegungen bei der Erörterung
der Frage nach Sinn und Aufgabe des Religionsunterrichts einnehmen. Ein Stück weit ging zwar der katholische Synodenbeschluß
»Der Religionsunterricht in der Schule« (1974) in diese Richtung.
Verstärkt ist dieses in dem erwähnten Plädoyer des Deutschen Katecheten-Vereins der Fall. Aber insgesamt bleibt die Blickrichtung
dabei – trotz aller Betonung der Subjektorientierung – doch noch
kirchenorientiert geprägt, wenn nicht ekklesiozentrisch. Allgemeine
bildungs- und schultheoretische Fragen nehmen in der katholischen
religionspädagogischen Diskussion deutlich einen nachgeordneten
Stellenwert ein.

Die in der Denkschrift gegebenen Hinweise auf den Lernort Gemeinde und die in
diesem Zusammenhang geführte gemeindepädagogische Diskussion (45ff) findet ihr
Pendant auf katholischer Seite in den zahlreichen gemeindekatechetischen Bemühungen und Unternehmungen. Es wäre naheliegend und lohnend, die dabei gemach-
ten Erfahrungen in ihrem theoretischen und praktischen Gehalt verstärkt untereinander auszutauschen.[16]

Es ist zutreffend und entspricht auch der im katholischen Raum
vorgenommenen Zuordnung, wenn die Denkschrift in diesem Zusammenhang betont, daß »die Lernorte Schule und Kirche wechselseitig aufeinander bezogen« (48) sind, was nicht heißt, daß der Religionsunterricht doch wieder zur kirchlichen Sozialisation beitragen
sollte. Der »Gewinn« der Kirche, sich dennoch für ein solches
Schulfach und in ihm zu engagieren, besteht vielmehr umgekehrt
darin, daß gerade hier – in einem kirchlich nicht direkt (an-)gebun-
denen Handlungsfeld – zu lernen ist, wie die Vermittlung der
christlichen Glaubenstradition erfolgen kann, so daß sie auch von
mit ihr bislang noch nicht in Berührung gekommenen jungen Leuten heute als für sie relevant entdeckt und möglicherweise im Prozeß einer eigenständigen und kreativen Rezeption angeeignet wird.
Der Religionsunterricht ist somit von hoher theologischer und ek-
klesiologischer Relevanz – nicht als Ort kirchlicher Reproduktion,

---

15 Vgl. *W. Simon*, Religionsunterricht in der Schule – Zur Entwicklung des schulischen Religionsunterrichts in den neuen Bundesländern, in: *J. Brune* (Hg.), Freiheit
und Sinnsuche, Berlin 1993, 108-170.
16 Vgl. Pastoraltheologie 78 (1989) Heft 12: Evangelische Gemeindepädagogik
und die katholische Katechese.

sondern als Forum und Experimentierfeld für je neue Inkulturationsversuche des Christentums in eine sich ständig verändernde Gesellschaft.

Eine Bemerkung noch zum Schluß: Bei aller verständlichen Emphase, mit der die Denkschrift – um der Kinder und Jugendlichen willen – eine verstärkte Beachtung der ethischen und religiösen Dimension in Erziehung und Bildung anmahnt und entsprechend dem Religionsunterricht eine fundamentale und übergreifende Aufgabe innerhalb der Schule zuweist, ist nicht die Ambivalenz zu übersehen, die der Religion anhaftet. Sie kann auch deformierende und pathologische Wirkungen zeitigen – auch in einem von der Kirche verantworteten Religionsunterricht (und nicht nur in problematischen religiösen oder quasireligiösen Erscheinungsformen unserer Tage, auf die die Denkschrift verweist; vgl. 16). Neben seiner Begründung ist darum der Religionsunterricht der ständigen Kritik (»von innen« und »von außen«) bedürftig; auch dazu sollte ermutigt werden (vgl. die Andeutungen 30).

Gert Otto

Religion in der öffentlichen Schule von morgen?

Religionsdidaktische Neuerscheinungen im synoptischen Vergleich

Godwin Lämmermann, Grundriß der Religionsdidaktik, Stuttgart / Berlin / Köln 1991, 235 S. (Praktische Theologie heute Bd. 1)
Heinz Schmidt, Leitfaden Religionspädagogik, Stuttgart / Berlin / Köln 1991, 262 S.
Hermann Pius Siller, Handbuch der Religionsdidaktik, Freiburg / Basel / Wien 1991, 359 S.
Klaus Wegenast, unter Mitarbeit von *Philipp Wegenast*, Religionsdidaktik Sekundarstufe I. Voraussetzungen, Formen, Begründungen, Materialien, Stuttgart / Berlin / Köln 1993, 211 S.

Daß der konfessionelle Religionsunterricht in der öffentlichen Schule zum umstrittenen Fach geworden ist, weiß heute jeder. Der Blick auf die Lage in den neuen Bundesländern verschärft die Probleme in beiden Teilen Deutschlands. Daran ändern westlich »inspirierte« Scheinlösungen in den östlichen Bundesländern nichts. Wie reagiert die religionsdidaktische Fachdiskussion darauf? Der Vergleich vier neuerer Veröffentlichungen mag darauf antworten.

Da durch den Vergleich das jeweils eigene Profil jedes der vier Bücher leicht etwas undeutlich werden könnte, stelle ich vorweg die vier Bände möglichst ohne Wertung grundrißartig nacheinander vor (1). Sodann wird der Vergleich explizit unter drei Fragestellungen durchgeführt (2). Abschließend werden die Beobachtungen des Vergleichs gewertet (3).

1 Zu Anlage und Aufbau der vier Bücher

Die Bücher von *Lämmermann* und *Wegenast* sind in der Anlage und in der Zielsetzung mindestens äußerlich verwandt. Beide wollen eine Darstellung der Grundprobleme einer Didaktik des Religionsunterrichts bieten.
Lämmermann gliedert den Stoff in sechs Kapitel. Er fragt zuerst nach den Bedingungen des Religionsunterrichts an öffentlichen Schulen (Kap. 1) und bestimmt sodann den Ort der Religi-

onsdidaktik zwischen didaktischer und theologischer Theorie
(Kap. 2). Von hieraus liegt eine doppelte Blickrichtung nahe: einerseits hinsichtlich der Grundpositionen gegenwärtiger Allgemeiner
Didaktik (Kap. 3), andererseits hinsichtlich der religionsdidaktischen Konzeptionen des 20. Jahrhunderts (Kap. 4). Die Kapitel 1
bis 4 sind gleichsam das Fundament für die Hinwendung zur Unterrichtspraxis in den beiden folgenden Kapiteln. Um die Planung
und Vorbereitung des Religionsunterrichts geht es einerseits (Kap.
5) und sodann um Faktoren und Strukturen des Unterrichts, einschließlich der Frage nach Methoden und Medien (Kap. 6). Ein
umfangreiches, gleichwohl etwas sorgloses Literaturverzeichnis
(218-235) schließt das Buch ab.
Bei *Wegenasts* Buch ist zweierlei vorab zu berücksichtigen: Es handelt sich um den Basisband einer auf sieben Bände angelegten, vom
Verf. herausgegebenen Reihe zum Thema, und es geht ausschließlich um den Religionsunterricht in der Sekundarstufe I. Folglich
setzt Wegenast mit einem knappen Kapitel über diese Schulstufe
ein, und zwar noch abgesehen von religionsdidaktischen Fragen
(Kap. 1). Es folgt die Erörterung der generellen Begründungsprobleme des Religionsunterrichts an öffentlichen Schulen (Kap. 2), an
deren Ende die »Position« der siebenbändigen Reihe zum Religionsunterricht in der Sekundarstufe I entfaltet wird (49-52). Ausführungen zur Planung und Vorbereitung des Religionsunterrichts folgen (Kap. 3), denen sich Überlegungen zu den Voraussetzungen von
Planung, Vorbereitung und Durchführung des Religionsunterrichts
anschließen (Kap. 4, die Reihenfolge verblüfft). Danach wird eine
Zusammenstellung verschiedenartiger »beeinflußbarer Faktoren«
geboten: Ziele, Inhalte, Lehrpläne, Schulbücher, Methoden usw.
(Kap. 5). Das folgende sehr kurze Kapitel präsentiert unter dem Titel »Problematisches und wenig Bedachtes« einige Überlegungen zu
Inhaltsproblemen und Unterrichtsformen (139-144). Es schließen
sich zwei Planungsbeispiele für den Religionsunterricht in der Sekundarstufe I an (Kap. 7). Neben den üblichen Registern steht am
Ende eine Lehrplansynopse (197ff); sie bezieht sich auf Lehrpläne
der alten Bundesländer, da für die neuen Bundesländer nur Provisorien vorlagen. Die zuverlässigen Literaturverzeichnisse sind den einzelnen Kapiteln zugeordnet.
Die Bücher von *Siller* und *Schmidt* folgen anderen Aufbauprinzien als die Darstellungen von Wegenast und Lämmermann. Das liegt
an der unterschiedlichen Zielsetzung.
Sillers Titel »Handbuch der Religionsdidaktik« klingt umfassend
und läßt eine Gesamtdarstellung erwarten. Es handelt sich jedoch
um ein Werk, das für den Religionsunterricht der gymnasialen
Oberstufe verfaßt ist – und nur für ihn. Zu einem Drittel (13-133)
besteht es aus einer Art didaktischer Grundlegung, zu zwei Drit

teln (134-356) aus einer Art Aufbereitung von Theologie für den Unterricht. Das sieht im einzelnen so aus:

Ausgehend von der Beschreibung des Ortes religionsunterrichtlicher Didaktik (Kap. 1), kommt der Schüler der gymnasialen Oberstufe in den Blick (Kap. 2). Es schließt sich das bei weitem umfangreichste Kapitel des ersten Teils des Buches an: »Didaktische Prinzipien theologisch ventiliert« (Kap. 3). Hier werden didaktische Grundfragen theologisch beleuchtet und theologisch interpretiert, man könnte oft auch sagen: theologisch reformuliert. Dabei geht es um bildungstheoretische Fragestellungen, um inhaltliche Bestimmungen des Religionsunterrichts, um Paradigmen und Perspektiven, um Handlungsorientierungen, um hermeneutische Fragen usw. Im zweiten Teil des Buches (Kap. 4 und Kap. 5) geht es um Konsquenzen und Konkretisierungen im Sinne der Intention des Verf.s. Unter dem Titel »Wirklichkeitserfahrungen in Glaube und Theologie« (Kap. 4) werden entscheidende theologische Topoi (Christologie, Jesu Proexistenz, Versöhnung und Stellvertretung u.ä.) in eher affirmativer, tendenziell allgemeinverständlicher Sprache abgehandelt. Danach setzt der Verf. noch einmal bei didaktischen Grundfragen ein und hat die Konstruktion von Kursthemen zum Ziel (Kap. 5). Es werden sechs Themenfelder mit insgesamt fünfzehn Themenvorschlägen skizziert.

Schmidt bietet keine ausgeführte Didaktik des Religionsunterrichts; er hat sie in zwei Bänden bereits früher vorgelegt (Stuttgart 1982/ 1984). So kann er sich jetzt auf ein Kapitel zum schulischen Religionsunterricht beschränken (Kap. V). Es bietet eine knappe Erörterung des Begründungszusammenhangs, einige fachdidaktische Hinweise und eine kurze Anleitung zur Unterrichtsvorbereitung. Die anderen Kapitel des Bandes beziehen sich auf das Gesamtgebiet der Religionspädagogik: Grundprobleme religiöser Erziehung (Kap. I), Religion in der Lebensgeschichte (Kap. II), Religionspädagogik als Wissenschaft (Kap. III), Religiöse Erziehung von Kindern (Kap. IV), Konfirmation und Konfirmandenarbeit (Kap. VI), Christliche Erwachsenenbildung (Kap. VII).

2 Ausgewählte Fragestellungen im Vergleich

Drei Fragehinsichten, die für das Verständnis des Religionsunterrichts an öffentlichen Schulen fundamental sind, bestimmen den Vergleich. Dabei können natürlich nicht alle Eigenarten der vier zur Debatte stehenden Bücher berücksichtigt werden. Es war mir aber wichtig, die drei Aspekte so zu wählen, daß sie ungeachtet der unterschiedlichen Anlage und Zielsetzung der Bücher für alle diskutierbar sind.

2.1 Das die Darstellung bestimmende Verständnis von Religionsdidaktik und seine Ausarbeitung

– *Lämmermann*: Nach sorgfältigen Vorklärungen zum Begriff der Religionsdidaktik (Kap. 2) und ihrer Zuordnung zur Praktischen Theologie (74ff) führt Lämmermann Grundpositionen der Allgemeinen Didaktik vor (Kap. 3), um sodann nach der Rezeption der Allgemeinen Didaktik durch die Religionsdidaktik zu fragen (117ff). Damit ist für die Darstellung der neueren religionsdidaktischen Konzeptionen ein solides Fundament bereitet (Kap. 4). Am Ende dieses Kapitels folgt dann der Umriß von Lämmermanns eigenen »Ansätzen einer konstruktivkritischen Religionsdidaktik« (166-171). Für sie ist charakteristisch:

– Der Bildungsbegriff, seine theologischen Wurzeln eingeschlossen (Gottebenbildlichkeit des Menschen), wird zur »religionspädagogischen Grundkategorie« (167) erhoben. Daraus leitet sich der Versuch ab, »Religionspädagogik (hier im weiten Sinn gemeint, G.O.) als allgemeine Bildungstheorie aus theologischer Perspektive zu betreiben« (168).
– Weil Glauben eine Form der Reflexion ist, also »denkender, kritischer Glauben« (169), ist es Aufgabe des Religionsunterrichts, »das Denken im Glauben anzuleiten und nicht zu einer neuen naiven Unmittelbarkeit zu führen« (169). Es geht um die Anbahnung selbständigen Denkens und kritischer Stellungnahme. Dafür ist Reflexionskompetenz notwendig.
– Solcher Unterricht ist subjektorientiert. Weil aber der Schüler ein »sich erst herausbildendes Subjekt« (169) ist, kann es keine unkritische Schülerorientierung des Unterrichts geben. Andernfalls bestünde die Gefahr, den jeweiligen Status quo festzuschreiben. Es muß aber im Religionsunterricht darum gehen, »die Fähigkeit zur Selbstkritik und die Kompetenz zur kritischen Analyse« (169) der eigenen Lebenswelt zu erwerben.
– Daraus folgt schlüssig, daß Ideologiekritik/Gesellschaftskritik ihren Ort im Religionsunterricht haben muß. Zur Ideologiekritik gehört die Selbstkritik des Christentums und seiner Geschichte (vgl. 170).
– Im Verhältnis zu den »schon klassisch gewordenen« (171) bisherigen religionsdidaktischen Ansätzen des 20. Jahrhunderts versteht Lämmermann die konstruktiv-kritische Religionsdidaktik nicht einfach als deren Antipoden, sondern als Ort der »Rekonstruktion der bewahrenswerten Anliegen« (171) in früheren Konzeptionen.

– *Wegenast*: Die Schwierigkeit, Wegenasts Verständnis von Religionsdidaktik präzise zu beschreiben, besteht nicht zuletzt darin, daß er den allgemeindidaktischen Zusammenhang seiner Überlegungen nicht ausreichend sichtbar macht, weil er meint, die Kenntnis der Allgemeinen Didaktik stillschweigend »voraussetzen zu können« (49). Abgesehen davon, daß diese Auffassung gegenüber Theologen einigermaßen weltfremd anmutet, bedenklicher ist, daß durch dieses Verfahren Wegenasts Positionsbestimmungen schwammig werden und er in Gefahr gerät, Selbstverständlichkeiten zu wiederholen, zum Beispiel wenn es als Programm für die siebenbändige Reihe

heißt: »Sie will einem Religionsunterricht dienen, der im Rahmen
der öffentlichen Schule und angesichts ihrer immer deutlicher werdenden Anpassung an ökonomische und wissenschaftlich-techni-
sche Entwicklungsprozesse die gesellschaftlichen und menschlichen
Fragen nach Sinn, Werten und Normen in der Auseinandersetzung
mit der Tradition des Christentums und seiner Wirkungsgeschichte
präsent halten und damit zusammenhängende Fragen bearbeiten«
(51). Abgesehen davon, daß der Satz am Ende mißglückt ist (es
fehlt wohl ein »soll«), ist das zu wenig und zu viel zugleich – zu
wenig, um didaktische Konturen erkennbar werden zu lassen, zu
viel, weil derartige Globalformulierungen immer die Tendenz haben, ins Phrasenhafte abzurutschen. Die Präambeln vieler Lehrpläne
zeigen es.

– *Siller*: Der Ansatz des Vf.s liegt bei bildungstheoretischen Klä-
rungen. Daraus folgert er: Weil es »keine allseits anerkannte und
verbindliche allgemeine Didaktik« (19) gebe, empfehle es sich, »eine
theologische Fachdidaktik bildungs-theoretisch zu begründen« (20).
Gerade wenn man alle Sympathie für bildungstheoretische Reflexionen hat, muß diese Argumentation, gelinde gesagt, verblüffen. Was
heißt denn hier »allseits anerkannt«, was heißt denn »verbindlich«?
Und auch nicht übersehen darf man, wie der Verf. hier in aufschluß-
reicher Weise seine Terminologie verändert: Geht es im Titel des
Buches um »Religionsdidaktik« und im 1. Kapitel um den »Ort religionsunterrichtlicher Didaktik« (13ff), so ist jetzt von »theologischer
Fachdidaktik« die Rede. Der Wechsel der Begriffe signalisiert, was
im inhaltlichen Verständnis des Unterrichts dann besonders in den
Kapiteln 3 und 4 ans Licht kommt: Hier dominiert die Theologie,
und die didaktische Reflexion wird in den Hintergrund gedrängt
bzw. derart theologisch überwölbt, daß sie außer Funktion gerät.

Sillers bildungstheoretische Didaktik, vorwiegend an Klafki orientiert, hat ihre Mitte in der These von der wechselseitigen Erschließung von Wirklichkeit und Schüler:
Erschließung der Wirklichkeit für den Schüler – Erschließung des Schülers für die
Wirklichkeit. Behält man Sillers Bemerkungen zur bildungstheoretischen Didaktik
im Kopf und liest sodann das zentrale theologische Kapitel (134-261) über »Wirklichkeitserfahrungen in Glaube und Theologie«, so gelingt es nicht zu begreifen, was
das eine mit dem anderen zu tun hat.

– *Schmidt*: Mit wenigen deutlichen Strichen skizziert Schmidt sein
religionsdidaktisches Grundverständnis. »Der Religionsunterricht
an der öffentlichen Schule kann … weder einer ›Didaktik des Glaubens‹ (G. Ringshausen) noch der eines ›allgemeinen Religionsunterrichts‹ im Sinne einer ›Reflexion des Zusammenhangs von Religion
und Gesellschaft‹ (G. Otto) folgen. Einem christlichen Religionsunterricht in einer Schule für alle dürfte am ehesten eine ›Didaktik der offenen Einladung und der gemeinsamen Suche‹ entspre-

chen, wie sie K.E. Nipkow fordert« (184). Dieser Eingrenzung
durch Abweisungen einerseits und Bezugnahme andererseits steht
dann im nächsten Schritt die eigene Umschreibung gegenüber, in
der die deutliche kirchliche Orientierung präzisiert wird:»Religionsunterricht ist keine Werbeveranstaltung der Kirche(n). Er kann
und soll zu versuchsweiser Identifikation bei einer nachgehenden
kritischen Reflexion einladen. Religionsunterricht ist Dienst der
Kirche (sic!) an einem anderen Ort – ein Dienst in kritischer Solidarität mit den erzieherischen Aufgaben der Schule ...« (184f). In der
inhaltlichen Konkretisierung dieser Vorstellungen folgt Schmidt
vorrangig Nipkow, sodann auch Baldermann. Zur weiteren Ausfüh-
rung ist Schmidts Religionsdidaktik, Bd. I, zu vergleichen.

2.2   Das Problem der Konfessionalität des Religionsunterrichts

– *Lämmermann*: Nach genauer Erörterung der gegenwärtigen
rechtlichen Grundlagen resümiert Lämmermann:

»Unter dem Gesichtspunkt einer dynamischen Weiterentwicklung der Verfassungsvorgaben müßte man ... heute den Zug zum Ökumenismus, die große Anzahl
nichtchristlicher Schüler sowie die Möglichkeit eines Christentums außerhalb der
Kirche berücksichtigen. Unter dieser, den Vätern der Verfassung überhaupt noch
nicht zugänglichen Perspektive wäre ein überkonfessioneller oder gar allgemein
christlich orientierter Religionsunterricht durchaus verfassungskonform, insbesondere dann, wenn die Kirchen ihn von sich aus als mit ihren Grundsätzen überein-
stimmend erklären würden. Langfristig gesehen könnte die Reintegration der neuen
Bundesländer diesen Effekt bewirken, da die Anzahl der getauften Schüler dort ge-
ring ist und schulorganisatorische Probleme aufwerfen dürfte, die nur auf diese Weise gelöst werden können« (46).

– *Wegenast*: Im Rahmen der Positionsbestimmung des Sammel-
werkes optieren der

»Herausgeber und die Autoren ... für einen konfessionellen Religionsunterricht
oder für einen ökumenisch-christlichen, möchten sich aber ausdrücklich von einer
dogmatischen oder klerikalen Engführung distanzieren. Ihre Option gilt offenen
Lehr-Lernprozessen, in die auch andersreligiöse oder nichtreligiöse Auffassungen
einbezogen sind« (51, Hervorhebung G.O.).

– *Siller*: Für Siller ist die »konfessionelle Gebundenheit« (17) des
Religionsunterrichts unbestreitbar. Er gibt lediglich zu bedenken:

»Die konfessionelle Gebundenheit des Religionsunterrichts darf ... nicht den Prinzipien einer wissenschaftlich orientierten Schule widersprechen« (18). Rechtverstan-
dene Wissenschaftlichkeit bedeutet nicht Voraussetzungslosigkeit, »sondern kritische Bezugnahme auf die eigenen Voraussetzungen. Diesbezüglich ist die Theologie
und das Fach Religion in keiner prinzipiell anderen Lage als andere Wissenschaften
und Fächer« (18). Aufschlußreich ist dabei freilich, daß diese (scheinbar) kritische

Position Siller keineswegs dazu führt, die konfessionelle Gebundenheit des Religionsunterrichts zu problematisieren.

– *Schmidt*: Auf der Grundlage der Darstellung der rechtlichen Rahmenbedingungen in der Bundesrepublik kommt Schmidt zu dem Schluß, Artikel 7, Absatz 3 GG schließe nicht aus, daß sich »mehrere Religionsgemeinschaften über gemeinsam verantworteten Religionsunterricht verständigen, der ihren Grundsätzen entspricht« (173). Wie Schmidt diesen Satz verstanden wissen will, sagt er leider nicht. Befürchten muß man jedoch eine eher restriktive, am Status quo orientierte Tendenz. Sonst könnte nicht ein paar Seiten später vom Religionsunterricht als »Dienst der Kirche an einem anderen Ort« (185, s.o.) die Rede sein. Unklar bleibt dabei allerdings, wie sich Schmidt dann die Einbeziehung des Religionsunterrichts in die Aufgaben der Schule vorstellt, »deren Festlegung und Einlösung der *Dynamik gesellschaftlicher Diskurse* unterliegt« (185, Hervorhebung G.O.). Und wenn diese Dynamik den »Dienst der Kirche« in der Schule obsolet werden läßt? Wenn sie in Sachen »Religion« vor ganz andersartige Herausforderungen stellt?

2.3 Der Religionsunterricht heute im Zusammenhang mit seiner (neueren) Geschichte

– *Lämmermann*: Bei der Erörterung der Bedingungen des Religionsunterrichts setzt Lämmermann mit der Vorgeschichte des Faches (13ff), sodann mit der gymnasialen Bildung (15ff) und der Volksschule (17ff) ein.

Das ist notwendigerweise skizzenhaft, aber die Perspektiven, innerhalb derer die Gegenwartsfragen zu sehen sind, werden deutlich. In dem umfänglichen Kapitel über religionsdidaktische Konzeptionen des 20. Jahrhunderts (126-166), das dann zum eigenen Ansatz Lämmermanns führt (166ff), wird, ausgehend von der Vorgeschichte der modernen Religionsdidaktik, ein instruktiver Durchblick von Niebergall bis zur Symboldidaktik geboten. Hier oder dort mag man im einzelnen anders akzentuieren (die neueren Arbeiten von F. Schweitzer, Die Religion des Kindes, und die Textbände von Nipkow und Schweitzer zum 19./20. Jahrhundert mit ihren wichtigen Einleitungen sind erst nach Lämmermanns Buch erschienen) – unbestreitbar bleibt, daß es Lämmermann gelingt, seinen eigenen Ansatz in den historischen Kontext zu stellen.

– *Wegenast*: Im eher zufällig wirkenden Aufbau des Buches werden historische Notizen an verschiedenen Stellen geboten: unter dem Stichwort »Geschichtliches« am Beginn des 2. Kapitels (14ff) und in den Abschnitten 2.2 »Begründungsformen religiöser Bildung und Erziehung an öffentlichen Schulen« (27ff) sowie in 2.3 »Didaktische Grundmodelle« seit Beginn der fünfziger Jahre (35ff) und anderswo. Derart verstreute historische Hinweise machen es dem Le-

ser schwer, den Hintergrund der gegenwärtigen Diskussionslage zu
begreifen.
  – *Siller*: Über die Geschichte der Religionsdidaktik oder über die
Geschichte des schulischen Religionsunterrichts informiert Siller
kaum. Implizit spielen historische Perspektiven im Rahmen seiner
theologischen Ausführungen, also besonders in den Kapiteln 3 und
4, eine gewisse Rolle.
  – *Schmidt*: Im Rahmen eines Leitfadens für diverse Bereiche der
Religionspädagogik kann Schmidt im Kapitel über den Religionsunterricht billigerweise kaum auf historische Hintergründe des Faches und seiner Didaktik eingehen. Dies tut er jedoch im dritten
Kapitel des Buches in einem eigenen Abschnitt: Geschichte der Religionspädagogik im Überblick (92ff). Außerdem ist bemerkenswert, wie er in den Ausführungen über die Begründung des schulischen Religionsunterrichts (168ff) ansatzweise um historische Lini-
enführungen bemüht ist, besonders bei der Erörterung der gesellschaftlichen Aspekte.

3   Fazit

Aus Gründen angemessener Vergleichbarkeit muß das eine einschlägige Kapitel in
Schmidts Leitfaden bei der abschließenden Würdigung billigerweise unberücksich-
tigt bleiben. Dies bedeutet allerdings nicht, daß die Fachdiskussion darauf verzichten dürfte, sich mit Schmidts grundlegender Vorstellung von »Religion als lebens-
weltliche(m) System« (32f) und »Religiöse(r) Erziehung als lebensweltliche(m) und
individuelle(m) Transformationsprozeß« (33ff) auseinanderzusetzen. Dazu gehört
dann auch die Frage, wie sich zum Beispiel die »kirchlich-theologische(n) Aspekte«
(178ff) im Kapitel über den Religionsunterricht zum Religionsverständnis verhalten,
das im Einleitungskapitel entwickelt wird.

Für die Bücher von Wegenast, Siller und Lämmermann ergibt sich
folgendes Gesamtbild:

Wegenasts Buch enttäuscht. Es fehlt eine klare Linienführung, es
fehlen Struktur und einleuchtender Aufbau. Eher hat man den Eindruck, eine Sammlung von Notizen aus unterschiedlichen Zusammenhängen vor sich zu haben. Die Position des Vf.s in Sachen
Konfessionalität des Religionsunterrichts bleibt verschwommen und
aus schon genannten Gründen ebenso die didaktische Profilierung.
Kann man in einer Diskussionslage, in der der Begriff und die Aufgabe der Fachdidaktik und ihr Verhältnis zur Allgemeinen Didaktik
neu bestimmt werden (vgl. nur Bd. 4 der Enzyklopädie Erziehungswissenschaft), auf die Erörterung des allgemeindidaktischen Zusammenhangs verzichten?

Sillers Buch irritiert. Der Titel »Handbuch der Religionsdidaktik« wird nicht eingelöst, aber auch nicht die mit dem Titel keineswegs deckungsgleiche Behauptung des Verlags, es handle sich um »eine bahnbrechend neue Theorie theologischer Didaktik« (Einbandrückseite). Die hier schon augenscheinliche Begriffsverwirrung kehrt im Buch wieder. Es ist ein durch und durch theologisches Buch, weitgehend in der Art einer respektablen Laiendogmatik für anspruchsvollere Leser und Leserinnen. So gesehen enthält es anregende Kapitel, etwa zur hermeneutischen Problematik, an der Schwelle zwischen Kapitel 3 und 4 (92-133). Aber durch ein paar didaktische Exkurse in diesem Kontext wird daraus kein Handbuch der Religionsdidaktik, zumal die didaktischen Kategorien eigenartig »getauft« erscheinen und die Entscheidung für eine bildungstheoretisch orientierte Didaktik eben gerade nicht *didaktisch* begründet erfolgt (dazu s.o. 2.1).

Lämmermanns Buch fördert die religionsdidaktische Theoriebildung. Der Verf. löst weitgehend ein, was er sich zum Ziel setzt: die Theorieskepsis als eine »Ideologie rascher Verwertbarkeit« (8) zu überwinden. Denn: »Konzeptionelle und theoretische Überlegungen helfen, mögliche blinde Flecken in der eigenen Praxis aufzusuchen, das bisherige Selbstverständnis kritisch zu überprüfen und den Religionsunterricht vor sich wie vor anderen besser zu verantworten« (8).
Lämmermanns Buch lädt zur weiteren Diskussion ein. Ich möchte dafür hier nur drei Punkte markieren:
- Wenn Lämmermann beim Hinweis auf die Notwendigkeit einer »dynamischen Weiterentwicklung der Verfassungsvorgaben« (46) für ein künftiges Verständnis des Religionsunterrichts an öffentlichen Schulen auch die »große Anzahl nichtchristlicher Schüler« (46) erwähnt, dann entsteht die Frage, wie deren »Religion« – welche auch immer – ebenfalls in den Unterricht einbezogen wird. Lämmermann verbleibt jedoch, wenn ich recht sehe, durchgängig im Horizont christlicher Betrachtung. Geht das?
- Lämmermann verweist zutreffend auf die »theologische Wurzel« des pädagogischen Bildungsbegriffs, »die in der biblischen Vorstellung von der Gottesebenbildlichkeit des Menschen liegt und die im Rahmen der Rechtfertigungslehre ... christologisch reinterpretiert werden kann« (166). Dieser für Lämmermann fundamentale Zusammenhang bleibt hier derart theologisch verschlüsselt, daß er in die religionsdidaktische Diskussion gar nicht eingehen kann. Daß Lämmermann sich dazu selbst schon anderswo geäußert hat, dürfte für viele Leser eines Grundrisses kein Trost sein. Und es kommt hinzu: Der Versuch einer didak-

tischen Reformulierung des Gedankens der Gottesebenbildlichkeit und der Rechtfertigung steht ja erst dann wirklich auf dem
Prüfstand, wenn er angesichts nichtchristlicher Inhalte eines
künftigen Religionsunterrichts erprobt wird.
– Mißverständlich scheint mir die Formulierung, daß es im Religionsunterricht darum gehe, »das Denken im Glauben anzuleiten« (169). Was Lämmermann will, wird aus dem Zusammenhang deutlich – Reflexionskompetenz soll als entscheidende Dimension des Unterrichts unterstrichen werden –, aber es muß
das Mißverständnis ausgeschlossen werden, als gehe es um Reflexion im Rahmen von Glaubensunterricht.

Religion in der öffentlichen Schule von morgen? Hilfreiche Vorarbeiten für eine künftige Didaktik des Religionsunterrichts gibt es.
Lämmermanns Buch ist ein Beispiel. Zu hoffen ist nur, daß *beide*
Großkirchen beweglich genug sind – denn davon hängt viel, wenn
nicht alles ab –, damit nicht alle Vorarbeiten sinnlos werden.

Dr. *Gert Otto* ist Professor (emer.) für Praktische Theologie am Fachbereich Ev.
Theologie der Johannes Gutenberg-Universität Mainz.

3.4

Jürgen Lott

Vom Umgang mit »lebensweltlich verhafteter Religiosität« in (kirchlich-)religiöser Erwachsenenbildung

Besprechung von *Rudolf Englert*, Religiöse Erwachsenenbildung. Situation, Probleme, Handlungsorientierung (Praktische Theologie heute, Bd. 7), Stuttgart 1992 (416 S.)

Wie steht es mit »Teilnehmerorientierung« und »Lebensweltorientierung« als didaktischen Grundkategorien einer religiösen Erwachsenenbildung, die es mit Formen gelebter Religiosität zu tun bekommt, bei denen die Intention christlicher Freiheits-Botschaft von lebensweltlichem Anpassungsverhalten überlagert, der Eigen-Sinn des christlichen Glaubens durch den Eigen-Sinn der konkreten Lebenswelt einseitig dominiert wird? Welches Konzept »religiösen Lernens«, welche Form »bildnerischen Bemühens« wird dieser Problemkonstellation am ehesten gerecht? (326) Welches Verständnis von Lernen kann helfen, »eine bestimmte Form lebensweltlich verhafteter Religiosität so zu transformieren, daß diese nicht lediglich Reflex lebensweltlicher Prägungen bleibt, sondern zum bewußten Ausdruck religiösen Eigen-Sinns wird?« (375)
Damit sind Kernfragen der (katholisch-theologischen) Habilitationsschrift von *Rudolf Englert* genannt, die diesem Buch in dem erfreulich vielfältigen Chor der jüngeren Arbeiten, mehr zur Theorie als zur Praxis von Erwachsenenbildung, im Zusammenhang von evangelischer wie katholischer Theologie und Kirche (Blasberg-Kuhnke [1991], Foitzik [1992], Frey [1991], Hungs [1991], Nipkow [1990], Orth [1990], Uphoff [1991]) ein eigenständiges Gewicht verleihen.
Thema der Arbeit ist religiöse Erwachsenenbildung *im Raum der Kirche(n)*, Erwachsenenbildung anderer als kirchlicher Träger wird ebensowenig thematisiert wie das Spektrum zeitgenössischer religiöser Bildungsarbeit außerhalb kirchlicher Institutionalisierung. Englerts Reflexionen »Zur Schwierigkeit« lebensweltorientierter, korrelativer und selbstorganisierter kirchlich-religiöser Erwachsenenbildung angesicht des Gewichts »lebensweltlicher Verhaftungen« (Teil III, 266-416) beruhen einerseits auf einer Darstellung der »Situation religiöser Erwachsenenbildung«, in der die »Dringlichkeit neuer Initiativen« nachgewiesen wird (Teil I, 11-128), andererseits

auf einem Grundlagenkapitel, das nach Sinnbestimmungen religiöser Erwachsenenbildung fragt (Teil II, 129-265). Alle drei Teile des Buches folgen formal dem von Englert (gemeinsam mit Zerfaß) andernorts entwickelten Duktus praktisch-theologischen Denkens: Aufriß der Fragestellung, Bestandsaufnahme, Problemanzeige, theoretische Vergewisserung, Optionen für Handlungsperspektiven. Religiöse Erwachsenenbildung hat es mit einer für Christentum und Kirche mehrdeutigen Situation zu tun (»Tradierungskrise des christlichen Glaubens«) und muß für ihre konzeptionellen Überlegungen die *Privatisierung* religiöser Orientierungsmuster ebenso beachten wie deren *Pluralisierung*, die Zunahme von religiösem Indifferentismus (F.-X. Kaufmann) ebenso wie die »Tendenz zu immer ›mehr‹ (möglicher) Religion mit immer ›weniger‹ (tatsächlicher) Relevanz« (15).
In der geschichtlichen Entwicklung der religiösen Erwachsenenbildung (*Teil I*) konstatiert Englert eine Wandlung von einem eher konfessionell-christlich apologetischen zu einem theologisch-propädeutischen Unternehmen. Zwei Desiderate bleiben: Zum einen fehlt es an konsequenten Versuchen, »religiöse Bildung als Beitrag zur Erfüllung des allgemeinen Bildungsauftrags auszuweisen«[1], zum andern hegt Englert Zweifel, ob angesichts der zunehmend spürbaren kirchlichen Restauration ein Konzept religiöser Erwachsenenbildung, das »von den konkreten Lebens- und Glaubensproblemen der Teilnehmer ausgeht, zwischen Leben und Glauben hin- und herfragt und sowohl theologisch wie methodisch versiert ist« (66), vor Ort überhaupt Realisierungschancen hat.
Englert sucht sowohl im Bereich der »Wissenschaft von der Erwachsenenbildung« als auch in der Praktischen Theologie nach weiterführenden Elementen für eine »der gegenwärtigen Zwischen-Zeit« angemessene Theorie religiöser Bildung. Übereinstimmungen findet er in einer Neubewertung des *Bildungs*-Begriffs (»Interesse an der Humanität und Identität des Subjekts« und nicht allein an der Weiterbildung seiner Fertigkeiten) und damit verbunden in einer Neubewertung der Kategorie der *Erfahrung* (Biographie, Lebenswelt). Daraus folgt für Englert die Option für eine »perspektivenverschränkende Bildung« (125f) und ein »*differentielles* Konzept« religiöser Erwachsenenbildung, das die unterschiedlichen Bildungsvoraussetzungen der Teilnehmer/innen ebenso berücksichtigt wie die verschiedenen Realisationsweisen des Glaubens und die unterschiedlichen Sozialformen des Christentums. *Bildung* begreift Englert in diesem Zu-

---

1 Für den evangelischen Bereich gilt das nicht in derselben Schärfe. Vgl. etwa *K.E. Nipkow*, Bildung als Lebensbegleitung und Erneuerung, Gütersloh 1990, bes. 555ff; *J. Lott*, Erfahrung – Religion – Glaube. Probleme, Konzepte und Perspektiven religionspädagogischen Handelns in Schule und Gemeinde, Weinheim 1991, bes. 129ff, 175ff.

sammenhang als Transformationsprozeß, »der bei den lebensweltlichen Deutungs- und Orientierungsmustern der Lernenden ansetzt, um diese unter Bezugnahme auf das ... Sinnangebot des Glaubens differenzieren und transzendieren zu helfen« (127). Hier argumentiert Englert in der Tradition der Korrelationsmethode. Einen vorsichtigen Schritt darüber hinaus deutet er mehr an, als daß er ihn schon geht, wenn er fordert, religiöse Erwachsenenbildung könne dann einen »Wert nicht nur für die Subjekt-Werdung des einzelnen« entfalten, »sondern auch für die Entwicklung der Kirche(n)«, »wenn sie, statt bloß eine Kopiermaschinerie theologischer Programme oder eine Exekutionsstätte kirchlicher Evangelisierungsstrategien zu sein, auch ein Ort sein darf, an dem damit gerechnet wird, daß Theologie und Kirche Wachstumschancen ›von unten‹ entstehen können«. Damit ist m.E. die Frage der Fragen einer Korrelationsdidaktik angesprochen: Fungieren Erfahrungen der Teilnehmer/innen und Glaubensüberlieferung wirklich als *gleichberechtigte* Quellen der Theologie? Wenn dies so wäre, müßten auch die Erfahrungen die gebende und die Überlieferung die nehmende Seite in diesem Vermittlungsprozeß sein können. Dies ist in den korrelationsdidaktischen Ansätzen der gegenwärtigen Religionspädagogik und Praktischen Theologie in der Regel gerade nicht der Fall. Erfahrungen und Konflikte der Alltagswelt bleiben der – letztlich normativ gesetzten – Überlieferung *gegenüber*, ohne daß sich gelebtes Leben und überlieferte Erfahrung *wechselseitig* befragen, durchdringen und erschließen.

Zumindest blickt Englert in die Richtung einer konsequenten Fortschreibung des Korrelationskonzepts, wenn er die Frage stellt (und die vorgeschlagenen Beantwortungen bilanziert), wie es bei einem perspektivenverschränkenden und differentiellen Ansatz religiöser Erwachsenenbildung noch tragende Sinn- und Zielperspektiven geben kann, »wenn diese weder einfach von den Teilnehmern ›autonom‹ bestimmt werden können (weil deren Orientierungsmuster ja möglicherweise selbst transformationsbedürftig sind) noch ›aus dem Glauben‹ oder sonstwoher abgeleitet und vorgegeben werden sollen (weil die Normativität etwa sinnvermittelnder Traditionen ja gerade nicht vorausgesetzt werden, sondern problematisierbar bleiben soll)?« (128).

Englert plädiert (*Teil II*) für eine Balance zwischen Pluralität und Verbindlichkeit des Bildungsangebots und »wesentliche Gleichrangigkeit« der Arbeitsformen. Er unterscheidet drei perspektivische Sinn-Richtungen; alle drei bearbeiten »grundlegende Lebens- und Sinnfragen im Horizont religiöser und insbesonderer christlicher Tradition« (263):

Unterschieden wird ein *Communio*-Konzept, das auf die theologische und frömmigkeitspraktische Vertiefung des vorgegebenen Glaubens zielt, ein *Subjekt*-Konzept, welches das gesamte Spektrum religiöser Fragen thematisiert, und ein *Praxis*-

Konzept, das vorrangig an der gesellschaftlichen und lebenspraktischen Relevanz des Glaubens orientiert ist und (am ehesten) mit Formen entschulten und selbstorganisierten Lernens arbeitet. Dieses Nebeneinander unterschiedlicher didaktischer Orientierungen zeigt Englerts Interesse an der Verständigung zwischen verschiedenen christlich-kirchlichen Gruppen und Milieus mit ihrer jeweils eigenen christlichen Sinn-Sicht. Ihr Neben- bzw. Gegeneinander stellt eine große Herausforderung der Gemeinden dar, zu deren Bewältigung religiöse Erwachsenenbildung beitragen könnte.

Den »gesellschaftlichen Gebrauchsformen von Religion« wendet sich Englert in *Teil III* zu. Die Schwierigkeiten religiöser Erwachsenenbildung angesichts faktisch gelebter Religiosität werden an der bundesdeutschen Landbevölkerung exemplifiziert. Englert entwickelt ein differenziertes Bild der dörflichen Lebenswelt und der traditionellen »Dorfreligion«, deren Beharrungskraft – bei aller Erschütterung durch Erosion kirchlicher Praxis, Pluralisierung religiöser Stile, Krise der Glaubensvermittlung – nicht unterschätzt werden sollte. Der Begriff der »lebensweltlichen Verhaftung« steht für eine Situation, in der gelebte Religiosität »einseitig unter die Norm lebensweltlicher Imperative« gerät und »Geltung und lebenspraktische Umsetzung christlicher Intentionen … faktisch von ihrer Vereinbarkeit mit den weltanschaulichen Implikationen der jeweiligen Lebenswelt abhängig« gemacht werden (326). Daß solche »lebensweltliche Verhaftung« nicht nur in ländlichen Räumen anzutreffen ist, liegt auf der Hand und macht die Frage dringlich, wie erwachsenenbildnerisch damit umzugehen ist.

In der gegenwärtigen Praxis religiöser Erwachsenenbildung sieht Englert wenig Ansätze, die Sichtweisen der Teilnehmer zu transzendieren und die »edukative Seite personaler Bildung« sowie die »authentischen Grundintentionen« des christlichen Glaubens ins Spiel zu bringen. Englert befragt unterschiedliche Grundkonzepte zur Transformation religiöser Deutungs- und Verhaltensmuster: Im *Konfrontations*-Konzept liegt der Schwerpunkt auf dem Erleben (und der Einsicht?), daß »ein wirkliches Sich-Einlassen auf das Evangelium von Jesus Christus« die Absage an die durch die dörfliche Lebenswelt dominierte Welt-Anschauung bedeuten kann. Das *Überführungs*-Konzept zielt auf die Einsicht, daß ein sich auf die »kollektive Teilhabe am Glauben der Kirche beschränkendes Christentum« in eine »personalisierte und reflektierte Form christlich gelebten Lebens« übergehen muß. Das *Alltags*-Konzept soll begreifen helfen, daß christlicher Glaube »auch zur Kritik an und zum Exodus aus dem Bestehenden befreit«. Das *Stufen*-Konzept schließlich will die Erfahrung vermitteln, »daß Glauben nicht heißt, sich in einem übernommenen religiösen Vorstellungsgelände halbwegs zurechtzufinden, sondern sich auf einen Weg zu immer größerer Eigenständigkeit bei der Rekonstruktion der letztlich tragenden Lebensgrundlagen zu machen« (374).

Religiöse Deutungs- und Verhaltensmuster – durch die Lebensbedingungen einseitig normiert – sind erwachsenenbildnerischen Beeinflussungen in weitaus geringerem Maße zugänglich als in religionspädagogischen Entwürfen vielfach vorausgesetzt. *Englerts*

Schlußfolgerung: Es ist »nicht nur von den für die Teilnehmer selbst reflexiv verfügbaren religiösen Vorstellungen auszugehen, sondern darüber hinaus auch von (z.b. lebensweltanalytischen, wissenssoziologischen, entwicklungspsychologischen) Erklärungsversuchen, die die Beziehung dieser Vorstellungen zu den jeweiligen Lebensbedingungen der Teilnehmer betreffen« (390). Damit legt Englert den Finger auf eine wunde Stelle erfahrungsorientierter religionspädagogischer Ansätze. Häufig wird ein entscheidender Aspekt beim Verständnis von Erfahrung übersehen oder ausgeblendet: Erfahrungen sind Interpretationen sozialer Realität. Soziale Realität und Erfahrung stehen nicht einfach nebeneinander oder einander gegenüber, sondern beeinflussen sich gegenseitig. *Erfahrung*, so verstanden, hat mit *Erkenntnis* zu tun. Solche Lebenserfahrungen werden im Laufe eines Lebens gesammelt und als biographisches Wissen aufbewahrt. Für die Bewältigung neuer Situationen muß dieses biographische Wissen erinnert, durchgearbeitet und angeeignet werden. Wie dieser Prozeß konkret in kirchliche Erwachsenenbildung eingefädelt werden könnte, wird von Englert nicht mehr weiter verfolgt.[2]
Englert schließt seine von einem weiten theoretischen Zugriff geprägte, an einer praxisorientierenden Theorie interessierte Arbeit mit einem Plädoyer für (religions)pädagogischen bzw. erwachsenenbildnerischen *Takt*; seine differentielle Theorie ist für das Erfahrungswissen des Praktikers offen, die Praxis selbst fungiert als weiterer Entdeckungszusammenhang religionspädagogischer Erkenntnisse. Deshalb kann die Frage, wie der Umgang mit lebensweltlichem Eigen-Sinn letztlich vor Ort konkret aussehen könnte, nur in der Praxis selbst erkundet werden. Daß diese Praxis sich dann ihrerseits wieder theoretischen Vergewisserungen aussetzen möge, ist Englerts Forderung. Leider fehlt es in der Praktischen Theologie und in der Religionspädagogik – nicht nur im Feld der Erwachsenenbildung – an Arbeiten, die Praxis dokumentieren, dem theoretischen Diskurs zugänglich machen und Beispiel geben für die These von der *Praxis* als Entdeckungszusammenhang religionspädagogischer Erkenntnis.

Dr. *Jürgen Lott* ist Professor für Religionspädagogik an der Universität Bremen.

2 Vgl. dazu und zur didaktischen Umsetzung *J. Lott*, Religion und Lebensgeschichte. Zur Thematisierung von Erfahrungen mit Religion, in: *ders.*, Erfahrung, 175ff, 185ff.

Jürgen Henkys

Gemeindepädagogik – entkernt?

Eine Besprechung von *Klaus Wegenast* und *Godwin Lämmermann*, Gemeindepädagogik. Kirchliche Bildungsarbeit als Herausforderung, Stuttgart/Berlin/Köln 1994 (196 S.)

1

»Gemeindepädagogik« heißen auch andere Bücher, die kürzlich erschienen sind: das von Chr. Grethlein (Berlin / New York 1994), das von K. Foitzik (Gütersloh 1992) und, als Herausgeberarbeit, das von E. Schwerin (Comenius-Institut Münster 1991). Das jeweilige Vorhaben scheint mit dem lapidaren Titelbegriff am besten bezeichnet zu sein. Er hat sich in den beiden Jahrzehnten seit seinem ersten Auftauchen noch nicht verbraucht, im Gegenteil, man hat sich immer noch an ihm abzuarbeiten. Und darum – das zeigen die vier Bücher schon fast auf den ersten Blick – engagiert der Begriff die Autoren, die nach ihm greifen, auch auf höchst unterschiedliche Weise.

Gegenstand der folgenden Abschnitte ist nur die von K. Wegenast und G. Lämmermann gemeinsam verfaßte Schrift. Ihr Untertitel heißt »Kirchliche Bildungsarbeit als Herausforderung«. Den Autoren geht es jedenfalls um Bildung. Sie werden es mit größtem Nachdruck immer wieder beteuern. Näherhin sind die Bildungsbemühungen in Trägerschaft der Kirche ihr Gegenstand. Wenn die dafür auszuarbeitende Theorie aber wie der Obertitel »Gemeindepädagogik« heißen soll, wird das Verhältnis von Gemeinde und Kirche interessant. Welche Gemeinde rangiert hier über der Kirche? Von welchem Kirchenverständnis aus wird hier Gemeinde ins Auge gefaßt? Zu diesen Fragen gibt es in der Tat bemerkenswerte Auskünfte.

In anderer Hinsicht bleibt der Untertitel bis zum Ende der Lektüre undeutlich: »Kirchliche Bildungsarbeit *als Herausforderung*«? Zwar dröhnt das ganze Buch geradezu von *Forderungen*. Aber Subjekt und Adressat einer *Herausforderung* sind nicht ohne weiteres auszumachen. Sicher ist nur, daß die Herausforderung nicht solcher Bildungsarbeit gilt, die abgesehen von Kirche organisiert wird. Hier befleißigen sich die Verfasser größter Zurückhaltung. Sie wenden sich umgekehrt durchweg gegen den von ihnen wahrgenommenen Status quo der Grundlegung und Praxis kirchlicher Bildungsarbeit. Insoweit sind sie selbst deren Herausforderer. Dann hätte der Untertitel aber lauten müssen: ›Eine Herausforderung an die kirchliche Bildungsarbeit‹. Also doch die kirchliche Bildungsarbeit und als deren Inbegriff die Gemeindepädagogik eine Herausforderung an die Verfasser? Weil die das Feld nicht nur den Fachhochschulkollegen überlassen wollen und also nun selbst Hand anlegen müssen? Dafür spricht in der Tat eine Linie der Einleitung (5).

Daß sich zwei Verfasser in einem Gemeinschaftswerk zur fraglichen Aufgabe äußern, ist natürlich ungemein symapathisch, ebenso, daß sie sich einleitend mit einem Gespräch über ihr Vorhaben vorstellen (5-9). In diesem Dialog erscheinen beide auch mit ihrem Namen. Danach ist Einzelautorschaft nicht mehr kenntlich gemacht. Es gibt auch nirgendwo einen Hinweis auf die Arbeitsteilung. Wer daraus nun auf enge Kooperation in jedem Einzelkapitel schließen wollte, sähe sich allerdings bei genauerer Nachfrage zuerst irritiert, dann enttäuscht. Es zeigt sich, daß die Verfasser sich mit den Kapiteln abgewechselt haben. Statt der korrekten Überschriften jetzt nur Stichworte: I. Gemeinde (Lämmermann), II. Gemeindepädagogik (Wegenast), III. Kindergarten (Lämmermann), IV. Konfirmandenunterricht (Wegenast), V. Jugendarbeit (Lämmermann), VI. Erwachsenenbildung (Wegenast), VII. Arbeit mit alten Menschen (Lämmermann). K. Wegenast, auf dem Titelblatt der erste Autor, hat also drei Kapitel beigesteuert, G. Lämmermann vier. Daß beide im Vorfeld dennoch eng zusammengearbeitet haben könnten, entfällt jedenfalls für die Kapitel Konfirmandenunterricht und Erwachsenenbildung. Denn ersteres deckt sich mindestens zur Hälfte, letzteres zu Zweidritteln wörtlich, fast wörtlich oder der Gedankenführung nach mit den entsprechenden Beiträgen von Wegenast im ›Gemeindepädagogischen Kompendium‹, das G. Adam und R. Lachmann 1987 in Göttingen herausgegeben haben und das 1994 – zeitgleich mit dem hier zu besprechenden Buch – in nahezu unveränderter zweiter Auflage erschien. Die Übernahmen aus dem Kompendium werden nicht gekennzeichnet. Das ist unüblich und vermindert, einmal wahrgenommen, die Leselust.
Was bei der Anlage des Buches allerdings schneller ins Auge fällt als die mit neuen Abschnitten aufgefüllten Doubletten, ist der Umstand, daß weder die Taufe noch der Gottesdienst noch die Kindergruppenarbeit vor der Konfirmandenzeit ein eigenes Kapitel haben. (Der Vergleich mit Grethleins Buch ist aufschlußreich. Dort gibt es die Kapitelüberschriften »Bildung im Umfeld der Taufe«, »Kindergottesdienst«, »Gemeindliche Bildung im Umfeld der Schule«, »Gottesdienst als Zentrum der Gemeindearbeit«.) Um das Buch nicht zu umfangreich werden zu lassen, habe man auf Vollständigkeit verzichtet, heißt es im Vorwort (4).

Aber als Beispiele für Ausgelassenes werden gerade nicht die Themenbereiche genannt, die Grethlein – wie ich meine: sehr zu Recht – aufgegriffen hat. Hier deuten sich also Unterschiede im Verständnis von Gemeindepädagogik an, zumal es heißt: »Exemplarisch werden statt dessen die wichtigsten Handlungsfelder, die religionspädagogisch verantwortet werden müssen, dargestellt und analysiert« (4). Hat die

Religionspädagogik also nur einen Teil dessen zu verantworten, was nach anderen Autoren zum gemeindepädagogischen Gesamtfeld gehört? Wo verläuft die Grenze, wenn doch Religionspädagogik auf jeden Fall für mehr zuständig ist als für den Religionsunterricht?

2

Die Gemeindepädagogik von Wegenast und Lämmermann ist ein Buch für tolerante Leserinnen, für großmütige Leser. Das betrifft zunächst die redaktionellen Mängel des Buches. Sie drücken es unter das Niveau des ausdrücklichen Anspruchs, den die Autoren »als ›Hochschullehrer‹ und ›Praktische Theologen‹« erheben, obendrein noch mit der Absicht, sich »nicht nur an die Profis, sondern vor allen Dingen [!] auch an die Laien« zu richten (7f).

Konkret: Ich zähle im laufenden Text etwa 75 Literaturverweise, die mit der angekündigten Hilfe des umfangreichen Literaturverzeichnisses (180-196, Kleindruck) entweder gar nicht oder nur unzutreffend oder vermutungsweise identifiziert werden können. Zum Beispiel haben die Leser jedesmal die Wahl, ob sie bei einem Autor, der in einem Jahr zwei verzeichnete Schriften veröffentlicht hat, unter a oder unter b nachschlagen wollen. Aber noch ärgerlicher sind natürlich die zahlreichen Verweise, denen im Literaturverzeichnis gar nichts entspricht, und die Falschmeldungen. (So erscheine ich selbst mit einem Artikel, den ich gar nicht geschrieben habe. Andererseits wird ein Beitrag, an dem mir wirklich sehr liegt, durch fehlerhafte Bibliographie fast zur Unauffindbarkeit verurteilt.) Immerhin, das meiste stimmt wohl. Es bleibt freilich die Befürchtung, bei einem so hohen, aber an vielen Stellen undurchschaubaren Literaturaufwand werde es bei der Leserschaft leicht zur Entmutigung kommen.

Die Ausgangslage der Lesenden ist eingangs zwar in einer Hinsicht bedacht worden, unter der Frage nämlich, was man Laien an intellektuellem Mitvollzug zumuten dürfe bzw. zutrauen könne (8). Aber allen sonstigen Beschwörungen der Didaktik zum Trotz war es wohl nicht die Absicht der Verfasser, ein lernwegorientiertes Buch zu schreiben. Um so ernster hätte man doch die klärende Kleinarbeit der wissenschaftlichen Schriftstellerei nehmen müssen. Geduld ist aber auch in anderer Hinsicht vonnöten. So verschieden beide Verfasser ihre Wissenschaft auch betreiben – beide sind sie auf gleiche Weise Allergiker und Polemiker. Allergiker: Sie treten an das *mainstream*-Ufer der kirchlichen Praxis und ihrer Konzepte fast nur als Menschen, die von dem als selbstverständlich vorausgesetzten und gar nicht erst zu begründenden Verdacht umgetrieben sind, was Bildung (in subjekttheoretischer Perspektive) ist, sei hier gar nicht gewollt, und wenn schon gewollt, dann doch nicht erreicht. Positives wird häufig nur in der Form der Einräumung mitgeteilt. Die Neigung der Autoren, die vorfindliche kirchliche Bildungsarbeit *ad malam partem* zu interpretieren, also überall Vereinnah-

mung, Kolonialisierung, Entmündigung, Verweigerung von Freiheit
vorauszusetzen, sitzt tief. Und in dieser Weise sind sie auch Polemiker. Das wäre zu ertragen, wenn der böse Feind jeweils auch gestellt, enttarnt, überführt würde. Aber in den polemischen Partien
sind die Literaturangaben sehr spärlich. Es scheint auszureichen,
einen kirchenkritischen *common sense* zu mobilisieren. Zur Stimm-
führerin von Wissenschaft wird die Entrüstung – und das schlägt
der also vertretenen nicht zum Guten aus.

Um nun meinerseits Roß und Reiter zu nennen: Lämmermanns
Schlußkapitel »Kirchliche Bildungsarbeit mit alten Menschen« besteht aus folgenden Abschnitten: 1. Die Altersrevolution als sozialer
Umbruch; 2. Das Defizitmodell in der Altenbetreuung der Kirche;
3. Zur Neubestimmung kirchlicher Altenarbeit: Bildung statt Betreuung; 4. Das ›dumme‹ Vorurteil von der Dummheit des Alters;
5. Profile kirchlicher Altenbildung; 6. Zur Methodik kirchlicher Altenbildung. Aufschlußreiche, außerordentlich willkommene Informationen aus den gerontologisch relevanten Wissenschaften erhält
man im ersten und im vierten Abschnitt. Aber der Schluß des ersten
(164) präludiert schon der Polemik, die den ganzen zweiten Abschnitt beherrscht (164-167) und sich bis in den dritten hinein fort-
setzt (167), um im sechsten dann noch einmal aufzuflammen (175f).
Die Vorwürfe erfolgen von einer externen Position aus. Der Autor
ist draußen, nicht drinnen. Er urteilt pauschal, verletzend, läßt die
handelnden Personen als Vollzugsinstrumente eines auf Verschleie-
rung bedachten kollektiven Überwillens erscheinen (besonders 165f,
dies übrigens ein sattsam bekannter marxistischer Argumentations-
zug) und vollzieht an ihnen gerade diejenige Entmündigung, gegen
die das ganze Buch streitet. Was er dann als eigenen Lösungsbeitrag
anbietet, ist nach seinen immer neuen Ausfällen gegen Kaffeetrin-
ken und Unterhaltung in den gemeindlichen Seniorenkreisen wahr-
lich überraschend: Es könne »z.B. bereits *Geselligkeit zur Bildungs-
macht werden*« (172, Hervorhebung dort). Keine Anknüpfung, kein
Weiterführen von der vielleicht hilflosen und gewiß auf Beratung
angewiesenen Praxis in einen Horizont vertiefter Erkenntnis, sondern kalte besserwisserische Konfrontation mit dem neu herausge-
putzten Bisherigen! Wer soll da eigentlich etwas lernen?

Später dann einräumend: »Zu den alterstypischen Sinnfragen und Entwicklungsaufgaben gehört selbstverständlich auch die *Antizipation des eigenen Sterbens* als Integration dieser Möglichkeit in den subjektiv akzeptierten Lebensplan. Darin allerdings – wie etwa H. Faber (Faber 1983, 100ff) – die Hauptaufgabe zu sehen, wäre
falsch [...]« (175). Jetzt wissen wir also über die Meinung Fabers zur Hauptaufgabe
der Sinnsuche im Alter Bescheid – es sei denn, wir lesen in seinem Buch »Älterwer-
den können« nach und finden an der angegebenen Stelle etwas ganz anderes, dazu
ein paar Seiten später die an erster Stelle genannte *Gefahr* von Seelsorge an alten

Menschen: »daß wir als Seelsorger ältere Menschen vor allem als unterwegs zum Tod sehen, bereits als Sterbende« (a.a.O., 113).

3

Großes Gewicht für die gemeindepädagogische Fragestellung überhaupt und für die einzelnen Arbeitsfelder wird denjenigen Wissenschaften und Einzeltheorien zuerkannt, die das Menschsein in der Gegenwart im Blick auf interne und externe, psychische und soziale Sachverhalte wahrzunehmen, aufzuklären und einem jeweiligen fördernden Handeln zu erschließen vermögen. Bildungstheoretische, didaktische und religionssoziologische Perspektiven treten dabei besonders hervor. Die Informationen aus den Wissenschaften, die sich mit der Kindheit, der Jugend und dem Alter befassen, sind dicht und in der Tat beunruhigend. Das Gleiche gilt für die Auskünfte über die Veränderungen des religiösen Bewußtseins und den Funktionswandel von Religion in der Gesellschaft. Die Autoren fühlen sich durchaus als Missionare im Dienste der Aufwertung humanwissenschaftlicher Erkenntnisse zugunsten einer mobilen, ja einer *theologischen* Praktischen Theologie. Ihre humanwissenschaftlichen und theologischen Anliegen koinzidieren! »*Wegenast:* Mir ist besonders aufgefallen, wie die einschlägigen Autoren, die sich zum Problem ›Gemeindepädagogik‹ geäußert haben, eine bemerkenswerte Mißtrauenshaltung gegenüber den Humanwissenschaften an den Tag legen, auf dem Auge, das die Theologie betrachtet, jedoch nahezu erblindet erscheinen« (6). Natürlich hätte man gern Belege für diese offenbar verbreitete *Doppelbehinderung.* Wichtiger ist allerdings, was im Buch selbst an Vorstößen im Sinne eines theologisch-humanwissenschaftlichen *Doppelengagements* zu finden ist. Man braucht nicht lange danach zu suchen, die entsprechende Kontur zeigt sich überall.

Ich hebe als Beispiel das mit »Gemeindepädagogik« überschriebene Kapitel von K. Wegenast hervor. Wegenast ist von der theologischen Sorge bestimmt, in der am Anfang der siebziger Jahre aufgekommenen Vision einer Gemeindepädagogik werde der Grund von Gemeinde, das Evangelium, mit einem ideologisch gefärbten Bild von Gemeinde verwechselt (33). Es werde, mit Chr. Bizer gesprochen, die »Differenz zwischen Glauben und gemeindegemäßem Verhalten verwischt« (34). Demgegenüber sei Gemeinde nie anders faßbar denn als Sozialphänomen. Ihr religiöses Selbstverständnis und ihre gesellschaftliche Determination und Funktion seien mit Hilfe von Theologie und Soziologie zusammenzudenken. »Dabei wird immer darauf zu achten sein, daß Grund und Ziel der [gemeindepädagogischen] Arbeit nicht Situationen sind, sondern das Evangelium für die Menschen.« (55) Aber die Kommunikation des Evangeliums kann nur adressaten- und zeitgemäß sein. Der soziale Raum, in dem sich gemeindepädagogische Bemühung verwirklicht, ist »die ›offene Volkskirche‹, die alle Bevölkerungsgruppen umfaßt und potentiell der Quellort diakonischen Handelns, eine Gelegenheit für die Kommunikation des Evangeliums und eine Sprachschule für die Freiheit sein oder werden kann« (50). Ist Gemeinde als Moment offener Volkskirche immer nur aufzufassen durch das Ineinander von theologischer und soziologischer Wahrnehmung, so kommt mit dem Begriff »Pädagogik« im Namen Gemeindepädagogik noch eine weitere Doppelperspektive ins Spiel. Die Pädagogik darf nicht als Instrument kirchlicher Selbsterhaltung in Dienst genommen werden. Sondern sie muß, auch wenn sie im gemeindlichen Zusammenhang wirkt, autonom und ihrem eigenen Selbstverständnis verpflichtet bleiben dürfen. Es ist »die Botschaft von der Rechtfertigung des Sünders, welche die Freiheit des einzelnen respektieren läßt, Individualität und Sozialität zu vermitteln hilft, prinzipiell allen Gemeindegliedern die Möglichkeit offen läßt, Gruppen zu bilden, und dazu befähigt, Konflikte aufzudecken, wahrzunehmen und zu bearbeiten« und also auch »Lernprozesse zu organisieren« (50) – mithin Pädagogik in Brauch nehmen läßt, ohne sie theologischer Fremdbestimmung zu unterwerfen.

Bei dem hier Referierten ist mir am wichtigsten die Warnung davor, die soziale Bedingtheit der Gemeinde zu übersehen und ein Idol von Gemeinde zu unterstellen, statt von der ärmlichen, uneindeutigen, zwiegesichtigen Wirklichkeit auszugehen und diese an das Evangelium zurückzubinden. Allerdings verwundert es mich, daß Wegenast meint, es sei bei den Befürwortern von Gemeindepädagogik O. Hammelsbeck vergessen worden (32 – das Zitat wird stracks gegensinnig zu seinem Kontext verwendet). Ich kann ihm auch nicht zustimmen, wenn er behauptet, man habe sich Anfang der siebziger Jahre von einer in den Gemeinden verorteten Pädagogik »Hilfe im Kampf gegen weitere Entkirchlichung und Verweltlichung der Gesellschaft« erhofft (ebd.). Das trifft jedenfalls für den östlichen Bereich nicht zu. So läßt denn die angemahnte Anbindung aller gemeindepädagogischen Initiativen an das Konzept der offenen Volkskirche dort, wo nur noch eine Minderheit der Bevölkerung zur Kirche gehört und auch in absehbarer Zukunft nicht wieder zur Mehrheit werden wird, die Gegenfrage aufkommen, wie stark die ideologischen Implikate gerade eines solchen Appells sein mögen.

4

Konzentrierte theologische Gedankengänge, die in die Darstellung mit jeweils begründender Funktion eingelagert werden, stammen insbesondere von G. Lämmermann. Ich hebe drei solcher Traktate hervor: eine trinitätstheologische Überlegung zum Gemeindegedan-

ken (21-31), eine tauftheologische Überlegung zur Begründung der
Kindergartenarbeit (62f), eine biblisch-anthropologische (125-127)
in Verbindung mit einer rechtfertigungstheologischen Überlegung
(127-129) zur Begründung der Jugendarbeit. Allen diesen theologischen Gedankengängen ist zunächst gemeinsam, daß sie ihre Pointe
in der Auszeichnung der menschlichen Personalität haben, genauer:
in der Auszeichnung des freien Subjektseins, das als die biographisch einzuholende, als die im Bildungsvorgang pädagogisch ein-
zulösende Bestimmung allen freien Menschentums gilt. Lämmermann nimmt damit die Grundintention der Praktischen Theologie
von H. Luther auf und macht sie für seine Vorstellungen von Gemeindepädagogik fruchtbar. Seine theologischen Operationen zielen
also zunächst auf die Bestätigung jenes anthropologisch-sozialen
Fundamentaldatums und erst von dort aus auf die Begründung des
Gemeindeverständnisses und der pädagogisch relevanten gemeindlichen Arbeitsformen. Bildung löst ein, was dem Menschsein von
Gott her zugesprochen ist. Theologie und Pädagogik koinzidieren
in der (jeweils unterschiedlich erreichten, aber gleich bewerteten)
Verantwortung für den Menschen als freies Subjekt seiner freien Beziehungen.

Nun würde ich gern in den einzelnen theologischen Arbeitsgängen, die Lämmermann vorführt, Zug um Zug, manchmal Satz für Satz, kritisch ausleuchten, was dort
eigentlich geschieht. Dafür gibt es hier keinen Platz. Die Leserschaft wird selber
genau hinsehen. Aber es muß erlaubt sein, den summarischen Eindruck auch ohne
Einzelnachweise wiederzugeben – und das darf mit Bezug auf einen Autor, der selber kräftig auszuteilen pflegt, auch einmal mit gehöriger Zuspitzung geschehen.

(1) Es gelingt Lämmermann, aus der Idee der immanenten Trinität
(die soteriologische Dimension der ökonomischen Trinität, ohne die
es ja nie zur Lehre von der immanenten Trinität gekommen wäre,
spielt für den Ansatz nur eine untergeordnete Rolle) eine Grund-
vorstellung von Gemeinde abzuleiten, in der sich Wort und Sakrament als *notae ecclesiae* erübrigen. Die christliche Gemeinde unter-
scheide sich von anderen Gemeinschaftsformen konstitutiv durch
das Bekenntnis zum dreieinigen Gott, das aber nicht als rituelles,
gesprochenes, sondern als gelebtes maßgeblich sei.

›Gelebtes Bekenntnis‹ ist für Lämmermann nun aber nicht etwa ein solches, das im
Leben der Gemeinde aufzusuchen wäre, sondern das als Idee von Gemeinde auf
diese zurückwirkt, sofern es sich dem christlichen Gottesgedanken selbst verdankt.
»Im Gemeindeleben und in den Aktionen der Gemeinde muß elementar zum Ausdruck kommen, was dem Glauben so fundamental ist, daß es zum Bekenntnis erhoben wurde.« (22) »In seiner trinitarisch-christologischen Fassung reflektiert der
christliche Gottesgedanke ein Strukturmodell von gelungener Beziehung zwischen
Personen.« (23) Wie Gott zugleich als Einheit und sich frei gewährende Beziehung
zu denken ist, so »im (Kantischen) Sinne eines analytischen Urteils« (21) auch die
Gemeinde.

Was für eine Art von »Bekenntnis« der Verfasser meint, bleibt mir trotz redlicher Bemühung verborgen, ebenso, was das Subjekt dieses Bekennens mit der geschichtlichen Wirklichkeit von Kirche zu tun hat. Deutlich ist nur, daß der Verfasser sich um die theologische Begründung einer solchen Gemeinde bemüht, in der »normative Forderungen« (21) und damit auch rituelle Zumutungen ausgeschlossen sind. Mit der Überwindung der Gottesdienstdimension von Gemeinde (wie immer diese Dimension heute neu in Blick zu nehmen wäre) ist aber die Gemeindepädagogik nach meinem Urteil theologisch entkernt worden.

Das zeigt sich nicht nur in der Gliederung des Buches, sondern auch an vielen Einzelstellen. Und das ist für mich noch besorgniserregender als der im Eingangsgespräch besprochene (aber nicht zerstreute) Verdacht, die Lesenden würden durch solche legitimatorische Akrobatik intellektuell überfordert.

(2) Es gelingt Lämmermann, die Taufe als Begründung für Kindergartenarbeit überhaupt in Anspruch zu nehmen und es gleichzeitig als angemessen anzusehen, daß diese Taufe im Kindergarten und bei volkskirchlich motivierten Taufeltern als Grund von personhafter Freiheit nicht thematisiert wird. Die Taufe ist für ihn offenbar in der Weise Symbol des Eigenwertes der Person, daß jemand, der sich dieser Person mit der *Botschaft* der christlichen Taufe näherte, dauernd zu befürchten hätte, der so begründeten personalen Freiheit zu nahe zu treten. Wie die Trinitätslehre, so fungiert auch die Tauflehre als ein Konstrukt, das zumutende Begegnung erübrigt. Eine trinitarisch begründete Gemeinde ohne *gottesdienstliche* Dimension, eine tauftheologisch begründete Verantwortung für Heranwachsende ohne *katechetische* Dimension! Was dann im Abschnitt »Religiöse Momente der Kindergartenarbeit« (71-75) im Modus der Einräumung zugestanden wird, muß man in den Einzelformulierungen verfolgen.

Aufschlußreich ist es auch, den Abschnitt »Kindergarten und Hort« aus der Religionspsychologie von H.-J. Fraas danebenzuhalten (Die Religiosität des Menschen, Göttingen 1990, 193-199). Was dem Religionspsychologen dringlich und möglich erscheint, ist dem Gemeindepädagogen kaum erschwinglich!

(3) Es gelingt Lämmermann, die Rechtfertigungslehre zur Begründung für die Jugendarbeit als »offenes« Angebot so ins Spiel zu bringen, daß aus der Lehre von der *iustificatio impiorum* ein Akzeptanzprinzip wird, auf dessen Basis pädagogisch zu realisieren ist, was Gott, dessen Gnade hier ohne Gesetz gedacht wird wie der gefallene Mensch ohne Schuld, in seiner Liebe ermöglicht hat. Dem gerechtfertigten Menschen (aber er weiß von seiner Rechtfertigung nichts, und daß er ihr irgendwann und irgendwie erkennend begegnen

könnte, ist für Lämmermann kein gemeindepädagogisches Thema)
ist dazu zu helfen, daß er »als kompetentes, selbstbestimmtes Subjekt
aufzutreten vermag« – politisch die eigene Situation auf die Möglichkeit des Befriedigtseins hin verändernd. Dafür ist Röm 5,1 Beleg,
wobei übergangen wird, daß es sich um den Frieden »mit Gott«
handelt. Statt dessen wird der Friedensbegriff vom alttestamentlichen
»Shalom« her gefüllt. Unfreiheit herrsche für das Alte Testament z.B.
dort, »wo der Mensch nicht in Übereinstimmung mit der Natur –
auch mit seiner eigenen – lebt; das heißt, wo er nicht befriedigt ist«
(129). Röm 5,2-6 mit all den Sachverhalten des anfechtenden Aus-
standes von Befriedigtsein erhält keinerlei Chance, den »Frieden mit
Gott« zu beleuchten. Es wäre dies ja auch pädagogisch nicht in der
Weise zu vermitteln, die Lämmermann nach meinem Haupteindruck
ständig vorschwebt, nämlich befremdungslos.

Im ganzen Buch polemisieren die Verfasser – teils direkt, teils indirekt – gegen das
Differenzmodell bei der Deutung des Verhältnisses von Kirche und Gesellschaft,
Glaube und Kultur. Was sie hier aber vorführen, ist eine Theologie, die ihren hu-
manwissenschaftlichen Partnern lächelnd die dritten Zähne zeigt. Und ich kann mir
einfach nicht vorstellen, daß diese Partner über solche Theologen glücklich sind.
Werden sie im Dialog der Wissenschaften eigentlich gebraucht?

5

Bei so viel Widerspruch – was ist mir an diesem Buch wichtig? Vor
allem, daß die Verfasser unermüdlich einprägen: Die Menschen, mit
denen man es in der kirchlichen Bildungsarbeit zu tun hat, sind inzwischen anders, als man es sich oft genug denkt oder wünscht. Der
Wandel ihrer psychischen Verfaßtheit in Korrespondenz mit dem
sozialen Wandel, der durch Produktion und Konsumtion, Markt und
Verkehr, Wettbewerb und Austausch – auch auf dem Gebiet der Lebensorientierungen – ständig vorangetrieben wird, fordert kirchliche
Bildungsarbeit auf zur Selbstkritik im Blick auf jeglichen Immobi-
lismus, zur Selbstkontrolle im Blick auf den nie genug zu achtenden
Eigenwert aller beteiligten Personen. Menschennähe, Unbefangen-
heit, Offenheit, Vielfalt, Risikobereitschaft bei Suchbewegungen, Respekt vor Gruppen- und Einzelindividualitäten – das sind Tugenden,
die in ›postmoderner‹ Zeit auf allen gemeindepädagogischen Handlungsfeldern blühen sollten. Ja, es sind Grunderfordernisse, die sich
zwingend bereits aus der theoretischen Bearbeitung der gemeindepädagogischen Text-Kontext-Relation ergeben.
Worin ich mit den Verfassern nicht übereinstimme (von zahlreichen
bisher unbesprochenen Einzelheiten abgesehen), resumiere ich hier
nur noch in zwei Anmerkungen:

1. Die kirchliche Arbeit ist vielfältiger und besser, als die Autoren es ihr zugestehen oder aufgrund ihrer Optik wahrzunehmen bereit sind. Sie schreiben eine Gemeindepädagogik als Herausgeforderte und aus eigenem Entschluß. So sollte man erwarten, daß sie auf die gemeindespezifischen Möglichkeiten und Lösungen religiöser Bildungsaufgaben mit einladender Neugier zugehen.
2. Pädagogisch angemessen ist nicht schon dasjenige Handeln, bei dem es gelungen ist, die Reibungswärme zu minimieren. Die Sperrigkeit und Widerständigkeit einer Sache, die dilemmatische Konstellation eines gegenwärtigen Lebensproblems, die Entschiedenheit einer darauf bezüglichen Stellungnahme, die Fremdheit einer ›Botschaft‹ sind seit alters und mit größter Wahrscheinlichkeit auch noch morgen Momente, die der Bildungsaufgabe zugute kommen, statt sie zum Verrat an sich selbst zu verleiten.

Die von K. Wegenast wie in früheren Äußerungen so auch jetzt so stark betonte These von der ›Gleichursprünglichkeit‹, die didaktisch für Subjekt und Tradition, Adressat und Botschaft, Erfahrungswirklichkeit und Glaubensinhalt zu veranschlagen sei (139, 140, 141 u.ö.), bedarf m.E. weiterer theoretischer Klärung, durch die sie vor dem Mißverständnis einer fortschrittsbeschwingten Flurbereinigung bewahrt wird. (Es ist ja bezeichnenderweise gerade die *unbequeme* Ökologie, die im postmodernen Bewußtsein Raum gewinnt!)

Dr. *Jürgen Henkys* ist Professor für Praktische Theologie an der Humboldt-Universität Berlin.

3.6

Harry Noormann

Religionspädagogik 1994. Ein Situations- und Literaturbericht

Am 7. September 1994 wurde der Öffentlichkeit – rechtzeitig vor der katholischen Bischofskonferenz im Frühjahr 1995 – die Denkschrift der EKD zu »Standort und Perspektiven des Religionsunterrichts in der Pluralität« (= *DS*) vorgestellt. Das schmale Bändchen von knapp 90 Seiten ist die vermutlich folgenreichste religionspädagogische Publikation im Berichtszeitraum.

Die Debatte um Ort und Gestalt des RU (zuletzt: *AEED*; »Aufruf«; Religionsunterricht auf dem Weg – wohin?) an der öffentlichen Schule hat einen neuen, unumgehbaren Referenzpunkt. Mit der jetzigen wird sich zumindest auch die nachfolgende Generation von Fachleuten an ihm reiben und abarbeiten.

Zum ersten Mal hat der Rat, statt sich in einer verfassungsrechtlichen Entschließung zu positionieren, in Gestalt einer Denkschrift sich dem öffentlichen Dialog zum RU gestellt.

Dieser begann hitzig und kontrovers. *Horst Gloy* hielt Gericht über eine fehlende Anwaltschaft für die Rechte von Kindern und Jugendlichen in diesem Land, beklagte den unscharfen, »wie eine heiße Kartoffel« jonglierten Begriff des interreligiösen Lernens, in der Sicht der Autoren komme »konfessionell-christliche Identität vor Verständigung mit ›fremden‹ Überzeugungen – Punktum«, die, so Gloy verärgert, nach dem Willen der Autoren in »fünf, acht oder zehn konfessionellen Gruppen und dann auch noch fächerübergreifend« entwickelt werden solle – letztlich, um »eine(r) unwillige katholische Schwesterkirche« Konzessionen für eine stärkere konfessionelle Kooperation abzuringen (Deutsches Allgemeines Sonntagsblatt Nr. 40, 7.10.1994, 15).

»Vor Zorn erblindet« lautete die Diagnose in der Replik von *Ulrich Becker* für den Kollegen Gloy, dessen deprimierendes Fazit die deutliche Absicht der Denkschrift ignoriere, die psychosozialen, ökonomischen und ökologischen Konfliktpotentiale der heranwachsenden Generation endlich in ihrer gesellschaftlichen und kirchlichen Dringlichkeit zu begreifen. Weder in dieser Einschätzung noch in dem komplizierter sich darstellenden »fruchtbaren Wechselspiel von gewachsener Identität und anzustrebender Verständigungsfähigkeit« (*DS*, 65) bestehe Dissens. Im Streit um den theologisch und pädagogisch *gangbaren* Weg mache sich dann aber die Denkschrift stark, »durch die Unterschiede hindurch das Gemeinsame zu suchen« (Deutsches Allgemeines Sonntagsblatt Nr. 42, 21.10.1994, 15).

Die Leidenschaft der zwiespältigen Reaktionen zwischen resignierender Enttäuschung, dem Respekt vor einem »großen Wurf« (Loccumer Pelikan Nr. 1/1995, 23) und dialektischem Feinsinn (Preis der Freiheit, *F. Schweitzer* in LMH 33 [1994] H. 12, 10-12; vgl. die Beiträge in EvKomm 27 [1994] H. 5) darf das Urteil über diese Denkschrift nicht auf den – wenngleich eminent wichtigen – fach*politischen* Aspekt verengen. Anlage und Inhalt greifen in gemeinverständlicher Sprache weit über das engere Terrain des Religionsunterricht aus auf jugend- und religionssoziologische, bildungs- und schultheoretische, ekklesiologische, didaktische und methodische Fragestellungen, die desgleichen die Fachliteratur des Jahres 1994 nachhaltig bestimmen. Es erscheint daher lohnend, die Sichtung der Publikationen und die Situations- und Perspektivanalyse der Denkschrift thematisch aufeinander zu beziehen und miteinander ins Gespräch zu bringen, auch wenn dabei eine gewisse Engführung der Literaturauswertung auf das schulische Handlungsfeld in Kauf zu nehmen ist.

Gliederung

1 Kinder und Jugendliche, Religion, Christentum und Kirche – zwischen Neugier, alltäglicher Distanz und Synkretismusvirulenz

1.1 Entkirchlichung des Christseins – Entchristlichung der Religiosität

»War für die 70er Jahre noch eine Tendenz zur Entkirchlichung des Christseins (›Jesus ja, Kirche nein‹) vorherrschend, so wurde sie in den 80er Jahren durch einen Trend zur Entchristlichung der Religiosität abgelöst (›religiös ja, aber warum christlich?‹)« (*H.-J. Höhn*, 15).

Das erste Kapitel der DS diskutiert das »anhaltende Dementi über das Ende der Religion« und das allenthalben kolportierte »Gerücht um Gott« (*V. Drehsen*) in einem allgemeinen Klima kirchendistanzierter, »religionsfreundlicher Gottlosigkeit« (*J.B. Metz*) als eine zentrale Herausforderung religionspädagogischer Arbeit der näheren Zukunft. Die »harten« empirischen Eckdaten epochetypischer Trends zwischen der EKD-Befragung evangelischer Studierender von 1991, der Shell-Studie, der SPIEGEL-Umfrage (1992) und *H. Barz* (1922/93) avancieren trotz methodologischer Kontroversen zum common sense. Die »Doppelgleichung religiös = christlich = kirchlich« löst sich insgesamt auf« (*Nipkow, a*, 205). Der christliche Glaube wird als eine Religion unter anderen gesehen, eine steigende Zahl junger Menschen billigen jeder Religion eigene Wahrheiten zu, von denen zu lernen dem Christentum gut anstehe. Bei zwei Dritteln hat sich das Gottesbild vom christologisch bestimmten christlichen Verständnis »abgekoppelt«. Unterschiede zwischen den Konfessionen scheinen mehr und mehr zu einer marginalen Größe zu werden. Wer sich gern ein konziseres und differenzierteres Referat über den aktuellen Forschungsstand zum Verhältnis Jugendlicher zu Kirche, Christentum und Religion (die Denkschrift insistiert auf dieser Reihenfolge) hätte zumuten lassen, wird die einschlägige Literatur zu Rate ziehen (*Barz, b, c; F. Bohnsack; Chr. Bumler; A. Feige, a, b*; Jugendliche und was sie glauben; *K. Gabriel; N. Mette*, 172ff; *K.-E. Nipkow, a*, u.ö.; *Zinnecker*).

Das Kapitel legt eine eher programmatische Lesart nahe. Zum einen: Die Hinweise auf den familialen Wandel zu einer verhäuslichten und verinselten Kindheit zwischen »fürsorglicher Belagerung« (*Chr. Berg*) und Trennungsangst sowie auf das Doppelgesicht der Freiheit unter der Herrschaft des Marktes enthalten die implizite Aufforderung, die religionspädagogischer Aufmerksamkeit von einer Fixierung auf eine isolierte Deutung religionssoziologischer Befunde weg zu einer Empirie und Gesellschaftsanalyse verknüpfenden Betrachtungsweise zu lenken. Zum anderen wird signalisiert, daß religionspädagogische Reflexion ihren Ausgang nimmt von einer umsichtigen und emphatischen Wahrnehmung der konkreten Lebensumstände und der subjektiven Deutungsmuster ihrer Lernsubjekte. Die DS plädiert für einen erfahrungshermeneutischen Ansatz, der den ehedem sogenannten »anthropogenen und soziokulturellen Bedingungen« unter veränderten Vorzeichen neues Interesse zuteil werden läßt.

Dieser Absicht steht ein Säkularisierungsbegriff im Wege, dem (modernisierungstheoretisch anknüpfend an *M. Weber*, vgl. *Jacobi*, 78f) die DS in bezeichnenden Formulierungen Ausdruck verleiht. Jugendliche täuschen sich über ihre Selbständigkeit, heißt es, sie vermögen nicht ausreichend zu beurteilen, was gut und schlecht ist ... »Gewisse religiöse Bedürfnisse sind immer *noch* lebendig« (16, Hervorh., HN), die Verweltlichung sei bis in die Welt der Gefühle vorgedrungen (14).

Das kaum problematisierte Verfallsparadigma, das sich in dem gängigen Besorgnisvokabular von Erosion, Traditionsabbruch und Relativismus ausspricht, verstellt den Blick, religiösen Symbolwelten junger Menschen auf ihrer subjektiven Bedeutungsebene funktional und ideologiekritisch im Theorierahmen des *Wandels von Religion* empirisch und hermeneutisch beizukommen (*Höhn; I. Kögel; H.G. Heimbrock* und *H. Streib*).

Zudem dürfte auch bei Jugendlichen der Befund *Ingelharts* zutreffen, nach dem Menschen, die sich an materialistischen Werten orientieren, eher hereditären Formen des Christentums zuneigen (oder säkularen Lebensentwürfen folgen), während »häretische Postmaterialisten« das stärkere Interesse an authenischer religiöser Vergewisserung aufweisen (zit. nach *Barz, a*, 41). So könnte die Vielfalt der Suchbewegungen und religiösen Orientierungen junger Menschen sich sehr wohl als Zeichen der Vitalität des Glaubens denn als Symptom seiner Krise erweisen (*K. Gabriel*). Die Beiträge des JRP-Themenschwerpunktes »Religion der Jugend wahrnehmen« (JRP 10) unter diesem Blickwinkel zu studieren, erweist sich als eine überaus spannende Lektüre (*Behrendt; Bucher, b; Dorgeloh; Drehsen, b; Frey; Sauer; Schweitzer, d; Schwochow*).

1.2 »Synkretismusvirulenz«

Ein Gegenstand der Sorge – nicht zuletzt auf ökumenischer Ebene (*K. Raiser*) – ist das Synkretismusproblem. *Drehsen* verläßt den »verfallstheoretischen Deutungsrahmen« (*Nipkow, a*, 203), wenn er das polemisch-apologetische Konnotationsfeld des Terminus »Synkretismus« begriffsgeschichtlich aufbereitet und ihn als eine erklärungsträchtige *analytische* Kategorie zur »zeitdiagnostischen Beschreibung gegenwärtiger Kulturlagen« rehabilitiert (*Drehsen, a*, 43).

Drehsen rechnet im Ergebnis mit »wachsenden Wahrscheinlichkeiten« synkretistischer Orientierungen, weil die Auslösemomente in der »soziokulturellen Infra*struktur*« der Gesellschaft zu verorten seien.

Er erkennt drei Haupttendenzen:
1. die Entmonopolisierung einer kirchlich definierten Religiosität durch die Auflösung ihrer Milieus führt sowohl zu ihrer innerkirchlichen Pluralisierung (feministische, befreiungstheologische, volkskirchliche, charismatische, fundamentalistische Paradigmen), zu einer gesellschaftlichen Pluralisierung des Christentums (gesellschaftliches, kirchliches, privates Christentum) wie zur breiten Inanspruchnahme religiöser Deutungsmuster über das Christentum hinaus;
2. die Rückverlagerung religiöser Identitätsbildung in die autonome Entscheidungsfreiheit des Individuums (autopoietische Sozialisation) erhöht die Möglichkeiten »kombinatorischer Muster« synkretistischer Überschneidungen und
3. die alltagskulturelle und zum Teil »kulturstiftende« Präsenz fremder, heteromorpher Religiosität schafft vermehrte Möglichkeiten, das eigene Identitätsverständnis auf diese »Angebote« ausgreifen zu lassen (*Drehsen, a*, 44).

Die Religionssuche verbindet sich mit der Erwartung, vielleicht »im Fremden« die Sehnsucht nach Einheit, Verläßlichkeit, Übersichtlichkeit und Transzendenz stillen zu können, die »das Eigene« nicht mehr verbürgen zu können scheint (ebd.,47f).

Daß heutige spirituelle Suchbewegungen sich nicht mehr wie in der Vergangenheit »als Absetzbewegung vom Christentum oder bestimmter Ausprägungen definieren«, sondern überwiegend am Christentum »vorbeigehen« (*Höhn*, 15), eröffnet der Empirie ein bislang wenig bearbeitetes Forschungsfeld. Unstreitig kommen Kinder und Jugendliche mit vielfältigen religiösen Überlieferungen in Berührung, und die religiös Interessierten zeigen sich für die »Virulenz von Synkretismusbildungen« (*Drehsen*) besonders aufgeschlossen. Auch wissen wir, daß Jugendliche außerchristliche religiöse Traditionen nicht als in sich konsistente Sinnkosmen (»schlüsselfertige Sinngebäude«, *Barz*), sondern lebensweltlich splitterhaft wahrnehmen, daß sie ihre Kenntnisse überwiegend aus zweiter Hand beziehen und diese sich häufig von stereotypischen Bildern nähren: »vorgeschriebene Regel« im Judentum, Reglementierung als Merkmal des Islam, Freiheit zur Selbstverwirklichung in hinduistischen Lehren (*Nipkow, b*, 215f). Deutlich scheint auch zu sein, daß Synthetisierungsleistungen transitorisch und auf »eigene Faust« erbracht werden, eine reflexive Differenzierung dagegen zumeist unterbleibt. Gleichwohl: Unter welchen biographischen und lebensweltlichen Konstellationen »Synkretismusvirulenz« Spuren hinterläßt, wie synkretistische Identifikationen sich bilden und welche, ob sie kohärente Sinnprofile erzeugen, ob sie »probehalber« und »selbstreferentiell« vorübergehend oder dauerhaft Wirkung erzielen – Antworten auf derartige Fragen lassen viel Raum für Spekulationen, da valide Beiträge zur Erforschung des »Magnetfeldes« von Synkretismen (*Drehsen, a; Barz, b*) noch ausstehen. Überhaupt wird sich vermutlich das Forschungsinteresse der nächsten Zeit nach einer gewissen Erschöpfung repräsentativer Empirie stärker darauf konzentrieren, die Banalität wissenschaftlich einzuholen, daß es »die Jugend« nicht gibt (auch in diesem Zusammenhang sind die Beiträge in JPR 10, 3-104 aufschlußreich!).

1.3   Differenzierende empirische Forschungsstrategien

Gegen »vorauseilende Modernisierungsszenarien« haben *I. Behnken* und *J. Zinnecker* Vorbehalte angemeldet, da die Kinder- und Jugendforschung mit Vorliebe Heranwachsende in den metropolitanen Ballungszentren ins Visier nehme und dabei Familien, Kleingruppen, Subkulturen und Netzwerke wegblende, die höchst wirkungsvoll den Umgang mit gesellschaftlichen Wandlungsprozessen »erproben und tradieren«. Der Verweis auf lokal und regional relativ intakte homogene Konfessionslandschaften sowie auf gemeindliche Einbettung individueller und familiärer Lebensstile schütze vor unzulässigen Generalisierungen synkretistischer Allpräsenz, ohne ihre Diagnose als epochetypische Trends negieren zu müssen. Horizontale Ausdifferenzierung der Forschungsmethoden und vertikale Differenzierung der Fragerichtungen zeichnen sich ab. Das Interesse, über die Erfassung von »isolierten Merkmalen« religiöser Orientierung vorzustoßen zur religionspädagogisch relevanten Aufklärung von Entstehung, Wirksamkeit und Wandel von Frömmigkeit und Glaube *in der Lebenspraxis*, ist subjektorientierten interpretativen Verfahren gemein. Die Reichweite strukturgenetischer, psychoanalytischer, ethnographischer, soziologischer und hermeneutischer Interpretationszugänge »am Fall Magret E.« dokumentieren die Ergebnisse einer Arbeitsgruppe des Comenius-Instituts (*Comenius-Institut, a*). Sie weisen in die Richtung einer *eigenständigen* religionspädagogischen Forschung (*Nipkow, a*, 202ff), die Prozesse der Genese, Bedeutung und Veränderung religiöser Symbolisierung aufspürt (*D.Fischer* und *A.Schöll; J. Pabst*). Entwicklungspsychologische Engführungen werden vermieden durch methodologische Diversifikation, die auch gesellschaftstheoretische Fragestellungen einbezieht. Ein wichtiges Ziel müßte sein, LehrerInnen mit sozialwissenschaftlichen Instrumentarien auszurüsten, um religiöse Lebenslinien so kundig interpretieren zu können »wie einen biblischen Text« (*DS*, 28; vgl. auch *A. Bucher, a*). Auf dieser Basis wäre *Nipkows* Forderung nach einem pluralen Konzept von Hermeneutiken und Didaktiken für eine nachchristliche geschichtliche Lage einzulösen: »Eine Hermeneutik und Didaktik für Situationen des schon vorhandenen Einverständnisses im Glauben, eine andere für Situationen des nichtvorhandenen und erst suchenden Einverständnisses und noch eine andere für Situationen des verlorengegangenen Einverständnisses, ohne gegenseitige Abschottung« (*Nipkow, e*, 11).

Auf eine grundlegende Voraussetzung »alphabetisierenden Lernens« (*DS*, 54) auf seiten der Erwachsenen hat die EKD-Synode in Halle vom November 1994 mit dem Schwerpunktthema »Aufwachsen in schwieriger Zeit« in erfreulicher Deutlichkeit aufmerksam gemacht – die Wiederentdeckung des Kindseins als eines eigenständigen Modus des Menschseins. Implizit wird damit gewissen entwicklungspsychologischen Konzepten widersprochen, die strukturgenetisch jede neue Entwicklungsphase als einen »Fortschritt« (miß)deuten. Die urchristliche Anerkennung von Kindsein als Modus des »vollwertigen Menschseins« und »nicht nur als einer Vorstufe«, ein »Noch-nicht« (*Becker*, 26), mahne einen intergenerationellen Umgang an, der das Kindern eigene Verständnis von Leben und Welt, ihre eigenen Wünsche, die ihnen eigentümlichen Deutungen und

Bilder ernstnimmt und die Erwachsenenwelt durch sie in Frage stellen läßt. »Kinder sind selbständige religiöse Entdecker und eigene kleine Theologen; nehmen wir sie bei der Suche und eigenständigen religiösen Sinngebung ernst?«, fragt die Synodenvorlage (ebd., 55; in didaktischer Konsequenz besonders: *Schweitzer, Nipkow, Faust-Siehl* und *Krupka*).

2 Identität und Verständigung – Identität durch Verständigung? Konfessionsbezogenes, ökumenisches und interreligiöses Lernen

2.1 Interreligiöses Lernen – zwischen Exklusivismus, Inklusivismus, Pluralismus

Dialog läßt sich heutzutage »nur dann vermeiden, wenn man sich in ein sorgsam bewahrtes und rekonstruiertes sektiererisches Ghetto zurückzieht« (*P. Berger*, 81). Der Dialog ist gefährlich für den, der mangels eigener fester Vorstellungen sehr schnell von der Weltsicht dessen »eingesogen« wird, der über »solche Klarheit und Gewißheit« verfügt. Interreligiöser Dialog verträgt »keine Schwächlinge«, aber, soll er »ernsthaft und aufrichtig« geführt werden, auch keine »Schläger«, die sich des Risikos zur Veränderung vorgefaßter Positionen entziehen (ebd., 82f).

ReligionslehrerInnen ist das »sektiererische Ghetto« verschlossen. Heranwachsende machen alltäglich multikulturelle Erfahrungen und erbringen auch multireligiöse Lernleistungen, bevor Pädagogen mit Konzepten aufwarten.

Schule ist ein exponierter Ort von Multikulturalität. Er ist zugleich ein ungeeigneter Ort der Verständigung nach den Regeln des interreligiösen Dialogs. Denn Heranwachsenden fehlt jene unverzichtbare »Klarheit und Gewißheit« in Glaubensfragen. Im babylonischen Sprachgewirr von Antworten ist ihre leise »Sehnsucht nach Sinn« (*Berger*) überaus fragil und verletzlich, in akuter Gefahr, unkritisch »eingesogen« zu werden von alten und neuen Gewißheiten. »Religion an der Schule« muß die Sprachfähigkeit religiöser Weltdeutung erst ausbilden zur Unterscheidung der Stimmen. Ist dabei religiöse Einsprachigkeit heilsam oder »heilbar« (*U. Dethloff*)? Das ist ein religionspädagogisches Kerndilemma von Konzepten interreligiösen Lernens zwischen »Rambo und Mary Poppins« (*Berger*), um die lebhaft gestritten wird. Interreligiöses Lernen ist *das* Thema der gegenwärtigen Debatte (*Comenius-Institut* hg. von *P. Schreiner; Comenius-Institut* hg. von *Chr. Scheilke; G. Adam; I. Lohmann* und *W. Weiße;* die Themahefte Religionen im Dialog; Interkulturelles Lernen; Interreligiöser Dialog).

Einen ersten systematischen Entwurf mit dem Titel »Interreligiöses Lernen« hat der katholische Kollege *St. Leimgruber* aus Paderborn vorgelegt (das lange angekündigte Buch von *G. Orth* ist noch nicht erschienen, vgl. auch die Beiträge in *R. Schlüter*). *Leimgruber* entwickelt »Elemente einer Didaktik der Religionen« im Rückgriff auf *E. Lévinas, J.B. Metz* und *M. Buber.* (Ideengeschichtliche), sachinformative Kapitel über Geschichte und Anknüpfungspunkte für einen Dialog von Christen mit Juden, Muslimen und Angehörigen fernöstlicher Religionen münden jeweils in (knappen) Anregungen für die religionspädagogische Praxis in Kirche und Schule. Sie lassen sich leiten von der Grundintention, in den »*Anders*-Gläubigen die Anders-*Gläubigen*« zu entdecken. *Leimgruber* geht davon aus, daß Angehörige anderer Religionen Christen neue Räume und Möglichkeiten für »gelingendes und erfülltes Menschsein« eröffnen und der »Umweg« über den interreligiösen Dialog Zugänge zum eigenen Glauben erschließen helfen kann (*Leimgruber*, 38). Einschlägig versierte Praktiker werden eine stärker von schulischer Erfahrung angeleitete Praxistheorie vermissen (vgl. *F. Doedens; R. Großhennig*).

Eine rasche und weite Verbreitung ist daher den »Interkulturellen Unterrichtsideen für die Klassen 4-6 aller Schularten« zu wünschen, die das Anne Frank-Haus in Amsterdam in Zusammenarbeit mit dem Institut für Lehrerbildung und dem PTI in Hamburg herausgegeben hat (Das sind wir).

Dieses bereits in England und den Niederlanden mit Erfolg laufende und für deutsche Verhältnisse umgearbeitete Projekt verfolgt eine doppelte Intention: Erstens sollen *alle* Kinder gleich welcher Herkunft und Prägung beim Aufbau ihrer persönlichen Identität in der Gemeinschaft verschiedener Kinder gestärkt werden (WIR); zweitens wird durch Aufbau und Anlage des Projektes eine positive Wahrnehmung und Verarbeitung von Vielfalt als bereichernde Normalität angestrebt mit dem Ziel, Probleme und Konflikte auf der Basis differenzierter Kenntnis und Empathie zu bewältigen. Der Veröffentlichung eines Lesebuches mit einfühlsamen und detailgenauen Alltagsgeschichten von sechs Mädchen und Jungen verschiedener Herkunft in Deutschland sowie eines Lehrerhandbuches mit konzeptionell fundierten und methodisch ungemein phantasiereichen Anregungen ging eine Erprobungsphase in mehreren Bundesländern voraus. Ein professionell produziertes Video dokumentiert den Einsatz der Materialien in einer Berliner Grundschule.

Auf den dringenden Bedarf praxisanleitender Unterrichtsmaterialien verweist eine Studie von *H.-K. Ziebertz.* Denn nicht nur für Schleswig-Holstein dürfte insgesamt gesehen gelten, daß die Behandlung der Religionen »ein äußerst dürftiges Bild« zutage fördert und »Weltanschauungen« im RU »kaum ein Thema« sind (*Ziebertz, a,* 256).
Dafür, daß dies anders werde, liefert auch die Denkschrift kräftige Anstöße. SchülerInnen nichtevangelischer und nichtchristlicher

Herkunft und Religion sollen künftig einen beachtlichen Raum beanspruchen (DS, 54). Gegen die Sorge Tworuschkas, Religionspädagogen könnten – »wieder einmal« – in einer Krise ihr Heil bei den Religionen suchen (*Tworuschka*, 171), sprechen zum einen die europa-, ja weltweiten Debatten um die pädagogische Bewältigung kultureller und religiöser Pluralität (*Osmer; Schreiner*), zum anderen kulturhistorische und bildungspolitische Erfordernisse im Herzen Europas: »Pädagogik und Schule müssen die religiösen Dimensionen von Kulturvielfalt, -begegnung und -konflikten verstärkt einbeziehen« (*Scheilke* und *Schweitzer*, 306).

Nicht nur in der Schule, auch in der Aus- und Fortbildung erschwert eine verbreitete Unkenntnis über Religionen (die christliche nicht ausgenommen) den Umgang mit religiöser Pluralität (*DS*, 55). Die Verabreichung von Wissensrationen wird dieser Misere nicht grundlegend abhelfen. Gefordert wird ein qualitativ anderer Zugang und Umgang: von »Weltreligionen im Unterricht« zu »interreligiösem Lernen« (*Tworuschka*). Eine näherungsweise »objektive« Betrachtung von Grundanschauungen einer fremden religiösen Welt bleibt zwar ein nicht hintergehbares Grundgebot eines nicht bevorurteilten Studiums; die absichtsvoll wertfreie »Draufsicht« aber hat begrenzte, orientierende Funktion, die noch nicht heranreicht an die subjektive Bedeutungsebene, die »eigentliche« religiöse Dimension. Sie ist – soweit hermeneutisch möglich – »durch eine Rekonstruktion des Selbstverständnisses der Religionen« zu erschließen (*van der Veen* und *Ziebertz* [Hg.], 8; zur »Hermeneutik der goldenen Regel« vgl. *Klöckner* und *Tworuschka*, Einl.). Der Weg »authentischer Selbstinterpretation« wird allenthalben angeraten, auch, um »den anderen« zuallererst in seiner unverwechselbaren Individualität wahrzunehmen statt durch die Membran von ethnischen, religiösen und kulturellen Zuschreibungen (Das sind wir).

Sie leitet zudem an zur bewußten Reflexion der »Anverwandlung des Fremden« (*Drehsen*):
1. das Fremde als (bedrohliches) *Gegenbild* (»Juden«, »Türken«, »Kommunisten«, »Katholiken«);
2. das Fremde als *Resonanzboden* des Eigenen (geht aus von der grundsätzlichen Verstehbarkeit des Fremden auf der Grundlage eines ursprünglich Gemeinsamen, z.B. die Rezeption der Einheit von Mensch und Natur aus indianischen und afrikanischen Traditionen; in beiden Modi wird der/das Fremde für eigene Interessen in Anspruch genommen, zugespitzt: »ausgebeutet«);
3. Fremdheit als *Ergänzung/Bereicherung* des Eigenen (durch Entdeckung der »weißen Flecken« der eigenen Erfahrung: östliche Weisheit, Meditation, Mystik, Zeiterleben);
4. Fremdheit als *Komplementarität*, als Stachel des Eigenen (die – hier respektierten – Grenzen des Verstehens des anderen, des Nicht-Integrierbaren erinnern an begrenzte, eigene Erfahrungsfähigkeit, fordern Respekt und Toleranz, schärfen zugleich das Profil des eigenen Standortes).

Ziebertz versucht eine didaktische Transformation dieser von O. *Schäffter* typisier-
ten Begegnungsmodi (modifiziert bei *Drehsen*, 54ff), wobei es ihm darauf ankommt,
sie als »faktische Erfahrungsweisen« ernstzunehmen und nicht gegeneinander aus-
zuspielen, wenngleich dem letztgenannten Begegnungsmodus in seiner Dialektik
von Selbsterkenntnis und Fremdwahrnehmung didaktische Priorität zukommt (*Ziebertz, b*, 335ff).

Auf den Zusammenhang von »religionstheologischem Bewußtsein«
und Unterrichtskonzept hat G. *Ziebertz* in der schon erwähnten
Untersuchung unter evangelischen und katholischen Fachlehrkräf-
ten in Schleswig-Holstein hingewiesen.

Er entwickelt zwei Typologien, eine zur religionstheologischen und eine zweite zur
religionsdidaktischen Orientierung der LehrerInnen, die empirisch miteinander in
Beziehung gesetzt werden. Der Befund: Unterrichtende lassen sich, wenn sie sich
anderen Religionen nähern, von impliziten Annahmen hinsichtlich der Wahr-
heitsproblematik leiten: »Wahrheit liegt in einem Teil beschlossen, aber andere können Anteil an ihr haben (inklusive Exklusivität); sie liegt (relativ) in jedem Teil, und
Gewißheit gibt es erst ›am Ende der Zeit‹ (Parallelität); sie ist eine ›Schnittmenge‹
aus allen religiösen Traditionen (Wesensgleichheit), und schließlich: Wahrheit ist
selbst plural und bedarf der dialogischen Annäherung« (*Ziebertz, a*, 248).

Abhängig vom religionstheologischen Bewußtsein werden Lernprozesse intendiert, die sich konzeptionell *in* der christlichen Glaubenstradition bewegen, *von* ihr aus Perspektiven suchen oder *über*
sie unterrichten. Ergänzend ist zu vermerken, daß religionstheolo-
gisch geschulte Lehrkräfte sehr wohl auch zu unterscheiden wissen
zwischen eigener Überzeugung und didaktisch Notwendigem: Ich
mag ein radikaler Pluralist sein und doch mit wohlbedachten Gründen didaktisch einem ethisch, religionswissenschaftlich oder befrei-
ungstheologisch orientierten Konzept von Gemeinsamkeit folgen
(vgl. »Verantwortlich leben in der Weltgemeinschaft«).

2.2 Interreligiöses Lernen zwischen moderner Säkularität und
neureligiösen Bewegungen
KollegInnen aus den Neuen Bundesländern mahnen gelegentlich,
über die hohe Konjunktur interreligiöser Dialogprobleme die
Hauptklientel von 80% Jugendlichen nicht zu vergessen, deren biographische und lebensweltliche Orientierung sich im »Heiligen
Diesseits« bewegt. Die Kritik von A. *Grünschloß* an der religionstheologischen Fixierung auf »die sogenannten Weltreligionen«
(*Grünschloß, b*, 298), läßt sich auch religionspädagogisch beherzi-
gen. Das Christentum steht hierzulande, anders als in anderen Kon-
tinenten, in der gleichzeitigen Auseinandersetzung
– mit moderner Säkularität,
– zivilreligiösen Instrumentalisierungsversuchen,
– neureligiösen Bewegungen und schließlich
– den großen religiösen Traditionen (*Hummel*, 171; *Barz, b, c*).

Religiös sein und Christsein »sind jetzt auch in Europa ein für allemal zweierlei« (ebd., 173). Jugendliches »Probehandeln« in einer »autopoietischen« Suchbewegung nach »Sinn« (*Drehsen*) durchsteht einen Härtetest, da in der Optionsvielfalt auch im christlichen Bereich klare Identifikationsprofile kaum wahrnehmbar sind (*Goßmann*, 85). *Vor* den universalen Sinnkosmen der »etablierten Religionen« eröffnet sich ihnen ein weiter Horizont von säkularen Sinnkonstruktionen (Freiheit, Autonomie, Selbstkongruenz), Formen von Alltagsreligiosität (heilige Rhythmen, Zeiten, Räume, Stätten), zivilreligiösen Wertmustern, neureligiösen Strömungen des »Light Age« von okkulter oder naturreligiöser Provenienz, ein Steinbruch religiöser Eklektizismen. Spirituelle »Swatch-« und »Schnuppermentalität« *(A. Holl)* läßt »Eigenes« und »Fremdes« in »flachgründiger Vielfalt« oszillieren (DER SPIEGEL 52/94; vgl. Themaheft Neue Religiosität).
In diesem Spektrum ist das Christentum »auf seine eigene Überzeugungskraft gestellt und muß sich auf dem modernen Religionsmarkt behaupten (*Hummel*, 173). Eine Fixierung auf die »Weltreligionen« würde bedeuten, die religionspädagogische Optik auf ein theologisch zwar hochbrisantes, lebensweltlich dagegen subsidiäres Segment zu reduzieren. Die Herausforderung des Dialogs stellt sich umfassender, will sie die wirkliche Pluralität als den Ort »christlicher Identitätsfindung und Selbstvergewisserung« anerkennen (*Hummel*, 178).

Die Denkschrift hat dieses Spektrum durchaus im Blick. Zu keinem Zeitpunkt in der Geschichte, so heißt es mehrfach, waren die ethnische, kulturelle und religiöse Herkunft und Prägung der SchülerInnen so heterogen wie heute (*DS*, 23, 27). Der RU »ist nachdrücklich gefragt«, am interkulturellen Lernort Schule »zu Toleranz, Verständigung und friedlichem Umgang« nicht zuletzt in praktischen Lebensvollzügen beizutragen (52f). Elementares, interreligiöses Lernen hat »schon in der Grundschule zu beginnen« (55), damit Schule ein Ort sei, »an dem man lernen kann, Unterschiede und Wandel wahrzunehmen, zu bejahen, zu bewältigen: in ihnen seinen Stand zu fassen« (*H. v. Hentig*, zit. ebd., 23).
Die »Befähigung zur Standpunkthaftigkeit« (*DS*, 53) bildet sich freilich »nicht im Niemandsland der Gleich-Gültigkeit, sondern dadurch, daß junge Menschen bestimmten Glaubensüberzeugungen und -vorstellungen anderer begegnen können« (85). Wie später für »Ethik«, wird für den Religionsunterricht »zwischen der Skylla der subtilen Ideologisierung und der Charybdis eines bildungsschwachen, wertneutralen Positivismus« (78) eine hermeneutisch-didaktische Linie entwickelt, die in einer für die Wahrnehmung, Reflexion und Respektierung unterschiedlicher Positionen freundlichen Ge-

sprächskultur Schülerinnen und Schüler ermutigt, Sinnrichtungen für das eigene Leben verbindlich zu übernehmen und auch »religiöse und konfessorische Kompetenz« auszubilden (53f).
Konfessionelle Bestimmtheit der Lehrkräfte und des Faches, schwerpunktmäßige Behandlung von »Grundelementen des Christentums« (54) nach dem Prinzip alphabetisierenden Lernens sowie ökumenische und interreligiöse Offenheit sind nach dem Duktus der Denkschrift interdependente Bestimmungsgrößen, die ein fruchtbares dialogisches »Wechselspiel« zwischen »Identität und Verständigung« in Gang setzen sollen.

Die Denkschrift neigt einem »harten Pluralismuskonzept« zu. »Hart« hat Nipkow Pluralismusbilder genannt, die von der grundsätzlichen Kontextgebundenheit religiöser Überzeugungen und Lebenspraxen ausgehend mit den Grenzen der Verstehbarkeit und der unüberbrückbaren Andersartigkeit religiöser Traditionen rechnen (mit *R. Panikkar*: Pluralität beginnt, wo Synthesen nicht möglich sind). »Weiche« Konzepte unterstellen einen »gemeinsamen Wesenskern aller Religionen«, auf den hin der Dialog sich ausrichten kann (mit *L. Swidler*: »Ökumenisches Esperanto«, vgl. *Nipkow, b*, 204ff u.ö.).
Das »harte« Konzept findet seinen Ausdruck in der konfessionellen Bestimmtheit der Fachorganisation und der Lehrkräfte mit der Absicht, das »Gemeinsame inmitten des Differenten zu stärken« (*DS*, 65). Ob die recht massive Beschwörung religiöser Identitätsängste und der Gefahren »zivilisatorischer Homogenisierungen«, die eigenständige kulturelle Traditionen »absterben« lassen durch »Vereinheitlichungsdruck« im Namen eines »einheitlichen Christentums oder einer universalen Religion« (ebd.), diejenigen trifft, die statt des Differenten das gemeinsam Tragende als Organisationsprinzip von »Religion an der Schule« favorisieren, soll dahingestellt bleiben (Aufruf zu einer Reform des Religionsunterrichts vom 1.10.1994).

2.3 Problemanzeigen und Konfliktlinien

Der mit der Denkschrift nahezu zeitgleich erschienene »Aufruf« von FachvertreterInnen markiert Kontroversen, deren Problemfacetten auch die wissenschaftliche Fachdiskussion beschäftigen und weiter umtreiben werden. Drei dieser Fragestellungen seien herausgegriffen:

a) Fachautonomie und Akzeptanz, Partikularität und Universalität
Die Denkschrift hat große Sorgfalt darauf verwandt, die Entscheidung, »an der überkommenen Gestalt des Religionsunterrichts festzuhalten« (konfessionelle Bindung), sie aber »nachdrücklich zu mo-

difizieren« (didaktische Durchlässigkeit, *DS*, 64) aus verschiedenen Perspektiven zu begründen:
- theologisch (Freiheit *im* Glauben begründet Freiheit *des* Glaubens, *DS*, 62),
- bildungstheoretisch (»überschießende Dynamik« biblischer Verheißung, *DS*, 36),
- lerntheoretisch (identifikatorisches Lernen, *DS*, 60),
- hermeneutisch (Grenzen der Verstehbarkeit, *DS*, 64) und
- rechtlich (das Recht von Eltern und Schülern, in (!) »einer bestimmten ... konfessionellen Gestalt des Christentums, die ihnen vertraut ist, allein durch Vertreter dieser Konfession unterrichtet zu werden« *DS*, 64).

Aus der reformatorisch-theologischen *Binnen*perspektive erscheint diese Argumentation gleichermaßen schlüssig und realitätsnah. Sie möchte »im Ringen zwischen identitätsängstlichem Partikularismus und dialogisch-offenem Universalismus« (*Nipkow*, c, 147) nicht zusammenlegen, was nicht identisch ist, und nicht auseinanderfallen lassen, was »aufeinander verwiesen sein sollte« (*DS*, 65, zum Konfessionalitätsverständnis der einzelnen Kirchen s. *Goßmann*, b). Es werden »alle aufgenommen« (*DS*, 66), und diese wissen, woran sie sind – sie haben sich entschlossen, an einem konfessionellen RU nach GG Art. 7,3 teilzunehmen. Das »Eigene« und das »Fremde« darf sich vorbehaltlos zu erkennen geben. Allerdings: Der RU behält eine »Komm-Struktur«. Konfessionell-religiöse *Verschiedenheit* bildet die organisatorische *Basis* des Faches. Die strukturellen Bedingungen belassen »die anderen« in einem Gaststatus, die Regularien und die Inhalte bleiben in einseitiger Regie. Von ihnen wird der hohe Vertrauenskredit erwartet, daß der Gastgeber seinem vorgetragenen theologischen Selbstverständnis entspricht: *Weil* ich evangelisch bin, werde ich Deine Integrität achten. Wer dazu nicht bereit ist, lädt sich selber aus, indem er sagt: Ein aufrichtiger Dialog beruht auf einer gemeinsam vereinbarten Geschäftsgrundlage und verträgt keine einseitige Definitionsmacht (zum Problem in der interkulturellen Pädagogik vgl. *B. Krupka*). Aufrichtige Dialogbereitschaft macht sich selbst unglaubwürdig, wenn sie die Gleichberechtigung strukturell untergräbt und die ausgrenzt, die diese Einseitigkeit nicht akzeptieren wollen.

Schulische Bildung dagegen, die interreligiöses Lernen als ein Recht eines jeden Heranwachsenden, welches sich aus der UN-Konvention über die Rechte des Kindes sowie aus den Beschlüssen des Europarates ableitet, zu realisieren sich verpflichtet (*ALPIKA-Arbeitsgruppe*; Das sind wir), wird einen so verfaßten RU an dieser größeren Aufgabe nur eingeschränkt beteiligen können. Sie muß diese Grundaufgabe *für alle* aus der Einsicht heraus verwirklichen: Die junge Generation lernt gemeinsam zu leben, oder sie kommt gemeinsam um. Der institutionelle Partikularismus könnte sich bei aller beteuerten Dialogbereitschaft als folgenreicher religionspädagogischer Bumerang erweisen. Die hauptseitig in binnentheologischer und fachpolitischer Ausrichtung geführte Debatte um die Zukunft des Religionsunterrichts droht Entwicklungen der Curriculumrevision sowohl im Blick auf die interkulturelle Ausrichtung schulischer Bildung wie im Blick auf eine Neuvermessung der wert- und sinnbildenden Lernbereiche zu verschlafen (vgl. die Diskussionen um den/die Lernbereich/e Werte und Normen, Ethik – Philosophie – Religion; Themaheft Ethik macht Schule; *Reents*; Bildung & Wissenschaft 48 [1994], H. 1). Nicht von ungefähr kann heute die Feststellung getroffen werden, daß in der »selektiven Beteiligung« um die Gestalt des Religionsunterrichts neben dem fehlenden Dialog mit den Religionen auch »die Isolation« zum Ausdruck komme, in die »der Religionsunterricht vor allem gegenüber der Pädagogik geraten ist« (*Schweitzer, c*, 3; vgl. dort eine griffige Zusammenstellung von Konsens, offenen Fragen sowie Aufgaben und Perspektiven nach dem Stand der Debatte). Das Gespräch um Organisationsmodelle von Religion an der öffentlichen Schule, die die anstehenden Integrationsaufgaben lösen und dabei Räume offenhalten für einzelne Weltanschauungsgruppen zur positionellen Selbstverständigung und Vergewisserung (Minderheiten), wird mithin auch zu einem Wettlauf mit der Zeit.

b) Religiöse Pluralität und Identität
Mit den Theorietraditionen sozialwissenschaftlicher Identitätskonzepte pflegte die Religionspädagogik religiöse Identitätsbildung im Modell der Internalisierung in einem bikonfessionell und monokulturell-christlichen Kontext zu interpetieren. Und es gibt bis heute für gefestigte religiöse Bindungen »kein international besser gesichertes Ergebnis als die Bedeutung der Religiosität des Elternhauses« (*Nipkow, b*, 196).
Sozialisation hieß, *sich wachsend einleben zu können* in einen vorgelebten Horizont der Welt- und Lebensdeutung. *Kontinuität, verläßliche Ordnungen und exklusive Abgrenzung gegenüber anderen Lebensentwürfen* sind in diesem Modell dominante Größen der Ich-Konstruktion. Sie fördern – durch Identifikation und kritische Distanzierung – eine emotionale, intellektuelle, rituelle und ethische *Reifung des Subjekts* in Richtung auf eine *stabile*, mit Riesmann: innengeleitete Persönlichkeit. Diese gilt als Voraussetzung der angestrebten Fähigkeit, sich ohne Ängste um Identitätsverlust anderen, dem Fremden öffnen zu können.
Die Lebenslinie folgt einem zweistufigen Aufbau, »bei der das Individuum in der ersten Phase ein notwendiges Maß an Wissen erwirbt und in der zweiten ... davon lebt« (*Goßmann* und *Mette*, 168).

Die Denkschrift ersetzt das *Internalisierungsmodell* nach dem Verfall der familiären Sozialisationskraft durch ein *Bildungsmodell.* »In dem Spannungsgefüge, fremde Überzeugungen zu verstehen und zugleich eigene Auffassungen zu entwickeln, soll jeder seine Identität finden ...« (*DS*, 56, Hervorh. im Orig.), Identität und Verständigung vollziehen sich nach diesem *dialogischen Ansatz* in einem spannungsreichen dialektischen Wechselspiel, in dem identifikatorische und abgrenzende Prozesse ablaufen. Insofern zeigt sich die Denkschrift offen für die Lesart »Identität *durch* Verständigung«. Andere Formulierungen favorisieren allerdings eindeutig das traditionell-undialektische *Aufbaumodell* oder variieren es mit dem Gedanken, Kinder zunächst mit der religiösen Tradition ihrer Umwelt vertraut zu machen (*Prioritätsmodell*).

Die Wahrheit der Metaphorik, daß »der Lebensatem nicht reicht für den permanenten Dauerlauf« (*Zilleßen, a,* 339) oder nach der Schiffe ohne Anker der See nicht gewachsen sind, vertäute Schiffe aber vom Sturm zerschlagen werden, bedarf einer neuerlichen wissenschaftlichen Durchdringung (vgl. *Comenius-Institut,* hg. v. *P. Schreiner;* Themaheft Bekenntnis – Ökumene und Religionsunterricht). Der in der Literatur oszillierend gebrauchte Begriff von Identität/Identitätsbildung steht neu zur Disposition, wenn anerkannt werden muß, daß Pluralität immer schon gegenwärtig ist, *in* dessen Allpräsenz identifikatorische Lernprozesse sich vollziehen, »Beschäftigung mit fremder Religiosität ... als integrativer Bestandteil der Gewinnung einer eigenen religiösen Position begriffen« werden kann (*Klöckner* und *Tworuschka,* Einl.), oder deutlicher: Der andere, der Fremde, »ist sozusagen eine unverzichtbare Bedingung für die Stärkung der eigenen konfessorischen und religiösen Autonomie« (*Goßmann,* 87; zum entwicklungstheoretischen Autonomiebegriff »im sozialen Beziehungsgeflecht« und zu seiner empirischen Entfaltung vgl. den instruktiven Beitrag von *A. Garlichs*).

c) Die Spannung von Konfessionalität und Ökumenizität
»Gerechtigkeitsökumene« und »Kirchenökumene« drohen in der Denkschrift wieder auseinanderzufallen zugunsten der letzteren. Ein Herzstück ökumenisch-konziliarer Theologie, die These, nach der die großen Schlüsselprobleme der Gerechtigkeit, des Friedens und der Bewahrung der Schöpfung in ihrem inneren Zusammenhang fundamentale Fragen des Glaubens berühren, die nach Umkehr nicht nur im Handeln, sondern auch im Denken von Christen rufen, hat in ihr keine paradigmatische Resonanz gefunden. Gelegentlich pauschal erwähnt, plaziert das Kerncurriculum die konziliaren Themen nach klassischer Systematik auf Rang 6 in die Disziplin Ethik. Auf ihre Weise teilt die Denkschrift das Defizit »einer Theologie, die es vergessen hat, daß die soziale Dimension

für sie konstitutiv und nicht bloß konsekutiv ist« (*Goßmann* und *Mette*, 175).
Entsprechend ist das Verständnis ökumenischen Lernens tendentiell wieder enggeführt auf einen traditionellen Ökumenebegriff, der sich in konzentrischen Kreisen bewegt: meine – evangelische – Konfession, die katholische Kirche, Freikirchen, dann Orthodoxe, und schließlich: »Über den hiermit eröffneten ökumenischen Horizont ökumenischen Lernens zwischen den christlichen Konfessionen hinaus sind schließlich (!) die Bildungsaufgaben im Verhältnis des Christentums zu säkularen ethischen Standorten ... und anderen Religionen ... angemessen zu berücksichtigen« (*DS*, 60; vgl. zum ekklesiologischen Modell der konzentrischen Kreise A. *Grünschloß*, *a*, 129ff).

Um so engagierter fordert die Denkschrift verstärkte Anstrengungen zur Verwirklichung konfessionell-kooperativer Arbeitsformen. *R. Mokrosch* und *R. Sauer*, deren Sammelband sich dieses Anliegen zu eigen macht, unterstreichen nachdrücklich, daß Kooperation und Dialog »für andere da ist«, die »kleine Ökumene im Dienst der »großen Ökumene« um die Eine Kirche in der Einen Welt und Menschheit stehen müsse, um den Gefahren einer selbstbezüglichen, narzistischen »Nabelschau« zu entgehen (*Sauer* und *Mokrosch*, 12).
Der Band selbst stellt allerdings diesen Anspruch zurück zugunsten des bescheideneren Zieles, Problemaspekte zwischenkirchlicher Ökumene im schulischen Kontext auszuleuchten. Er gehört in eine Reihe von Publikationen zum Ökumenischen Lernen, die aus unterschiedlichen Blickwinkeln die Früchte der Pionierphase dieser pädagogischen Leitidee in den 80er Jahren ernten.

2.4 Der eschatologische Horizont interreligiöser Verständigung: Ökumenisches Lernen
Mit dem Unterrichtswerk »Oikoumene« ist ein erster Versuch gemacht, in den ersten Schuljahren das Lernen in globaler Perspektive einzubinden in ein bibel- und symboldidaktisches Konzept, das schwerpunktmäßig eine Erstbegegnung mit christlicher Überlieferung anbahnen soll, um »in Konfrontation mit anderen religiösen (pseudoreligiösen) Lebens- und Glaubensformen dieser Welt bestehen zu können« (*Steinwede* und *Lüdke*, Werkbuch 1/2, 8).
R. Wagner reflektiert aus einer ethischen Problemstellung heraus Lernmodelle für eine schöpfungsgemäße Haushalterschaft mit natürlichen Ressourcen in ökumenischer Verantwortung.
Mit den Arbeiten von *Koerrenz* und *Bröking-Borthfeldt* liegen evangelischerseits endlich zwei Monographien vor, die in je eigenständiger Weise die Theoriefähigkeit Ökumenischen Lernens einer

kritischen Überprüfung unterziehen. Koerrenz' Entwurf folgt dem Interesse in sich stimmiger kategorialer Stringenz und Systematik, wenn er in seinem Hauptkapitel aus den drei motivgeschichtlichen Wurzelsträngen der ökumenischen Bewegung (Dienst, Zeugnis, Einheit) Lernwege evangelischer Nachfolge auszeichnet, die sich als diskursfähig erweisen sollen für einen Brückenschlag hin zur Allgemeinen Pädagogik. Bröking-Bortfeld ist dagegen stärker um eine »Erdung« ökumenischen Lernens als pädagogisches Paradigma bemüht, das sein kritisch-konstruktives Potential für die Mündigkeit des Subjekts in der Diffusität und Widersprüchlichkeit kirchlicher und gesellschaftlicher Leitvorstellungen entfalten soll.

Außer Reichweite bleibt in beiden Arbeiten eine dringliche theologische und religionspädagogische Verhältnisbestimmung von ökumenischem und interreligiösem Lernen, wie Nipkow sie mehrfach angemahnt hat. *Bröking-Bortfeld* gibt mit einem Zitat von *J. Lott* eine Denkrichtung an: »Es müßte im Religionsunterricht um die *Vertiefung* in die Visionen geben, die die Religionen bereitstellen, der *eigenen wie der fremden*, und zwar als das Lernen *über* religiöse Traditionen *von einer religiösen Position aus.*« Da zum großen Teil allenfalls »Spurenelemente« über den christlichen Glauben bei jungen Menschen anzutreffen sind, muß »der Religionsunterricht auch auf der Seite der eigenen religiösen Tradition die Bedingungen für einen interreligiösen Dialog erst schaffen« – der interreligiöse Dialog ist »immer zugleich auch ein *intra*religiöser Dialog ... (*Lott*, zit. bei *Bröking-Bortfeldt*, 101). An eben dieser Stelle könnte Ökumenisches Lernen seinen genuinen Ort haben: Es »reflektiert« jene religiösen Spurenelemente in ihren konfessionellen und kontextuellen Verwurzelungen unter dem Horizont der christlich-ökumenischen Vision, damit im Strom dieser Traditionen auf diese Vision hin Neues begonnen werden kann.

3 Braucht Bildung Religion?

3.1 Reale Zusammenhänge – theoretische Zusammenhanglosigkeit (Nipkow)

In den Schlagwortregistern auch jüngster Werke der allgemeinen Pädagogik und Didaktik wird man die Begriffe Religion/en, religiöse Erziehung vergeblich suchen. Eine »Diskussion über Transzendenzerfahrung« erschien in »weiten Kreisen der Erziehungswissenschaft, die sich mit Identitätsbildungsprozessen und Selbstfindung befaßten und damit dem Normenproblem Genüge zu tun glaubten,« »nachgerade lächerlich« (*Jacobi*, 83). In der »theoretischen Zusammenhanglosigkeit« (*Nipkow*) von Pädagogik und Theologie kündigt sich über die Jahre ein Wandel an (vgl. *Heimbrock* in JRP 8

[1991], 258ff), in dem indes nach wie vor in der Hauptsache ReligionspädagogInnen die Rolle der Gastgeber wahrnehmen. Das Bedürfnis nach einer Intensivierung des Gespräches entspringt *praktischen Interessen*. Sie lassen sich auf zwei Kernmotive zurückführen: In einer »ganz normalen Grundschule mit 15% Ausländerkindern aus dreizehn Nationen, voran Muslime, römisch-katholischen Aussiedlerkindern, serbisch-, griechisch- und russisch-Orthodoxen, 30% Ungetauften und einer Mehrheit nominell evangelischer SchülerInnen treffen in einer Vielgestaltigkeit intime religiöse Sozialisationseinflüsse aufeinander, die pädagogisch zu bearbeiten jedes Einzelfach überfordern muß. Sie verlangen multiperspektivische Problembearbeitung, vernetzte Lösungsstrategien, d.h.: *Pädagogen sind involviert in Multireligiosität*.
Diese Schule hat gleichzeitig – selbst ohne die Präsenz der Kinder mit nichtdeutschem Paß! – keine einheitliche, gewachsene Kultur für ihr pädagogisches Handeln »im Rücken«, auf die Schulleben in fragloser Einverständigkeit aufbauen könnte. Sie muß im pädagogischen Vollzug kulturelle Integrationsleistungen selbst anstiften und herausbilden, d.h.: *ReligionspädagogInnen sind involviert in die Aufgaben von Schule als ganzer* (vgl. die Beiträge aus dem Schulalltag in der Dokumentation »Aufwachsen in der Pluralität«, *Comenius-Institut, b*). Religionspädagogik arbeitet sich mit großer Mühe zu der Einsicht durch, die in der konkreten Situation zutage liegt: Das Gespräch zwischen Theologie und Pädagogik muß »im Horizont der Religionen stattfinden« (*Schweitzer, a*, 54).

Eine zweite Berührungsfläche für neu erwachende Aufmerksamkeit zwischen Theologie und Pädagogik bringt der Umstand hervor, daß »tiefsitzende gesellschaftliche Widersprüche« und »nicht lösbare Systemfragen« durchschlagen auf die »*innere* Verfaßtheit von Schule (*DS*, 21). Die Frage nach der »guten Schule« ist mit vorgelagerten kontroversen Grundsatzproblemen anthropologischer, ethischer und philosophischer Natur behaftet, die religiöse und theologische Dimensionen mit einschließen. Sie duldet weder »Weltanschauungsautismus« noch »zynische Gleichgültigkeit«, die die »Meinungsfreiheit wie einen Kettenpanzer« anlegt bei einer »Verständigung über die Voraussetzungen der Gemeinsamkeit unseres Lebens« (*H. v. Hentig*, zit. nach *Nipkow, c*, 146; *Nipkow, e; Korsch; Lott*; vgl. das Themenheft »Schule morgen«, KatBl 119 [1994], Heft 4).
Nipkow tritt nachdrücklich dafür ein, Ansätze für den anzustrebenden Dialog zwischen Pädagogik und Theologie nicht auf der Ebene von Letztbegründungen und »abstraktesten« Zuordnungen zu suchen (ebd., 139). »Wir halten uns angesichts der Überlebensproblematik nicht mit dem Glasperlenspiel abstrakter Begründungsprobleme oder gesellschafts- und wirklichkeitsfernen Theoretisierens auf«

(ebd., 153). Ihm geht es um das Nachdenken über »reale Zusammenhänge«, das unter Wahrung der je eigenen Referenzhorizonte und Problemsichten in der Sache weiterführen soll im Kontext dreier Problemkreise:

dem »Trägerpluralismus« (Norm- und Wertefragen im öffentlichen Bildungswesen und privaten Alternativangeboten), der Bildungssowie der Erziehungsfrage.

Die drei Ebenen sind umklammert von dem fundamentalen Dilemma, daß »mit dem linearen Fortschrittsdenken als Kern der Moderne auch ein entsprechendes Erziehungsdenken an sein Ende gekommen« sei (ebd., 149). Es läßt sich aus der Perspektive pädagogischer Anthropologie präzisieren als Frage »nach dem Ganzen«, d.h. nach dem »Woher und Wohin«, »als Frage nach der Gerechtigkeit«, als Frage »nach mir selbst und nach meiner Identität« und schließlich als Frage »nach dem anderen, und zwar dem anderen mit seiner Religion« (*Schweitzer* in *Comenius, b,* 50ff; vgl. das Themenheft »Anthropologie«, EvErz 46 [1994], Heft 6).

3.2 Bildung – was Kindern fehlt, die alles haben, was Kinder brauchen, denen vieles fehlt
Die deutlichsten Spuren interdisziplinärer Berührungslinien mit der (kritisch-konstruktiven) Allgemeindidaktik haben im vergangenen Jahrzehnt religionspädagogische Arbeiten zur Rekonstruktion eines kritischen Bildungsbegriffs im »Blick auf die tiefgreifend veränderten Verhältnisse der Gegenwart« hinterlassen (*Biehl, a,* 23, und seine früheren Arbeiten; zur Problemgeschichte *W.H. Ritter*). »Über welche Kompetenzen – so lautet ja gerade die für Erziehung und Bildung relevante Frage – müssen jene verfügen können, die im Jahr 2020 oder 2030 erwachsen sein werden und verantwortliche Entscheidungen für ihr eigenes Leben und das anderer zu treffen haben?« (*Mette,* 42f). *Mette* bietet von katholischer Seite in Aufnahme früherer Studien mit seinem Entwurf einer religionspädagogischen Handlungstheorie im Horizont von »Identität in universaler Solidarität« das jüngste wegweisende Beispiel, um die Bildungsfrage im Rahmen einer theologisch verantworteten Didaktik zu präzisieren (bes. 102ff; *H. Steinkamps* »Solidarität und Parteilichkeit« läßt sich als einen zu *Mette* komplementären praktisch-theologischen Entwurf lesen).

In »Analogie und Differenz« (*Biehl*) verschränkt der Bildungsbegriff zum einen die ökumenische Verantwortung für die »weltweite Bewahrung des Lebens in Frieden und Gerechtigkeit« (*DS*, 35) mit »epochalen Schlüsselproblemen« in der Selbstwidersprüchlichkeit von Freiheit und Verantwortlichkeit. »Hoffnungslernen« erweist sich als eine Grunddimension religionspädagogischen Handelns (*Baldermann; Biehl, b; Fauser; Stauss*).

Zum anderen realisiert sich in dem dialektischen Wechselspiel von »Subjektwerdung und kritischer Weltbewältigung« (*W. Klafki*) das allgemeine Ziel religiöser Bildung, daß »Heranwachsende und Erwachsene auf dem Grund des ihnen gewährten Personseins Subjekte werden und die Freiheit des Handelns in Solidarität und Mitkreatürlichkeit gewinnen« (*Biehl, a*, 25, 27).

Die »besonders brisante Zukunftsdimension« (*Nipkow*) ist im Bildungsverständnis der Denkschrift in einer analogen, doppelten Funktionsbestimmung aufgehoben: Bildung soll »die junge Generation fächerübergreifend vor die Zukunftsaufgaben« führen – Gemeinsinn und Verständigungsfähigkeit fördern – und zugleich Hilfen bei der individuellen Identitätsfindung leisten. Diese hängt ab von einer vertrauensintensiven, beziehungsreichen pädagogischen Schulkultur (*DS*, 11). Die wechselseitig sich interpretierende Bildungsaufgabe wird m.E. später zugunsten des Begriffpaares *Tradition/Identifikation* und Verständigung verschoben (*DS*, 59,73). Doch bleiben religiöse und ethische Bildung konstitutiv an den schulischen Bildungsauftrag in der Freiheit gebunden, sich für die »Schließung von gesellschaftlichen Wertlücken« nicht instrumentalisieren zu lassen. Religionsunterricht und Ethik erfahren eine in wohl keinem kirchenoffiziellen Dokument bisher so konsequent entfaltete *bildungstheoretische Begründung.*
Umgekehrt wird an die ethisch-religiöse Dimension *allen* pädagogischen Handelns unter dem kritischen Regulativ selbstreflexiver Bildung erinnert (*DS*, 31). Der insistierende Appell an die allgemeinen Bildungsdidaktiker, dem epochalen »Schlüsselproblem Religion« in Zukunft die gebührende Beachtung zu schenken (*DS*, 33), erledigt sich am ehesten in schulpraktischen Zusammenhängen immer wieder dort, wo Fachlehrkräfte ihre geschützte Nische verlassen, sich themenbezogen und fachübergreifend »einmischen« in den Streit um die Wirklichkeit und sich bei »ihrer Sache« behaften lassen (*W. Dietz*, entw 2/94, 14-16). Evangelische Bildungsverantwortung im lebendigen Gespräch mit der Pädagogik hat die trennschärfsten Konturen vermutlich in den Debatten um Konzepte und Praxis evangelischer Schulen erfahren (vgl. die Beiträge in KatBl 119 [1994] H. 4 sowie *F. Sundermeier; D. Jung; Fischer, Klemens* und *Scheilke* in *Comenius, b*). Sie geben ihrer innovativen schultheoretischen und religionspädagogischen Pionierarbeit wegen Anlaß zu hoffen, daß der theoretische Dialog von Pädagogik und Theologie von den praktischen schulpädagogischen Beispielen und Erfahrungen weiterführende Impulse wird aufnehmen können.

4 Subjekt und Bildungsinhalt – Vermittlung und Aneignung: die integrative Kraft hermeneutisch-didaktischer Vielfalt

4.1 Das »konzeptionelle Karussell« auf der Achse konsensfähiger Grundsätze des Lernens und Lehrens

Wie kann wirksames religiöses Lernen (oder: Lernen an religiösen Fragen?) arrangiert werden in weltanschaulich, konfessionell und religiös heterogenen Gruppen nach dem Grundsatz einer alphabetisierenden Didaktik mit Schwerpunkt bei den »Grundelementen« des christlichen Glaubens in ökumenischer und interreligiöser Achtsamkeit (*DS*, 50ff)? Kompliziert und verschachtelt, wie die didaktische Grundfrage heute daherkommt (*M. Blasberg-Kunke*), kann es einfache und *einheitliche* Antworten nicht mehr geben. Die Pluralität didaktischer Konzepte (in Praxis und Theorie) ist ein Reflex der radikalen Pluralisierung und Individualisierung von Religion selbst (*Mette*, 240).

Im gegenwärtigen religionsdidaktischen Szenarium lassen sich deutlich unterscheiden:
– Weiterentwicklungen bibeldidaktischer Konzeptionen;
– Ansätze einer »entwicklungspsychologisch aufgeklärten«, sozialisationsbegleitenden Didaktik;
– symboldidaktische Entwürfe;
– Konzepte einer elementarisierenden Didaktik des christlichen Glaubens;
– das ökumenische und interreligiöse Lernen.
Diese Unterscheidungen haben primär analytischen Wert. Es gibt zum einen eine beachtliche wechselseitige »Durchlässigkeit« und Kombinationen dieser Ansätze, zum anderen aber auch kaum überbrückbare theologische und allgemeindidaktische Kontroverspositionen (etwa im Blick auf den Religionsbegriff). Abhängig vom jeweiligen Problemzugang kommen sie einmal mehr auf der Seite erfahrungshermeneutischer, ein andermal auf der Seite kritisch-konstruktiver Paradigmen zu stehen, gewinnen Kontur zwischen den intentionalen Spannungspolen einer religiös-propädeutischen Deutungskompetenz bzw. einer christlich konfessorischen Standortfindung.

Nachdenkenswerter als die konzeptionelle Pluralisierung erscheint die bemerkenswerte Konvergenz in fundamentalen »Grundlinien und Grundsätzen des Lernens und Lehrens«, wie sie die Denkschrift für pädagogische Handlungsfelder in Schule und Gemeinde festgehalten hat:
– ein Lernen, das sich nicht davon beherrschen läßt, welche Probleme Heranwachsende einem machen, sondern davon, welche Probleme sie haben (*H. Nohl, DS*, 26);
– biographisches Lernen, die »verborgene religiöse Lebenslinie jedes einzelnen Kindes« so »kundig zu interpretieren wie einen biblischen Text« (*DS*, 28, 50);
– das auf »selbständige, erfahrungsbezogene Aneignung und Auseinandersetzung« gerichtete Lernen (*DS*, 27);

- ein auf »Verlangsamung« und »einfallsreiche Elementarisierung« bedachtes Lernen an »Gestalten und Gestaltwerdung« des Glaubens in Geschichte/n und Personen, Institutionen und Strukturen (DS, 28, 51);
- fächerübergreifendes, die Schul- und Gemeindegrenzen überschreitendes Lernen;
- identifikatorisches Lernen (originale Begegnung), das zu Verständigung und Standortfindung anleitet in einem fehlerfreundlichen und versöhnungsbereiten Lernklima (DS, 30, 52f).

Das Ensemble an didaktisch-methodischen »Wärmemetaphern« verweist auf ein konzeptübergreifendes (und: konfessionsübergreifendes!) Grundparadigma, eine »Hinwendung auf den Lernenden als Subjekt, ohne dabei die gesellschaftlichen Probleme und religiösen Inhalte, die die Alltagserfahrungen unterbrechen und überbieten, außer acht zu lassen« (Biehl, 18).

Es stellt ein offenbarungstheologisch-deduktives, in seiner Grundstruktur katechetisch-»vermittelndes«, -»übertragendes« Didaktikmodell »auf den Kopf«, das nicht allein in den Spielarten katholischer Korrelationsdidaktik als ein »hidden curriculum« weitergewirkt haben dürfte (Mette, 238, 241) und das sich in Visionen von der missionarischen Funktion des Religionsunterrichts in nachchristlicher Zeit neu zu Wort meldet. Wenn religiöse Bildung als »gemeinsames Lernen aller Beteiligten« begriffen wird (ebd.), diese sich nicht zuallererst umtreiben läßt von der Frage, was junge Menschen wissen und glauben sollen, sondern wie und welche Bilder von Religion und Glauben ihre Erfahrungen sie lehren, verschiebt sich die einseitige Perspektive didaktischer Reflexion von vorgegebenen Inhalten zur Entdeckung und Auseinandersetzung über religiöse Symbolwelten von Personen in lebendigen Beziehungsformen und in realen Lebenszusammenhängen (Goßmann, 85, Mette passim; s.a. J. Werbick). Unwissende Lernende sind kundige Subjekte religiöser Bildung (R. Oberthür). Der didaktische Perspektivenwechsel ist Ausdruck revidierter anthropologischer Grundannahmen und eines entsprechenden Erziehungsbegriffes (»Von der Er-ziehung zur Be-ziehung«, Mette, 108), den Mette mit dem »pädagogischen Paradox« (H. Peukert) treffend charakterisiert hat (Mette, 108ff). Das neu gefaßte pädagogische Grundverhältnis bedeutet zweierlei: Religionspädagogik muß sich auf die Individualisierung im Bereich des Religiösen einlassen und im Interesse von den Problemen der Menschen in den verschiedenen Lebenswelten leiten lassen (»Theologie des Volkes«); zum anderen wird die Frage virulent, »was Religion zur Subjektwerdung beitragen kann« (Mette, 159f unter Aufnahme von H. Luther und A. Exeler).

4.2 Symboldidaktik – Tendenz zu neuer Übersichtlichkeit

Mit Blick auf symboldidaktische Ansätze gibt sich die Denkschrift ausgesprochen wortkarg, was (auch nach einem Blick auf die Kommissionszusammensetzung) überrascht, da die Symboldidaktik für jenen didaktischen Perspektivenwechsel im Sinne der »Grundsätze des Lernens und Lehrens« einen herausragenden Beitrag geleistet und die innovative Praxis in Schule und Gemeinde in den zurückliegenden 10 Jahren am stärksten inspiriert hat (EvErz 46 [1994] H. 1). So werden zum jetzigen Zeitpunkt wenige bereit sein, in den

von *Zilleßen* intonierten Abgesang auf die Symboldidaktik einzu-
stimmen (*Zilleßen, b*, sowie *Heftedit.*). Ihr Kontroverspotential wie
ihre unterrichtspraktische Produktivität sind offenbar kaum erschöpft (übrigens einmalig in der Fachgeschichte nach 1945), vielleicht steht »die wesentliche Phase symboldidaktischen Arbeitens«
noch bevor (*Schröer*, 9). Für diese Prognose sprechen plausible
Gründe im Hinblick auf das didaktische Lösungsangbot der Symboldidaktik für Aporien religiöser Bildung und Erziehung unter
nachchristlichen Bedingungen (s. *Mette*, 250).
Da sich ihre am stärksten beachteten Grundkonzepte, die sich mit
den Namen ihrer Protagonisten Biehl und Halbfas verbinden, von
grundverschiedenen humanwissenschaftlichen und theologischen
Traditionen leiten lassen, die bis in die didaktischen Konkretionen
durchschlagen (nicht zufällig bei Halbfas grundschul- und bei Biehl
Sek-I-orientiert), dauert die »kaum versöhnbare Fehde« an (*Mette*).
Ausgetragen wird sie vorwiegend im Feld gesamtkonzeptioneller
und axiomatischer Fragen (›intuitiver‹ versus ›diskursiver‹ Symbol-
bezug, religiöse Propädeutik versus kritische Symbolhermeneutik,
analogia entis versus die Differenz von Evangelium und Religion,
archetypisches versus historisches Symbolverständnis, der Vorwurf
der »Verfrühung« versus Einwände gegen einen unkritischen Erleb-
nisunterricht im Vorzeichen der »ersten Naivität«) (*G. Büttner; R.
Sistermann*).
Zilleßen präzisiert sein eigenes Konzept einer poetischen/ästheti-
schen Symboldidaktik mit buchstäblich radikalen Anfragen an gän-
gige Entwürfe. Das Symbol entziehe sich einer ordnenden, didakti-
sierenden Bemächtigung. Seine Wahrnehmung bleibe der konventionellen Sprache verhaftet, die Symbolik bewege sich »taumelnd«,
»trudelnd« »vordergründig, oberflächlich: abgeschnitten vom unbe-
wußten Prozeß, in dem sie gründet«. Sie unterstehe zum anderen
dem »Zugzwang alter Erfahrungen«, reproduziere in verständi-
gungsorientierter Sprache unbefragte normative Orientierungen
(*Zilleßen, b*, 35). Aus den »Sackgassen selbstbespiegelnder Erfah-
rungsorientierung« (*Sistermann*) kann nach *Zilleßen* die Wahrnehmung und Erfahrung des anderen herausführen, der in seiner Un-
verfügbarkeit und Einmaligkeit dazu herausfordert, »augenblicklich« das vertraut Eigene befremden zu lassen und die Labilität jeder Identität zu gewärtigen (nach *Sistermann*, 74).

Die Forschungsdefizite auf der pädagogisch-psychologischen und
entwicklungspsychologischen »Gegenseite« hat *Schweitzer* identifiziert. Sie betreffen die Frage nach der didaktischen Relevanz und
Reichweite empirischer Ergebnisse (die ausschnitthaft auf intellek-
tuellen Erkenntnisgewinn abstellen), die Frage nach symboldidaktischen Lernvoraussetzungen, bedingt durch soziale Milieus, Schul-

konzept und Schulart sowie die Symbolentwicklung und das -ver-
ständnis im Jugendalter unter Berücksichtigung lebensweltlich-sym-
bolschaffender *Eigentätigkeit* von Jugendlichen (*Schweitzer, b*).

4.3 Elementare religiöse Bildung – prozessuale Elementarisierung
im mehrperspektivischen Unterrichtsgeschehen
Indessen hat *Peter Biehl, a,* die Didaktik seiner kritischen Symbolkunde in einem grundlegenden Aufsatz zusammengefaßt (Aev
RU[H] 54, 1994), der, so ist zu hoffen, an leicht zugänglicher Stelle
wieder abgedruckt werden wird. Im Gegensatz zu *Halbfas* hat
Biehl seine Wende zu Erfahrung und Symbol nicht in einer (hyper-)
kritischen Abkehr von themen- und problemorientierten Konzepten vollzogen. Er knüpft jetzt an seine frühen Arbeiten aus dieser
Zeit an. »Didaktische Strukturen«, so eine Hauptthese, »die sich
durch die Stichworte Traditionserschließung, Problemorientierung
und Sozialisationsbegleitung kennzeichnen lassen«, sind in der
Symbolkunde »eine neue Verbindung eingegangen« dergestalt, daß
diese die wesentlichen Elemente einer 30jährigen religionspädagogischen Problemgeschichte zusammen- und in eine gleichermaßen in-
tegrative wie dynamische religionspädagogische Gesamtkonzeption
überführt (23). Sie ist eingespannt in eine religionspädagogische
Theorie der Subjektwerdung in der Perspektive eines kritisch-konstruktiven Bildungsbegriffs. *Biehl* bezieht die Inanspruchname von
Symbolen auf einen Bildungsprozeß der Subjektwerdung, der sich
seine Richtung vom unverfügbaren Personsein jedes einzelnen vor-
geben läßt.
Die drei entfalteten Symbolebenen (Alltagserfahrung, religiöse Erfahrung, christliche Glaubenserfahrung) werden eingebunden in vier
religionspädagogische Grundaufgaben (personale und sozial-ethische
Dimension, Symbolverstehen und elementare theologische Urteilsbildung, interreligiöses Lernen) im Horizont biblischer Verheißungs-
und Befreiungs*geschichte* (in Abgrenzung zu einem psychologisie-
renden Symbolumgang unter archetypischen Voraussetzungen).

Der Entwurf greift also weiter aus, als daß die »kritische Symbolkunde« angemessen als *ein* symboldidaktisches Konzept unter anderen gewürdigt werden könnte (und vielleicht auch mit der engen
Selbstbezeichnung nicht mehr zur Deckung kommt). Selbstkritisch
vermerkt *Biehl,* daß die »Chancen interreligiösen Lernens mit Hilfe
des Symbolansatzes bisher nicht genutzt wurden« (44), gerade auch
im Vergleich mit anderen didaktischen Symboltheorien, die das reli-
gionsgeschichtliche Blickfeld deutlich erweitert und fremdreligiöses
Symbolverstehen beträchtlich aufgewertet haben (vgl. *Zilleßen,*
EvErz 46 [1994], 1, Edit.). Mit dem Kunstgriff, interreligiöses Lernen den drei anderen Grundaufgaben »querzuschalten«, wird sich

diese Problemanzeige wohl kaum erledigen, da diese vierte Aufgabe konzeptionelle Fragen nicht unberührt läßt (die »christologische Brechung« in der mit G. *Ebeling* eingeführten Unterscheidung von Evangelium und Religion, das Verhältnis von kritischer Symbolkunde und Glaubenskunde). Mithin: Die religionstheologische Taufe steht der kritischen Symbolkunde wohl noch bevor.

In Tübingen geht man einen anderen Weg, den gordischen Knoten zwischen Inhalt und Subjekt, Erfahrung und Tradition, Vermittlung und Aneignung aufzulösen. Die Urteilsfähigkeit von Heranwachsenden über »richtig« und »falsch«, »wahr« und »unwahr« wird maßgeblich entwickelt durch die Fähigkeit der Differenzierung. Die Ebene der Welt- und Lebensdeutung verlangt eine Ausbildung des hermeneutischen Differenzierungsvermögens, die Ebene von unterschiedlichen Wertauffassungen in der Gemeinschaft verlangt die Fähigkeit differenzierender Verständigung darüber, was das Zusammenleben fördert oder ihm schadet (*Nipkow, c*, 145). Wie kann Alters- und Entwicklungsgemäßheit mit religiöser und christlicher Überlieferung didaktisch so zusammengebracht werden, daß Deutungs- und Verständigungskompetenz optimal gefördert werden? Die Tübinger haben ein Elementarisierungsmodell entwickelt, das als »Kern der Didaktischen Analyse« die Spannungspole Erfahrungswelt der SchülerInnen / Bildungsinhalt und -struktur reflektiert auf die »lebensgeschichtlich entwicklungsorientierte Frage nach den elementaren Zugängen im Sinne sich entwickelnder Verstehensvoraussetzungen und Verarbeitungsformen« (*Nipkow*, ebd.). Heuristisch werden vier Fragerichtungen auf den Brennpunkt einer biographisch orientierten religionsdidaktischen Elementarisierung zugeführt: elementare Strukturen, elementare Erfahrungen, elementare Zugänge, elementare Wahrheiten. In klarer Abgrenzung zu einem Begriff von Elementarisierung im Sinne einer »Kurzformel-Elementartheologie« wird hier Elementarisierung prozessual im Sinne einer Verschränkungsbewegung von Verstehenssubjekt und Inhalt methodisch profilierter erfaßt (Kap. 2 und 4).
Praxisorientierte Theorieentwicklung, wie sie der Band von *Schweitzer, Nipkow, Faust-Siehl* und *Krupka* an drei Beispielen ausführlich dokumentiert, verspricht weiterführende Lösungswege nicht zuletzt im Blick auf Heranwachsende und Erwachsene, deren Zugang zur Welt religiöser Sinnentwürfe von Kindheit an verschlossen geblieben ist oder aber – mit und ohne Zutun von Kirche und Schule – verschüttet wurde. Man muß nicht gleich an die östlichen Bundesländer denken, um die Herausforderung »elementarer Anfänge« (*Nipkow*) neben jener einer christlichen Minderheitenexistenz in religiöser Pluralität als *das* religionsdidaktische Kernproblem der näheren Zukunft auszumachen.

5 Zwischen Mini-LÜK und pädagogischer Vision – auf dem Weg zu theoriegeleiteter Methodenvielfalt?

LehrerInnen blicken bisweilen nicht ohne Neid auf kirchliche Lernräume, wo zusätzlich zur Alltagsroutine nicht noch strukturelle Barrieren eines 2-Std.-Faches im 45-Minuten-Takt der methodischen Phantasie und Energie den Garaus zu machen drohen. Lernwege sollen Abbild der Bildungsziele sein und diese im Vollzug antizipieren. Schulische Religionspädagogik hat sich darauf eingelassen, diese Maxime im Verein mit Bundesgenossen einer Inneren Schulreform kleinzuarbeiten. Die Faszination kreativer, auf Wahldifferenzierung und Selbststeuerung angelegter Lernformen und -inhalte ist ungebrochen (vgl. die Themenhefte Schule als Lern- und Lebensraum und Religionsunterricht mit Leib und Seele). Sie stemmen sich mit Erfolg gegen die fachspezifischen Versuchlichkeiten eines »spröden Verbalismus«, dessen größte Gefahr bekanntlich »abstumpfende Langeweile« ist (*Halbfas*).
Das methodische Repertoire ist nicht allein im Grundschulbereich enorm erweitert worden. »Grundformen des Lernens und Lehrens« umfassen neben verbalen Aktionsformen visuelle, auditive, gestalterische, spielerische, liturgische, musische und meditative Gestaltungsvarianten (vgl. die Übersicht bei Wegenast und die Praxisbeispiele in jenem Band). Kreative Methoden bauen Brücken fachübergreifenden Lernens in die Bereiche ästhetischer und musischer Bildung (*M.L. Goecke-Seischab; S.Macht*) und öffnen Türen zu einer bewußteren, unterbrechenden Erfahrung der Zeit in Ritual und Feier (*W. Neuser; K. Rommel; H. Schroeter*).

Kreative Methoden möchten dem Sinn religiöser Selbst- und Weltdeutung sinnenhaft auf die Spur kommen in »selbsttätiger, erfahrungsbezogener Aneignung und Auseinandersetzung« (*DS*, 27) und damit an einer Erneuerung der Unterrichts- und Schulkultur partizipieren, die den Lernraum als einen Erfahrungs- und Lebensraum umgestaltet (*DS*, 22).

Auf der anderen Seite können Tendenzen eines theorieblinden Methodismus kaum übersehen werden. Kinder, die »mit allen Sinnen bei der Sache sind«, die Schönheit der Schöpfung ertasten, untermalt von meditativen Tönen in Ton formen, das Wachsen eines mächtigen Baumes symbolisch nachempfinden und sich in die Stimme aus dem Cassettenrecorder versenken, die Gen. 2 in der Übersetzung von Jörg Zink rezitiert, sind mit ihren Fragen noch alleingelassen, die das *Verstehen* dieses Textes aufgibt.
Ein verbreitetes Mißverständnis leistet nach der Abkehr von einem linearen Ableitungsverhältnis der Größen ›Ziel‹ – ›Inhalt‹ – ›Metho-

de‹ einem eindimensionalen Umkehrverfahren Vorschub, das dem weithin als gültig anerkannten Satz vom Primat der *Ziel*entscheidungen im Verhältnis zu inhaltlicher und methodischer Reflexion (*W. Klafki*) die praktische Anerkennung versagt. Der nicht hintergehbare »Implikationszusammenhang« (*W. Blankertz*) zwischen didaktischer und methodischer Lösung ist zugunsten der letzteren aufgelöst.

Die fachdidaktische Rezeption von Freiarbeit, diesem sehr »anspruchsvollen Modus« (*Halbfas*) partizipatorischen Lernens, bietet für einen verselbständigten methodischen Eklektizismus anschauliche Beispiele (*Berg*, 111ff, 159ff). Im diesem Fall ist freilich zu sehen, daß die Erprobung von Freiarbeit in der Religionspädagogik relativ spät eingesetzt und eine Experimentalphase durchlaufen hat, die bis auf weiteres für die Entwicklung qualifizierter Produkte »auf Innovationsimpulse angewiesen« ist. (ebd., 162). Bergs Forderung, Methoden der Freiarbeit in einem »klaren pädagogischen Begründungszusammenhang sinnvoll zur Geltung« zu bringen und sie »sorgfältig aus didaktischen Basis-Sätzen zu begründen« (ebd., 111), kommt zur rechten Zeit. Er entwickelt aus einer kritischen Auseinandersetzung mit der Pädagogik *Maria Montessoris* sowie ihres Konzepts einer religiösen Erziehung einen ersten, theologisch und didaktisch ausgewiesenen Entwurf der Chancen und Grenzen von Freiarbeit, der das frühe Bedenken von *Halbfas*, die »symbolische und metaempirische Ebene unserer Welt« sei dem arrangierbaren Material nicht zugänglich (zit. ebd., 135), im Blick behält. Das bereitgestellte Kriterienraster bietet zur Herstellung und Beurteilung von Freiarbeitsmaterialien (ebd., 147) und ihre Verschränkung mit fachdidaktischen Grundsätzen (ebd., 114ff) ein hilfreiches Instrumentarium auch für weiterführende Arbeiten, um die Maßstäbe und praktischen Möglichkeiten der Freiarbeit auch unter Berücksichtigung anderer einschlägiger Unterrichts- und Schulkonzepte (*P. Petersen, R. Steiner, B. Otto* und *C. Freinet*) auszuloten. Gegenüber vorliegenden Materialien, die häufig auf eine »funktionale Selbständigkeit« der Lernenden abheben (Wissensspiele, hauptseitig reproduktives Arbeiten, gelegentlich in direktiver bis hin zu affirmativer didaktischer Intention), wird es darauf ankommen, in der Religionsdidaktik die »produktive« und »solidarische Selbständigkeit« in den Materialarrangements zur Entfaltung zu bringen (*D. Fischer*, 296).

6 Und die Bildung der Religionspädagogen?

Der rasante Wandel in den pädagogischen Handlungsfeldern in Kirche und Schule setzt die religionspädagogischen Ausbildungsstätten unter Druck. Die Folgen kirchlicher Desozialisation und die Ab-

kopplung religiöser Symbolik von christlichen Traditionen, wie sie
die Jugendforschung zutage gefördert hat, haben über die evangelischen Studierenden an westdeutschen Hochschulen hinaus (EKD-
Studie von 1991) längst auch die Klientel der Fachstudierenden erreicht.
Die Lehramtsstudiengänge drohen in eine dreifache Zerreißprobe
zu geraten: Sie müssen die fachliche Kompetenz steigern bei sinkenden fachlichen Vorkenntnissen und Erfahrungen, sie müssen eine
interreligiöse Kompetenz ausbilden (*DS*, 57f), für die in aller Regel
die personellen und institutionellen Voraussetzungen fehlen, und sie
müssen hochschuldidaktische Kompetenz entwickeln, die selbst ein-
übt und einlöst, was von Unterrichtenden erwartet und gefordert
wird – eine lebensgeschichtlich gegründete, auf die Lebenswelt bezogene und selbstreflexive wissenschaftliche Auseinandersetzung
mit Christentum, anderen Religionen und neureligiösen Bewegungen. An zahlreichen Standorten wird experimentiert, diese dreiseiti-
ge Aufgabe so in Angriff zu nehmen, daß nicht viel mehr, vielmehr
anders studiert werden kann, z.B. mit Hilfe von Lernwerkstätten
wie in Hannover (auf Initiative von *Chr. Lehmann*). Sie verbinden
ein neues Theorie-Praxis-Modell mit dem Anspruch fachlicher, in-
terkonfessionell und interreligiös bewehrter Kompetenz mit hand-
lungsorientierten Formen wissenschaftlichen Studiums.

Die Literatur im Berichtszeitraum läßt noch nicht erkennen, daß
eine fällige Diskussion über eine innere Reform des theologi-
schen/religionspädagogischen Studiums bevorsteht (anders in England, vgl. *P. Weller*). Die nunmehr lauter erhobene Forderung nach
einer Aufwertung religionswissenschaftlicher Elemente (*Tworuscha*,
173) im Theologiestudium bedarf dringend der Abhilfe angesicht
des »Skandals« »beschämend geringer Urteilsfähigkeit« über andere
Religionen in Fachkreisen (*Grünschloß*, *a*, 146, 150). Eine kurz-
schrittige additive Anreicherung kann des Problemes Lösung indes
nicht sein – konzeptionelle Integrationsansätze sind ein Gebot der
Stunde. Historisches Bewußtsein kann dabei manche aktuelle Auf-
geregtheit relativieren, wie es andererseits den »größeren ökumenischen Horizont« öffnet, unter dem Religionspädagogik heute ihren
Stand suchen muß (*Tworuschka*, ebd.). Es ist gut, daß sie just in
dieser Situation den Weg weitergeht, ihr historisches Gedächtnis
über das Jahr 1945 in einen größeren Raum der Geschichte zu stellen (*Koerrenz* und *Collmar*; *E. Paul*; *Lämmermann*; Religionspädagogik. Texte, hg. von *Nipkow* und *Schweitzer*, Bd. 2/1, 2/2). Das
neue Paradigma christlicher Vergewisserung in religiöser Pluralität
zeigt auch in dieser Hinsicht Wirkung: Es gewinnt eine authentische Gestalt in der Rückbesinnung auf die eigene Geschichte, indem

es »seine Verantwortlichkeit für die Gegenwart in der Tiefe des so gewonnenen Raumes reflektiert« (*Chr. Bizer*, JRP 9 [1992], 161).

G. Adam (Hg.), »Normal ist, verschieden zu sein«. Dokumentationsband des Vierten Religionspädagogischen Symposions Würzburg, Münster 1994.

AEED, Herausforderungen für den Religionsunterricht heute. Ein Beitrag der AEED, Duisburg 1994.

Aufruf zu einer Reform des Religionsunterricht, Stand 1.10.1994, abgedruckt u.a. in: ru 1/1995, 38f.

ALPIKA-Arbeitsgruppe, Interkulturelles Lernen – eine Voraussetzung für das Zusammenleben in einer international offenen Gesellschaft, nach Loccumer Pelikan, o.Jg. (1994) Nr. 4, 31-33.

I. Baldermann, Hoffnungsgeschichten für Kinder. Ein Gespräch mit Sten Nadolny, JRP 10, Neukirchen-Vluyn 1995, 159-172.

H. Barz, Christentum, in: Wörterbuch der Religionssoziologie, hg. von *Siegfried Rudolf Dunde*, Gütersloh 1994, 34-42 (= *Barz, a*).

–, The pursuit of happiness. Empirische Befunde zu Religion der ungläubigen Jugend in Deutschland, PraktTheol 29 (1994), 106-116 (= *Barz, b*).

–, Jugend und Religion in den neuen Bundesländern, aus politik und zeitgeschichte, o.J. (1994), H.B 38, 21-31 (= *Barz, c*).

U. Becker, Aufwachsen in schwieriger Zeit – Kinder in Gemeinde und Gesellschaft. Einführung in das Schwerpunktthema der Synode, Halle/S. 8.11.1994, epd-Dokumentation 50/94, 23-30.

I. Behnken und *Jürgen Zinnecker*, Kirchlich-religiöse Sozialisation in der Familie. Fallstudien zum Wandel von Kindheit und Kirchengemeinde in den letzten drei Generationen, in: *Hilger* und *Reilly* (Hg.), Religionsunterricht im Abseits, 147-170.

Bekenntnis – Ökumene und Religionsunterricht, Spectrum der GEE o.Jg. (1994), Sonderheft 94.

W. Behrendt, »Ist das nicht geile Musik?«. Kinder entdecken ihre Geschichte, JRP 10, Neukirchen-Vluyn 1995, 89-94.

H.-K. Berg, Montessori für Religionspädagogen. Glauben erfahren mit Hand, Kopf und Herz (Stuttgarter TB 20), Stuttgart 1994.

P.L. Berger, Sehnsucht nach Sinn, Frankfurt a.M. 1994.

P. Biehl, Zur Didaktik der kritischen Symbolkunde, AevRU.G 54, Hannover 1994, 16-46 (= *Biehl, a*).

–, Zukunft und Hoffnung in religionspädagogischer Perspektive, JRP 10, Neukirchen-Vluyn 1995, 125-158 (= *Biehl, b*).

M. Blasberg-Kuhnke, Nachdenken über religiöse Erziehung. Was tut sich gegenwärtig in der Religionspädagogik? HerKor 48 (1994) 252-257.

F. Bohnsack, Ergebnisse der Kindheits- und Jugendforschung, Wertwandel und die Reform der Schule, Erziehen heute, 44 (1994), H. 1, 2-24.

M. Bröking-Bortfeldt, Mündig Ökumene lernen. Ökumenisches Lernen als religionspädagogisches Paradigma (Schriftenreihe der CvO-Universität), Oldenburg 1994.

A. Bucher, Einführung in die empirische Sozialwissenschaft. Ein Arbeitsbuch für Theologinnen, Stuttgart 1994 (= *Bucher, a*).

–, »Nicht einmal Gott kann sich leisten, altmodisch zu sein«. Jugend und Religion in empirisch-individualpsychologischer Sicht, in: JRP 10, Neukirchen-Vluyn 1995, 31-46 (= *Bucher, b*).

Chr. Bumler (Hg.), Jugend – Kirche – Religion. Themenheft, PraktTheol 29 (1994) H. 4.

G. *Büttner*, Zwischen Halbfas und Biehl. Diskussionsbeiträge zur Symboldidaktik, EvErz 46 (1994) 56-64.

Comenius-Institut Münster (Hg.), Religion in der Lebensgeschichte. Interpretative Zugänge am Beispiel der Margret E, Gütersloh 1993 (= *Comenius-Institut, a*).

Comenius-Institut Münster (Hg.), Aufwachsen in der Pluralität. Herausforderungen für Kinder, Schule und Erziehung. Ein Gespräch zwischen Theologie und Pädagogik, Münster 1994 (= *Comenius-Institut, b*).

Comenius-Institut, hg. von *P. Schreiner*, Identitätsbildung in multikultureller Gesellschaft, Münster 1994.

Comenius-Institut, hg. von *Chr. Scheilke*, Schule in multikultureller und interreligiöser Situation, Münster 1994.

Das sind wir. Interkulturelle Unterrichtsideen für die Klassen 4-6 aller Schularten. Anregungen für den Unterricht. Hg. vom Anne Frank Haus Amsterdam, in Zusammenarbeit mit dem Institut für Lehrerfortbildung und dem Pädagogisch-Theologischen Institut Hamburg, Weinheim 1995. Autorinnen: *L. van Dijk, F. Doedens, G. Mebus* und *E. Schellekens*.

F. Doedens, Religionsunterricht als Ort interreligiösen Lernens, KatBl 119 (1994) H. 4, 272-277.

F. Dorgerloh, Die Religion der Jugendkultur in der kirchlichen Jugendarbeit Ostdeutschlands, JRP 10, Neukirchen-Vluyn 1995, 95-104.

V. Drehsen, Die Anverwandlung des Fremden. Über die wachsende Wahrscheinlichkeit von Synkretismen in der modernen Gesellschaft, in: *J.A. van der Ven* und *Hans-Georg Ziebertz*, Religiöser Pluralismus und interreligiöses Lernen (Theologie & Empirie 22), Kampen / Weinheim 1994, 39-69 (= *Drehsen, a*).

–, Alles andere als Nullbock auf Religion. Religiöse Einstellungen Jugendlicher zwischen Wahlzwang und Fundamentalismusneigung, JRP 10, Neukirchen-Vluyn 1995, 71-89 (= *Drehsen, b*).

P. Fauser, Zukunft als Dimension pädagogischen Handelns, JRP 10, Neukirchen-Vluyn 1995, 113-124.

A. Feige, Jugend und Religion, in: *H.H. Krüger* (Hg.), Handbuch der Jugendforschung, 2. erw. und überarb. Auflage, Opladen 1993, 543-558 (= *Feige, a*).

–, Schicksal zur Wahl. Postmoderne Individualisierungsprozesse als Problem für eine institutionalisierte Religionspraxis, PTh 83 (1994) 93-109 (= *Feige, b*).

D. Fischer, Freiarbeit im Religionsunterricht, in: *F. Schweitzer* und *G. Faust-Siehl* (Hg.), 292-300.

D. Fischer und *A. Schöll*, Lebenspraxis und Religion, Gütersloh 1994.

Ethik macht Schule: Moralische Kommunikation in Schule und Unterricht. Themaheft. Ethik und Unterricht 5 (1994), Sonderheft 1, 4-80.

A.-L. Frey, Hat Religion bei Jugendlichen ausgespielt? Beobachtungen und Erfahrungen in Tübingen, JRP 10, Neukirchen-Vluyn 1995, 3-11.

A. Garlichs, Aufwachsen in schwieriger Zeit. Die Entwicklung von Autonomie und Beziehungsfähigkeit als Aufgabe der Schule, in: *Comenius-Institut* (Hg.), Aufwachsen, 31-45.

K. Gabriel (Hg.), Jugend, Religion und Modernisierung, Opladen 1994.

G. Gebhard, Zum Frieden bewegen. Religionen und Friedensfähigkeit (Pädagogische Beiträge zur Kulturbegegnung Bd. 11), Hamburg 1994.

M.L. Goecke-Seischab, Von Klee bis Chagall. Kreativ arbeiten mit zeitgenössischen Graphiken zur Bibel, München / Stuttgart 1994.

K. Goßmann, Aufwachsen in der Pluralität – was heißt das für den Religionsunterricht? in: *Comenius-Institut* (Hg.), Aufwachsen, 85-87 (= *Goßmann, a*).

–, Religionsunterricht in ökumenischer Offenheit. Die Positionen der Kirchen zur Konfessionalität des Religionsunterrichts, MD 45 (1994) 46-52 (= *Goßmann, b*).

K. Goßmann und *N. Mette*, Lebensweltliche Erfahrung und religiöse Deutung. Ein religionspädagogisch-hermeneutischer Zugang, in: *Comenius-Institut* (Hg.), Religion in der Lebensgeschichte, 163-175.

R. Großhennig, Heilige Steine – Heilige Türme – Heilige Zeiten. Interreligiöse Projekte im Religionsunterricht einer Kreuzberger Grundschule, in: *F. Schweitzer* und *G. Faust-Siehl*, 285-291.

A. Grünschloß, Interreligiöser Dialog in kirchlich-institutionellem Kontext, in: *van der Veen* und *Ziebertz* (Hg.), Religiöser Pluralismus, 113-167 (= *Grünschloß, a*).

–, Der eigene und der fremde Glaube. Probleme und Perspektiven gegenwärtiger Religionstheologie, EvErz 46 (1994) 287-298 (= *Grünschloß, b*).

F. Harz und *M. Schreiner* (Hg.), Glauben im Lebenszyklus, München 1994.

H.-G. Heimbrock und *Heinz Streib* (Hg.), Magie. Katastrophenreligion und Kritik des Glaubens. Eine theologische und religionstheoretische Kontroverse um die Kraft des Wortes, Kampen 1994.

H.J. Höhn, Gegen-Mythen. Religionsproduktive Tendenzen der Gegenwart (Quaestiones disputatae 154), Freiburg / Basel / Wien 1994.

J. Hofmeier, Fachdidaktik katholische Religion, München 1994.

R. Hummel, Religiöser Pluralismus oder christliches Abendland? Herausforderung an Kirche und Gesellschaft, Darmstadt 1994.

Interkulturelles Lernen, Pädaogische Welt 48 (1994), H. 10.

Interreligiöser Dialog.Themaheft, CpB 107 (1994), H. 2.

J. Jacobi, Rückfrage: Ist eine religiöse Pädagogik möglich? in: *Comenius-Institut Münster* (Hg.), Aufwachsen, 75-84.

B. Jendorff, Fachpraktikum Religion. Ein Leitfaden gegen den Praxisschock, Stuttgart / München 1994.

Jugendliche und was sie glauben. Themenheft Brennpunkt Gemeinde 47 (1994) 1-40.

Kirchenamt der EKD (Hg.), Identität und Verständigung. Standort und Perspektiven des Religionsunterrichts in der Pluralität, Gütersloh 1994 (= *DS*).

R. Kiste, P. Schwarzenau und *U. Tworuschka* (Hg.), Interreligiöser Dialog zwischen Tradition und Moderne (Religionen im Gespräch Bd. 3), Balve 1994.

M. Klöckner und *U. Tworuschka*, Religionen in Deutschland. Kirchen, Glaubensgemeinschaften, Sekten, München 1994.

R. Koerrenz, Ökumenisches Lernen. Eine Veröffentlichung des Comenius-Instituts Münster, Gütersloh 1994.

R. Koerrenz und *N. Collmar* (Hg.), Die Religion der Reformpädagogen. Ein Arbeitsbuch. Mit einem Geleitwort von *K.E. Nipkow*, Weinheim 1994.

I. Kögler, Die Sehnsucht nach mehr. Rockmusik, Jugend und Religion. Informationen und Deutungen, Graz 1994.

D. Korsch, Bildung und Glaube, Neue Zeitschrift für Systematische Theologie 36 (1994) 190-214.

B. Krupka, Interkulturelles Lernen. Ein aktueller Literaturbericht, EvErz 46 (1994) 359-367.

G. Lämmermann, Prüfungswissen Theologie: Religionspädagogik im 20. Jahrhundert, München / Gütersloh 1994.

St. Leimgruber, Interreligiöses Lernen, München 1995.

I. Lohmann und *W. Weiße* (Hg.), Dialog der Kulturen, Münster 1994.

J. Lott, Religionsunterricht in einer nachchristlichen Lebenswelt. Zur Ortsbestimmung von Religion an der Schule, in: *N. Seibert* und *H.J. Serve* (Hg.), Bildung und Erziehung an der Schwelle zum dritten Jahrtausend, München 1994, 1061-1101.

S. Macht, Gottes Geist bewegt die Erde. Lieder, die uns in Bewegung bringen, Paderborn 1994.

V. Merz (Hg.), Alter Gott für neue Kinder? Fribourg 1994.

N. Mette, Religionspädagogik, Düsseldorf 1994.

Neue Religiosität. Themaheft AevRU.A o.Jg. (1994), H. 30, 2-74.

W. Neuser, Gottesdienst in der Schule. Grundlagen, Erfahrungen, Anregungen, Stuttgart 1994.

K.-E. Nipkow, Religion in Kindheit und Jugendalter. Forschungsperspektiven und

-ergebnisse unter religionspädagogischen Interessen, in: *G. Hilger* und *G. Reilly* (Hg.), Religionsunterricht im Abseits? Das Spannungsfeld Jugend – Schule – Religion. München 1993, 183- 223 (= *Nipkow, a*).

–, Ziele interreligiösen Lernens als mehrdimensionales Problem, in *van der Veen* und *Ziebertz* (Hg.), Religiöser Pluralismus, 197-232 (= *Nipkow, b*).

–, Theologie und Pädagogik, in: *Comenius-Institut* (Hg.), Aufwachsen, 137-159 (= *Nipkow, c*).

–, Zukunft, Überleben, Religion. Analysen im Überschneidungsfeld von Evolutionstheorie, Theologie, Pädagogik und Religionspädagogik, in: *N. Seibert* und *H.J. Serve* (Hg.), Bildung und Erziehung an der Schwelle zum dritten Jahrtausend, München 1994, 728-772 (= *Nipkow, d*).

–, Kirchliche Bildungsverantwortung in Gemeinde, Schule und Gesellschaft unter ostdeutschen Bedingungen, unveröffentl. Manuskript 1995 (= *Nipkow, e*).

R. Oberthür, »Wieso heißt Gott Gott?« Philosophieren mit Kindern im Religionsunterricht, in: *F. Schweitzer* und *G. Faust-Siehl* (Hg.), Religion, 229-238.

G. Orth, »… Du sollst nicht bekehren deines Nächsten Kind«. Interkulturelles Lernen in Schule, Kirche, Gemeinde, Frankfurt a.M. 1995 (i.E.).

R.R. Osmer, Religionspädagogik in einer multikulturellen Gesellschaft. Perspektiven der amerikanischen Diskussion, EvErz 46 (1994) 306-315.

J. Pabst u.a. (Hg.), Religion lernen aus Lebensgeschichten? AevRUG 53, Hannover 1994.

E. Paul, Bibliographie zur historischen Religionspädagogik – Weiterführung, RpB o.Jg. (1994), H. 33, 105-125.

K. Raiser, Wir stehen noch am Anfang. Ökumene in einer veränderten Welt, Gütersloh 1994.

Chr. Reents, Zu den Wurzeln des selbständigen Ethikunterrichts in der deutschen Schulgeschichte, ChrL 17 (1994), H. 3, 106-115.

Religionen im Dialog. Themaheft, das baugerüst, 46 (1994), H. 4.

Religionspädagogik. Texte zur evangelischen Erziehungs- und Bildungsverantwortung seit der Reformation. Bd. 2/1: 19. und 20. Jahrhundert (Theologische Bücherei Bd. 88). Hg. und eingeführt von *K.-E. Nipkow* und *F. Schweitzer*, München / Gütersloh 1994.

Religionspädagogik. Texte zur evangelischen Erziehungs- und Bildungsverantwortung seit der Reformation. Bd. 2/2: 20. Jahrhundert (Theologische Bücherei Bd. 89). Hg. und eingeführt von *K.-E. Nipkow* und *F. Schweitzer*, München / Gütersloh 1994.

Religionsunterricht auf dem Weg – wohin? AevRU.A 29, o.J. (1994).

Religionsunterricht mit Leib und Seele, Themaheft. Das Wort o.Jg. (1994), Nr. 2, 1-26.

W.H. Ritter, Schule – Bildung – Christlicher Glaube. Kritische Rückblicke auf Ideen und Wirklichkeiten dieses Verhältnisses in der BRD, PraktTheol 29 (1994) 213-231.

K. Rommel (Hg.), Unvergessen – Gedenktage 1995, Stuttgart 1994.

R. Sauer, Religiöse Phänomene in den Jugendkulturen, JRP 10, Neukirchen-Vluyn 1995, 17-30.

R. Sauer und *Reinhold Mokrosch* (Hg.), Ökumene im Religionsunterricht. Glauben lernen im evangelisch-katholischen Dialog. Eine Veröffentlichung des Comenius-Instituts Münster, Gütersloh 1994.

Chr.Th. Scheilke und *Friedrich Schweitzer*, Schule in der Pluralität, EvErz 46 (1994) 299-305.

R. Schlüter (Hg.), Ökumenisches und interreligiöses Lernen – eine theologische und religionspädagogische Herausforderung, Paderborn u.a. 1994.

P. Schreiner, Interkulturelles und interreligiöses Lernen in Europa, EvErz 46 (1994) 316-319.

H. Schröer, Zwischen Wort und Zeichen. Biblische Kriterien einer Symboldidaktik des Evangeliums, EvErz 46 (1994) 9-15.

H. Schröeter, Zwischen Fest und Alltag. Symboldidaktische Anmerkungen zur Gestaltung christlicher Religion in der Primarstufe, EvErz 46 (1994) 40-55.

Schule für morgen, Themaheft KatBl 119 (1994), H. 4.

Schule als Lern- und Lebensraum, Themaheft, engagement o.Jg. (1994), H. 1, 3-91.

F. Schweitzer, Brauchen Kinder Religion?, in: *Comenius-Institut*, *b*, 47-54 (= *Schweitzer, a*).

–, Symbole im Kindes- und Jugendalter: Mehr Fragen als Antworten, EvErz 46 (1994) 9-15 (= *Schweitzer, b*).

–, Schule – Religionsunterricht – Identität. Kommentar aus religionspädagogischer Sicht. Vortrag im Comenius-Institut Münster, Oktober 1994, unveröffentlichte Vortragsfassung (= *Schweitzer, c*)

–, Der Wandel des Jugendalters und die Religionspädagogik. Perspektiven für Religionsunterricht, Konfirmanden- und Jugendarbeit, JRP 10, Neukirchen-Vluyn 1995, 71-88 (= Schweitzer, d).

F. Schweitzer und *G. Faust-Siehl* (Hg.), Religion in der Grundschule. Religiöse und moralische Erziehung, Frankfurt a.M. 1994.

F. Schweitzer, K.-E. Nipkow, G. Faust-Siehl und *B. Krupka*, Religionsunterricht und Entwicklungspsychologie. Elementarisierung in der Praxis (KT 138), Gütersloh 1995.

J. Schwochow, Religiöse Praxis im Freiraum kirchlicher Jugendarbeit. Erfahrungen mit Jugendlichen in ostdeutschen Gemeinden, JRP 10, Neukirchen-Vluyn 1995, 11-16.

R. Sistermann, Zum Problem einer symboldidaktischen Glaubenslehre für Jugendliche. Eine kritische Sichtung neuerer Beiträge, EvErz 46 (1994) 65-74.

C. Stauss, Hoffnung angesichts der Zukunft? Erfahrungsbericht aus der kirchlichen Friedensarbeit in Ostdeutschland, JRP 10, Neukirchen-Vluyn 1995, 105-112.

H. Steinkamp, Solidarität und Parteilichkeit. Für eine neue Praxis in Kirche und Gemeinde, Mainz 1994.

D. Steinwede unter Mitarbeit von *K. Lüdke*, Religionsbuch Oikoumene 1. Sehen lernen, Düsseldorf 1994.

–, Religionsbuch Oikoumene 2. Wege gehen, Düsseldorf 1994.

–, Religionsbuch Oikoumene. Werkbuch 1/2, Düsseldorf 1994.

U. Tworuschka, Weltreligionen im Unterricht oder Interreligiöses Lernen?, in: *van der Veen* und *Ziebertz* (Hg.), Religiöser Pluralismus, 171-196.

M. und *U. Tworuschka*, Denkerinnen und Denker der Weltreligionen im 20. Jahrhundert (GTB 770), Gütersloh 1994.

J.A. van der Veen und *H.G. Ziebertz* (Hg.), Religiöser Pluralismus und interreligiöses Lernen, Kampen / Weinheim 1994.

Verantwortlich leben in der Weltgemeinschaft. Zur Auseinandersetzung um das »Projekt Weltethos«. Mit Beiträgen von *W. Huber, H. Küng* und *C.F. von Weizsäcker*, hg. von *J. Rehm*, Gütersloh 1994.

R. Wagner, Überleben lernen in der einen Welt. Ökologische Lernmodelle in ökumenischer Verantwortung (Diss. Oldenburg 1992), Weinheim 1994.

P. Weller, Der Studiengang ›Religiöser Pluralismus‹ an der Universität Derby, in: *R. Kiste u.a.* (Hg.), 400-404.

J. Werbick, Traditionsabbruch – Ende des Christentums?, Würzburg 1994.

W. Wiegand, Religiöse Erziehung in der Lebenswelt der Moderne. Zur sozialwissenschaftlichen und theologischen Grundlegung eines pragmatischen Modells religiöser Erziehung, Wilhelmsfeld 1994.

K. Wegenast, Methoden im Religionsunterricht, in: *F. Schweitzer* und *G. Faust-Siehl* (Hg.), 154-166.

K. Wegenast und *Godwin Lämmermann*, Gemeindepädagogik. Kirchliche Bildungsarbeit als Herausforderung (PraktTheol heute 18), Stuttgart 1994.

W. Wittenbruch (Hg.), Schule – gestalteter Lebensraum. Pädagogische Reflexionen und Orientierungen, Münster 1994.

H.-G. Ziebertz, Religiöse Lernprozesse und religionstheologisches Bewußtsein, in: *van der Veen* und *Ziebertz* (Hg.), Religiöser Pluralismus, 233-275 (= *Ziebertz, a*).

–, Mono-, multi-, interreligiös? Religionen als religionspädagogische Herausforderung, EvErz 46 (1994) 328-337 (= *Ziebertz, b*).

H.-G. Ziebertz und *W. Simon* (Hg.), Bilanz der Religionspädagogik, Düsseldorf 1995.

J. Zinnecker, Jugend, Kirche und Religion. Aktuelle empirische Ergebnisse und Entwicklungstendenzen, in: *G. Hilger* und *G. Reilly* (Hg.), Religionsunterricht im Abseits? Das Spannungsfeld Jugend – Schule – Religion, München 1993, 112-146.

D. Zilleßen, Dialog mit dem Fremden. Vorüberlegungen zum Interreligiösen Lernen, EvErz 46 (1994) 338-347 (= *Zilleßen, a*).

–, Abschied von der Symboldidaktik? Was die Symboldidaktik zu lernen gegeben hat, EvErz 46 (1994) 31-39 (= *Zilleßen, b*).

Dr. *Harry Noormann* ist Professor für Evangelische Theologie und Religionspädagogik am Fachbereich Erziehungswissenschaften der Universität Hannover.

Gemeindeaufbau

Eberhard Winkler

Tore zum Leben

Taufe – Konfirmation –
Trauung – Bestattung
224 Seiten, Paperback
DM 38,– / öS 297,– /
sFr 39,–
ISBN 3-7887-1523-5

Taufe, Konfirmation,
Trauung und Beerdigung
bringen viele Menschen in
Kontakt mit der Kirche.
Damit ergeben sich
Möglichkeiten nicht nur zu
punktueller seelsorgerlicher
und diakonischer Hilfe,
sondern auch zu einladen-
dem Handeln, das
Menschen Gottes Zuwen-

dung als ständige Lebens-
chance nahebringt. Die
Kasualpraxis wird in diesem
Buch deshalb nicht nur auf
biographische Höhepunkte
von einzelnen und Familien,
sondern zugleich auf den
Gemeindeaufbau bezogen.
Situationsbedingte Unter-
schiede und grundlegende
theologische Gemeinsam-
keiten der Kasualpraxis in
der Volkskirche und in der
säkularen Diaspora werden
bedacht. Die besondere
Situation der Gemeinden in
den neuen Bundesländern
wird umfassend erörtert.

Eberhard Winkler, Dr.
theol., ist seit 1969 Professor für Praktische Theologie
an der Theologischen
Fakultät der Martin-Luther-
Universität Halle, ehren-
amtlich Pastor einer kleinen
Dorfgemeinde seit 1977.

neukirchener

Kirchliche Zeitgeschichte

Folkert Rickers

Zwischen Kreuz und Hakenkreuz

Studien zur Religions-
pädagik im »Dritten Reich«
256 Seiten, Paperback,
DM / öS / sFr
68,00 / 531,00 / 68,00
ISBN 3-7887-1511-1

In den Studien dieses
Bandes wird das politische
Bewußtsein von Religions-
pädagogen in der Zeit des
»Dritten Reiches« unter-
sucht. Im allgemeinen
zeigten sie sich vom nationalsozialistischen Aufbruch
beeindruckt. Darüber
hinausgehend versuchten
Religionspädagogen der
unterschiedlichsten theologischen Richtungen aber
auch, religiöse und völkische Erziehung miteinander
zu verbinden. Im Mittel-
punkt des Bandes steht die
Wirksamkeit *Helmuth
Kittels,* dessen politische
Position in ihrer Beziehung
zum Nationalsozialismus
und zur preußisch-
deutschen Militärtradition
erhellt wird. Von hier aus
fällt auch Licht auf die sog.
Programmschrift Kittels von
1947, die einer grundsätzlichen Analyse unterzogen
wird. In weiteren Studien
werden das deutsch-christli-
che Engagement des
Religionspädagogen
Hermann Werdermann
sowie die religiösen Erzie-
hungsvorstellungen der
Deutschgläubigen beleu-
chet.

Folkert Rickers, Dr. theol.,
ist Professor für Reli-
gionspädagogik in
Duisburg.

neukirchener

47497 Neukirchen-Vluyn · Postfach 101 265
Telefon (0 28 45) 3 92-227 · Fax (0 28 45) 3 36 89